民国年度出版时评史料辑编 第四卷

吴永贵　张学科　编

華中師範大學出版社

新出图证(鄂)字 10 号

图书在版编目(CIP)数据

民国年度出版时评史料辑编.第四卷/吴永贵,张学科编.—武汉:华中师范大学出版社,2019.6

ISBN 978-7-5622-8490-1

Ⅰ.①民…　Ⅱ.①吴…　②张…　Ⅲ.①出版工作—史料—汇编—中国—民国　Ⅳ.①G239.296

中国版本图书馆 CIP 数据核字(2018)第 299599 号

民国年度出版时评史料辑编　第四卷

ⓒ吴永贵　张学科　编

责任编辑: 石亚培　　**责任校对:** 刘　峥

封面制作: 罗明波

编辑室: 学术出版中心　　**电话:** 027-67867792

出版发行: 华中师范大学出版社

社址: 湖北省武汉市洪山区珞喻路 152 号　　**邮编:** 430079

电话: 027-67863426(发行部)　027-67861321(邮购)

传真: 027-67863291

网址: http://press.ccnu.edu.cn　　**电子信箱:** press@mail.ccnu.edu.cn

印刷: 武汉中科兴业印务有限公司　　**督印:** 王兴平

开本: 710mm×1000mm　1/16　　**印张:** 32.75

版次: 2019 年 6 月第 1 版　　**印次:** 2019 年 6 月第 1 次印刷

字数: 504 千字　　**定价:** 131.00 元

欢迎上网查询、购书

目　录

1934 年

1935 年

1934 年

十年来之中国出版事业（节选）

李伯嘉

甲 旧事的回忆

商务印书馆是我国新式出版业中最大组织，它对于我国文化上的贡献，在各出版业中亦最大。前年“一·二八”事变发生，该馆数十年的基业，毁于一旦。该馆同人，痛惜历年成绩的丧失，深慨传播文化事业的中断，秉百折不挠的精神，殚心尽力，总算把这个伟大的出版机关，从垂死当中救醒过来。“一·二八”之难，可说是我国出版业的浩劫，为我国出版业历史中重要的一页。因此在讲我国出版业情况的当中，不得不把商务印书馆从开办到“一·二八”，从“一·二八”到复兴，来整个的叙述一下。

商务印书馆是前清光绪二十三年开办的，正当甲午我国战败，清室变法图强的时候。初开办时，股本仅四千元，创办人为夏瑞芳、鲍咸昌等，地点在上海江西路。那时候只不过备了几架印刷机，规模甚小。第二年就迁移到北京路，并添购机器，范围比较扩大。到光绪二十九年，就在北福建路设印刷所，在唐家街设编译所，在棋盘街设发行所。这样一来，总算粗具规模。

上海宝山路的总厂是光绪三十年建设的。自建了这总厂，规模乃更为宏大。内容包括总务处、编译所、印刷所，还办了一所尚公小学，共占地有八十多亩。棋盘街的发行所，后来感觉不够用，乃在同一地点建设新发行所。这时的资本，已扩充到五百万元。历任的经理如夏瑞芳、鲍咸昌、王云五诸氏都先后到外国考察，以谋事业的改进，于是设备日渐充实，营业亦愈加发展。总计该馆，从成立到现在，对于社会的重要贡献，有下列的几种：

（一）供给教本 自清季废除科举，开设学堂以来，商务对于适应新教育的教材供给，始终努力不懈。就学校课本而论，前清兴办学堂时候有《最新教科书》，民国成立后有《共和国教科书》及《民国新教科书》，国语运动兴起的时候有《新法教科书》，学制改革的时候有《新学制教科书》，国民革命成功的时候有《新时代教科书》，国民政府颁布课程标准后，有《基本教科书》，最近又出《复兴教科书》。所出的教本，没有不是适应潮流，风行全国。

（二）刊行中外名著 近年我国文化的变动，可算异常剧烈，思想界的理论，亦异常复杂。商务在此当中，认识出版事业是与文化有甚大的关系，所以把方针确定，一面竭力发扬我国固有的文化，一面努力介绍欧美各国的文化。在发扬我国固有文化方面所努力的结果，则有许多重要本国书籍的刊行，例如《四部丛刊》、《续古逸丛书》、《百衲本二十四史》以及关于艺术方面的著作如《石渠宝鉴》、《西清续鉴》等。在介绍欧美文化方面所努力的成绩，则有许多关于自然科学与社会科学的著作和译本的印行，其中除了归入丛书的以外，印行单行本的书籍，不胜枚举。只就丛书的种类来说，已不下七八十种。其中卷帙最巨的就是近年王云五氏主编的《万有文库》。关于专作参考用的书籍有各种字典辞典，中西文及各种科学均备，更足应付我国学术界的需要。关于定期刊物方面有《东方杂志》等十种，风行全国。

（三）举办实际教育事业 在我国出版业中，把出版书籍工作的剩余力量用在实际教育事业方面，最有成绩的就是商务印书馆。初创办时的情形姑且不说，只就近二十年来的成绩来看，就有（1）由涵芬楼扩充而成立的东方图书馆；（2）培植同人子弟的尚公小学及幼稚园和（3）使全国学生可由通信获得知识的各科函授学校。

从开办以来，商务差不多没有一天不是努力发展事业。在“一·二八”以前的几年，馆内的设备，已臻完善。只就印刷机器而论，重要的印刷机如滚筒机、米利机、胶板机、大号自动装订机、自动切书机、照相机等，总数达一千二百多架。在远东方面的出版业中，商务的设备，可说唯一无二。

现在再来说一说商务的一个藏书机关东方图书馆。这个图书馆，在我国境内，可说是数一数二的，而从书籍的质量上看，恐怕要算最为完备。因为国内许多重要的图书馆所藏的书，固然有内容的价值比东方图书馆高出百倍的，可是要像这样藏书的种类繁多，不论中西学术图书，都备有相当分量，足供普通阅览研究的图书馆，在国内还找不出第二家。前年“一・二八”之役，竟随商务厂屋，同归于尽，真是我国文化上一个极大的损失。现在且把东方图书馆创设经过说一说。

当商务的宝山路厂屋落成的时候，张元济氏就着手筹备图书馆的建设，搜有会稽徐氏、长洲蒋氏、太仓顾氏各家散出藏书，以供编辑上的参考。这就是涵芬楼的起源。后来又购得清宗室盛氏、丰顺丁氏、江阴缪氏诸家藏书，此后又经历年搜集，并购有欧美及日本名家著作及馆中历年出版的书籍。这样的历年增加书籍，实际上已具有图书馆的规模，所藏的中外图书已有数十万册。

涵芬楼藏书既多，该馆为促进文化发达起见，乃决意建设公开的图书馆以供众览，遂于民国十三年，在总厂对面建造一座五层大厦，把涵芬楼所藏图书移入陈列，定名为东方图书馆。馆中所藏图书，可分以下数项说明：（一）普通中西文书籍与图表。据民国二十年馆中统计，所藏普通本国文书籍有二十六万八千余册，外国文书籍有八万余册。凡古今中外各科学术上必需的参考书籍，无不大致粗备。图表照片有五千余种，其中颇多希世之品。（二）善本书及方志。该馆所藏善本书，就经史子集四部来说，总数约有三千七百多种，三万五千多册，俱系宋元明版，及抄本，批校本稿末。方志部分所藏有的，总计有二十二省，二千六百余种，二万五千多册，内中有一百四十余册是元明本。（三）中外杂志报章。馆中所藏中外报章杂志，为数甚夥，重要刊物，十九都备有全份，其中有好些是已经绝版而不可得的。

统计馆中所藏图书，总数约有四十六万三千零八十三册之多，在我国各地图书馆中，可算藏书最丰富的图书馆了。从民国十五年起，乃公开的任人阅览。普通民众因此得着一个经济的便利的读书场所，研究学术的专家，也因此获得一个搜求参考材料的宝库。

不幸，这个全国唯一的文化机关，竟随着“九一八”以后的“一·二八”事变，成为瓦砾之场了。自被毁以后，中外人士，莫不痛惜，发表愤激和公正的言论。到三月中旬，商务当局，依据实情，造成全部损失统计，总计总厂编译所及东方图书馆的损失，共有一千六百三十三万零五百零四元之谱。

商务遭受了这番祸害，不仅财力无法维持，职工亦无从工作。可是商务的当局在这个时候，立刻把前题认识清楚，认定了商务印书馆是中国最重要的文化机关，是传播文化的干线，是有数十年历史而为全国人民所信赖的组织。这个机关三十多年来对于文化教育的贡献，实为至大，如果一旦消灭，必陷读书界于饥馑，为各方面利益计，实有复兴的必要。因此，就把复兴商务的责任，担负起来，一面将上海总馆，暂停营业，一面筹备复兴，在筹备复兴的当中，经过了种种的困难，多方的挣扎，才于二十一年八月一日恢复营业。

乙　复业的奋斗

商务遭难以后，为谋复业使重新适应各方面的需要起见，就实行两种积极的工作。第一，因为上海总栈全毁，供给断绝，乃就发行所及各地分馆所存少数书籍，从事合理化的调剂，使各分馆在紧缩状态下维持营业。第二，因为出版业的最重要营业时期，就是春秋两季的开学时期。商务出版的教科书参考书范围极广，差不多全国学校用书，大部分依赖商务的供给。如果在开学的时候不能供应图书，教育界必感觉书籍缺乏。因此，乃决意利用香港和北平两厂，从事大规模的生产，使可应付秋季开学的需要。当时香港和北平两厂的机器和添购的机器，比诸从前所有不过十分之一，表面看来，是很难担负印刷秋季用书的。可是该馆同人本着尽物力和人力的原则，详细计划，并由重要职员，分驻平港督促进行，果然到八月，总馆复业和各分馆继续秋季开学营业的时候，出书数量，竟和原议没有多大出入。

以上所说是复兴筹备的经过，现在再说复兴以后的努力与成绩。商务历来主持的人就认识商务印书馆是一个出版家，不是纯粹的印刷家，深知编辑计划关系出版家很为重大。印刷上的生产能力，虽日渐增长，如果没有编辑的计划，结果还是不能成为出版家的。在三十七年以前，商务实际上只是一个印刷家，自从张元济氏、高梦旦氏组织编译所，编辑《最新教科书》以适应当时新教育的需要，商务的地位，才由印刷家进为出版家。后来复经王云五氏的主持，陆续印行学校课本与重要书籍，地位乃随着编辑计划的进步而日渐隆重。自“一·二八”后，生产工具大多毁灭。八月初虽然复业，因为要补充原有生产品以应付教育上的需要，大部分生产工作，自然须用在重印被毁各书上面。可是，出版家的职责，是应该不断的将新著作贡献于社会，所以复兴以后，除重印被毁各书外，并保留一部分力量印行新出版物。自复业后第四个月（即十一月一日）起，宣布每日出版新书一种的计划，并恢复《东方杂志》、《英语周刊》、《儿童世界》、《儿童画报》四种定期出版物的刊行。（按本年九月《教育杂志》亦已复刊）在宣布这个计划之后，更进行其他几种计划。现在举其要者如下：

（一）按照新课程标准编印一套比较完善的《复兴中小学教科书》。这套书连同教学法教本等共有三百多册，已于去年秋季开学以前完全出版，使实行新课程标准的全国中小学校都能如期获得相当教育工具。

（二）编印《大学丛书》以为提高我国学术促进革新运动的一种帮助。经与全国著名大学校及学术团体合作，组织《大学丛书》委员会，草拟大学校各学院必修的科目，再分别缓急先后，拟定于五年内编印第一期大学用书三百种。此在我国尚属创举。各大学及各学术团体，都很表同情，并给与甚大的帮助，到现在不过一年多，已经出版了《大学丛书》一百余种。

（三）编印《小学生文库》及《幼童文库》为全国儿童增进自动读书的机会而为自动教育之倡导。《小学生文库》第一集共有五百册。《幼童文库》第一集共有二百册。这种办法对于儿童读物的贫乏，实有不少的补助。又因为儿童有求知的渴望而无辨别的能力，多读好书，便生良好的观念，多读无益的书，便会终身受其不良的影响。所以《小学生文库》和《幼童文库》除了充分的注重量的供给以外，对于质的选择，更为特别慎重。

（四）编印《万有文库》末期应出的书。《万有文库》第一集共二千册，原定分五期出版。“一·二八”以前已出版四期，除第四期存书大部分被毁尚可重版外，所有第五期应出的书四百册，大多数没有存稿，所以不得不重新征集，或分别托人编著，在去年居然把末期书赶出了。

（五）影印古书以保存孤本。如此次和中央图书馆筹备处订约影印的《四库全书珍本》便是其中的一个例子。《四库全书》的影印，十余年来经张元济、高梦旦、李宣龚诸氏的擘划，到快要成功的时候，又停顿下来，如是者有两次。去年三月间中央图书馆筹备处又将这问题来和商务商酌。这时正是商务复业不久，重版待印的书极多，新编待印的书也不少，就经济能力和生产能力来看，本可以不必担任此项工作。但以这件事情，计划多年，不做成功，实在可惜，况且自“九一八”事变发生，东省沦亡，《四库全书》又丧失一部，如果现在不赶快的将此书影印，将来文献散佚，与文化至有关系。因此，该馆乃不顾种种困难，径与中央图书馆筹备处订约影印。现在已开始出书。十几年来经过几许波折，屡次功败垂成的计划，如今总算成为事实。并且于影印《四库珍本》以外，并与故宫博物院订约影印唯一孤本的《宛委别藏》，又与国立北平图书馆订约借摄该馆所藏的善本，与涵芬楼烬余的善本参合影印，分期陆续发行。

以上不过是就编印计划方面举其荦荦大者，此外关于种种为教育界、学术界与读书界谋读书的便利与经济的方法，这儿不能够琐碎的来叙述。要之商务印书馆，自开办以来，始终以传播文化，发扬学术为职志，而自“一·二八”事变以后，更发生一种新的觉悟，更彻底认识文化事业的重要与出版业所负的重大使命。

（载《大夏》1934 年第 1 卷第 5 号）

一年来之我国出版事业

舒新城

《文化建设月刊》编辑部以《一年来之我国出版事业》一题嘱我撰文，坚辞不获，只得勉为其难。但有须说明者，此类具历史性质之题目，基本材料应是统计的报告。可是在事实上，统计上的数字极不易得，就是自己根据现有之材料编有几种统计，也很不完备，所以本文很难概括全国出版界的事实。其次，我虽然也服务于书业界，但是就业之时期既短，而在本业中又只负了一部分责任，对于整个的书业当然难以有全般的知识，对于全国出版界，更不能有深切的了解，所以本文中有所推论，皆系个人一孔之见，不足视为今年出版事业之定评。至于工余之作，不详不备，那是更不必说了！

以下分别述我个人对于出版界之观察。

一、一个比较

《文化建设月刊》为什么要在今年十二月中"就一年来之各种事业作一总的叙述"？我想大概是怀着一种"结旧账，谋新猷"的目的。可是人是群性的动物，个人不能离社会而孤立，国家亦不能离世界而孤立，仅根据"此时此地"的旧账以为建立新猷的目标，闭户之车，未见得能出而合辙。若就一事业为纵横的比较，于比较之中求得此事业在今日时间空间上之地位，对于此事业将来之进行，或者可有较合理的目标。所以未述今年我国出版事业之现象以前，先从日本东京堂今年六月出版之出版年鉴中摘录一表以见世界各文明国之出版情形。

世界主要国家出版统计（册数）

国名	一九三一	一九三〇	一九二九	一九二八	一九二七	一九二六
苏维埃	三八，四〇三	三四，一九五	二九，四七四	—	三六，六八〇	三六，四一六
德意志	二四，〇七四	二六，九六一	二七，〇〇二	二七，七九四	三一，〇二六	三〇，〇六四
日　本	二三，一一〇	二二，四六七	二一，一一一	一九，八八〇	一九，九六七	二〇，二一三
英吉利	一四，六八八	一五，三九三	一四，〇八六	一四，三九九	一三，八一〇	一二，七九九
法兰西	一四，〇五五	一四，三七二	一四，六六〇	一五，六三二	一一，九二二	一一，〇九五

续表

国名	一九三一	一九三〇	一九二九	一九二八	一九二七	一九二六
意大利	一二，一九三	一一，九四九	八，四四二	七，三一八	六，五三三	五，八七三
波　兰	一一，三一三	一二，二七四	—	—	六，八八八	六，三三九
美利坚	一〇，三〇七	一〇，〇二七	一〇，一八七	一〇，三五四	一〇，一五三	九，九二五
荷　兰	七，三三三	六，七八二	—	六，二六四	六，一〇三	—
匈牙利	三，一六九	三，四〇三	二，九八七	三，五〇七	三，八七九	三，八二八
丹　麦	三，一三八	三，四二一	三，二五七	二，八九三	三，二九三	三，二七〇
葡萄牙	二，七五三	二，一七一	—	一，三二二	九六七	—
瑞　典	二，六四三	二，六六〇	二，六三七	二，七二三	二，六五二	二，七四四
西班牙	二，四三六	二，四三六	—	二，三一〇	二，三七四	二，二六八
保加利亚	二，四〇四	二，六九六	二，五九五	二，七七五	二，三七九	二，七六〇
瑞　士	二，〇四九	二，〇九五	二，〇〇九	一，九二二	一，九〇九	一，八二三
加拿大	—	—	—	二，八八九	三，一六七	二，八九一
比利时	—	—	—	—	一，六八九	二，二〇九
挪　威	—	一，六一二	一，六二〇	一，一五五	一，二三八	一，二〇四

上表截至民国二十年（一九三一）为止，近三年中当更有进步。即以民国二十年为单位，各国出版物与人口之比较有如下表。（《人口数依国际政治经济一览》）

各国人口与出版物册数之比例

国名	人口数	出版物册数	每一册与人口之比例	国名	人口数	出版物册数	每一册与人口之比例
苏维埃	一六五，七〇〇，〇〇〇（一九三二）	三八，四〇三	四，三一	丹　麦	三，五九〇，〇〇〇（一九三二）	二，一三八	一，一四
德意志	六五，三〇〇，〇〇〇（一九三三）	二四，〇七四	二，七一一	葡萄牙	六，六九八，三四五（一九三〇）	二，七五三	二，四三三
日　本	九〇，三九六，〇四三（一九三〇）	二二，一一〇	三，九一一	瑞　典	六，一九〇，三六四（一九一二）	二，六四三	二，三四二
英吉利	四六，一八九，四四五	一四，六八八	三，一四五	西班牙	二三，五六〇，九七五（一九三〇）	二，四三六	九，六七二
法兰西	四一，八三四，九二三	一四，〇五五	二，九七七	保加利亚	六，〇〇六，〇〇〇	二，四〇四	二，四九八
意大利	四二，二四七，〇〇〇（一九三二）	一二，一九三	三，四六五	瑞　士	四，〇六六，四〇〇（一九三〇）	二，〇四九	一，九八五
波　兰	三二，九二七，七七三	一一，三一三	二，九一一	加拿大	一〇，三七六，七八六	二，八八九（一九二八）	三，五九二
美利坚	一二二，七七五，〇四六（一九一〇）	一〇，三〇七	一一，九一二	比利时	八，一五九，一八五	一，六八九（一九二七）	四，八三一
荷　兰	七，九二〇，三八八（一九三〇）	七，三三三	一，〇八〇	挪　威	一，八一四，一九四（一九三〇）	一，六一二（一九三〇）	一，七四六
匈牙利	八，六八八，〇〇〇（一九三二）	三，一六九	二，七四三				

至于我国出版物之统计，很难得全备而正确的数目。在法律上虽于十七年五月公布《著作权法》后，内政部即从事于办理书籍注册，但因创办未久，业出版者未能尽遵法规办理，官厅亦未严格执行。所以自十七年六月至二十二年内政部注册之出版物，仅三千七百七十六种，新闻纸及杂志计三千三百三十一种。图书之性质分配及新闻纸杂志之地方如下表。

十七年至二十二年内政部图书注册统计

书籍种类	十七年至二十年	二十一年	二十二年	总计
社会科学		一九〇	三八四	五七四
自然科学		七二	一一四	一八六
应用科学		五五	二一六	二七一
哲　学		四七	五二	九九
宗　教		三	一一	一四
文　学		二三五	三二九	五六四
史　地		五九	一四七	二〇六
艺　术		二二	七六	九八
语　文		二一	一二八	一四九
杂　著		一八二	四三三	六一五
总　计	一〇〇〇	八八六	一八九〇	三，七七六

十七年至二十二年内政部新闻纸及杂志登记统计

地方别	十七年七月至廿一年十二月	廿二年	总计
南京市	一五八	一七七	三三五
上海市	一九九	二六一	四六〇
北平市	一〇四	一二一	二二五
青岛市	二四	一六	四〇
威海市特别区	二	二	四

续表

地方别	十七年七月至廿一年十二月	廿二年	总计
江　苏	一三八	二八九	四二七
浙　江	一七三	一七三	三四六
安　徽	三四	六三	九七
江　西	三六	二〇	五六
河　南	四二	六六	一〇八
河　北	六三	一八四	二四七
山　东	三五	五三	八八
山　西	三八	二二	六一①
湖　南	一一五	一二六	二四一
湖　北	一八三	一二二	三〇五
云　南	二	一三	一五
四　川	四	七四	七八
福　建	一一	二七	三八
广　东	二	六三	六五
广　西	一〇	一二	二二
陕　西		八	八
贵　州	三	一	四
察哈尔	一〇	六	一六
绥　远	五	一一	一六
宁　夏		二	二
甘　肃	一〇	一六	二六
青　海	二		二
总　计	一，四〇三	一，九一九	三，三三一

① 原稿疑误。

今年我国出版物之注册数及新闻纸杂志之登记数据《内政公报》所载，如下两表：

二十三年一月至五月出版物注册数（表一）

类别＼月别	一月	二月	三月	四月	五月	总计
社会科学	三一	二七	二〇	七	四八	一三三
自然科学	八	一	一		八	一八
应用科学	八	二	九	一	五	二五
哲　学	七		二	一	四	一四
宗　教					二	二
文　学	八	二	七	一	一七	三五
史　地	五		三	一	一二	二一
艺　术	八		七	二		一七
语　文	六	一	二	三	一四	二六
杂　著	一		一		五	七
总　计	八二	三三	五二	一六	一一五	二九八

二十三年一月至九月新闻纸及杂志登记数（表二）

地方别＼月别	一月	二月	三月	四月	五月	六月	七月	八月	九月	总计
南京市	四	七	九	一四	七	二	四	四	六	五七
上海市	八	一三	三	一三	一〇	八	五	三		六三
北平市	一一	一〇	六	八	一〇	二	八	五	三	六三
青岛市		一		一	二	一			一	六
威海市特别区										
江　苏	一一	一二	八	七	一〇	二	一一	九	六	七六
浙　江	五	一三	四	七	一〇	四	六	六	五	六〇
安　徽	二	二			七		五	二	一	一九
江　西	一		二		三		二	二		一〇
河　南		二		五	一	二	六	二	八	二六
河　北	五	一三	三	六	七	五	三	三	七	五二

续表

地方别＼月别	一月	二月	三月	四月	五月	六月	七月	八月	九月	总计
山　东	二	一〇	二	一	三		四	三	六	三一
山　西		四			三	一	一	三	一	一三
湖　南			三		一〇		八		一	二二
湖　北	二	二	二	四	四	一	一六	三	二	三六
云　南	一	一	二	一	二	一	二	一		一一
四　川	三	一		二	二	二	六	六	二	二四
福　建					三	四	二	三	四	一六
广　东	八	一二	六	三				二	四	三五
广　西										
陕　西		三	一	一		一	一	一		八
贵　州				一			一			二
察哈尔	一				一		一			三
绥　远	一	一	一	一	三			二		九
宁　夏										
甘　肃		二						一		三
青　海										
总　计	六五	一〇七	五四	七五	九八	三六	九二	六一	五七	六五四

一二表所列数字当然不完备，但亦可作推断的根据。兹再就一月至十二月，上海《申报》广告所载之新刊出版物数目作统计有如下两表：

就内政部登记与《申报》广告所刊新书目录互为比较，可见内政部登记数与实际数相去甚远，而上海为全国出版中心地，《申报》又为销行全国之新闻纸，凡登广告之出版品，大概可于该报广告中见之，故该两表之数目当较可靠。姑假定《申报》广告中所见之出版品为全国之百分之九十（与实际上之出入当甚微，又各国统计例不计官厅出版物），则十个月内为一，八〇〇册，一，四三〇种，再以全年计约为二，一六〇册，一，七一六种，与一九三一年世界各国出版数目比较仅多于瑞士而占第十六位。若以人口比较，则每二一九，二三〇人方占新出版物一册，实比任何国家为少。

二十三年一月至十月《申报》广告新刊出版物分类统计表(册教)

书别＼册价别＼月别	一月		二月		三月		四月		五月		六月		七月		八月		九月		十月		总计	
	册	价	册	价	册	价	册	价	册	价	册	价	册	价	册	价	册	价	册	价	册	价
普通	2	1.-			4	1.75	1	0.35	5	1.95	12	9.1	7	6.65	8	8.85	10	6.3	2	0.7	51	36.65
哲学	6	6.3	1	0.4	7	4.9	6	4.5	3	5.6	8	13.4	5	3.3	9	6.4	1	4.8	4	2.-	50	51.6
心理	4	7.6	1	2.75	1	0.7	1	0.5	1	0.4	1	2.-			1	0.8	2	1.65			12	16.4
伦理							1	0.5			10	2.5					1	0.6			12	3.6
宗教					1	0.25	6	4.1	1	0.8	1	0.3	2	0.65	2	5.5	1	0.7	2	1.4	16	13.7
社会	3	4.-			4	2.-			5	2.95	5	6.35	1	0.5	2	3.25	1	0.25	2	1.2	23	20.5
统计			1	1.1											2	2.55	1	3.2	2	3.8	6	10.65
政治	6	8.1	1	0.4	8	10.2	3	3.15	7	7.15	3	1.4			12	15.85	1	0.8	1	1.8	42	48.85
经济	6	8.3	12	11.2	7	8.4	11	27.4	9	19.4	8	11.05	5	9.1	13	19.8	2	3.6	4	5.1	77	13.35
法律	3	6.3	6	2.95	4	3.15	11	25.4	3	2.6	3	2.75	5	7.45	3	2.45	42	29.74	2	2.1	82	84.89
行政	2	6.2	2	0.9			4	3.5	1	2.6	4	2.85			1	1.-	1	0.8	1	1.3	16	19.15
军事	1	4.-									3	1.55			1	0.15	1	0.2			6	5.9
教育	8	10.1	2	2.9	6	2.15	6	11.9	39	6.29	20	11.45	26	7.-	58	18.12	22	5.25	20	14.37	207	89.53
商业	1	0.6	1	0.3	1	0.8					5	1.45									8	3.15
交通	1	0.6	1	0.9	1	0.6					1	0.7									4	2.8
语文	2	0.75	8	9.25	6	1.8	4	3.7	9	3.8	5	5.15	3	1.7	3	1.5	4	1.98	6	6.15	50	38.78
科学	1	2.5			1	2.5	1	2.-			5	7.4			2	1.8			1	2.7	11	18.9

续表

月别/册价别/书别	一月		二月		三月		四月		五月		六月		七月		八月		九月		十月		总计	
	册	价	册	价	册	价	册	价	册	价	册	价	册	价	册	价	册	价	册	价	册	价
数学					3	2.8	1	2.4			4	2.95	4	8.3	5	3.15	3	5.6	4	6.75	24	31.95
天文			1	2.2	1	0.6	1	0.9	1	0.4	1	1.6	1	0.6	1	0.08			1	0.5	8	6.88
物理	3	6.8			1	1.4	1	0.6	1	2.7	1	1.7			3	4.–	2	1.55	1	1.–	13	19.75
化学							1	2.36									1	3.5			2	5.86
地质															2	0.75					2	0.75
生物	2	3.55											1	0.7	1	2.2	1	0.6	2	1.6	7	8.65
植物					1	0.15			1	0.2	2	0.9					1	1.7			5	2.95
动物					2	0.45			2	4.8					2	1.25					6	6.5
医药	6	5.35	3	0.63	1	0.15	2	1.25	3	1.2	2	0.8			6	1.85			2	0.9	25	12.13
工程	1	1.5	4	4.6	4	6.8	5	2.25			7	3.2	4	1.6			1	1.–	2	3.3	28	24.25
农艺	3	1.9	2	0.65	1	0.3	6	2.05	4	1.3	44	7.45			9	0.68	5	3.14	1	1.4	75	18.87
商业实践	2	1.9	1	4.–	4	6.8	1	1.–	3	3.–			2	0.8	4	6.4	8	17.9	2	1.4	27	43.2
工艺		0.2					2	2.25	5	2.5			1	0.65	1	0.2			1	0.45	10	60.5
美术	1	25.–	3	5.5	3	1.05	19	6.53	9	6.45	11	5.85	3	5.5	3	7.3	4	2.4	5	7.6	61	48.38
文学	42	8.05	30	22.7	18	10.05	25	18.9	59	30.7	39	20.95	11	6.6	20	16.3	44	20.4	28	18.3	316	189.9
史地	11		17	8.7	9	28.9	225	135.65	16	12.3	16	17.95	11	7.05	17	11.5	5	5.3	7	5.35	334	243.75
总计	117	120.6	97	82.03	99	98.65	344	266.14	187	119.09	221	142.75	92	68.15	191	143.68	165	122.96	103	91.17	1,616	1,265.22

二十三年一月至十月《申报》广告新刊出版物分类统计表(种数)

月别/种价别/书别	一月		二月		三月		四月		五月		六月		七月		八月		九月		十月		总计	
	种	价	种	价	种	价	种	价	种	价	种	价	种	价	种	价	种	价	种	价	种	价
普通	2	1.-			4	1.75	1	0.35	3	1.95	5	9.1	7	6.65	6	8.85	7	6.3	2	0.7	37	36.65
哲学	2	6.3	1	0.4	6	4.9	6	4.5	3	5.6	8	13.4	5	3.3	9	6.4	1	4.8	4	2.-	45	51.6
心理	4	7.6	1	2.75	1	0.7	1	0.5	1	0.4	1	2.-			1	0.8	2	1.65			12	16.4
伦理							1	0.5			10	2.5					1	0.6			12	3.6
宗教					1	0.25	6	4.1	1	0.8	1	0.3	2	0.65	2	5.5	1	0.7	2	1.4	16	13.7
社会	2	4.-			4	2.-			5	2.95	5	6.35	1	0.5	2	3.25	1	0.25	2	1.2	22	20.5
统计			1	11											2	2.55	1	3.2	2	3.8	6	10.65
政治	6	8.14	1	0.4	8	10.2	2	3.15	7	7.15	3	1.4			12	15.85	1	0.8	1	1.8	41	48.85
经济	6	8.3	12	11.2	7	8.4	11	27.4	8	19.46	8	11.05	5	9.1	13	19.8	2	3.6	4	5.1	76	123.35
法律	3	6.3	6	2.95	4	3.15	10	25.4	3	2	3	2.75	5	7.45	3	2.45	42	29.74	2	2.1	81	84.89
行政	2	6.2	2	0.9			4	3.5	1	2.6	4	2.85			1	1.-	1	0.8	1	1.3	16	19.15
军事	1	4.-									3	1.55			1	0.15	1	0.2			6	5.9
教育	8	10.1	1	2.9	6	2.15	6	11.9	39	6.29	20	11.45	26	7.-	58	18.12	22	5.25	20	14.37	207	89.53
商业	1	0.6	1	0.3	1	0.8					5	1.45									8	3.15
交通	1	0.6	1	0.9	1	0.6					1	0.7									4	2.8
语文	2	0.75	8	9.25	3	1.8	3	3.7	8	3.8	5	5.15	3	1.7	3	1.5	4	1.98	6	6.15	45	35.78
科学	1	2.5			1	2.5	1	2.-			5	7.4			2	1.8			1	2.7	11	18.9

续表

月别 种价别 书别	一月		二月		三月		四月		五月		六月		七月		八月		九月		十月		总计	
	种	价	种	价	种	价	种	价	种	价	种	价	种	价	种	价	种	价	种	价	种	价
数学					3	2.8	1	2.4			4	2.95	4	8.3	5	3.15	3	5.6	4	6.75	24	31.95
天文			1	2.2	1	0.6	1	0.9	1	0.4	1	1.6	1	0.6	1	0.08			1	0.5	8	6.88
物理	3	6.8			1	1.4	1	0.6	1	2.7	1	1.7			3	4.–	2	1.55	1	1.–	13	19.75
化学							1	2.36									1	3.5			2	5.86
地质															2	0.75					2	0.75
生物	2	3.55											1	0.7	1	2.2	1	0.6	2	1.6	7	8.65
植物					1	0.15			1	0.2	2	0.9					1	1.7			5	2.95
动物					2	0.45			2	4.8					2	1.25					6	6.5
医药	4	5.35	3	0.63	1	0.10	2	1.25	3	1.2	2	0.8			6	1.85			2	0.9	23	12.13
工程	1	1.5	4	4.6	4	6.8	5	2.25			7	3.2	4	1.6			1	1.–	2	3.3	28	24.25
农艺	3	1.9	2	0.65	1	0.3	6	2.05	4	1.3	44	7.45			9	0.68	5	3.14	1	1.4	75	18.87
商业实践	2	1.9	1	4.–	4	6.8	1	1.–	2	3.–			2	0.3	4	6.4	7	17.9	2	1.4	25	43.2
工艺							2	2.25	5	2.5			1	0.65	1	0.2			1	0.45	10	60.5
美术	1	0.2	3	5.5	3	1.00	19	6.53	9	6.45	10	5.85	3	5.5	3	7.3	4	2.4	5	7.6	60	48.38
文学	42	25.–	14	22.5	10	10.05	23	18.9	47	30.7	38	20.95	8	6.6	19	16.3	20	20.4	22	18.3	243	189.9
史地	6	8.05	12	8.7	9	28.9	19	138.65	15	12.3	14	17.95	10	7.05	14	11.5	4	5.3	7	5.35	110	243.75
总计	105	120.6	76	82.03	87	98.65	133	266.14	169	119.09	210	142.75	86	68.15	185	143.68	136	122.96	97	91.17	1,286	1,255

二、五种特征

以上是民国二十三年出版事业数字上的表示，虽能代表普通的事业，但不能代表今年出版界的特殊趋向，数字以外的特征，据我观察，有下列几种。

（一）翻印珍贵旧籍——自印刷术发达而后，翻印旧籍，本是平常的事。不过像今年这样大规模的翻印珍贵旧籍，却是历史上向来未有的事。其最重要的，有下列3种：

（1）《四库珍本》——《四库珍本》为文渊阁四库未刊之珍本，其初集目录二百三十一种，编订约二千册，由商务印书馆印行。查商务影印《四库全书》，创议于民国十三年，十四年十五年两度停顿。二十二年，热河被侵，北平震动，文渊阁全书南迁，教育部复有选印《四库珍本》之议，斯年六月十七日教育部委托中央图书馆筹备处与商务印书馆订约影印《四库全书》未刊珍本，订约两月后教育部复聘专家十七人，编订目录，计初集二百三十一种约两千册，于两年内出齐，该馆于今年春发售预约，与秋季起陆续出书。

（2）《古今图书集成》——《古今图书集成》是中国唯一的百科全书式之大类书，清初陈梦雷就所藏书及诚亲王允祉协一堂藏书约一万五千余卷编辑而成，共计一万卷，分为六汇编，三十二典，六千余部又目录四十卷。其内容据陈上诚亲王书谓“凡在六合之内，钜细毕举，其在十三经、念四史者，只字不遗，其在裨史子集者十亦只删一二”。雍正初年，刷印铜活字版六十四部，后以铜字被窃，遂未重印。光绪十六年曾影印百部，但半毁于火。去年底中华书局因陈炳谦氏以南海康有为之藏本见贻，于今年用橡皮机缩印八百册，发售预约，于今年秋季起分两年出齐。

（3）宋《碛砂藏经》——此书影印，发起于去年，全书五百九十二册，预约期于去年年底截止，并定同年六月十二月各出书一百五十册，不料第一期之书于今年一月十日被焚，乃展至四月出书。故在出版期间上亦可视为今年之一种重大事件。

此项藏经之影印，在文化上之价值甚大，只以非一般人通用之书而又非由出版家发刊，世人遂少注意。实则重要不亚于《四库珍本》与《古今图书集成》也。此书之内容如何？中国佛教会之启事可代说明：

吾国雕刻书版，皆谓导源于佛经，而宋代所刻，传至今日，若蜀本，若福州本，若思溪本，往往残卷凌函，不能首尾完具也。今影印宋版藏经会所发行之《碛砂藏经》，则有六千三百十卷，求之法海，厥为伟观，此经宋理宗绍定时，平江府碛砂延圣院刊本，具载经跋，元僧圆至曾为院记述其事，《牧潜集》及清康熙《苏州府志》均录之。……其倡刊之人，就经跋推考，初为绍定四年七月刊《大宝积经》之范显，次为绍定五年五月题《无量寿经》之劝缘僧善成、法澄、法如、法昇、法超、志圆，一说则为比丘尼弘道，断臂劝募，弘道既殆，其徒复断臂继之，更三世其愿始满；见于明万历时冯梦祯刻《方册藏》缘起。此经发见之地，在今之西安卧龙开元雨寺，而刊版之平江府旧地则遍访不得一帙……此经原有端平目录，日本《昭和法宝》曾以辑入，但依千文列次，自天字大般若波罗蜜多经起，至合字南本大般涅槃经止，曾有一千四百三十二部，五千八百五十七卷。乃今日访得之经本，实不止此数。合字以下，有济字《宗镜录》，且直至烦字《天目中峰和尚语录》，溢出八十九部，四百五十三卷，不可谓非徵勘惊人之成绩。至所有经律论，为宋代他藏所无者，为元明清各藏所无者，为日本、高丽各藏所无者，更难以枚举。……吾国刻书，向苦校正认字之不易，佛经自不能为例外，而此经闻极少讹字。……此经之佛像及经文，皆有书者、绘者、刊者姓名，像式多至七种以上，书法且有仿黄庭坚者。依其年代，考其作派，殆可辟一佛教美术之系统。复次，各部卷首之序文，别藏时有遗失。如《大乘起信论》之智恺序，明藏即无之，《药师如来本愿经》之蹇矩序，《瑜伽师地论新译》之许敬宗序，《佛遗教经》之宋真宗序，最近《频伽藏》且无之。复次，各部卷末及中缝之题跋，尤蕴藏綦富，如经局之组织，施主之名称，刻版之工值，亦研求社会礼俗经济者所欲急得之事征。

此外如各省通志、《宛委别藏》与《辽海丛书》、《遂雅丛书》之影印，以及《四部丛刊续编》、《四部备要》重版之发刊，均可证明社会人士对于中国旧籍之重视，凡此种种，可谓今年出版界之第一特征。

（二）编印年鉴——我国因为统计不发达，以前普通年鉴之出版者只某外国人之英文《中国年鉴》，去年《申报》发刊《申报年鉴》，铁道部有《铁道年鉴》，今年则除《申报年鉴》继续出版外，官厅方面有教育部之第一部《教育年鉴》，实业部之《中国经济年鉴》，财政部、交通部亦有《财政交通年鉴》之编辑，惟尚未出版耳。此外尚有中国外交年鉴社编之《外交年鉴》，中国银行管理处编辑之《全国银行年鉴》，及内外通讯社译之《一九三三年国际联盟军备年鉴》。虽为数不过数种，但在中国出版史上，年鉴出版之多，而材料又较丰富有裨实用，当以今年为新纪元，故亦视之为特征之一。此六种年鉴除《申报年鉴》为续刊外，其余均为创刊（《银行年鉴》虽于十一年刊行一次，但停刊十二年，今年之年鉴，与旧刊全无关联，亦可视为创刊），其内容有简明介绍之必要。兹分述如下：

（1）《军备年鉴》——国际联盟会编辑，内外通讯社翻译，中国文化学会印行。蒋中正序本年鉴说："国际联盟世界军备之编纂，根据一九二三年之决议开始，迄今十年渐臻完善。一九三三年版以军备会议所得各国政府报告补充旧文，较昔为胜。世界各国陆海空、军令、军政、军区、军实、军费、编制、征募、训练、动员，旁及民军、警察等项；虽其间简详不同，固已粗其具梗概；而又附以丁口、国境、岸线、铁道四事，武备之要，所示弥多。国力强弱，约略可计。"又原序说："此版（第九年）共列六十四国国联会员及非会员均在内。有殖民地及殖民地军之国度，并详叙其武力、组织与编成。"由此可见其内容之概略，全书一千一百面，定价五元。

（2）《中国经济年鉴》——由实业部聘请经济专家百余人从事编纂，由财部各关系机关及全国各专家、各文化团体、各大企业组织、各法团供给材料。全书分十七章六百万言，凡直接或间接与经济有关之统计数字，无论其为已经刊布或尚未刊布者，无不尽量搜集一一加以整理，分类辑入。故实业部长陈公博谓此书名义上是年鉴，实际上是一本中国经济全志。全书两大册，定价十五元，商务印书馆印行。

(3)《教育年鉴》——教育部编辑。其体例着重概况之报告，佐以法规之录例，附以研究结果之陈述。全书分五编：甲编教育总述，乙编教育法规，丙编教育概况，丁编教育统计，戊编教育杂述。除法规、概况及统计事实取材较近外，余多起自清季。又以我国幅员辽阔，交通不便，政令推行时或窒滞，在最短期间内不易年编一卷，故取回次体而取名《第一次中国教育年鉴》。从实质上说来，即称为中国近代教育史略亦可。全书两册，分三种形式印刷，定价四元至八元。开明书店印行。

(4)《外交年鉴》——中国外交年鉴社编辑，主编人章进，生活书店印行。书分两种形式印刷，定价分一元五角，二元五角。全书分五章：第一章国民政府与外交，第二章外交及领事机关，第三章中国外交史略，第四章一年来之外交，第五章一年来之外务行政，附录有关外交之表格法规计二十种。而以第二、第四、第五三章为主体，故叙述特详：盖所以符年鉴之体例也。

(5)《全国银行年鉴》——编辑及出版者均为中国银行总管理处经济研究室，一厚册，定价八元。全书分正附两篇：正编自第一章至第八章，专述银行大事、调查、公令、法规、统计、人名等事。附编自第九章至第十五章，述银行有关系之行业，计分：外商银行、钱庄与银号、信托公司、银公司、储蓄会、保险公司、典当等项。取材力求精美完备，俾一面足供专门家之研究，一面足为学生、教授及银钱业从业人员必备之参考。

至于《申报年鉴》虽为续刊，但更改甚多，除去随时增取本年之新材料而外，且约各专家，专门人员及机关团体为特约编辑人，或材料供给人。同时并以通讯调查之方法征求各种统计，故材料较为可靠。全书计二十五大目，凡关于土地、人口、党务、政治、经济、教育、时务诸要项均经列入。用两种形式印刷，定价分二元四角，三元二角。上海申报馆发行。

此外尚有中国电影教育协会编辑之《中国电影年鉴》，虽曾发售预约，但书未出版，故从略。

(三) 杂志年——“杂志年”这名词，今年与“国货年”、“儿童年”等常见于报纸杂志之中。在直觉上，似今年之杂志确比往年为多，就《人文月刊》三年来所载之杂志目录比之，今年之超过往年，有如下表：

月别 年别	二月	三月	四月	五月	六月	八月	九月	十月	十一月	十二月	总计
二十一年	八九	九三	八〇	九〇	八〇	九一	八四	八八	八八	九四	八七七
二十二年	九〇	八九	八九	九八	一一〇	一三八	一六三	一五〇	一六六	一七九	一，二七四
二十三年	一九四	二〇三	一六九	二〇三	二〇九	二三〇	二四二	二一七	二一〇	二〇一	二，〇八六

*第十期今年尚未出版，假定如十一月份之数目

从上表看来，将该刊每月收到之杂志以十月平均之，前年为八八种，去年为一二八种，今年为二〇九种。今年杂志的数目比去年增八一种，比前年增一二一种。销路上因无统计，不敢断定何种较大，但从常识上可以推知今年杂志之总销数必较前两年者为大。再就日常闻见所及，今年杂志销路之最大者似为小品文性质之刊物，其次为画报。由此可知我国社会一般人士知识欲之倾向。此外有一最可惜之事，即国内唯一专评图画之杂志——《图画评论月刊》，停刊是也。

（四）图书检查——我国自前清公布《报律》以后，对于新闻纸即施行检查。国民政府成立以来，对于有关党义之书籍虽亦施行检查，但范围甚狭。今年则凡文艺、社会科学之书籍以及杂志，除党政机关出版者均施行检查。其审查办法十条，于六月公布，七月修改为十四条。此在出版史上颇占重要位置，亦为本年出版界特征之一。兹录其较重要者四条于后：

第二条　凡在中华民国国境内之书局社团或著作人所出版之图书杂志，应于付印前，依据本办法，将稿本呈送中央宣传委员会图书杂志审查委员会（以下简称“本会”），声请审查，前项审查事宜，遵照中央执行委员会第一一五次常务会议决议：

一、审查之范围为文艺及社会科学。

二、先在上海试办。

第五条　凡合于下列情形之一者，得呈请本会转呈中央宣传委员会核准发给免审证，其请求免审之声请书另定之。

一、当地党政机关出版之图书杂志。

二、凡出版一年以上平日思想正确绝无违背中央颁布《宣传品审查标准》及《出版法》之杂志。

前项准予免审之图书杂志如发现内容有不妥，除撤销免审证外，并依法予以处分。

第七条　声请审查之图书杂志稿本，其内容如有认为不妥之处，得发还原声请人饬节依照审查意见删改，如全部文字有犯《宣传品审查标准》第三项之情形及违背《出版法》第四章第十九条之限制者，本会得将原件扣呈中央宣传委员会核办。

第十一条　图书杂志出版后，除应依照《出版法》第十三条及第十五条之规定，每种送内政部二份外，并应送本会三份，以便核对转存。图书杂志出版后如发现与审查稿本不符时，由本会呈请中央宣传委员会转内政部予以处分。

（五）大廉价——今年出版界中有一种最矛盾之现象，即一面大量印行古旧珍籍及发刊杂志，而又一面一般书籍无出路是也。去秋以来，小学教科书售价由八折改为六折，中学教科书由十足改为八折。今年则教科书继续减折而外，普通书籍亦十足改为八折至对折，而新标点之旧小说则更以一折八扣登报发售。大廉价之现象去年即以普及于各业，今年则更蔓延于出版业，此种普遍的大廉价，在出版界尚是破例，当亦可视为今年的特征之一种也。

三、三项问题

从上面的五种特征看来，今年的出版界，虽然也如其他的各业一般，表现着许多的矛盾现象，但大体看来，总算是有进步的。可是拿这进步的数字与世界其他文明各国的出版界比较，数量少到几乎无从说起。

我们就第二表之书册与人口数比较，最高者为荷兰，每一，〇八〇人占出版物一册；最低者为美国，亦每一，一九一二人占一册。至于各国出版物之种数因无完备统计不能比较。即以日本昭和八年新刊四，七二八种（杂志官厅刊物除外）与我国之新刊一，七一六种（假定数）比，及日本杂志八四二种与我国杂志二〇九种比，相去亦太悬殊；再以人口为例，则日本每一九，一一七人有新刊一种，每一〇七，三五一人中有杂志一处，我国则每二七五，九五四人始有新刊一种，每二，二六五，七二九人始有杂志一种，两者相较为一与十四及一与二十一之比。我国出版物如此之少，出版家之不努力当然要负许多责任。可是除此而外，似乎还有更大的问题在，此问题归纳起来，大概可有下列三种。

（一）教育问题——出版物是商品，其主顾为读者，读者又必为识字者。中国人口虽有四万万七千余万（据《申报年鉴》为四七三，五三七，三三五人），但高等学生只四三，五一九人（民二十二统计），中等学生四〇三，三一四人，初等学生一一，六六七，八八八人（中初均民二十统计），合计在学人数只一二，一一四，五四一人，约全人口四十分之一。而全国不识字者，据最近统计仍有百分之八十，则全国四万万七千余万人中识字者不到一万万，以一万万识字者与出版新刊数及杂志数作比例，比率自然大得许多，可是我国出版物仍绝不能追踪其他文明国家的比例，这除去不识字的因数之外，还有下面的两大问题。

（二）经济问题——此问题之根本为穷。我国的国富，本不能与他国比较（据一九三〇年《国际年鉴》美国每人年均有六，六〇七，占世界十八大国之第一，日本一，七三一元，占第十一，中国为一〇一元，占最末，为美国六十六分之一，日本十七分之一），加之“九一八”而后，东北的富源为暴日攫去，国际贸易上之入超日多。而因世界不景气之故，华侨汇款及外人在我国之用费日少，无形之补助又远逊于从前，于是国际决算之差额日大，内地金融日枯，购买力亦因之日弱。在一般“穷”的情势之下，出版业尚受一种特殊的影响：即内地与出版业集中地生活程度的差别太大。就现在的情形而论，中国的出版业差不多以上海为唯一的集中地，上海生活程度与内地相较已在一倍至六倍之间（上海普通工人生活至低十二元，四川湖南乡间二元已足），而出版业之原料，无论纸张、机器、油墨等几于无一不是外国货——甚至于著作者亦几于可以视为外国货，因为他们所用的参考书大半反为外国书，而所过的生活大半外国化也——其生产成本销售价格，更高过于内地一般人之生活水准。近年来新出版的科学或文艺书籍，只要略有插图用道林纸印刷（道林纸税额为纸价百分之七十）之四开本，大概要一分钱一叶，十万字之书，售价总在一元上下，要内地人民费半月粮米买此“饥不可食，寒不可衣”之书籍，自然是难之又难的事。所以以中国人口如此之多，普通出版物之销售单位以千计，最大杂志之销售单位以万计，最大报纸以十万计，与他国之以万十万百万计者，相去真不可以道里计也。

（三）历史问题——此处所谓历史问题，即我国人在习惯上不喜购买新出版物。此习惯之养成，是由于社会经济之组织为农业的，因为农业社会经济上的“自足自给”，日常生活上对于文字的需要很少，就要读书，按照传统观念，一部四书五经式《三字经》、《百家姓》、《千字文》尽可子子孙孙读下去，教科书之几年变更一次，已不是他们所能理解；新出版物之日新月异，更超出他们生活习惯之外。所以内地许多中产分子力能购书者，亦多不愿购，而交通不便，一种新出版物运到内地，每需时十数日至数月，凡有时间性的东西，常至失其效用，一部分之好读新刊者，亦每因“赶不上去”与“不易得书”而灰心下来。最近某报副刊记者谓中国出版物无广大的读者群众，差不多只是作者与读者在那里互相交替。出版业之不易发展，这话似乎可以作一个旁证。

这些问题只是举其大者（其详情参看《图画评论》创刊号拙著《中华书局编辑所》一文）。但是中国出版业不能与列国争衡，与不易发展之原因，已可概见。此原因之解除，出版家自然要负责任地努力前进，同时更希望社会上之各方面都有进步，使上述之三问题，都有相当的解决，等待明年文化建设月刊再将一年来之出版事业算总账时，一切数字增加，问题全无，作者实“不胜大愿”！

廿三、十一、二五，上海。

（载《文化建设》1934 年第 1 卷第 3 期）

二十二年的出版界

杨天南

这是国难后的一年，《塘沽协定》签字之后，各种紧张不安的情调渐渐消息了，于是各种事业就复活转来，在出版界中顶大的事件，自然是商务印书馆的复业了。

我不想作有系统的说述，因为这里不容许这样死板板做。而且我也没有功夫写长大篇的东西，把统计图表都发表出来。但今年的出版界十分不振是无庸置疑的，出版数量的少，一定也不成问题，出版界是在叫苦，也时时听到，有连带关系的纸商印刷业生意都不见佳。因为一般社会的不景气，第一是要影响到出版界来，无书看总还不致害及生命，那么如何能在这一切都将陷入绝路的不振状态之中，希望出版界飞升突进呢？

其实谁也不希望有什么好成绩，出版物是靠作家帮忙的，在这个年头，多言是惹祸的根源，文人大都学习金人的三缄其口，而非文人的学者先生，理应大可有所研究而成巨帙著作，可惜又是社会不安定，生活不安定，没有人能安心坐在研究室中，所以著作界惨极了。著作界如此不争气，出版界也是无书可出吧。怪不得《论语》半月刊销路日增，大家只能吃了饭闲谈闲谈而已。

商务一复业后，各书店就有倾销教科书的竞争，在商务是对付大东的，但全体出教科书的店家都受了影响。教科书的应否倾销，当时曾有人论及，而大家以为由国家包办为最妥。其实出版事业，也应由国营才对，因为一国的文化，时时刻刻在创造之中，若不由国家加以指导，领到他所要达到的地方而任他自由发展，一定要花样百出而无法收拾，现在中国确有这样毛病。

幸而是出版界不振，否则一定要异端邪说，横行无忌，而流毒国内洗涤不清的。这样出版界的消沉反是于国有利，所以商务印书馆，也只印出那不三不四的东西，既可换钱，又是报国。其他各书店，也是如此，而且有书店愈老，所出的书也愈老的样子，是很可笑的。

各作家都没有什么新贡献，只把旧的作品集合而出为什么自选集之类，创作方面恐怕只有茅盾的《子夜》，王统照的《山雨》和巴金所作等二三册而已，可谓消沉已极。杂文一类，本年特别流行起来，各种十六开本的杂志继《论语》而起来，多不胜计，但很少可以记述的。《文坛登龙术》，由著者自己出书，是很特别的一本，一种不纯粹是讽刺的长篇杂文，另有一种风趣。《文学杂志》的创刊，不曾给文坛以甚大影响及感动，是很可惜的，大概主持者都是老成之人，而不能与时流适合之故。但文人的相骂，却以这一年为最盛了，最近的《文选与庄子问题》，似乎是无理取闹，但也可以看出文人之如何无聊。如此，文学方面的出版，我们不能有更大的希望。

考古方面的成绩，一定很有可观的，对于古代史古代社会研究，将大有贡献，可惜现在还不曾有书出来，而中央研究院的有了各个研究所之后，好像学术更不行了，大约各学院既都被中央研究院收罗了去，总得仔细研究，故一二年内，不能希望和出版界有什么关系的吧，即中央研究院出版的东西说，也大寥落了。

学术方面完全不行，即是翻译的书，也没有几本，但通俗刊物中增加了一本《科学画报》，倒是很值得一提的。虽则印刷不很好，内容也不甚高明，但总算是中国进步的一倾向了。科学书出的仍很少，少到等于没有，中大罗广庭博士有“生物自然发生”之说，惜未成为书，否则倒是很可一看的一大书，而且是学术家的一大革命工作哩。

经济是成为问题中心的年头，可是书册还是很少，什么计划经济统制经济闹得一天星斗乌烟瘴气，还是莫名其妙，有的不过几册不很得体的译书。社会、政治，也是这个样子，怪不得借了一批五千万美金的美棉麦来仍收拾不好，根本是不知道怎样弄。只看出版界可以明了的，中国的根本毛病在于什么地方。因为金贵而纸贵前年书价提高了，大家都售实价，或加几成，可以外币跌价而纸廉了，书价也照样减低，可见我国人最公平。不过中国出版物只用外国纸，只替外国纸厂销货，却也是不成问题的真实了。

教科书打了折扣之后，商务印书馆还出了一部叫《儿童文库》，那是比《万有文库》更糟糕的宝贝。据说全是旧东西的改头换面而出每千字大洋五角的稿费收买来的。《万有文库》，有字纸笼之讥，这《儿童文库》，定将为毒害儿童的垃圾桶。我们原应不希出版界要怎样牺牲而去站在文化的立场上做事，但太商业本位而忘却了本身的重大使命总是很可怕的。所以我有倾向出版国营之意，至少要比现在这样乱七八糟好些，即便是如此，也更会有人敢指摘，不会像现在那么被垄断的样子。

通俗读物也不很兴旺，连环图画一类书，益加畅旺了，因为不识字的人，也可以看，而在下层社会，获得了读者群众，有人责备着用纸不良绘画不良，印刷不良以及文字不良，但只有如此才可以合于一般平民的胃口，如何是好？即使进步一点进而到像新上海杂志一样，那也是很可笑的，成为不新不旧，非驴非马的东西，真是中国人才做得出来。

特别可以提起的是《北平笺谱》，此种文雅的事，由鲁迅、西谛二人为之，提倡中国古法木刻，真是大开倒车，老将其实老了。至于全书六册预约价十二元真吓得煞人也。无论如何，中国尚有如此优游不迫之好奇精神，是十分可贺的，但愿所余四十余部，没有一个闲暇之人敢去接受。

字典辞典，也没有什么特别的，不过报上见《四库大辞典》及《图书年鉴》的广告，那可以说是了不起的大著。前年有中央研究院的人名地名的大辞典，商务《辞源》等早已开始再版，各种学用工具诸书似渐见完备，却是一件可喜之事。惟世界书局出版《牛津小辞典》之译本，被林语堂在《论语》一骂而大受打击，则是可惜的。世界书局应得于出版之前仔细留心些，不要一直抱着那粗制滥造的方针才好。因为不一定都是照小学教科书一样，什么只要靠推销得力，便有办法的。

杂志的新出版的从《新中华》以下也有多种，好像《新中华》就不甚了，幸而中华书局不在乎，本来是当作广告用的杂志。就全体说中华总走后一步，而且不肯努力赶，大约也是老而有病了，在沪战中不曾受大影响，宜乎可以奋进一步了，但仍保持他那悠游的风度是很可怪的。

《申报》办了特种发行部，出月刊出丛书，但并不什么努力的样子，那一本《中国地图》倒是学生极良的参考书。他们的书，自然是以社会经济及世界现势为骨子的，但不曾有很可以叫人心折的书出版，大约也是社会不景气之故，即使你出了好书，也没有人来请教，只好还是不出。不过那一本年鉴却是有逐渐改良之必要的，但本年度的继续刊行，还不见有广告，倒很奇怪。

神州国光社一时出了很多的歪曲的社会科学书，莫明其妙的厚的《读书杂志》也很叫人惊奇，但终于改组了，显露面目。泰东标点了一部《今古奇观》，且看他再来一部什么书。现代似乎专一倾向到文艺方面去了，开明在转教科书的念头。儿童读物的销货比较还不差，所以有儿童书局的成立，而新中国书店也望这一条路上走。

今年神奇的淫欲的小说似乎少了些，礼拜六派势力大减，而茶话闲谈一类的刊大增其类，但未见得是好现象。小报的销场大跌，三日都改为日刊，能维持下去极寥寥，就中社会新闻。日刊是一种神秘的存在，《生活》周刊终于停歇，是一件可惜的事。因自由论言还在论下去，《生活》似无停止之必要也。各报的副刊附刊。礼拜六派的地盘渐渐受压逼，张恨水的小说仍为一般人所看读，但已有强弩之末之势，新文学尚少通俗之作，但势力逐渐有展开之势，因出版之书比较文学略多也。

总之二十二年是不景气的年头，出版界的不振是应该如此的，再也没有什么办法可想，还是希望国家太平起来，人民安居乐业，然后可以使作家学者安心作工而出版界有了后援，便可以希望蒸蒸日上了。

（载《十日谈》1934年新年特辑）

中国出版界的不景气

屏　群

近年中国出版界的不景气，是人所公认的事实。主要的征象，我们所看到的：一、专册书籍的产量低减，而在质的方面也很少值得披阅的。比较往年增多的，为世界伟人列传，《墨索里尼》与《希特拉》，在这种场合里得到了最大的出风头的机会。而如罗敦伟著的《中国统制经济论》(新生命书局出版)，孔雪雄编著的《中国今日之农村运动》(中山文化教育馆出版)，尚是不可多得的读物。但罗君因为担任实业部《中国经济年鉴》总编纂职务，有机会接触中国的经济调查统计各项材料，才能写成这本比较真切有价值的著述。至于后者，因为有目前蓬勃全国的乡村建设运动的活现象，基于这种现象的分析，与意见的提供，自然是值得一读的书。此外，我们便很难找到值得提出介绍的专著了。二、今年是所谓“杂志年”，各种期刊杂志，如雨后春笋般的在大量的产生。各书店因少专著可出，只有出杂志来点缀门面，杂志定价较廉，适合于一般人的购买力。只讲皮毛，不肯下苦工夫的人，读了几本杂志，就以学识丰富自居。此外，自然也有好的趋向，如杂志可供给于读者较有时间性的新材料，写作与有读书兴趣的人，显然的是已有增加。但杂志的偏在的发展总是出版界的一种奇形现象。三、幽默小品文的风行。有人说，幽默就是真诚。但只是消极的讽刺，说风凉话，而不提出积极的具体的主张，这种态度，我们总是不敢苟同的。而这种期刊，如《论语》、《人间世》、《太白》、《新语林》、《十日谈》等，却在接连的产生。四、旧书的大量翻印，如商务印书馆编印《四部丛刊》，中华书局编印《四部备要》，及开明书店的《二十四史》，古色古香的装订，并制以精致的书橱存置，书未出而预约的数目已很惊人。实际上，乃是专供给社会上一特殊人物，在客厅书房作为高雅装饰品，而被购买。真正为研究阅读的，却不多见。五、新书既不能出，于是急中生计，商务印书馆乃大印其所谓《万有文库》，将所有的旧书都一一重印，分门别类的装置起来，图书馆陈列保存，固较方便，而这种旧书的推销新法，总不是一种好现象。六、旧小说的大量翻印，与廉价出售，固然反映了一般民众读书兴趣的提高，而为了适应这种需要，出版界不能供给比较新的读物。灌输以较新的进步的意识，我们也终觉得是个遗憾。

（载《新闻通讯》1934 年第 23—24 期）

中国出版界之现势一瞥

徐调孚

不景气！不景气！第三个不景气！在这到处呼喊着不景气的氛围气中，我们的出版界怎么能够免脱这厄运！何况出版界在法律上还没有获得相当的自由（自然更不必说绝对的）！怪不得在笔者正要胡诌这篇短文时，耳朵里只听见人家说，“某某书局搁浅了，已有三个月不发薪水，职员大半被解雇了！”，“某某书局的印刷所因为书局营业不振要出盘了！”，“某某书店因为查到几本反动书籍要被封了！”。我的天！出版界还有什么“现势”可给人家“瞥”呢？然而题目已经出好，文章自得写成。姑且先看一看过去的情形罢。

陆费逵先生在《申报月刊》的创刊号上曾经把六十年来中国的出版业划分做两期，光绪壬寅（公历一九〇二年）前三十年名之曰“萌芽时期”，从壬寅到现在名之曰“苞胎时期”。“萌芽时期”全是印刷事业，不出版新书，专门印印旧书罢了。“苞胎时期”的发轫，由于前清之废科举，兴学校，于是有教科用书的出版。五四运动后所谓“新文化运动”跟着发生，出版界出书的数量于是激剧地增加。不过近年来新书究竟出了多少，则在没有统计的中国，谁能知道呢！今年二月上海生活书店编印了一册《全国出版物目录汇编》，是就国内约八十家之书店及研究机关所出版的书籍编集而成，共计四千五百二十二种。不过它编得并不完备，据笔者所知道，遗漏的实在不少。遗漏得最多的要算是商务印书馆在“一·二八”前出版，而在去年复业后十月前没有重版印出的一大批（因为这本目录的编集是以去年十月前为截止期的），约略估计至少亦当在三千种以上。再加上去年十月后和今年一整年的新出版物，以及其他书局所出而为那本目录遗漏的，一古脑儿我们多算一点，算它一万种罢。你觉得多吗？我们再给你一个比较。

假定这一万种书籍全是最近十年内出版的，那么每年大概平均出新书一千种。据李泽彰先生的《三十五年来中国之出版业》一文中所引，日本昭和六年《每日年鉴》载民国十九年下列各国出版统计如下：

德国	三一，五七五种
日本	一八，〇二九种
法国	一四，九四三种
英国	一三，二〇二种
美国	九，五七四种

又据日本内阁统计局《列国国势要览》，民国十七年下列各国出版统计如下：

苏联	二一，五八一种	丹参	三，七五二种
西班牙	六，六二六种	瑞典	三，一一四种
荷兰	六，三三二种	匈牙利	二，七七二种
意大利	五，八〇四种	葡萄牙	二，〇二二种
波兰	五，六九八种	瑞士	一，八二三种
捷克	四，七二一种	挪威	一，二二八种

你们看啊！我国的出版年率（假定是一千种）应当排在哪一个地位？这或者就是“中国出版界之现势”罢！我不晓得那些摧残者作何感想！

再就近年来的出版趋势来看一看。

往昔教科书是只有二三爿大书店经营的，新书店只出“新书”，最多是文学书籍，其次是社会科学书籍。近年来出版界受了不景气的影响，新书业觉得出版“新书”，大有“此路不通”之感，于是也跟着出版中小学教科书，好在学校一天不关门，教科书总还有一天销路；比不得一般书籍饥不能当餐，寒不能代衣，在此不景气的时候只好省它一省了。

教科书既为书业图生存的惟一出路，新兴的一多，老大的几家眼见得利权行将外溢，亟起谋自救的方策，于是“倾销”的防御战来了，小学教科书打六折发售的“新纪录”出现了，谢谢他们的恶战，我们的小学生可以节省几个书籍费，剩下来多买一些糖果吃。又加以今年的“流年”实在凑巧，起草了好几年的新课程标准，刚刚不早不迟在去年将近年底时公布，凡是旧编的教科书今年一律不准采用，必须用新编的才可。各学校几年来用惯了的书籍，都得重新更换，各书局固有的地盘差不多完全失却，非得用力握取新的地盘不可，因此“倾销”的战争分外猛烈，猛烈得几乎连几条老命都不要了。

一般人的衣装里尽管他空瘪得连老鼠也养不活，小孩子的衣袋里总还有一二个铜元存着，预备买糖果吃。可是书店老板的眼光也真锐利，他们立刻瞧见了这里有利可图，他便要设法挖空这小袋儿。于是儿童读物又为他们的第二条生路。在这年头儿，出版一二本或者一二十本自然是立不住脚的，于是来一个图书馆运动。内容尽可不管，文言的只要化几个子儿雇人译为白话，顶要紧的是种数多，编起目录来像个样儿。在报纸上，继着教科书大倾销的大幅广告之后的是儿童读物的竞卖。这里是预约，那里是整批的特价。战争之烈虽不似前者，然也够凶狠了。所谓图书馆运动者，自然是美其名耳，拆穿西洋镜，还不是倾销政策吗?

在资本主义的制度下，书籍无疑地是一种商品，所谓“为文化”，压根儿是一个谎，谁会相信它是真?不过骗骗呆子而已。既经是商品，倾销是当然的了。我们还有什么话说！这或者又是“中国出版界之现势”的另一面罢。

再说印书的纸张现在大部分是取之于北欧（瑞典、芬兰等处）的(从前是取之于日本)，中国虽也有天章等造纸，不过一则产量不多，二则质地欠精美，三则价格高昂，有时反比外国货来得贵，因此印刷者还是以应用洋纸的为多。（据海关统计民国十七年洋纸输入之数量为二，二九九，七三五担，值二四，二四五，七一五海关两。）但今年关税增高，所谓“道林纸”者，向来只收百分之十五左右，到现在要增加到百分之六十五左右，成本既经增高，于是一般书籍的售价也不得不继之而增高，在购买力薄弱的中国，你想怎样能担负得起这高价呢！

总之，我们的出版界内受资本主义的倾轧，外受帝国主义的压迫，就它的自身，已可构成不景气的景象了，何况再加上经济市场的衰沉和法律上的缺乏保障?出版界离康庄大道还远呢！恐怕明年一月号《中学生》编者再出这个题目叫我做，我还可以拿这篇文章去充数！

（载《中学生》1934年第41期）

中国今日的出版界

余一琛

（一）不要知识

中国的出版界，在今日，是处于一个非常严重的时代。随着世界恐慌农村破产而来的不景气的暴风，席卷了一切的事业，由教育商店的招不到学生，书籍之缺乏销路，致不得不如薪柴燃料一样，论斤成堆的出售，亦固其宜。然而果是因为不景气的缘故吗？则我以为殊未必然。农村破产虽为一部分的原因，而最大的根原，实别有在。那便是文化的衰落，一般社会对于书籍缺乏趣味。

无论在都市或乡村，凡是街头巷尾，我们辄可看到售卖零星物品的烟酒店，烟酒并非人生日用所必需，在我手头，虽无统计，但就二十一年二月至六月间，卷烟税收数，即达一千四百五十二万之巨（见《申报年鉴》），可知其消耗的总数，实堪惊人。然而为我们知识的粮食的图书，则每年的营业，就全国而总计，恐亦不过二千万。由我国最大的出版家商务印书馆之不足与英美烟公司相较，我们可知社会对于书籍的需要是如何的渺小了！但此尚可说是我国教育未能普及，一般人多不识字之故。可是所谓知识分子的学生，其对于图书的需要是如何呢？

我尝观察现今一般的学生，其日常生活所必须的品物有如下：西装、皮鞋、丝袜、司丹康、雪花膏、香水、纸烟……外加其在餐馆、戏院、咖啡座、跳舞场等的所费，较之其用于学、膳、宿及图书者，实高出数倍以上。如每年用钱六百元的学生，在上海的大学生中是最为寒酸的子弟，然而即如这样，其所缴于学校的学膳诸费，至多每学期不过百元，一年二百元，购买图书之费，纵假定为每学期五十元，其余三百元，即有一半的数目，还是化于装饰与消耗。学生对于知识的需要尚如此，其他社会的一般人，自不问可知。所以在上海，如先施、永安等百货商店，可以七八层楼的巨厦，在尺地千金的南京路一天天的臻于发达，而福州路局促于一隅的小书铺，乃不能保其存在，非“关门大吉”不可！

质言之，现今中国出版界的不景气，乃是因为一般社会根本无需看书，不要知识！

（二）装饰主义

社会一般人不要看书，但出版家的职责，到底是在印售图书，难道从此束手不干吗？这是没有的事。他们看出一般人不要看书，原是实情，但需要买书的却仅有人在。他们知道书籍一方面虽是供给知识的实用品，但在另一方面，却是点缀厅堂的装饰品。而且这装饰品，在中国更具有特殊的意义。因为在中国知识向来是独占于少数士大夫之手，这些人所有的知识，虽空洞而不切实用，但却是夸耀其博学睿知而具有高出平民的身份的象征。

他们这样，遂大规模的从事旧书的翻印。翻印旧书，原是官书局、旧书铺的事，但是，他们缺乏现代资本主义的手腕与眼光，所以到底为新组织的出版家所代替。最初是商务印书馆编印《四部丛刊》，继着中华书局编印《四部备要》。其后商务有《四部丛刊续编》、《嘉庆一统志》、《各省通志》、《四库全书珍本》，中华亦有《古今图书集成》之印，都不惜以其出版能力之大部，放在中国古籍的推销上，从文化的意义言，这当然有待于矫正，因为中国今日，新知的介绍，究竟是比研究古籍来得重要。然而如分门别类的编译欧美的所谓Classics究竟没有翻印中国旧籍的来得便利！

这些卷帙浩繁而售价又昂的书籍，很明白的是非普通财力者所能购备，其顾客的对象，乃为一种特殊人物。他们或者是暴富，或者是新贵（总之是很少研究学问的人），他们虽然不能阅读这些古籍，或者简直是无暇阅读，但是在客厅中，在书房内，他们需要表示其为一个博学君子的象征，需要一种足以点缀其厅堂的高雅之装饰品，所以这类装订整齐而又美观的旧书，实是最相当没有了。总之，他们的购买此等古书，乃是与古董、对联、桌椅、地毯等一样，作为陈设之用。然而他们有的是“阿堵物”，数百元以至千元，在他们根本不算回事，因之，《四部丛刊》在初编之后有续编，《四部备要》在初版之后有再版。这些卷帙繁多的书，欲其初版售完，原来已不是易事，然而虽在这样不景气的当中，竟都销售一空，可知其营业之盛了。

（三）旧书推销法

当然，购买这些翻印古籍的，还有一些藏书家与图书馆，但是小规模的图书馆，欲购取数百以至千元的图书，殊为经济能力所不许。不过既名为图书馆，必有相当的经费可以购置图书，又如学校机关，既为研究学术之地，亦少不得要抽取一部分经费以为购置参考图书之用。并且，纵假定无此需要，然为壮观瞻，并点缀图书室之内容，究亦不能不有相当的置备，不能如个人一样，无需阅读，便可不买。而因此故，他们对于图书，不能为精当的选择，只知以一定限度内的经费，作杂乱的购取。这种购书法的不便，他们，即管理图书馆的人们，也明白感到一是选择的困难，内容的良否，以及性质之重要与否，俱是问题；二则图书形势，大小不一，于分类配置的外观上，缺乏整齐雅观之状。营利主义的书贾，看清了这一点，于是便变出一套绝妙的戏法来：那便是商务印书馆自《万有文库》以下的种种文库。

有人曾把分期付款法的发明，认为商业推销上的巨大革命，倘是这样，那末《万有文库》的出现，我以为亦应说是我国图书业界的一大革命。因为由这个出版方法，不仅可以供给学校图书馆购书的便利，并且还可推销所有的旧书：这是最新的旧书推销法。

经营出版业者，与其他的商业一样，有个最大的缺憾，便是货品之过时，但其他商品，如布匹之类，虽然过时，尚可廉价出售，作衣服之用，而书籍则若一旦失其时间性，便只有八铜元一斤，卖给旧货摊头。至于该书的版权，那便请人翻印，也将没有人敢领教了。这在出版家当然是一种巨大的损失，因为能维持长久的销路的书，毕竟是很少的。

商务印书馆的《万有文库》消灭了这种缺憾，他把商务印书馆自三十余年前开创时所出的书，与民国二十余年所出的书，都分门别类，改版重排，汇列而成整齐划一的形式，配以玻橱，列之书室，真是美观极了，并且价钱也不怎么大贵。小图书馆有了这一部，也便可把“图书馆”三字的场面撑了起来。这是何等便利的事呢！因此之故，商务印书馆以《万有文库》的成功，继着更有《小学生文库》、《幼童文库》，近更预备出《万有文库续编》。该馆自“一·二八”来，受祸最烈，然而不及二年，能趋于复兴，这实不是没有理由的。

不过就图书馆的立场言，便利诚是便利，于传布知识的经济的意义，究有未合。因为这样成套的出版的书，其中有许多实已失其时间的意义或者根本无阅读的价值，毋须购置的。故为图书馆设想，我深深的希望那些为青年开书目的学者，能抽一些工夫，参考国内出版家所出的图书，开一个书单，俾管理图书馆者，得按图索骥的去采购。这个书单，可就图书馆的经济能力分成一百元、二百元、五百元或一千元等数种，使能各自量力应用。譬如以一百元创立乡村图书馆者，应购何种基本书籍，以五百元创立城市图书馆者，应购何种书籍。这个书目，当然不如《万有文库》中的书，只限于商务，凡认为佳著而且必要，那就是小书铺的也当购买。

(四) 幽默小品

上面两种出版方法，即印古书与出文库，因为卷帙繁多，非有巨大资本不办，而一时要集许多的书，尤非如商务那样具有三数十年的历史者不可。因此之故，在这时候，一般小书铺，简直无书可出。并且不仅如此，像商务那样尚可征求出版计画，根据计画以出书，而小书铺则即有计画亦无所用之。因为小书铺的经济能力，根本有限，但既经营书业，书又不能不出，于是不得已，只好着手小者：这便是幽默小品风行当世的由来。

幽默小品的流行还有个一原因，那便是因为一般人觉前途之无望，悲愤苦闷之余，于是借清谈以消愁，这与社会上之流行跳舞，同为一种自己麻醉的颓废心理。这种文字，以清巧妙见长，但只直抒胸臆，无需何种研究，原为随感录之类，所以不像专门著作一样，必须参考多书，方能著笔。这是一种以文字为游戏的消闲主义。

因为随便发挥便可成文，所以只要集三数友人，就能出一刊物。自《论语》以下，如《中庸》、《聊斋》、《春秋》、《千秋》、《人间》、《世新语林》等，一时风起云涌，忽起忽灭，诚不知其有几十种。而小书铺主人，因为要推广他的营业，觉得各种方法，都已用尽无效，于是遂只好利用杂志以为宣传的广告。这也是今年新刊物层出不穷，造成所谓“杂志年”的由来。

当然，市场的需要，虽能以宣传广告的刺激而暂时增加，究难维持于长久，并且幽默小品之为文，空洞而无内容，以之偶然作茶余酒后之消遣则可，若欲人以之为专门阅读之用，则其性质固不相宜，亦将久而令人生厌。因此之故，自下半年来，所有幽默小品的刊物，都销路大跌，有岌岌不保之势。小书铺这样是更无可出之书了。从社会科举到文艺小说，再到幽默小品，现在，又到了一个需要转变的时期，这是值得注意的。

（五）一个新倾向

最近半年，在中国的出版家我们可以看出有一个新的倾向，那便是廉价书籍的印行，与供给实际知识的书籍的出版。

因为书籍的缺乏销路，一部分原因是由于读书的人对于读书不感兴味，关于这点，我在前面已经说过，而还有一部分原因，则由于社会的穷困，买不起书。真的，中国的书价，若就一般的生活程度来作比较，是至少比日本为贵。日本的生活程度，不消说比我们高得多，但其书价，所谓圆本者不必说，即如普通之书，也没有我们那么贵。美国的生活程度最高，所以虽是同样的一本书，美国版比英国版贵。这是有其理由的。然而我们中国的书价，何以这样高呢？那末原因是相关连的，因为需要少，所以销数少，不能大量印刷，价格自然不得不高了。

故在这里，倘若出版家对于可供大众阅读、销数广大的书，能够以低廉的价格出售，那末以大量印刷的结果，还是可以达到营利的目的的。向来出版家的对于小学教科书，就是如此。最近因为出版界到了无书可出的地步，于是有人用这方法以印《三国演义》、《水浒传》等旧小说及《秋水轩尺牍》、《曾文正公家书》等书，字用五号铅字，且校对亦还精审，而售价则廉到令人难以置信，如化一块钱就可于街头巷尾的书摊上买到如《水浒传》等旧小说三四部。新式标点的旧小说，由亚东图书馆的定价，是非每部一二元不可的，这样便被打破了。这对于读书界自是值得称许的事，可惜这类书籍尚止限于旧小说之类，希望有大资本的出版家，能够编译一些可供大众阅读的常识读物，也以这样低廉的价格而出售。

此时，出版界还有一件新事，值得提及的。便是科学书销数的增加，如《科学画报》那样，据说销数达一万以上，研究自然科学的书有此销数，在中国实是前所未有的。我觉得这个倾向，以一般人对于幽默小品文的厌倦，感觉到需要实际有用的知识的时候，一定还可增加。不过为求普及于大众起见，希望出版家对于这类书籍，勿专从营利着想，能把价格定得非常低廉，从大量生产中去获得报酬。

（载《文化建设》1934 年第 1 卷第 2 期）

出版界危机的展望

顾森千

在单行本出版后没人买的时候，出版界便感到了危机。记得前二年时候，每一本创作出版，在定价一元左右的，初版二千本在二三个月内卖完是不算稀奇的，其他各学校教科书、参考书，一般实用书亦均有经常的销路。然而现在，普通出版一本创作，除掉在第一个星期内卖掉几本外，那本书便会永远的放在柜台上了。经过了相当时日的风尘剥蚀，那本书的封面便变色了，虽然书店里的伙计将那第一本变色的书拿去了，那里第二本又跟着变色了。其他如参考书类，因为学校学生的锐减，便也跟着锐减起来了！这样，出版界走以前的路，便感到“此路不通”，于是乎便来了一个“杂志年”，在“杂志年”最兴旺的时日中，差不多每天总有几种新的杂志创刊，表面上好像是非常热闹咧，但我们一翻其内容，便晓得这种现象是非常病态的，单行本之衰落而杂志盛销，在书局方面，可以在“聊胜于无”的情态中热闹一番，一方面吸引大量读者的预定费。在读者方面，至少也可以“画饼充饥”，因为杂志多少总比单行本活泼些，而且价值便宜。当然我们不认为杂志的多，便是不好的现象，但是反过来看，书店因出版多量杂志，因此将仅有的一点力量也消耗了，甚至连出版几本十分需要的单行本也印不出来，读者方面因有了许多杂志读，也懒得去读有系统的书。这样的现象，好像出版界本来是一爿米店，现在却改为了杂粮店，读者是吃客，现在吃客所吃的，天天是些小米、玉蜀黍、绿豆……等，因为吃饱了这许多杂粮，所以那种最富滋养料的白米却不去吃了，当然因为白米比了杂粮要贵些（读者的购买力减低），但是吃零星有时候也会比较吃白米饭为有趣的，再这样下去，渐渐的便会成功一种习惯，所谓“病态”便在这里。

然而现在连“杂志年”也没落了。

稍为留心出版界情形的人都可以晓得，几个月内的杂志的出版了几期立刻停刊者，决不在少数。虽然目下还有一些新的刊物在出版起来，但我们认为是“杂志年”中的“回光返照”，各种杂志销路的日逐下降，是最明显的事实：“杂志年”的没落，不是没有原因的，出版界玩的把戏，究竟只限于几套，所以杂志的面目虽然翻来翻去，却再不能翻出新的花样来了，这样，会使读者感到厌倦，读者购买力的减低，也较以前日逐加深，北方的水灾，南方的旱灾，种种天灾人祸，交相为患；内地农村，小资产阶级的破产崩溃，便是读者购买力减低的主要原因。据说今秋各校，入学学生均大减，内地各校有许多停闭者，原因是没有学生可教。听说上海各校都招生数次，但应考者们仍是极少。北平某著名大学，始终仅招考一次，但本年度却有了“续招新生”的广告了，于此可见学生之缺乏。本来，一般青年连饭都没吃了，那里还有钱进学校，更那里有钱来买书看？

在这样的情形之下，出版界的危机是没有办法可以挽救的，但是在现在没有办法之下，我们却有一个最低限度的意见贡献与出版界和读者：便是现在的许多杂志中，除掉一些觉得的确有希望的外，还有许多，与其浪费精力，不如节聚精力，来出版一些最最重要的书吧！（什么才是当今最最重要的书，当在下期另论之，并盼读者发表意见。）譬如一年中出版二十四本杂志的，现在改为出版二十四本有价值的单行本，不是好吗？

最近几家大书局，竭力在出版一些古色古香的书，当然，这也是他们独到的目光，这些古色古香的书，有钱人是要买的，平日里以青年大众作为基本读者的，在现在青年大众没钱买书的时候，便可以将他们丢之脑后的了，这更是应该值得我们起来声讨的。

（载《出版消息》1934年第41期）

最近的出版业

文　耀

出版物，是推进文化的工具，中国的文化运动，倡导了已逾二十载，而得不到成绩，出版界的不努力，是最大的原因。最近，出版界又有“开倒车”的倾向，最显著的，便是廉价古书的翻印。

半年来，上海的街头巷尾，随处可以看见标榜着一折书的书摊，摊上所陈列的书，差不多完全是已经失去了时代性的演义小说，因为售价低廉，销路十分畅旺。假如有人能够把它的销数做个精细的统计，一定会发现个惊人的数目，这的确是从事文化运动的我们，应当注意应当讨论的问题。

不论什么事物，它们盛衰，必有其内在的或外来的原因。中国从事出版的许多先生，差不多完全是唯利是图的拜金主义者，一切的一切，都以金钱为前提，年来经济恐慌的怒潮，泛滥着整个世界，中国的出版事业，也走到了风雨飘摇的严重时期，聪明的书店主人，不得不惮心竭力，设法去抵御这湍急的狂澜，廉价古书的出现，便由于这一个原因而产生。

三四年前，文艺创作风行一时，但是，因为绅士气味太浓厚，不适合大众阅读，不能大量印刷，便无形中增加了书的成本，成本增加后，自不能不提高售价以求补偿，书价提高之后，一般读者，没有能力购买，如此因果相乘的结果，销路便愈趋衰弱，在这样环境下，杂志便乘机兴起，杂志的材料散屑，稿子比书本容易收集，同时印杂志可以刊登广告来补助成本，推销上也比较便当。于是，风起云涌地形成了今年的“杂志年”，谁知到了下半年，这种现像突然呈着显著的动摇，原因呢？是杂志的材料过于庞杂，只能供人们作消闲之用（少数是例外），容易使人生厌。

书店主人到了这样一个山尽水穷的境地，最聪明的办法，当然便是翻印没有版权的古书，这种书的文字浅显，适合大众阅读，可以大量印刷，减轻成本，所以售价虽廉，书店老板仍然能够遂其营利的目的。

这种对于书店主人固然是一条生财之道，然而在文化运动的意义上，是十足的“开倒车”的勾当，无论如何，我们必须积极地来设法阻止或者消灭它。

（载《蚂蚁》1934年第21期）

物腐虫生的出版界

奚　为

这个年头儿，整个中国，陷入不景气的重围中，连躲在市场一角的出版界，也深深地感觉到不景气的痛苦：资方，——开书店的小商人；劳方，——出卖脑汁的著作家；不约而同，愁眉苦脸的在恐怖着末日的来临！“揭开天窗说亮话”，出版界的末日，岂必待世界不景气的袭来？“物必先腐而后虫生”，出版商和著作家，皆系作茧自缚，自动地趋向没落。即使世界不景气的怒涛，不冲激着中国海岸，而中国的出版界，已在自寻短见，——自杀——所谓自作孽，不可活。所以世界的不景气，乃是资本主义尖锐化必然的结果。若使根本上改造经济制度，也许有重返繁荣的一天。而自杀政策，则“魂游墟墓”，结果是一堆白骨，三尺孤坟。返魂香不可必得，安望其“生死人而肉白骨”？谓予不信，请读下文：

中国人的劣根性，不论什么事业，都是一窝风，出版界更是一味的盲从，瞧见旁人发财，瞧得眼红了，便不管三七二十一，“依样画葫芦”，模仿一下，况且又粗制滥造，不求“质”之“精”，但求“量”之“多”，结果还不是同归于尽吗？在民初，报纸附张盛行，连带的哀情小说和杂志等等，也畅销起来。徐枕亚的《玉梨魂》开始作俑，于是《泪史》、《恨史》，满坑满谷。被新文艺界所认为攻击目标的《礼拜六》周刊，于是《游戏杂志》、小说……时报……丛报、新报、大观、海、女子世界、家庭、香艳杂志等，……如同雨后春笋，定要将出版市场挤坍，挤的大家没饭吃，方始甘休。后来在民十左右，鸳鸯蝴蝶派回光返照，《星期》、《半月》、《红杂志》、《小说世界》，又曾再度流行过。此外譬如有一家书店因为“编类书”赚了钱，他家书店，便尤而效之，出“各科常识”、“考试大全”、“百科问答”、“万宝全书”，同行术语，谓之出“实用书”。记得武侠小说、侦探小说、儿童、法律书，也都有过一度的黄金时代。最近是在“定期刊”的高潮中，“月刊、半月刊、周刊、旬刊”教读者们目迷五色，简直分不出精粗美恶来，于是“明珠和瓦砾杂糅”，好的被坏的一起都带翻了。这便是但知模仿，不知改造，十足惰性的表现。大量生产的结果当然供过于求，家家亏本，惟有一起关门大吉，这真是何苦来?!

横的方面如是，纵的方面何独不然；一个著作家成了名，便大家争着捧，要求他机械地大量生产，惹读者们厌倦。一方面，这位著作家，日试万言，自然也没有好作品写出来。这不但是出版界的自杀，也就是著作家的自杀。譬如张资平，镇天价三角恋爱四角恋爱，毕竟也有被黎烈文腰斩的一天！都只为蛤蜊虽然味美，然而天天喝着蛤蜊汤，十天半月下来，自然而然地会失去鲜味。一个张恨水，《啼笑因缘》作成他成了名，于是东也张恨水，西也张恨水，《啼笑因缘》是否能名副其实？尚是问题，何况更有不如《啼笑因缘》者？结果反是害了张恨水。出版界一窝风的劣根性，爱之则加诸膝，恶之则推诸澜。怪不得有的著作家，在来不及写稿时候，找人代笔，那更是十足的自杀政策，无非自速其著作生命的死亡而已！

一个著作家，在他，“文坛登龙术”中，不可不学会卖野人头把戏，外国文仅可不懂，外国小说却不可不译。凭你生吞活剥，连译者自己，看第二遍时，也莫名其妙，然而自有书店老板会替你印出来，又自有以耳为目的大学生中学生，会觉得外国偶像必须崇拜，又何愁没有销场。译者等钱上了腰包，万事全休。然而挂羊头卖狗肉的勾当，可暂而不可久！声［聱］牙诘倔的译本，不受欢迎的时候，书店老板折了血本便是翻译家的著作生命判处死刑的日子！

有一位投机的书店老板，瞧见新式标点的旧小说销场好，这种书，根本上并无著作权，你可标点出版，我也照样发排，发售时按价码只售一二折，因为没有稿费，成本便轻，卖的虽然便宜，都依旧可以赚钱。况且卖价便宜，销路当然好，销路愈好，再版愈多，成本也愈轻，卖价也愈贱，销路也愈好。这其间互为因果，后来索性再从纸料上打一下小算盘，大买其东洋纸，总商会虽然警告，便宜书我自卖之，东洋财我自发之，原来深合“薄利多卖”的商战原则，有谁敢在牙齿缝里迸出半个不字呢？不过那些有胡圣人序文的标点《水浒》、《红楼》之类，都被打倒了。

向小书摊上买来一部石印的《金瓶梅》，删去秽亵的描写，分段标点，居然便是古本《金瓶梅》了，再加销路一好，旁人便照例眼红，“牛溲马勃，尽入药笼”！便有人光顾到《野叟曝言》和《品花宝鉴》两部书。书店老板的聪明固然值得佩服，然而出版界却离易箦之时愈近！大家始终在这“依样的葫芦”里打磨旋。民国以来，二十三个年头，简直不曾编出什么新鲜把戏来，不瞧别的，只要瞧影片商，拍了一部姊妹花，发了一笔小财，出版商便赶紧来一部姊妹花的小说，可怜出版界，还是毫无悔祸之心，还是继续在掘自己的坟墓。物必先腐而后虫生，把这个埋怨不景气，不景气可不任其责咧！

（载《社会周报》1934 年第 1 卷第 9 期）

出版界之去路

梅　子

在腐败的资本主义的溃烂路中，矛盾是充满了它——资本主义——的全领域！譬如美国一方面焚烧过剩粮食，限种棉田，而另一方面却有成千成万呼饥号寒的失业大众！

中国近年来也有过同样的事实，即江南数省粮食过剩，丰收成灾，而华北数省却有千百万剥树皮、吃草根的灾民！不过前者是资本主义之过度发展而走向崩溃的必然现象！而后者却刚刚相反，正因为资本主义落后，交通工具不进步，当然，主要的还是帝国主义之侵略及国内之割据和遍地土匪之骚乱的结果！

中国的经济既陷于这样艰难的情势之下，自然反映到各方面来，而出版界的不景气，就成为“必然”了。一方面出版物苦于生产过剩，而另一方面却到处充满了智识饥饿的读者！

某一民族之兴衰，往往以其文化之进退为标尺，文化水平之升降是直接的反映于出版界，因此，出版界之不景气，就是说明中国文化水平降落，也就是说明中华民族危机的紧迫！因此，“复兴中华民族”这一口号，就成为全国上下一致之要求！

在“复兴中华民族”这一口号之下，出版界必须以全民族之利益为前题而复兴中国出版界！就是说，今后中国出版界，不但是要注意读者之要求，更要注意民族之需要！

造成目前中国出版界之紊乱、冷落，也就是数年来出版界离开了现实之结果！只有把握现实，抓住民族之要求，才能复兴中华民族，才能复兴中国出版界！

重复的说一遍，出版界应该以读者全体之要求为要求，以民族之利益为利益，不顾读者之要求，离开了民族之利益，只有使中国出版界更趋于没落的道路！

（载《出版消息》1934 年第 29 期）

文化落后与出版界的生产过剩

因 明

正如中国是个经济落后的国家同时发生生产过剩一样，中国是一个文化落后的国家，同时也发生出版界的生产过剩。我们过去在大公司大商店看见什么春季大廉价秋季大廉价的招牌、广告，现在也轮到出版界了。看看吧，商务、中华、世界、开明、北新……几乎整个上海的出版界不是都在举行大倾销、大竞卖吗？而且委托邮局代购书籍杂志，银行免费汇款，一切竞销的办法，应有尽有。这不是生产过剩期中特有的现象吗？

出版界真的生产过剩超过了中国人的需要吗？恐怕谁也不能这样说吧！实际考察起来，一般出版物中，除教科书而外，就是十分通俗合于大众的读物，每版能印上万册，一年能销几版的，真是微乎其微。至于稍高深一点的理论读物，每版印数不过一千册至二千册，往往还三四年才销一版。以号称人口四万万，有五千年文化史的中国，仅仅容受这一点儿知识产品，我们能够说是生产过剩吗？

就以我们东邻来说，人口不过六千万，出版物中，数年间销至数十版或数百版的，十分寻常。无怪乎我们受人家侵凌，单以这一点说来，我们就落后得太远了。

这种落后（也可以说是不足）与过剩的矛盾现象，原因何在呢？据我的观察，如经济落后与生产过剩一般，主要的不外下列二者：（一）文化落后本身。一般的文化落后，有读书能力的实在太少，几乎全国都是文盲，以致容受知识产品的容量太低，在微少的出版品中就不免还要发生过剩了。（二）经济恐慌的影响。比较能读书购书的，大多是小资产阶级的知识分子，年来我国外受世界经济恐慌的影响，农村及城市中小阶级，均归破产，一般知识分子失学失业，谋生不遑，那里还有余力来购置书籍，出版物怎能不感觉过剩？

原来文化产品就是文人的商品（自然这中间还有一层书贾的剥削，文人之于书贾，亦不过工人之于资本家而已），商品滞销要影响到工厂关门和工人失业，文化工人当然也不能例外。

在这种状态下知识分子的第一个避难所是教育界，可是教育界早已宣告破产了。最后又比较困难的一个避难所，是出版界，而出版界的情形又是如此。有人说今年知识阶级走到末路，这话虽不全对，大概所差也无几了吧。

（载《申报·自由谈》1934 年 9 月 21 日）

论书店与读者

罗　斯

一

这年头，据说是世界不景气，所以中国也该不景气。而中国社会经济破产到如此程度，更弄得万业萧条，人们购买力整个地减削。这样，以出版界而论，读书的人，对于买书是发生困难，就是书店老板，对于卖书，更是发生困难。

在那种书店与读者间之困难，有人以为是书店老板的善贾，每每就一本薄薄的册子，也要卖好多钱，内容较丰的，更不待说。如此一来，使读者看看封面而再翻过来看了封底后，摸摸袋里钱不够，还是免开尊口吧。但是，也有人以为是读者的吝啬，他不知道书店老板的苦衷，即使是一本小册子，自编辑部接洽收稿下来一直到出版后放在柜台上，真是要费了九牛二虎之力。定了实价，还要打折扣，奈何奈何。这似乎各有持理，其实，这事决非是和二加二等于四的那样简单。我们把这事详细地研究起来，就可分析得四项的原因在里面，就是，（一）买书没有钱，（二）有钱不买书，（三）书多买不了，（四）好书还是少。

二

先讲“买书没有钱”。这个说来是很简单，一本书，至少几分钱，多至十数百千万元。虽说是几分钱极微之交易，可是究竟是钱，无钱交易，不是偷，就要算盗了。虽说是大廉价，半价，但总究要把白白的银圆出去换来的。袋里没有钱，尽你是廉价半价，也只好望书兴叹。年来，书店的廉价时节，更是多不得了，正好似大公司里的春夏秋冬四季的大廉价一般。当然，在社会经济如此落后的中国社会之下，生活力求简单之不暇，那里还有想多多的买书求学问。有一毛钱，还是去买大饼油条，可以度日，书本有怎用。

古时，家贫无钱买书的人，设法去做富家翁的书僮或是书贩，去读一些书，找一些学问。在现代，有公共图书馆，不必再去做人家的僮仆或书贩，尽可以进去舒舒服服地博览群书。到友人家里去借些书来看看，也未始不可。这样，每种书籍，读者只要告借有方，大都去借来读读算了。只要留意些不损坏人家，有暇录笔记，宁非快事！何必走四马路上书店，化钱费口舌，外埠还要贴邮费，正不合算。“书中自有黄金屋，书中自有颜如玉”这种愉快，不一定要自己买书的人能享受，就是借书来看的人也能同样他得到，完全不折不扣，老少无欺。

我买《十日谈》，是期期零买的，自己刚才只看完一半，已有人要向我来预约借去，我也明白那买书不如借书的道理，所以完全慷慨地答应人家着候我读完了给他借去。不过，借书，在书店里是受重大损失，譬如说，他要看《十日谈》，我不借给他，其余有这些书的朋友也都不借给他，这样，他不看则已，要看则非买不可，于是书店就多一个进益。现在给我一借出，对这读者诚是好事，然对书店确是恶事了。可是我为了有时也要向人家借书，好事与恶事，自己也难辨别了。

三

次讲“有钱不买书”。你说有人买书没有钱，那么有钱的人一定要会多多地去买了书了！这也不然，有钱的人，大都是不需要书本的，所以他不要买书的。譬如说，那些富家的公子小姐，谁要这劳什子来讨烦，除了在明窗净几的书室里配上了几架子的洋装烫金书籍，摆着当装饰，其余把所有的金钱，所有的时间，不化在书室不在书本，却化在电影院，在跳舞场。

我记得在孩童时代，父亲答允定给我一份《小朋友》来读，我快乐得非常。同时我想："我如果是富家子弟，一定要把全国的杂志统统定下来开个小图书馆，给我看个满足。但是为什么那些已做了富家的子弟们，没有如此的去做呢，我怀疑着。"到现在，我才明白，有钱的人，不需要书本的，只要衣有锦绣，食有珍肴，住有洋房，行有汽车，于是在生活上的一切都可解决了，有什么书不书，所谓"黄卷青灯"，更是不值一闻！除非买几份画报来消闲一下，好的剪来贴在镜框里。真正的书，不是需要品。

在大学生一辈子里，也许会有这种的现象，学期开始不买书，有钱宁去定西服革履，进咖啡店跳舞场。上课无书，把椅子并在同学一起看，有时向图书馆作长期借户。教授叫他去买书，馆长催他来还书，可是他竟会不买到底，不还到底，大有宁死不屈之概！钱有，书却不买的。

四

三讲"书多买不了"。要买书，也有一个困难。盖书店林立，出版的书籍，汗牛充栋。买那一类书？买那一家书？买那一本书？这些都是在买书时的难题。教科书自不在例，学校或教员定了那种那本，毫无犹豫地去书店配置，钱去书到，觉得心旷神怡，其乐融融。可是其余的课外书籍，怎样去买法，真是一个严重问题。看看每家书店的广告，真是"有美皆备，无丽不臻"，册册精采，本本出色。买了幸福终身，错过了成一生遗憾。这样的好书，居然是随处都是。

出版了的书，实在多，你家新出一套丛书，我家也来一套。你家有标准教科书，我家也有这种教科书。你家有作家译书，我们家也有名流译书。竟使读者会恍恍惚惚，莫知所从。书多，还不如精细地少买些，这是读者自身的经济办法。所以像画报之类，"经济家"是不是买的，要看的话，不妨到书店的柜上去翻翻，好在这种书在一刹那间可看完，无研究之必要的。不过"经济家"这样一来，苦煞了书店老板，我曾听到某老板说："这种画报真难卖，不大有人买，大都来翻翻就去了。

这样，难免有些书要弄坏得不值钱，倘不准翻阅。又是不可能，这确是难题。”

其实，那老板也没明白书本多得买不胜买的道理；像那种有研究价值的书本，尚且每天在书柜旁满站着浏览的读者，何况有那种印花花绿绿的画报呢？

五

末讲“好书还是少”。化钱去买书，当然要求选择那比较靠得住的好书，否则白化金钱还不如去化在旁地方，也许倒来得值得些。不过，此难难乎上青天，要好书，不是易事，根本上，好书还是少。四马路上满开着书店，看看倒不差，可是统计起来，像完全没有价值可言的《上海黑幕大观》之类的书本，至少要占一半以上；总算可以一看的《社会学》之类，已差一等；倘要确有价值的，好书很少。（各色各样的教科书，算它在例外讲吧。）

像《上海黑幕大观》等类的书，真是无聊之极。唯恐人家不会堕落，不会去嫖赌，他会来告诉你，指导你，当然，你去不去尝试，那是由你。据说这类书很畅销，肉麻当有趣，可谓害人匪浅。第二像《社会学》之类，这我不过举此书名为一例，因我们常常见那些《社会学》、《新社会学》、《社会新编》、《社会学大纲》、《社会学撮要》等许许多多的书本，其实，还不是一而二、二而一的改头换面的贩户货，这种欺人工作，也是太没有气节了。第三是有价值的书虽也有出版，可是不多见，能通行世界的中国名著，更少。

这样，关于重要学科的，读者宁可多费钱去买外国书。虽书店也有译本，可是对原本上的是漏脱，不确，谬误等，普通译本所难免。所以，懂得外国文，当然要去买原书。有人说这是做洋奴，卖国贼，但是，中国自己没有好书，除了读人家的书外，还有什么更好的办法呢？

六

以上我讲明了关于书店与读者间的困难问题之四个原因。可是就大体而论，实情是书店销不出书，读者买不起书。这种现象之归根结蒂还是在社会。现在社会不景气，影响到了一切事业！

我们可知道，在一个不安定的社会经济状况下，会把社会的常态都失掉了！因为人有生之意志，如果社会经济没有好好的把他们安全起来，那人们会放弃一切，但求吃饭。于是什么文化、教育、知识以及书本，那些都成为多事。只是大家去投机赚钱，有大资本者去组织歌舞团，开设电影院等，有小资本者，那去买航空奖券也好。只要求利禄，发大财，其他管得什么！所以，社会的不景气，受影响者，在读者方面不少，在书店方面也很大。

所以我说，社会生气，这固然是社会整个的大问题。可是在目前，不妨由书店与读者共同来负起促进社会之推动与文化事业之发展。其方法，简要的说，就是（一）遍行普及版；（二）提倡文化事业；（三）淘汰冗书；（四）征集名著。（怎样去做？这不在今文之例，故恕不列入。）这样，书店庶使把出版事业发展，读者能多吸那大量的智识空气，社会也可被促进着前向矣。

一九三四年九月三日。

（载《十日谈》1934年第40期）

一年来之上海出版界

（一）出版界之不景气

上海为全国文化中心，出版界之不景气，即代表全国文化之衰落。自一九二九年世界经济恐慌潮流袭击以来，以次殖民地之中国，社会之不安，经济之崩溃，愈尖锐化。此固无庸讳言之事实，且日帝国主义者企图贯彻其“大亚细亚门罗主义”，不惜冒天下之大不韪，实行以武力侵略东四省，如是数千万方里广大之幅员，蕴藏极富之原料，悉为彼囊中物矣。中国不仅领土被削，并令全国之政治与经济更陷于混乱之状况。同时内部农村经济濒于破产，失业人数增加，以此内忧外患相逼相煎之中国，当然所反映于出版界惟有“不景气”三字而已。

吾人欲知上海出版界衰落情形，可到著名之文化街——四马路——各书局，作一度之巡礼，当可得事实之佐证。

如从四马路石路口由西向东而行，先触于吾人眼帘者为某“阁”直“斋”一般古董书店，除老无进展圣贤之书以外，即为古本《金瓶梅》、《火烧红莲寺》一类之诲淫神怪小说，此无足论列之价值。稍前行，即世界书局，建筑甚宏伟，出书尚多。旁与世界大相悬殊者为泰东，前曾为新文化先锋，兹则努力更新。北新虽改曰青光，故态依然，大东门面亦大，内充满周瘦鹃、徐卓呆派之小说。华通自成格局，新中国书店小朋友书甚多，但未为社会注意。现代大换门面，加用女职员，搜罗全国杂志。光华、开明均无进展，新月书店自诗人徐志摩死后，寂寞如秋虫。中华与商务为两家资本宏厚及资格最老之书局，商务自“一·二八”上海事变后损失逾二千万元，元气大伤，现在积极恢复，稍有可观，中华所出之新书亦不多见。

吾人观察各书局之衰落情形，即洞然于出版界普遍的不景气状况。

（二）各书局竞出教科书

大多数之失业群众，终日奔逐钻营尚不能求一饱，当无闲情逸致作学术之探讨，图书之涉猎。且人民穷困，以致购买力普遍低落，此二原因，必然影响书局营业不振，书局营业不振，出版界即发生“不景气”与“贫乏”之现象也。

稍有机会读书青年为数极少，而且大部分青年学生家庭经济环境不甚好，以现在一般学校收费之巨，真有难于担负之势。所以学生除缴学校巨额之学费，宿费膳费杂费等以外，购买几册课本，已在困难之列，当无余力采用参考用书，以作深刻之研究。

各书局在此种情势之下，为本身之出路计，只得竞出各种教科书。如商务、中华、北新、开明、世界、大东等书局，均积极从编印教科书着手，尤以中小学教科书生意为好，因中小学在上海及各地的量总不算少（不能以人口为比例），所以编印教科书为书局最大之工作。

至于大学则多用讲义，有能力买书者为数亦少，学校图书馆，大都藏书不富，不能满足学生之求知欲。

过去曾经有数甚好成绩之书局，如平凡、昆仑、江南、春潮等已停业矣，新生命书局、神州国光社、南强书局，对于社会科学方面书籍译著较多。但最近一年来，无甚进展。黎明书局亦从类似教科书之编印着手。总而言之，大规模介绍国外出版书籍，与本国学者伟大之编者，可云绝无，出版界之贫乏可知。

（三）短篇读物风行一时

广大群众之失业，购买力普遍之降低，影响书业之不振，前已略言之矣。同时中国政治社会之不安，人心浮动，惶惶如丧家犬，有职业者无保障，无职业者不能生活，所以无一人能安心看数小时之书籍，至于积年累月埋首于图书馆或实验室中专心研究某项学问，在目前中国，尚谈不到。

所以应付现在局面之出版界，以发行杂志刊物为不二法门。因杂志刊物所登均为短篇文字，阅读既不必费力，又经济时间，且杂志定价较廉亦易于购置，同时尚可得各种知识之皮毛，所以在上海一处大小杂志刊物，不下数百种，最著名者如《东方杂志》、《申报月刊》、《生活周刊》、《社会与教育》等等，在本年中又增加不少，如《新中华》、《前途》、《民族杂志》、《女子月刊》、《社会主义月刊》、《文学》、《文艺》、《中华月报》、《大学》、《国语每日文选》等等，亦不下数十种，诚洋洋大观。

至于杂志性质，多偏重于社会科学方面，以自然科学为研究对象之杂志，一年来绝无新出，可见国人急图个人与民族之出路，无暇计及科学为立国之本，且时代亦不允许青年安坐实验室中科学之研究。

在文艺方面，以小品文学短篇、小独幕剧、小诗等为大众所欢迎，因人们在现在被生活之鞭猛迫着，无暇欣赏彼文艺之伟著，作深切之研究。如是文艺杂志如《现代文学》等均风行一时。

总言之，一年来上海之出版界确为贫乏不堪，由此一点吾人可以看到中国文化衰落之暗影。

文化为国家之命脉，为文化不能保存及发扬光大，则人民知识低落，国势一蹶，更难复振。负培养与推广文化之责任者，在知识分子，出版界之努力亦其一端，故不容忽视也。

（载《时事大观》1934 年上）

一年来之上海出版事业

李伯嘉

一、引言

上海在吾国出版业中之地位，与来比锡之在德国相同。全国大出版家之总店无不设于上海，全国读书界之需要几全为上海所供给，其他各地出版之书籍占极少数而已。故我国文化之盛衰可于上海出版物之数量觇之。一九三三年适承“一·二八”沪战之后一年，百业凋敝，颇呈萧条之象。但出版业处此商业恐慌之时期中，尚能努力以求生存。而被毁于“一·二八”战役之商务印书馆，复业后除将被毁之书籍赶印重版多至三千余种，并续出《万有文库》、《百衲本二十四史》外，更日出新书一种，其成绩殊足惊人。他如《大学丛书》及《小学生文库》之编印，《四库全书》珍本之影印，均为大部书籍。在该馆遭遇国难之后，有此毅力次第印行，尤为难得。至于其他出版家虽有闭歇者（如新月书店），亦有新设者（如生活书店），而一般出版业之状况，俱甚活跃。一年来出版之各类书籍，其数量亦殊不少。其中如申报馆出版之《申报年鉴》，国际贸易局出版之《江苏省实业志》，上海市地方协会出版之《上海市统计》，尤属参考要籍，有足述者。兹将一年来上海出版业之经过情形择其荦荦大者，作一鸟瞰的叙述如下：

二、新课程标准教科书之竞出

教育部于二十一年十月间正式颁布《中小学课程标准》，于是吾国新教育之基础于以奠定。上海各书局亦纷纷编辑，新课程标准适用之中小学教科书。如商务印书馆之复兴教科书，内容注重民族复兴之精神，他如中华书局、世界书局、大东书局等亦均新编教科书，以为推行新课程标准之助。自商务印书馆之小学自然教科书采用彩色印刷，揭櫫“标本化的教科书”后，中华书局及世界书局亦有彩色教科书出版，教科书形式方面遂焕然一新。各大书局鉴于教科书为促进文化的利器，当于营业以外，兼寓补助教育之意。故商务印书馆、中华书局及世界书局遂同于本年七月一日起，将中小学教科书减折发售。小学教科书原照定价八折者，改售六折，中学教科书原照定价十足者，改售八折，借以减轻学生之负担。他如大东书局、开明书店等亦闻风兴起，纷纷将学校用书售价减低，表示其为教育文化服务之精神。此实一年来出版界之好现象也。

三、大学用书之编印

吾国各出版家，向无依照大学课程编著之用书出版，故各大学讲授时或用西文原本，或由教授自编讲义。惟是西文原本往往不合国情，而教授自编讲义，又觉费事，故不便滋多。商务印书馆于“一·二八”前举行三十五周年纪念时，即拟集合国内专门学者编译大学用书，以为提高吾国学术、促进革新运动之一助。嗣以国难突作，致计画停顿，复业后仍本斯旨，继续进行。其编印办法，系参酌国内外各大学课程表，拟定丛书目录，并组织一大学丛书委员会，聘请国内著名大学及学术团体代表，协同该馆依照目录编审，期以五年内出书三百册。本年内已出版者不下百种，闻各大学已多数采用矣。大学用书除商务印书馆特编《大学丛书》外，他如中华书局、世界书局、黎明书局亦皆择其出版物中之适合大学教本或参考书用者，分类列目，以备各大学采择之用。

四、儿童读物之风行与教育部之重视

我国旧日儿童读物多谈哲理或经国大计，不适于儿童之智识领域。且小学校自改授语体文以来，旧有读物辞藻较深，亦非儿童所能了解。至于坊间之通俗读物类多诲淫诲盗，或提倡迷信，儿童读后，每易种下恶因。故儿童读物之亟宜慎重编著，为当今出版家应负之责任。商务印书馆于“一·二八”前即有编辑《小学生文库》，以人类全智识之雏形供给与儿童之计画，嗣以遭遇国难停顿数月。复业后仍赓续进行着手编著，于本年夏间发售预约。第一集计五百册，包含门类四十有六，各科无不赅备，参照本国儿童之需要，而为适当之支配。自发售预约后，儿童图书馆借以成立者，无虑数千所。他如中华书局出版之儿童读物，本年亦将各书分组减价出售，以示提倡。余若新中国书局出版物中，儿童读物几十占其九。儿童书局则致其全力于儿童读物之编印，在出版业中可谓别创一格者矣。教育部对于儿童读物亦甚重视，特选择不背党义、适合国情、事理正确、思想进步、兴趣浓厚、文字浅显、图书优美之儿童读物编印目录，分发各小学尽先购置。所选凡七百余种，出版者计商务印书馆、中华书局、世界书局、儿童书局、新中国书局、北新书局、开明书店、大东书局等二十家。

五、选印《四库全书》及善本古书之决定

《四库全书》创始于清乾隆三十七年，历十载而告成，全书计三千四百六十种，七万九千三百三十九卷，三万六千二百七十五册。当时先后共成七部，分藏于南北各地，即大内之文渊阁、奉天之文溯阁、圆明园之文源阁、热河之文津阁、扬州之文汇阁、镇江之文宗阁、杭州之文澜阁是也。百余年来，屡经变乱，散佚过半。民国以还，政府当局及中外人士皆以《四库全书》为东亚学术之宝藏，空前之巨制，若不就现存者及图影印，则沦亡可虑。故十余年来，屡有影印若干部以资流传之提议，顾全书卷帙浩繁，需费甚巨，复以阻梗横生，故影印之议屡起屡辍，迄未有成。迨今年春故宫博物院之古物南迁，文渊阁之《四库全

书》亦随运到沪，于是影印之议复起。本年四月，由教育部提议就存沪之文渊，选印未刊珍本若干部。当经行政院核准，并由教育部委托国立中央图书馆，筹备处与商务印书馆于六月十七日订立合同，由该馆担任印刷发售。一方由教育部，延聘通人组织编订《四库全书》未刊珍本目录委员会，详审选印目录，严定去取。兹目录业经委员会选定，计经部六十一种、史部十九种、子部三十四种、集部一百十七种，共计二百三十一种，俱系宋元明清四朝人所著未有刊本行世者。现商务印书馆已积极进行，从事摄影，二年内可以完成。诚以影印《四库全书》有关我国学术文化甚巨，世界学者无不乐观其成，此迁延十余载之影印问题得实现于一旦，不得谓非一九三三年出版界中之一大事业也。近年来学者鉴于本古书之日渐沦亡，咸提倡择尤影印，以广流传，而资保存。除上述之四库未刊珍本业已着手影印外，最近，复有国立北平图书馆与商务印书馆订立合同，影印该馆所藏善本古书之成议。缘国立北平图书馆，为当今藏书极富之图书馆，历年来所收善本甚多，不乏希世佳著。从此出其所藏，公诸大众，亦艺林盛事也。

六、定期刊物之风起云涌

上海定期刊物之出版，以民国八年至十一二年间为最盛。当时提倡新文化最力之《新青年》、《解放与改造》、《星期评论》等重要刊物，均在上海出版。此后七八年来，刊物之出版即稍见衰落。大抵此刊彼停，无永久性之可言，其数亦不若五四运动后之多。迨沈阳“九一八”及上海“一·二八”两事变爆发后，抗日问题应时代而产生，民众激于义愤，俱愿借文字发表意见，于是刊物之发行，一时又有雨后春笋之势，及至最近，其数多至不可胜数。据代售杂志最完备之现代书局所发表之目录，其数无虑数百种，其中季刊、月刊、半月刊、旬刊、周刊无不俱备。至其内容，有发表政见者，有讨论学术者，有载文艺作品者，有专登图画者。但本年创刊杂志中之比较重要者，就上海而论，仅民智书局之《词学季刊》，文学月报社之《文学月报》等数种。至于杂志中出版历史最久者，当首推商务印书馆之《东方杂志》，至本年已届三十年，不久将发刊《三十周纪念号》并编印《东方文库续编》，以资纪念。其他如《申报月刊》、《新中华》、《人文月刊》、《现代月刊》、《良友画报》、《中学生》、《青年界》、《论语半月刊》、《华年周刊》、《生活周刊》等杂志，发刊以来，亦皆有一年或一年以上之历史，基础比较稳固，且内容充实为读者所信任。惜风行一时之《生活周刊》最近有暂时停刊之宣言，亦吾出版界中不幸之事也。

七、中国著作人出版人联合会之成立

我国著作人与出版人间素缺乏相当之联络，往往著作人精心结构之稿，因无出版之所，竟不能行世，而出版人虽努力于文化之传播，但因不能与较多之著作人相识，以致有意刊行较好之著作而不可得。此不仅学术界感受不幸之影响，而社会亦蒙极大之损失。且不独著作人与出版人无联络，即著作人与著作人、出版人与出版人，亦如一盘散沙，彼此声气既不相通，故盗版翻印之事层见叠出，而近年尤甚。此不仅著作人与出版人深受其害，而一般读者日购读伪书与误书，其所蒙损失亦至巨大。今年春南北各著作家与出版家因鉴于以上情形亟宜改善，特发起中国著作人出版人联合会，设会址于北平，并于上海设办事处，不期月而上海之重要出版家如商务印书馆、中华书局等俱已相继加入。至其会务之进行亦殊迅速，如翻版书之查究，即其一也。盖年来，牟利之徒往往择各书局出版书籍中之销路广者，用劣纸翻印廉价私售。此种违法侵权之举，北平一带为最多。自著作人出版人联合会成立后，即遣代表赴北平、太原等处查究，被发见者已有多起，皆随时呈请当地官厅法办。从此奸商知所敛迹，故著作人出版人联合会之成立，使著作人与出版人可获得相当之保障，而读者亦不致误购伪书，诚有益教育文化之举也。

民国二十二年十二月廿日作。

（载《同行月刊》1934 年第 2 卷第 1 期）

上海出版界

悟　真

上海不单是中国经济的中心，并且也是文化的中心。尤其是因为交通人才以及物质供给的便利，出版业差不多十分之九是集中在上海的。讲到出版界，我们知道，虽然在五四运动之前，未必没有，可是达到兴隆的时期，却无疑地是在新文化的思潮涌入中国来以后，尤其是到了北伐的前夜，出版界确是蒸蒸日上的。在以前出版一些教科书和少数新文化书籍的书坊和那些翻印古本书籍的书坊之间，突然地起了一批新的书店，规模虽小，却有颇新的气象。第一它们所出的书刊在文字上大多采用白话，而且又是文艺书居多，当时可说是新文艺的全盛时期。不过文艺全盛时期并不很久，接着便来了一种社会科学的运动。大概从民国十八年到二十年是社会科学书籍大量出版的时期，当时一般投机的书局都出版了不少社会科学的理论书，自然其中大部分是马克思主义的。可是因为时代需要的不同，也因为一般读者还是缺少研究的恒心而多半是盲从或者好时髦的，所以这种大量的出版，对于中国的文化界并无多大利益。此后曾有过一个很沉闷的时间，直到“一·二八”以后，出版界似乎得到了某种刺激，重新活跃起来了。

到了现在，一般地说来，出版界在营业上是不景气的，虽然出版的数量也还不差。不过我们总觉得出版界都缺少一种有系统的计划，虽然也有一二书局是有它自己的计划的，可是它们似乎还不能深切地认识目前时代的需要。以目前而论，上海的出版界的趋势，可分为三大类：（一）偏重教科书和参考书的；（二）偏重文艺的；（三）低级趣味的。

在第一类之中，如商务、中华、开明、新生命等，它们所出版的大都是教科书或参考书，其中确有些很有价值的名著。商务自从“一·二八”以后，虽然遭受了莫大的损失，可是在出版量方面反而增进了，这不得不归功于办事和管理的得当。商务现在是日出新书一种，种类繁多，但似乎还缺少有系统的计划。中华也如此，不过出版量似乎远不及商务。开明是新书店中成绩最好的，它所出版的书籍，大都是为中学生的，对于青年确有极大的贡献。新生命是专门出版社会科学书籍的，其中如《三民主义理论的体系》、《三民主义政治学》等。

在第二类之中，如现代、北新、光华、后起的生活等，出版的书籍以文艺为最多。在最近文艺之中又来了一种新的趋势，那是图画书刊和幽默文字的盛行。《良友》、《文华》等图画刊物在销路上是超过一般严正的学术书籍的，而幽默文字又常与图画联在一起，所以在目前文艺书籍的销路是远在这一类书刊之下。至于文艺书刊，现在差不多已经集中，只有一二刊物，只有成名者的作品，销路较好。虽然已不像以前那样滥出，可是伟大的作品的出现仍是遥远得很，无论在思想在艺术的观点上来看。一般的读者还是有盲从的心理，所以出版家也利用这种心理来维持营业。

至于第三类，书店极多，它们都出版一些低级趣味的书，或者翻印一些旧小说。它们的读者大多是一般的小市民。礼拜六派的势力依旧很大，不论时势如何变迁，文坛如何更替，它们总保持着他们的残余势力。假使以销路来评衡书籍的价值，那末它们出版的恐怕要算最有价值了，虽然谁也不能承认这一句话。

此外还有一部分书店，是各方面的书都出的，如世界、大东之类，学术书不能说没有，但低级趣味的也不少。

以上海整个出版界而论，我们感觉到有几个缺点，第一缺少有系统的计划，把外国从古到今的名著作有系统的介绍的还没有；在文艺方面，有系统的介绍外国文学名著的也还没有；第二投机图利以广告骗人的太多了。我们希望中国出版界负起文化的使命，指导青年读者的途径，多出一些学术名著，不要专门去迎合社会心理以图利。

（载《创作与批评》1934年第1卷第3期）

上海之新书店

家 祥

一、前言

我们知道，书店不单是商业性质，它还担负着传播文化大使命。讲到上海各新书店，在文化落后的中国，是占着绝对重要地位的，而且也就由这几个新书店，造成了上海为全国文化的中心，这些事谁也不能否认的！

要考察上海新书店能有今日的情况，就不能不想起民国十六年革命后社会变革的情态，但今天我们不谈社会与革命的关联，而来谈革命后引起全国民众对社会的注意、分析和研究，于是新书就跟着注意、分析、研究等出现了，新书店也就应运而生，且澎湃的发展、增加，在量方面，在质方面，直到现在。

二、新书店概况

根据《上海周报》的调查，上海各新书店，主要的如下表：

店名	主要出版物	总编辑	基本作家
商务	教科书及政治经济文艺等	何炳松	甚多
中华	教科书及政治经济文艺等	舒新城	国家主义一派
世界	教科书及政治经济文艺并有其他书籍	徐蔚南	
大东	教科书及政治经济文艺并有其他书籍	孟寿椿	
开明	教科书及文艺	夏丏尊	叶绍钧，丰子恺，章锡琛等
神州国光	政治经济	王锡礼	胡秋原，彭芳草，王亚男等
北新	教科及儿童用书	赵景深	鲁　迅，郁达夫
现代	文艺	施蛰存	郭沫若及水沫社同人

华通	一般的		
生活	一般的	邹韬奋	生活同人
光华	文艺		郭沫若及前水沫社同人
黎明	政治经济社会	孙寒冰	
大江	政治经济	陈望道	施存统，汪复泉
天马	文艺		鲁　迅，郁达夫
新中国	儿童读物	计志中	巴　金，沈从文
湖风			左翼作家
新月	文艺	胡　适	
亚东	一般的	王原放	高语罕，李　季
新生命	政治经济	樊仲云	陶希圣，严灵峰，刘仁静等
中学生	学校用书	高尔柏	
昆仑	政治经济	李　达	熊得山，钱铁如等
民智	教科书及政治经济	杨幼炯	
文华	美术及文艺等	邵洵美	
良友	美术及文艺等	梁得所	
太平洋	政治经济		
辛垦	哲学及经济政治	杨伯凯	
南京	一般的		
中外	一般的	明耀五	

三、新书店不景气

我们要从“书店之群”的四马路经过，看见各书店店员都清闲，而买书的人是异常少，真可说是门可罗雀，较之民国十七八年的时期，简直是天地悬殊。我们了解世界经济恐慌，嫁祸于中国，而中国工业凋零，农村破产，以致新书业都受到很大的影响，因此就发生以下现状：

1. 各书店尽量紧缩，就连“书店之王”的商务印书馆，也不敢大踏一步；

2. 引用女店员作花瓶，来招揽顾客，如现代、群众等书店；

3. 大出教科书以求销售便利，至于各专门书籍及政治经济等都很少出。

四、今后新书店的出路

1. 要在政治上争得人民出版之自由权，不能因出版书籍而致关店门，这不但各书店要去争得这个保障，同时政府方面也该允许的；

2. 多出普通书籍，即所谓大众化，不但定价、内容各方面，都要注意这个问题，因为中国识字人太少，需要做“启蒙运动”的；

3. 尽量出科学书，特别是应用科学方面的，这可以增加民众的知识，提高民众的技术，于中国前途是有利的！

（载《中国出版月刊》1934年第3卷第5—6期）

文苑野闻

寿　祺

这十年来，上海新书业的颠扑兴亡，真是变化万千。在今日中国，就文化经济亮点上说来，开新书店这回事，本来是凶多吉少，然而尽管一家一家在倒闭，而仍有一家一家新的开出来者，也无非是这畸形的社会的结果。许多人没有饭吃，于是天性略近文艺的，便渐渐而流变为文人。文人一多，也就分立门户，自称派头。除了一部分是完全由商贾主办的之外，有许多书店都是由一些文人自己集资而设的。因为彼此成见既深，非自己有刊物，有书店，不能生存于文坛之中也。

在新书业之中当推北新书局牌子最老。说牌子最老，并不是一定说北新书店是新书业中第一家开的书店，只是说他在文坛上很早很早就成为一家有势力的新书店也。在十年前，北新书店不过是在北京大学门口铺几块木板的小书摊。只因北新书店的老板为人活灵，对于此道也懂得一二，和北京大学的几位教授又巴结得好，于是红运渐渐亨通起来。那时正是在五四运动时候，新文化运动方兴未艾，《新青年》、《努力周报》等的销场都非常的好，这些刊物，几乎转移了一代的风气。那时从事于新文艺的书店很少，所以北新书店能够惨淡经营，日渐扩充了起来。

其时北京大学的几个教授如周作人、刘半农、鲁迅等，对于北京当道，大概颇有孤愤，于是决计大家自伙儿里而凑一些钱，出一个刊物，那就是《语丝》。关于发行方面，由北新担任。这个小刊物本来篇幅很小，都是些随感之类的文章，那知出版之后，销路甚广，红极一时。于是别的创作单行本等，也便渐渐的出版，自此以后，北新书局的基础也日告稳固。

那时集中在北新书局的人物，有周作人、鲁迅、许钦文等。鲁迅拖住了日本厨川白村的尾巴，在中国横冲直撞，而北新书局又拖住了鲁迅的尾巴，在当时的新书业中，俨然是一代霸主。北新不仅在北平的总店营业蒸蒸日上，就是国内著名的大城市里，也先后设了许多支店。鲁迅既译了《苦闷的象征》，又译了《十字街头》。接着创作集《呐喊》、《彷徨》和杂感集《热风》等相继出版，风行全国。那时北新书局风头之足，是无可形容的，好像一个作家只要在北新书局出一本集子，便身价十倍一样。

其后南方革命突起，语丝派的文人，因受北京政府的压迫，纷纷南下，《语丝》改在上海出版，而北新的总店，也就移到了上海。但《语丝》自南迁之后，精神日减，差不多成为了一种敷衍的刊物，一无声色。岂明之流的文章日少，鲁迅也不卖力。那时北新因为《语丝》销路既广，也偶尔出去拉些什么袜厂的广告，但鲁迅见后，大不谓然，写了封信给北新的老板李小峰，劝他不必因贪此区区小利，而将《语丝》地位弄低。李老板总算买鲁迅的面子，随后即不再登载此类广告了。

那时北新书局除了一个《语丝》周刊外，还出了个《北新》半月刊。这刊物本来是广告性质。但由李小峰、潘梓年两人主编，起初倒颇有声气。但出了半年，潘梓年便辞职他去。自后《北新》半月刊便奄奄一息，终于夭折。

后来北新又出了一个《奔流》月刊，由鲁迅与郁达夫主编。这个刊物上倒颇有些好文章，在当时的文坛上颇有些地位。鲁迅和郁达夫本来是两种个性的人物，但因为当时的创造社对于鲁迅和郁达夫采取了攻击，所以使鲁迅和郁达夫合作了起来，但《奔流》并不是一块战场，这上面并未刊过什么论战文章。

《奔流》虽然名为鲁迅、郁达夫合编，实际上，还是等于鲁迅一个主持，郁达夫不过偶尔译一些稿子在上面发表而已。那时北新书局也没有什么好的创作单行本出版，郁达夫脱离创造社以后，暂无归宿，于是李小峰将他罗集到了北新，其实也是貌合神离而已。那时郁达夫在北新出了两本销路好的书，一本是《日记九种》，一本是《迷羊》。《日记九种》便是郁达夫自己的日记，本来毫无价值，只因一般读者，为一种好奇心所驱使，所以这本书的销路极好。《迷羊》是一本中篇小说，有许多人批评这是近年来顶好的一本中篇创作集，为北新书局那一时期里所出诸书中的一本顶好的书，那时郁达夫除在北新出了这两册单行本外，并译了一篇《拜金艺术》，按期在《北新》半月刊上发表。

其后，因为版税上的纠纷，鲁迅和北新的老板李小峰，意见渐相左，当时上海有一种传说，北新欠鲁迅的版税，为数甚巨，鲁迅追索无从，将诉之于法律。从那时，差不多鲁迅完全脱离了北新，而另为光华书局出版的《萌芽月刊》撰稿。

自此以后，北新书局差不多流入于衰败时期。李小峰的妹妹和赵景深结了婚后，赵景深即入北新，握了北新的编辑全权。赵景深为从前的文学研究会的会员，一直在《小说月报》上弄些国外文坛情形，这样弄弄，那样弄弄，成为药里的甘草，而一无所精，所以自赵景深入北新后，北新便更没有一本可观的书出版了。

旋赵自编一个《青年界》，常常脱期，而内容芜杂，一无可看。北新复改变其编辑方针，偏重于教科书之编辑，但也一无成绩。

待“小猪八戒”一案突起后，北新遂达到颠乖之末运，等过了种种艰难，将门市部改名青光书局。近来出书，则又用北新名义。然而在新文坛中，北新已经成为了一家无关重要的书店，不若四五年前那样喧赫一时了。

北新书局完了，便要说光华书局了。光华书局在六七年之前，在上海，也是颇出风头的一家书店，这一家书店的老板是沈松泉、洪雪帆、张静庐等人，沈松泉自己也是爱写写文章的，有一册散文单行本，叫《少妇与少女》，即在光华书局出版。张静庐是写新闻学文章的，但大体上说来，这还是一家商业式的书店，自己没有什么派别，不论你是左右南北，只要你那本书看上去有销路，他们都是愿意出版的。

光华书店出过不少刊物杂志，在初期，有一个半月刊叫《幻洲》，销路极好。《幻洲》是由叶灵风和潘汉年两人主编的。《幻洲》分上辑下辑。上辑叫《象牙之塔》，由叶担任，里面专门登载了一些诱惑性的散文小品小说之类。下辑叫《十字街头》，由潘担任，里面是专门登了一些骂人的文章。那时市场上骂人的刊物很少，所以颇受一般年青人的欢迎。小小的开本，每期好像只卖一角五分钱。

其后，有一时候，普罗作家曾颇占据了光华书局，出了一些左倾杂志如《拓荒者》等。但内容十分贫乏都是些口号文章，没有一点真实的文学作品在内。当时还出了一个《南国月刊》，是田汉主编的，是一个戏剧的刊物，兼刊论文小说之类的。这完全靠田汉的牌子卖钱，内容也不见精彩。

在以前，鲁迅本是和创造社的一辈左倾分子相对而战的，但是那时起，鲁迅也忽而昌言转变了。《萌芽》月刊本是一种左倾的杂志，所以鲁迅容易和他们合作了起来。而在那个时候，上海正发生了两种运动，一种是“自由大同盟”，一种是“左翼作家联盟”，而这两种联盟，都是姊妹组织，互为呼应的。

《萌芽》月刊未出多久，即遭夭折，其后，光华书局即沉默了好久，没有出杂志了。直到前年，才由姚蓬子编了一个《文学月报》，这差不多完全是左联方面的机关志。出了不久也就停版了。

光华书局还是在初期稍为走了一下红运，年来则每况愈下，越弄越不兴了，没有什么好的创作和论文出版，又不十分会做生意。奄奄一息，一无生气。

现代书局实在是从光华书局分化出来的。因为发起开办现代书局的，本来是光华书局的老板，后来不知怎样便自光华书局退了出来。广招股东，另立门户。

现代书局是新书业里顶烂的一家书店，出了许多不三不四的书，而没有一本可以看看的单行本，但是，现代书局是目下新书业中的顶发达的一家。他们是顶商业化、顶市侩化的一家书店，不管你这本书是好是坏，不管你这作家是那一派，只要你这本书有销路，他们都不惜本钱，给你出版。

现代书局初期出了一个《大众文艺》，由郁达夫、夏莱蒂两人主编，但是后来郁达夫不愿意再继续编下去，于是现代书局改请了那个提倡木头人戏最力的陶品、孙来主编。《大众文艺》在郁达夫编的时代，本是灰色的，但自陶主编后，便渐渐赤化了起来了。那时上海正是普罗横行之时，现代书局的《大众文艺》和光华书局的《拓荒者》，一搭一挡十分热闹。那时，普罗文化里写稿子最活跃者，为钱杏邨、龚冰庐、楼建南、沈端先等人。

没有多久，因为政治上的肃清，普罗文化在上海市场上一点儿一点儿消灭下去，代而兴起者，便是民族主义文学。这一个民族主义的文学运动，在上海方面是由朱应鹏、范争波两人领导的。那时现代书局差不多成为了普罗文化的大本营。好在现代书局的老板，是抱的赚钱第一主义，别的倒并不在乎。那时李赞华因此跑进了现代，握住了编辑之权，并由李自编了一个《现代文学评论》，另由朱应鹏编了一个《前锋》月刊，这两个刊物都是提倡民族主义文学的，而其中心作家，则为黄震遐、万国安等人。

这一个局面一直维持到“九一八”事变发生以后，上海的青年运动突然澎湃了起来。当局竭其全力在照料这一方面，所以在文化方面已有无暇兼顾之势。现代书局的老板何等奸滑，就在这个当口，李赞华等也脱离了现代，《现代文学评论》和《前锋》月刊也在那时停止出版了。

“九一八”之后，接着是“一·二八”。整个的上海文坛是沉默的。一直到五月里，现代书局老板请了施蛰存来编了《现代》月刊。当时颇能吸引了一部分读者。《现代》月刊是以水沫书局的一批人，即“新文艺派”为班底的，如戴望舒、杜衡、施蛰存、穆时英等。其后又拉了侍桁、张天翼等人撰稿。后来有一个时期，光华书局本想出一个文艺刊物，请杜衡主编，其事未成，于是施蛰存便拉了杜衡一起来编《现代》，以挽回杜衡的面子。直至“《庄子》与《文选》”一事发生后，施蛰存脱离现代书局。《现代》月刊由杜衡主持，但这只是名义上的主持，实际上施蛰存仍是一个元老。在施蛰存脱离了现代书局后，因了某种关系，《现代》月刊也脱离了现代书局，由施、杜及叶灵凤三人负责，主持了《现代》月刊。出版《现代》月刊，不过在发行上，则仍由现代书局办理。至于现代书局，则目下又掺入了另一批势力。

现在要说开明书店了。开明书店是以立达学院为根据的。立达学院是一种新的教育的试验地所。夏丏尊、匡互生、丰子恺等，都是立达学院的主持人，同时，也是开明书店的中坚分子。他们起初出了一个月刊，叫《一般》，内容还不坏，有李石岑、刘叔琴、夏丏尊、丰子恺、刘大白、章克标、章锡琛、朱光潜等人在上面写文章，为当时许多刊物中另创一格的杂志。后来大概销路不好，决计停刊。《一般》月刊停了以后，也并没有再出什么，直过了一年多，遂出版了《中学生》月刊，颇得一般中学生的欢迎，一直到现在，还继续出版着。

开明书店是新书业中的模范书店。他们决不滥出书集，他们出每本书都是非常慎重的。同时，他们办事也是很负责，有人肯以全力在书店的经营上负责，所以他们的书店能够蒸蒸日上。譬如说在格律上，新月书店和开明书店同是两家有名格高的书店，但新月书店便都是学者脾气，太不懂得商业上的情形，而终于关闭。又现代书局和开明书局同是两家顶能做生意的书店，但现代书局出书太滥，以致读者对他没有信仰。

开明书店起初好像也是一种文学的书店，但后来则变为了一家文化的书店，他们所编的几种中学教科书，都是销路非常好的。譬如其中林语堂编的《开明英语教本》，差不多布遍了全国的中学界了。

开明书店说完了，便应该说新月书店。新月书店，初设于上海华龙路，后来搬到了望平街，再由望平街搬到了四马路，郁达夫在《日记九种》里说到新月书店，说他们有钱有人，一定办得好的，可是结果，就失败在这两点上。新月书店始终只出了一个刊物，便是《新月》月刊。世有人称他们为新月派，其实，并无所谓一定的派别，有之，我想便只有在他们这一圈的作风的一点上。新月派在诗和散文这两门上，有他们所特有的辞藻与风格。至于小说与戏剧，则和普通市面上的仍然一样，没有什么特别的。

所谓新月派，是以胡适之为领袖的，不过，实际上，仍是以徐志摩为中心。徐志摩固然是胡适之的好友，而任叔永、丁文江、蒋廷黻等也都是胡适之的好朋友，而他们，普通人并不以新月派目之。胡适之不过一半基乎友谊，一半基乎自己的趣味，而组合这个新月书店的，当然并非全力偏重于新月派。倒是徐志摩，是全力经营这个《新月》月刊的。

新月书店和别的书店的不同，便是股东都是学者，所以出书极严，不肯轻易染上时下一般书贾的习气。而这也可以说便是新月书店的致命伤。有许多清华、北大等校的教授，因为友谊上的关系，你出一百，他出一百，这样的小股东也很不少。至于胡适之、徐志摩、邵洵美、张公权、徐新六等，都是新月书店的大股东了。

新月第一批书出了胡适的《白话文学史》、闻一多的《死水》、徐志摩的《巴黎的鳞爪》、梁实秋的《古典的与浪漫的》，和余上沅的《国剧概论》等，都算当时很轰动的书。起初出的《新月》月刊，是由徐、梁、闻及饶孟侃四人主编的，完全是一个文学月刊，直到后来，他们加入了思想的讨论，于是增加了政治的论文，胡适、罗隆基、梁实秋成为《新月》月刊的中坚分子了。

那时，胡适为中国公学校长，新月派这批人都在上海，除了《新月》月刊之外，他们还想出一个叫《平报》，但后来因为无人负责，所以没有出得成。及后，胡、徐赴北平，闻、梁赴青岛，英雄散伙，于是只剩了潘光旦等在上海，《新月》月刊与新月书店都日渐困窘，难以为继，而终于倒闭了。

听说后来新月书店是盘给了商务印书馆的。商务印书馆为什么要去受盘新月书店呢？据内幕的人说，因为商务印书馆想拉拢新月这一派人的缘故。因为新月虽然关门，而新月从前所出的书，都很有价值的，所以商务怕这些书流入于别家书店之手，而不惜重资将新月书店盘了过来。

差不多近十年上海的文坛，也可以说便是上列五家书店构成的。除了上列五家书店之外，还有许多书店，曾经支持了一两年又消灭的，也有好几家。譬如：春野书店、金屋书店、春潮书店、真美善书店等。

春潮书店是太阳社的机关书店，关于太阳社，我们以后在下文中要再提到的，所以现在从略。春潮书店是张友松、夏康农等人所办的。张友松便是那本有名的屠格涅夫的《春潮》的译者，友松本来算属于北新书局的一个作者，后来则自己集资开办了春潮书店，出了一个《春潮月刊》，由张、夏两人为主角，并常常有鲁迅等稿子。虽不能红于一时，但也能表现出他们私下一团的颜色。当时春潮书店颇出了几本好书，如夏康农译的《茶花女》，张友松译的《曼侬》等，都算是当时出版界里有名书集，可惜终因亏折过巨，差不多还没有维持到两年，便倒闭了。

金屋书店是邵洵美开的，初设于静安寺路斜桥总会附近，后来搬到了望平街，出了一个《金屋》月刊，由邵与章克标两人主编。在上面写稿子的，除邵、章两人外，有滕固、倪贻德、郭子雄、郭有守、滕刚、谢寿康等人。但后来也因亏折甚巨，而终于倒闭了。

真美善书店要比春潮、金屋两家的寿命长些。真美善书店是曾孟朴开办的，以曾及其子虚白两人为中心。出了一个《真美善》月刊。实际上，这一家书店所出的书，程度太低差不多近乎礼拜六派的作品了。但无论如何，曾氏父子两人那种对于文艺的忠心，却是大家佩服的。曾孟朴是《孽海花》的作者，笔名“东亚病夫”，曾经做过一阵大官，而仍然很穷。他译了法国莫利哀及嚣俄的许多戏剧，他和他的儿子虚白还合译了一本最难译的法国边勒鲁意所作的《肉与死》。并另在《真美善》月刊上按期作长篇《鲁男子》一稿，可惜这家书店人才太少，终于支持不了，月刊及出的许多单行本都没有销路。最后《真美善》月刊曾改为季刊，出过几期。后来便正式呜呼了。

以上几家是在文坛上昙花一现的书店。最近在上海还开了几家书店应该提到的，有生活书店、天马书店、新中国书店等几家。这三家中，以新中国开得较早。新中国曾经出了许多名作家的集子，但始终在文坛上引不起注意，大约是因为没有刊物的关系。生活书店便是由从前的《生活》周刊扩充而成的。《生活》周刊以前本隶属于职业教育社，但后来销路日渐增加，经济上日渐充裕起来，于是自己另成组织，听说销路顶好的时候可以到九万左右，其潜势力可见。后来因为某种关系，宣告停刊。生活书店和《生活》周刊当然是两个组织。他们声明和《生活》周刊无关系，不过有没有关系是另一回事，但我们总可以感到，这一家书店是由《生活》周刊的发达中孕育而成的。

生活周刊社所以能够社务日益发达，一方面固然是《生活》周刊的内容关系，另一方面，也是由于生活周刊社在办事上负责所筑下的功绩。生活书店开办了还不久，但已经在目下上海的新书业中占到了一个很重要的地位，一方面固然是因为《文学》杂志的关系，另方面也是因为他们在营业上认真的结果。

天马书店是楼建南（适夷）等所创办的，起初出了许多自选集，如《鲁迅自选集》、《茅盾自选集》、《郁达夫自选集》等，销路都还可以，所以颇有好处。此店之开设，大概与周济一般左倾文学家有关。

书店差不多完全了，但还有两家专出图画刊物的书店，不妨也说说，那就是《良友》与《时代》。良友图书印刷公司，是中国专出图画刊物的一家书店，由伍联德创办，出了一个《良友画报》，内容也是注意于图画照片的。《良友画报》以前只售每册一角，后因纸价腾涨，改售四角。但售价虽贵，销路并不坏，华南及南洋方面是一个极大的畅销之地。一直由梁得所主编。同时，良友书局的编辑部，也以梁得所为主干，前两年，赵家璧受伍联德之聘，入良友书局，起初出了一个《一角丛书》，销量极好，差不多每册都能销一万册以上或一万左右。虽然每册只售一角，但积少成多，着实赚了不少钱，其后又由赵主干，编了一个《良友文学丛书》，仿 *Modern Library* 的格式，每册一律售大洋五角。以这样高昂的售价，而出的书居然销路不恶。赵为人极精明能干，以此颇得伍联德的信任。

后来又赵主干出了一个图画连环书，装订极美，每册仅售三四角不等。出版后，一时国内的介绍文章不绝，这才可见赵平时与各方的联络功夫。后来梁得所因事脱离了良友，而赵即升任握了编辑部的全权，《良友画报》则以马国亮代梁。

时代图书印刷公司是由邵洵美、张振宇、张光宇等人所办的。他们出了一个《时代图画》半月刊，由邵、张、张及章克标、黄文农、叶浅予六人主编。他们的原意，在写影版的印刷上，要赛过商务印书馆，而《时代图画》半月刊，则想抢《良友画报》的生意。不料“一·二八”之后，商务毁于火，所以在写影版的印刷事业上，时代公司是目下中国的第一家。自《时代图画》半月刊出版后，起初《良友画报》

虽受了些影响，后来良友锐意整顿，仍然恢复了自己的市场。

时代后来又出了一个《论语》，一时销路极好。《论语》本由论语社发印，托时代公司总经售，后来因为销路实在好，才由时代公司向论语社收买了下来的。

时代公司是目下中国漫画的中心。张振宇的漫画现在在中国是很有了名的。他的画不仅新颖，且能传神。

除了上列的一些书店是专营新书业的之外，商务和中华两家，也是出版新文艺书集的。商务以前出的都是文学研究会的丛书，而操这种实权的便是郑振铎。从前商务出的《小说月报》，最初完全是礼拜六派的作品，由胡寄尘等编过。后来才改为新文学刊物，而坐中国诸文学刊物中之第一把交椅。自“一·二八”之后，《小说月报》即遭夭折。据说后来有一个时候，曾有由赵景深的拉拢，仍旧郑振铎编辑，拟改在北新书局出版，可惜终于未成事实。

中华以前也出过些文艺书。在四五年之前，中华书局特聘徐志摩编辑一种文艺丛书。但徐虽然拿了中华书局的钱，可是始终没有下过一些精力，始终未认真干这事。所出的书都是二流三流之作，倒替徐自己的学生朋友的译作得到了一个出路。就是徐自己的一本《轮盘》，也是徐的许多著作里的顶坏的一册。

文学研究会和创造社是中国新文学运动中较早的两个团体。文学研究会系以《小说月报》为其根据地，后来还出了一个《文学周报》，在开明书店出版。创造社则以《创造周报》及《创造月刊》为机关志。创造社本是一些留日学生组织的，其中坚如郭沫若、成仿吾、郁达夫、张资平等，都是留日学生。但他们起初都不是专攻文学的，但现在他们都靠文学为生了。他们在上海组织了一个创造社出版部，出版文学刊物。当时新文学在中国尚在萌芽时代，他们的刊物在社会上成为一极新的东西，而受一般新青年之热烈欢迎。他们差不多在他们自己的刊物上表现他们那一团的文学力量，所以有时同期登一个人的作品登用三篇之多。但他们当初也并没有抱一种派别观念，所以在初期的《创造月刊》上，如梁实秋、徐志摩、方光齐等，也都有文章发表。

大体上，文学研究会近乎保守的态度，而创造社则进展之气十分强烈。他们当初都是一班新青年，火气未脱，自然在行文之间，特别有一种煽动和诱惑的力量。

创造社初期所出的书，都是销路很好的。尤其是郭沫若的作品，郁达夫的《沉沦》，张资平的《飞絮》、《苔莉》等。创造社初期，是以泰东书局为根据地的，后来则自己凑了些钱，开办了出版部。中期郭沫若译的哥德的《浮士德》以及高尔华绥的几本名剧如《法网》、《银匣》等也都是风行一时的。虽然后来创造社关了门，但这几本书，现代书局仍肯加资重版印行。创造社到后期，则因思想上的关系，大家渐渐分裂了起来，创造社是以郭沫若、成仿吾、郁达夫、蒋光赤及张资平五人为中坚的。郭、成则偏向于左，郁则依然是颓唐伤戚，而张则落入于市侩书贾一流。蒋亦虽左倾，但脱离了创造社另有组织。同时，创造社又加入了一些新自日本归国的分子，如李初梨等人，于是《创造月刊》到后来的色彩逐渐浓起来。郁达夫在那时宣告脱离创造社。其实，到后来，就是郭沫若、成仿吾，差不多也不大闻信，而创造社实际上，则为李初梨、龚冰庐、华汉等所占据。最后因态度过左，终于封闭。

后期的创造社，差不多成为了构成近五年中国文坛左倾的发源地。那时他们对于语丝派、文学研究会及新月派，都取强烈的攻击态度，新月派里都是些绅士学者，例不答辩，文学研究会早已散漫消灭，没有人起来抗争，只有语丝派的鲁迅等，很精干地在应战着。

同那时的创造社一起在文坛上竖起了左倾的大旗的，还有一个太阳社。太阳社是以蒋光赤和钱杏邨两人作为主将的，出了一个《太阳月刊》。钱杏邨是以《死去了的阿 Q 时代》一文，成名于中国文坛上的。而这篇《死去了的阿 Q 时代》，便是刊在了《太阳月刊》上的。那时常在《太阳月刊》上写稿的，除蒋、钱两人外，还有杨邨人、孟超等人，钱杏邨在那时是一个顶红的批评家，但是太阳社里的一派人，在创作上，实在程度太幼稚，所以《太阳月刊》上没有一首诗、一篇小说、一篇戏剧，值得一看的。

因为在创作方面，太阳社太站不住，所以虽然他们很热闹的发挥着许多理论，但在无形中也减轻了价值。他们这一团始终在文坛上没有占到一个地位，没有打下一点根基。

关于语丝社，在最初，《语丝》只是一个只有四页的小刊物，也没有封面，也不装订，里面以杂感的文章占最多数。大部分由周作人、鲁迅、刘半农、钱玄同、俞平伯、沈尹默、孙福熙等所作。其始完全是一种发泄的目的，不料出版之后，竟然风行一时，于是大家遂鼓起了劲，好好的当做一件正事，认真的编辑发行起来。

《语丝》本来并不是以鲁迅为中心的，而到后来，不知不觉中，鲁迅和《语丝》两者之间，好像筑下了一个不可分开的关系。大家一说到《语丝》，便会提起鲁迅。一说到鲁迅，便会想到《语丝》。所以，我们可以说，《语丝》造就了一个鲁迅，鲁迅因《语丝》而发迹。

后期的《语丝》和前期的《语丝》，完全是两种典型风格。《语丝》这团人，虽然没有形式上的组织，但却有一种意味上的契合。这一团中心意味，大概不外乎发泄牢骚与抨击正人君子的虚伪这两点上。

现在的《现代月刊》，在初创时，是完全以水沫派为班底的。戴望舒、杜衡、施蛰存、呐呐鸥等都是水沫派的中坚。由水沫派提拔起来而得名者，则有穆时英一人。后来，呐呐鸥和施蛰存等意见不甚相合，所以《现代》上不大有呐呐鸥的文章。

水沫这一派，除了戴望舒的诗之外，并没有什么特殊的色彩。现在的诗坛上有两大派别，一派是徐志摩派，一派是戴望舒派。徐志摩派又叫新月派，戴望舒派则又叫现代派。戴望舒一派的诗的特点，便是重诗意而不重音韵，在他们一派的诗里，常常用“的、了、吗、呢、吧”等作末韵的。他们却也有他们自成一种作风，而在目下的文坛上占着一种势力。施蛰存曾在《现代》上写过一篇关于《现代》的诗，替现代派诗作一种说明，其实这是不必要的。一种诗，他在无形中可以自成一派，用不着什么人来给他解释。因为解释的未必对，反而将这一派诗的风格有了一种误解。

水沫派在小说方面，没有什么大贡献。施蛰存企图以女性心理为写作中心的《善女人品行》，实在是很失败的。杜衡的小说，也是普通作品。只有施蛰存的《将军的头》，却是近年来中国文坛上一种特出的作品。施蛰存《将军的头》一书的描写的细腻，目下一般作家，实在万万不及的。

穆时英由戴望舒、施蛰存的力捧，一跃而成名。穆的成名地，虽是《小说月报》，而其发祥地，却是水沫派办的《新文艺》。但自穆在《新文艺》上发表了两篇文章以后，《新文艺》即宣布停刊。但《新文艺》虽然停刊了，而穆与戴等的关系，并不因而断绝，所以《现代》出版后，穆仍算是一个内部分子。

（载《中央日报》1934 年 4 月 21 日、22 日、23 日、24 日、25 日、26 日、27 日、28 日、29 日、30 日，5 月 2 日、3 日）

文德路的旧书坊

澄　江

无意中从杂志知道了外国也有不少旧书店，而且去逛旧书店多是上流人物，他们在那里可以发现古本书籍，可以买到最精美最廉价的书。所以他们在旧书店中像猎犬寻求野兽，像矿工发掘宝藏。

可惜我没有机会去逛外国的旧书店，但是广州文德路的旧书店我是常常去逛的。在初去旧书店并非有逛的意思，不过在一个很忙的下午和一个朋友去搜求一本旧书罢了。所以这不能算逛，因为“逛”是要有“闲情”的。后来因为自己需要一本书，那时用款又不大充实，唯一的方法只有去文德路搜一搜，并非有必得的存心，不过有一种很大的希望，这是真的。真造化，费了一块小洋，便把那本书买回来了。当时起了一种感激心，对旧书店发生好感，此后便常常去逛。

文德路的旧书店实情是怎样呢？先说文德路罢，这条路除了几间学校外，其余的通通都是古董店和旧书店。过去的人常常说“双门底卖古董”的古董店，就是现在文德路的古董店。这样看来文德路是一个收藏旧东西的所在。

因为这个原故，所以这条路含有一种颓唐的景象。若是对于旧书本和古董不能发生兴趣的人，他是断断不能去逛的，因为那些陈旧书籍发泄出来的气味已够使他闷慌了。

总算起来，文德路的旧书店大约有三十间，有七八间是较为完备，其余多是有名无实的。在初旧书店只有十几间，后来因为旧书籍的需要增加，和卖旧书可以得厚利钱的原故，又增加十几家。旧书籍多是中外兼有，经济书籍、文学书籍、机械书籍，种种不一。总之，价钱是较新的来得便宜。比方一本历史，新的要十二三块钱，在这里用二三块钱便可买得了，这是极合一般想买书而购买力薄弱的人们。

旧书的来历是怎样呢？一方面是穷困的文人拿去卖，卖了一本希望买回别本；一方面是有些学生读完了一本书后，觉得那书再没有大用，所以把它卖了，得回一些钱来作使用；有一方面是由跑街的收买佬买得旧书后，再把它转卖到旧书店；还有一条来路是盗窃而来的，你不要觉得惊奇，不长进的人们，是会盗窃书本来卖的。

我现在再来陈述一点买旧书的经验。倘若你去买旧书，最好不要穿美的衣服，脏一点也不要紧。这处的地方是不大清洁，泥尘水湿，如果你穿一件美好的衣服去，常常会被弄污。而且老板们见着穿美好衣服去的人，他们会开大价钱，有便宜书买不着，要买贵书，这又何苦呢！所以我去买旧书，多是穿着陈旧的中服。

第二买旧书的人，一定要有耐心，不要性急，一性急便买不到书或是买了贵书，这是不可不注意的。比方你想去买旧书，你不要利用看完戏余下来的半小时，或是想用十余分钟，买完书便去吃午饭。因为这里的书没有图书馆分列得这样整齐，中西古今，各类书籍混在一起，若是不用心神，不用眼力去发掘，你便寻不着你想买的书。其实那本书明明在你的眼前也不定。倘若你已经发现你想买的书，你不要性急，作非买不可的情态，若是这种情态一表现，老板便会把你利用，开大价钱了。所以你一定要有耐心，发现了想买的书时，要慢慢地和老板讨价，添价不要快，记着，这时不是做阔少，这些旧书若是便宜方值得买，不便宜只可忍痛离开书店，待别时有机会再去过。

还有一点要注意的，就是你想买的旧书可以在小的旧书店发现时，你就不宜去大的旧书店去发掘，因为小书店的书常比大书店的书来的便宜。大书店会请一个有学识的人做顾问，在书上定下名称和价钱，比方一本 *Economic*，他会把《经济学》几个字写在书页上，和定下一个三元或五元的价钱，买这种书时不能得多大便宜的。我记得我在中学的时候，我去一间小书店买了一本外版物理，不过用了六毫钱吧。

文德路的书店确令我发生一种兴趣，想买平书的人们不妨去走走。

（载《南风》1934年第10卷第2期）

北平的书摊

——如此北平之一

得　中

北平的书业，中心地当在琉璃厂，可是因为地址的所在，不在学校核心，而又以价钱的毫无通融，琉璃厂一带的新书店，只变成发行所性质。

书摊的批书，在书局里有“同业优待”，如商务印书馆的书籍，可以七五折或七折买到，而书摊卖书，又因同业竞争之故，不能按实价出售，每每八折或八五折便可卖出。结果在书摊或小书店买书，可以比到本馆去，有些通融。这样，形成了东安市场和西单商场的书摊的发达。

这几年来，书摊一方面加多，而另一方面又减少，纯售新书的书摊，竟至很少见了。二三年前，增加了些许多书摊，专以售卖翻版新书为业，实在这种书摊的营业，是比专售新书的营业为好。

这里面，实在是有原故的，这可以表现这“文化中心”的北平，一般购买力是怎样的低落了。翻版新书的定价和原书一样，而售价不过三折左右，虽然其中错植之字甚多，但除了《古文辞类纂》之类的东西，别的小说论文等有几个错字，是没有大要紧的，所以想《铁流》、《毁灭》、《母亲》等的作品，能流传一时于北平，也未尝不是翻版书的好处。

自从张恨水的控告，和书业联合会的严缉，这种翻版新书，是渐形绝迹了。但是在这购买力低弱的地方，新书简直购买不了，而上海的翻版标点旧小说，乘机而入，充斥了北平的书摊。这样，真是把北平的文化，推进一个万劫不复的火炕。

一走进西单商场，或东安市场的丹桂商场，看到的书摊上，陈列着不过大达、启智、新文化、大中几家翻版旧小说。于是，《七剑十三侠》啦，《隔帘花影》啦，《刘公案》啦，《济公传》啦，杂陈目前，眼花为之缭乱。而要想买一本上海新出版的书，却连走书摊书店五六家，未必能买得到。

书摊上，有几家是代售杂志的，有许多杂志，上面尘土很厚，一看便是卖不出的样子，便是京沪畅销的杂志，北平也不会一下买净。

总之，北平生活程度是低的一个，贫苦人有三块钱，便可以捱过一个月。上海出版的书籍，对上海、南京等地人购买力还差不多，而在北平人看起来，已是一笔巨款了。在北平，几分钱一本的小杂志，绝赶不上北平一大枚一张的小报，能够普遍。我觉得“文化中心”的帽子，北平将戴不牢了。

（载《十日谈》1934 年第 43 期）

再谈华侨的出版界

陈国华

日前读到《华星日报》园丁先生为华侨出版界叫冤的一篇文字，对于华侨文化水准的低落及其原因，都很翔实的讨论到了。当然，园丁先生眼光的远大，理论的确凿，是不容我们置辩的，我现在写这篇文章，也未免是多余的事。不过，偶一念及华侨在这里为生存而挣扎的历史已不算短，人口也不算少，而华侨的出版物——能以启发民智者却寥寥可数！我们于是不度德量力，集合了几位志同道合的朋友，想做点有益于侨胞的事体，此举也许是无聊，会白卖气力，不过，我们的动机自信还纯正，成败利钝，在所不计。

现在，且回顾我们的出版界，大的华文报只有四家，跟在四家报屁股后面，却产生了不少的文社，周刊社，我们试一探讨其内容的时候，除了几篇互相毒骂，彼此攻讦的文字外，别无藏物！在那么少数出版物的当中，那么金贵的篇幅里，而竟登上种种发泄私愤，含血喷人的文字，于大局，于群众，果曾给予若何实惠，这种勇于笔战的精神，正和我们贵国新旧军阀的勇于内战，有着同一的意义！也许这就是我们中华民族的“好”根性，是国粹的，不过，勇于械斗和笔斗，据社会人类学家言，是原始民族野蛮性的表现！虽然，处在目前的环境，我们——脸黄黄的轩辕皇帝的后裔，正不必以文明人自居（事实上也不可能），但是，我们若能多用脑子去思索，将勇于笔战的气力和精神，应用于科学的探讨，学术的研究，文艺的写作，成绩虽不斐然，也必总有可观，能做到这地步，我们将不需要向外人购飞机，贩取生硬的不易消化的新术语。

华侨出版界里有件可喜的事，在好些副刊里，我们当发现青年学生的文艺作物，有不少是生机勃勃、勇猛迈进的创作，他们本着纯洁的心，没被染秽的灵魂，他们的前途是明亮的，有朝气的，其中固有不少误入歧途，大写其无聊的漫骂的文字，这也许是一时的风尚所使然，不过，此后若能严肃地正视人生，抓住现实，大踏步闯上时代的最前线，和一切黑暗势力相奋斗，相肉搏，他们的成就是无限的，实际上，促进华侨文化的使命，也应由有为的青年学生肩负起来！

（载《民声》1934年第1卷第3期）

南洋书商

海 秋

说一说南洋书业的情形，是一件很有趣味的事。一般的说来，南洋在文化上是比较落后的，华侨的文化事业虽有相当的发展，但较之中国本土大城市的文化水平却仍是望尘莫及。这一点，从南洋的书业情形里反映了出来。

南洋的书大半是从上海批发去的。什么样的书在南洋最有销路的呢？——这或者是诸位读者所要问的。我们知道，南洋各地能够升大学的青年学子多半要跑回本国来，在广州、厦门、上海等地的大学里找他们的智识，大学程度的书的需要不用说几乎是等于零。中等程度的书虽较有销路，但究因买主有限，又要受当地官厅的种种限制，自然也谈不到多大的买卖。最需要，销路最好的是一种娱乐性的旧小说，看图增加兴趣的连环图画和其他的图画书，以及指导日常生活的《日用便览》、《万事不求人》、《珠算指授大全》等的通俗智识书。此外，四书五经和迷信的符咒书之类也有着不少的需要。这些书多半都是石印的，线装的。

上海有一种书店专门作内地和南洋各埠的批发生意。我曾因了一个偶然的机会，到这种书店去参观过一次，也曾看见过南洋的书商们向他们批发的书籍的目录。一间长的厢房，一间客堂，四壁的书架上都满满的堆着各色各样大小不同的线装石印书籍，是这个书店所给予我的最深的印象。南洋的书商们称这种线装书为“旧书”，把《各科常识问答》、《各科投考指南》、《××基础》、《××百日通》……之类的洋装铅印的投机书称为“新书”，那些与新文化有关系的书籍，自然也是在“新书”之列了。

这些“旧书”价钱大都是很便宜的。有三五分钱一部的，有三五角钱一部的，很少有每部超过一元的。书店批发给他们，大半是折实后再打八折。

不要看这些书不值钱，买得多了，一笔生意却也不在少数。批发书价，数百元是小数目，千把几百元也并不算多。书商们对于有销路的书，如日用的通俗书，旧小说中的《封神演义》、《列国演义》、《三国演义》、《西游记》、《水浒传》、《红楼梦》、《七侠五义》、《济公传》、《镜花缘》……等，起码要批发一百部到两百部，其他销路次些的书，也视其需要的多寡而批发五十部、三十部、十部、五部不等。这些书的名目多到不可胜计，这里恕我不一一列举了。

南洋书商们不仅是在上海批发书籍，也在上海批发笔墨。南洋各埠大都爱销老牌货物的，笔墨以胡开文、周虎臣等商号的出品为佳。但老牌货物价钱大都昂贵，如一枝鸡狼毫或小楷羊毫笔，在上海非一角五到两角大洋莫办，可是南洋的顾客却不愿出这数目购买的。若照这数目批发了，则不但到南洋没有销路，就是销掉了，贴了水脚，恐怕还不够本呢。于是，有些书商想出了一条锦囊妙计，他们偷偷地和上海的笔作坊里的老板约好，把每枝值价一分、二分、三分、四分、五分、六分等的笔，冒大笔店的招牌，刻上一些“大京水”、“金不换”、“净纯羊毫”、“小楷羊毫”、“鸡狼毫”……等等的字样，以适应南洋买主的需要。他们出的本钱轻，到南洋自然是很可以获利的。

他们也运销自来水笔的，但大都是野鸡牌子，质料次些的大致每打值价十五元，较好的约二十二元。他们批买这些货物，大都有书店跑街向他们介绍，跑街则从货价中抽取百分之几的佣金，以作酬劳。

书商向上海办货，有亲自来的，有在上海雇用“坐庄客”的，有仅用通信手续直接和书店笔店办货的。南洋书商多是长江流域一带的人，他们回家时自然也可以顺道在上海办这种事情。

书价不一定要用现款全部缴清，大都是采用“押汇”办法。比如一千元的生意，现款交二三百元就可以了，俟书笔到达南洋时，再将余款向邮局交清即可。老主顾不用说又是可以“挂账”的。

书商在南洋营业情形是这样的：有本钱的开大的或较小的书店，做门市生意；本钱小的则在马路边摆摊子，一如上海马路旁的书贩，也有将书打个包袱从这里卖到那里的。

在南洋经营书业，早年颇能获利。这不但是批发得便宜，卖得贵的缘故，南洋银元市价和中国的不同也是一个原因。例如星加坡银元一元，三四年前值上海大洋三元，现在虽低了些，但一百元星加坡钱仍合上海洋一百七十五元左右。从前，他们从星加坡汇一百元到上海就变成三百元，以三百元购买书物，到星加坡又照该地的洋价卖出，这中间是有好几倍的利息的。不过，近年来南洋为不景气笼罩着，买书的人少得多了，所以这个生意现在也是很不好做的了。

（载《申报》1934年12月2日）

出版物的价格问题

在本刊前两期中，有人讨论到中国出版物的定价问题。有一位是认为，目前出版物价目的昂贵，使一般人虽欲买书而力有未能，另外一位却认为目前的问题并不在此，事实上有些书局也做到了相当价廉的地步，根本还在于一般人读书兴趣的落后。从表面看来，这两位的意见是互相的抵触着的，但因为两者都有一个相同的苦闷，不满于目前中国知识的落后的现状，都代表着社会某一部分人的看法，所以便都把它们发表出来了，让读者们自己去思考。

在目前，也许定价过高和读书兴趣的缺乏有相同的影响，但后者要较前者问题来得更严重，却是无可置疑的。因为定价过高，还可以用人为的方法压低，而读书兴趣的提高，却非期日之间所能收效。留心出版情形的人，谅来都可注意到，近来杂志出版风起云涌的情形，其中一部分是书报性质的，定价都相当的高，自一角五分至五角不等，然而价格的高，初不定就成为有碍它们行销的阻力。这种书报之类，有些是极下流的，以色情为中心的。反之，有许多比较纯正、程度比较高的杂志却往往购者寥寥，那怕定价定得如何低。我们敢言的，七分一期的《女声》销路，决不会比要定价几角几专载人体照片的《健美月刊》好。我们不相信，中国专多的欣赏人体美的艺术家！从这些例证看来，可知就在现在，欲提高一般人低落文化基准，已经不仅仅在定价的高下打算所能济得事的了。

清末维新以来至今日，国人对于教育事业的提创，不可谓不力。中小学教育也颇有相当的发展，然而数十年来，曾没有造就出一种读书买书的风气或兴趣来，教育家似乎也应该得到一些教训吧。同时，对于出版界方面，我们亦期望他们能够明白目前中国的特殊的局面，可为利润着想，多为文化打算。

（载《华年》1934 年第 3 卷第 50 期）

新书当废纸卖

宋 元

去年的书局，新书论斤卖，已经骇人听闻；现在的书局，于报上封面广告大登着“新书当废纸卖”，不禁令人惊心动魄，叹书业之不景气一至于此，而感文化前途的黯淡无光了。

本来书籍便宜，是读书人喜欢不过的事。在这农村经济破产城市工业凋敝的时代，读书人为满足求智欲起见不得已买书，对于书籍的费用，等于生活的费用，书籍便宜，即生活费用减少，新书当废纸卖，是应该认为这一现象对于读书人，对于文化前途，都是很有利益的了。可是，我们要知道，书局是商人营利的机关，他们卖书目的在于赚钱，如今大登广告，“新书当废纸卖”，很明显地告诉我们说，“没有人买书，不得了呀！”为什么没有人买书呢？简单一句话就可以答复：读书人没有钱。读书人对于书籍的费用，既然是等于生活的费用，如今百业不景气，读书人生活都感困难。这种生活以外的买书费用，自然就采取减缩政策不管了。文化事业所赖以促进的，除报纸杂志以外，只有新书。如今读书人不买新书，以致“新书当废纸卖”，文化前途实在令人杞忧。说不一定，将来各书局的新书，都当废纸卖，而由纸烟店南货店将新书一页一页地，拿去作包花生米和杂货用了。

新书业以今年为“杂志年”，已经告诉我们说，新书的销路不行，只有杂志是生意经，如今某书局大登广告“新书当废纸卖”，新书的购买力不及杂志的购买力，更为明证。可是，在这号称“杂志年”的杂志购买力，是不是比较以前增大了呢？这却也是值得注意的问题。据我所知道的，商务印书馆的《东方杂志》是老牌子，销路最大，可是今年并不见得比较以前好。又文艺杂志如《现代》与《文学》也算销路最大的刊物，可是今年也并不见得比去年好。《现代》杂志且因书局的营业不振关系而停办了。

社会是这样的百业不景气，国民经济是这样的一日比一日的破产崩溃，新书的购买力是这样的一落千丈，文化前途真是不得了！

（载《申报》1934 年 12 月 19 日）

新书论斤卖

文　里

上海某书局大廉价，新书三斤半卖洋一块钱。不论新书的内容价值如何，好的坏的，成名作家的，无名作家的，一拢捆将起来，以纸的重量言价，正如小菜场卖鱼卖菜一样，论斤计钱。这一新闻已经够耐人寻味的了，某书局过年把新出版的文学书以五元一担的代价批给同行，同行买了还说是看他们老板的面子。新书业的不景气，连同文化学术的价值都惨落千丈！呜呼！

一本新书的出版，先经过作家的绞尽脑汁，思维计划，然后写将出来，其次排字印刷工人几次麻烦地印出，这其间光是化了人的精力也就不少，便说是那新书没有什么价值吧，也不应该以纸的重量来论斤卖钱。而且有的纸价也不止三斤半重量值洋一元，或一担值洋五元，这一新书市价真是给作家们以一种吞了冷气的感觉的了。

文人除帮治者外，卖文为生的人，正是给社会上看成文丐，自己虽然以为清高，在社会上的地位确实下等又下等，现在文人的新书论斤卖，名利两亏，呜呼，文人的末路也就到了。

文章自古不值钱，诗歌成为“雕虫小技”，小说指作“街谈巷议”，古人著书所以都用别号笔名，现在作家们自己抬高声价，其实在这一切都高品化的现社会上，市场不景气的影响，作家的作品也就难免碰到了不值钱的际遇了，这所以难怪诗人朱湘投水自杀。

新书论斤卖，影响所及，我敢预言：自今而后定有不少的作家步朱湘的后尘。经济迫人本来已经足以收拾人命的了，何况现实的社会环境是给人在精神上以无限沉闷与苦痛的呢？

（载《申报》1934 年 2 月 26 日）

书店老板怨言

四 维

今夫天下之人未有不骂书店老板者也，而以弄笔墨生涯者为最，依此等人说法，书店老板为残忍之暴君，为狠心之宵小，为人所不耻之市侩，为利令智昏之犹太商人，恨不得尽举《康熙字典》上之坏字眼以骂之，犹以为未足也。而书店老板既无如簧之舌，又无如椽之笔，遂不敢与辩，天下之人卒听一面之词，觉书店老板无不是可恨可厌之小人矣。敝友有业书业者，特告苦衷，爰记如下：

著书人之固为“稻粱谋”，做书业者岂有专为名者乎？举世皆不景气，文人独怨书店老板。夫书店老板亦想赚钱养妻儿者也，岂能蚀自己之老本，肥他人之口袋；饿自己之妻儿，养他人之子弟乎？使书店老板，初为一百万富翁，则不必开书店，而大做慈善事业家，四处八方，广设孤儿院、养老院、贫民工厂矣，曷为开书店哉？

甲要求印书，乙又要出版。创作多为老套陈言，翻译则荒谬百出。“天河”变为牛乳之路，“无神论”竟成“雅典主义”！冒然出书，忽收批评。无人购买，亏为我吃！

至若时髦之书，先巨资收买，眼看生意茂盛，正想靠此翻身，不知何故，又遭周折。真教人有苦说不出，摸头没主意也。吾辈受此挫折，变成胆小如鼠，不问其为好为歹一概拒绝接受，不问该书有益于文化，有补于人生，吾辈为饭碗计，不能不慎也。吾辈岂不欲宣扬新文化，传播新思想，奈事与愿违何？

且时代变迁，难于应付，以前，人多喜好社会主义之书，什么“斯基”、“洛夫”之作，大为时髦；现在，人又喜欢国学佛经之类，真教我们无从着手也！总之，文人也，书店老板也，同是天涯沦落之人，其当共吃一杯联欢酒，思所以打破难关乎？

（载《中央日报》1934年4月17日）

揭开小书店一折八扣之真相

一　笑

近来，警接外埠读者来信，询问各报所登××书局广告，其书价低至一折，甚至一折八扣。究竟何以低廉如此？兹特转载《社会日报》所刊《书业界之苦况》一稿于下，读之就可恍然大悟了。

近因市面之不景气，书业界之竞争，亦甚为激烈。各小书局所售标点书，其售价之低至一折，甚至一折八扣，如定价三元者，仅售二角四分。于是外界多发生一种疑问：何以低廉如此？据书业中人说，所谓标点书者，不用稿费，一也。普通书排版较为考究，错字较少，此则错字甚多，故其排工仅每千字三四角，与普通书相差至一倍，二也。印工亦拆烂污，仅七八角一令，又较普通者便宜至一半以上，三也。钉工亦较普通者便宜一半，四也。普通书所用纸较佳，约及四十五磅，标点书则多用三十七磅者，甚且有用劣货，五也。定价亦较昂，普通书籍，同样页数，只能定价一元者，此则往往定价二三元以上，六也。有此六种原因，于是虽卖一折八扣，亦有利可图矣。因抬高码子，减低折扣之风，流行一时。于是一般小书局，均纷纷改定售价，减折以为号召。平时定价三元者，辄增加至十余元，于是平时售三折者，乃可改售一折，其玩此把戏，无非欺骗外埠之读者耳。

（载《光芒》1934 年第 1 卷第 16—17 期）

书的普及版

关敬之

走过马路，时常看见排排坐的商店陈设货样的大玻璃窗。各种各样的货色摆得很整齐，有时非常新奇。商店的窗饰术，近来是很有进步了。

然而在一排斗奇炫巧的大玻璃窗中间，近来也时常看见有瞎了一只眼似的收歇了的铺子。这在晚上年红电光射得人眼睛生花的时候，尤其触目。好像这是在表面看来还算繁盛的市场上插了“不景气”的草标。

然而又不知道从什么时候起，这些瞎眼似的倒闭了的商店门前，平空添出许多临时的书摊子，大都利用窗沿做书架，摆着翻版的旧小说，《红楼梦》、《水浒》、《三国志》、《儒林外史》、《大红袍》、《岳传》，乃至《曾文正公家书》、《秋水轩尺牍》、《桃花扇》、《浮生六记》，应有尽有，甚至还有成亲王之类的石印的字帖。

这一些书，大都是新式标点分段落，报纸印，牛皮纸的封面。定价倒也并不怎样低，可是卖价却“放盘”到叫人难以相信：通常是一折再打九折。你化这么三四毛钱，就可以得一部《三国志》了。

这是从前没有的！这样“普及版”的盛行，一方表示了需要的广大，但又一方也未必不反映着“不景气”潮浪中书业的挣扎罢？我常常这样想。

无论怎样，“普及版”的流行，总是一件好事。在买书的人的钱袋一天天瘦小了的今日，“普及版”总是对于“文化”有益的东西。

我跟这些小书摊有过好几次的交易。很使我钦佩的，是这些“普及版”的印刷倒也不见得坏。白话的旧小说如《三国志》之类，简直没有什么排错的字，而标点也大致妥当。不过文言的《世说新语》之类，错字却比较多了。这也难怪。“不景气”时代的这样的“普及版”，为了成本关系，当然不能聘请“通人”做校对呀！

最近，“普及版”的应用又扩充到非常“硬性”的大部书了。先有了锌版缩印的《二十五史》的广告，接着又有排印的《二十六史》的广告。预约价是越来越便宜了。《二十五史》的样张，我们见过，照相锌版印，错字倒无须顾虑，只嫌字体太小了一点，只能备查，不便诵读。《二十六史》呢，还没见到样张。但既系排印，想来要用六号字来排罢，字体不算太小，可是，看了《世说新语》“普及版”之类的错字太多，我忍不住要想到这普及版的《二十六史》不知是延聘了几位老先生戴了老光眼镜在细细校对呢？

校对这件事，绝不是机械工作。“正史”之类倘使用“机械工作”看一字对一字那样校出来，难保不闹多少笑话罢？“普及版”的必要条件总也得是“读得下”罢？

不知怎么，我觉得照相机的“眼睛”总比人的眼睛可靠！

（载《申报·自由谈》1934年10月16日）

选　本

再　青

《文学》的《社谈》里，登载了一篇《论选本》的短论，说明现在选本的芜杂、重复，希望选书的人开拓一些新路，不要尽在这狭小的圈子里兜转。这意见是完全对的。在《论文选》（文艺风景）一文里，我曾经把这样的书籍，称作“选本的选本”。现在想起来，觉着还得加上一点说明，就是并非“更精选”的意思，而是从选本中随意挑选，拉杂成书，根本上就没有“选”。

选本是一件大事，也是比个人的集子更有效果，更能不朽的。许多的文集可以失传，好的选本，往往是不容易消灭。理由是：选本集中了各家作品的精萃成分，使读者用很少的经济，不多的时间，来了解更多的东西。但这样的选本，决不是“随意挑选，拉杂成书”的一类。所以，选本的好处是很多的，如果选家是优秀，肯把选书当作一种事业，认真来做的话。

遗憾是，这样的选家并不多，以至“投机取巧，粗制滥造”的选本，常常出现在市场上。此买书的人，所以在选本堆里选来选去，而终于无从选起也。造成这样现象的原因，是不单纯的，有印刷业发达的关系，有出版家生意眼的关系，也有选家生活的关系。在种种复杂的条件之下，想消灭这种现象，是不可能的。只有从另一方面来补救，刻苦的对选本下一番批判挑选的工夫，不断的督促和清算，这责任应该由批评家担负起。

中国出版界有一种很坏的风气，就是不肯分途发展，常常共同的咬住同一的书籍，死命的来拼，非弄到数败俱伤不止。如《二十四史》、《二十五史》、《二十六史》，即其一例。所以，甲出版家因一本小品文选获得了利润，乙也就再来一本，丙看见有点眼红，加上一本来凑凑趣，这样发展下去，势必到家家都卖小品文，人人都买小品文，不是小品文也硬算小品文，把中国弄成一个小品文国家完结。决没有你出《袁中郎全集》，而我不印，而另印他人集子的。选本出版到这样糟，范围这样狭隘，出版界的这种风气，我想也是一个大原因。出版家对"出产的机械"要求既是如此，选者为生活所逼，不得不适应对方的要求，这是很不能的事。希望选家能发展新路，同时，也不得不希望出版家，能把这样坏的风气改变过来。

（载《申报·自由谈》1934年12月15日）

杂志年

长　征

"九一八"以后，知识分子感着国难严重，有唤起民众共同负责的必要，一伙一伙合起来办杂志。杂志渐渐增多，到本年，乃有人称为杂志年，自然因为杂志出的特别起劲的原故。

假如我们细心观察，便会知道国内一二千个杂志，实有多种不同的意义与目的，第一是政治性杂志。几年来，政治团体的宣传，有了很大的变化。以前的群众集会，贴标语，喊口号已为人所厌倦。电影，戏剧与播音不是容易办的事。大家注重报纸杂志这种经常的宣传。报纸还需要很多经费，杂志不拘篇幅，出刊期，一向信用又好，乃是最便当的工具。现在各种大大小小的政治团体，以及一个团体里面的一派一系都需要一个杂志，借它宣传自己的主张，防御敌人的攻击，团结同志，拉拢朋友，杂志就是政治斗争的堡垒。政治杂志数目多到算不清，最著名的有《民族》（陈公博）、《南华》（曾仲鸣）、《再生》（张君劢）、《复兴》（中国建设学会）、《独立评论》（胡适）等等。第二是商业性杂志。这种杂志目的在广告，做商业上的工具，如《申报月刊》、《新中华》、《东方杂志》、《中学生》等等。这些杂志虽含商业目的，但是办理得法，文字有价值，在文化上有相当贡献。不比政治性杂志，第一流人物既然没有工夫动笔，二三流人物弄些东西杂凑，常有捉襟见肘的样子，第三是纯文化杂志，这种杂志最少，我们只找到《科学》、《科学的中国》、《人文》、《学艺》、《华年》、《中山文化教育馆季刊》等不多数种。第四是报告性杂志，乃是一个机关借此报告它的事业，顺便宣传，如《国际贸易导报》、《中行月刊》、《中央银行月刊》等。各机关公报皆属此类。第五是趣味性杂志，这类杂志或者有高深的目的，不过登载文字是为引起读者趣味，作文的人也快意。这类杂志近来很发达，著名有《论语》、《新语林》、《十日谈》、《人间世》等等。一切画报皆可归属此类。

以上几类杂志，报告性杂志最多，我们只要看一个小小的机关也有一种杂志就可以知道了。政治性杂志很多。趣味性杂志也不少，因为可以把握多数读者。我国杂志十之八九是要赔本的，趣味性杂志因可多销，经济上常可以自给。纯文化杂志数量并不多，推动文化向上的力量薄弱。商业性杂志数目最少，商务印书馆占了好几种，因为该馆新书广告甚多，其外很少机关能赔出一笔大经费办杂志。

杂志虽然增加很多，读者不能随比例增加，现在大多数人还没有读报纸的习惯，读杂志当然更不容易。杂志找不到读者，便卖得很贱，甚至有不要分文送到书店托销的，销路狭仄，办杂志愈要赔本。政治性杂志，报告性杂志反正预备赔本，只顾自己能拿出货来，不大能为读者设想。商业性杂志为广告原故，很留意读者的需要，如《申报月刊》登载的文字，充实、简练、晓畅而且富于时代性，《中学生》能抓住中学生的需要，皆是极好的杂志。

现在杂志过多，一个杂志要想抓若干读者，绝不能敷衍门面，人云亦云。一个杂志要划定一部分人为读者，观察读者的需要与胃口，而供给他们精神上的粮食。一个杂志须要有一个杂志的个性。

现在邮局与银行有代订杂志的办法，大城市的读者固然可省手续，内地读者尤其得到便利。此种办法可使杂志增加内地的销路，我们真要感谢邮局与银行的贤明！

（载《幽燕》1934年第3卷第9期）

杂志盛行与单行本衰落

傅红蓼

六月号的《现代》上，编者在文坛展望里，曾提出这样一个重要的问题，那是："一九三四年文艺杂志底盛行，与单行本底衰落。"其论点是："单行本售价太高，杂志底售价较低，而质量方面，却又相等，所以在社会经济低落之时，读者购买力薄弱之日，这是一个险状，而是整个文坛底问题。要补救这险状，只有减低单行本底售价。"

这种细心的留神，的确值得钦佩，其理论也颇中肯。不过仔细研究，似乎这种见解却尚有未尽之处。这种畸形发展的现象，我以为仍然是一些作家们本身底问题。

杂志盛行与单行本衰落，当然与社会不景气读者在经济上避重就轻为一个原因，但杂志和单行本底内容问题，却也是一个重要关键。读者们在上过单行本内容空虚的大当之后，于是对于一般靠不大住的作家起了怀疑，而他们读书欲尚未完全毁灭的时候，惟一地只有寻到杂志身上去。在那里，有着多量的作者及作品，他们可以：从甲作者身上失望的时候，再到乙作者身上去求偿，单行本则不能如此便当了，于是单行本便日见衰落。

"为什么少见内容充实的单行本？"这问题的症结是，一些作家们，为了生活底体验的缺乏，贫血症传染到许多人底身上，实在写不出怎样惊人的作品。但版税又不能不抽，生活也不能不维持，甚或是爱人不能不交，跳舞不能不去，结果，只能把无聊的东西，滥竽充数，交给书店老板，出书了事。试问这种情势之下，单行本应该不应该慢慢地没落呢！

在“五四”刚始萌芽之时，一些读者差不多都像瞎子般，只是跟在作者的后面乱撞。可是现在时代是进步了，读者们也还略能辨别青红皂白。以前变的把戏，到现在已渐不哄动，而一些悬挂正牌的老角色，也渐渐失去其号召力了。但书店老板，或杂志编辑，对于崇拜老角底心，却未曾变动。而读者们却时刻在极端地盼望着新角产生。在这种矛盾之下，结果只剩老角底正牌尽管挂，一出出戏也尽管唱，而舞台门前，看客们却都裹足不前，慢慢地溜到“游艺乐园”或是“大世界”里去了。这里我们觉得“游艺乐园”、“大世界”很像杂志，而尽挂老角牌子的“舞台”却是单行本。

还有，还有……这里不想多举。

杂志盛行与单行本衰落，不仅仅是价钱问题那样简单，我以为至低这是作者们本身底问题！谁保得住呢？杂志底内容，倘使也趋于浅薄和空虚，像眼前单行本时，其衰落恐怕还更要利害呢！

这现象，依结论是：“一面是读者们底进步，一面是作者们底退步。”这是整个的文坛问题，作者们本身底问题。我们要堵塞这种危险的倾向，这种颓废的延展，先要检查自己，慎重下笔，而更须要的是充实自己，然后才会有给进步的读者们以满意的作品！

杂志盛行与单行本衰落，这是给瘖痳着的作者们底一个当头棒喝！

（载《申报·自由谈》1934年6月11日）

杂志年与古书潮

融

如果说今年是杂志年，那么在这杂志年里，却有一种较特殊的现象，这就是翻印古书的狂热。先由老资格的商务印书馆以大规模翻印

《四库全书》作为前导，一时各书店风起云涌，争先效法，继之而起的有中华书局的《图书集成》，开明书店的《廿五史》及书报合作社的《廿六史》，商务的《十通》，这都是惊人的工作，其由私人编印者，则也有最近见诸报端的《词话丛编》等，被压倒了多年的古书，近来可谓大走时运了。然而我们一返观新文化的园地里，连单行本的创作都凋零得厉害，出版家争趋于杂志之一途，杂志虽多，然而一与翻印的古书相较，其耗费的人力与财力，是小得多么可怜呢？这是个畸形的发展，而此畸形的发展，实有其根深蒂固的社会关系。

简括地说：我们是不反对接收过去遗产整顿过去遗产的。然而问题是怎样去做接收与整顿的工作，并且这工作的动机与终极目的究竟是什么？人类社会的进化，除了个体之生物的遗传外，还有文化的遗传，因为文化是垒积地进展着，故现代文化绝难与过去文化绝缘。不过所谓接收遗产云者，是说以批判的目光从过去遗产中搜寻出整理出，有益于现代文化发展的东西，因为其出发点与终极目的是在新文化的创化上，故与一般食古不化开倒车的大异其趣。《十通》、《廿五史》等方法虽旧，但可帮助我们理解过去的社会，《词话丛编》也未尝不可供给我们研究古代文学批评的资料，这在某种意义上说是非常可喜的。但是现在出版家的心理，是否有意识地如此做却还成个问题。不然的话，为什么不惜花费重资来影印几十本乃至几百本的"巨制"，却不肯取出这资本之若干分之一，来印刷一些不怎么容易获利的却与一般读者非常有益的小册单行本呢？古书并没有它独立存在的价值的，古书只有在促进新书的成长上才有它的价值，换句话说，影印古书只是发扬文化的手段而非目的，为新书而翻印古书，这工作才有价值。

可是，我们看看年来的新书，单行本已经微乎其微，仅靠杂志来撑场面了，难道新著作里面就没有值得印作单行本的吗？仅仅把那影印古书的玻璃版省下两块，少加些锦上添花的装璜，省下的钱，不是不足以印行两本很可一读的新作品了吗？出版家并不应纯为"谋利"的目的而生产的。

问题落到读者的头上来了，你不愿开倒车去做那复古的迷梦，而你求知欲又旺盛非凡，在这环境内，该如何措施才好呢？茫非斯的金字塔在天明时看来是蔷薇光的圆柱，而在残照中却现着黑三角形的影子，一件事物往往存在着利弊的两面，只要你肯努力，你就不难从那古书的泥沙中淘筛出灿烂的新知的金粒来！

（载《申报》1934 年 12 月 22 日）

对于中华商务两大书局影印珍籍之意见

慕　骞　定　域

近顷中国出版界有二大事足称述者，即商务印书馆之印行《四库全书珍本》、《宛委别藏》、《四部丛刊续编》，与中华书局之重印《四部备要》、《古今图书集成》、《二十二省通志》是也。

清代《四库全书》之辑，虽群籍毕罗，而流布未广，识者病之。至《宛委别藏》，系清宫旧藏阮元进呈四库未收之书，极称精审。今由教育部故宫博物院先后择其尤者，嘱商务印书馆印行，从此秘藏流通，宁非一大快事！昔岁商务编印《四部丛刊》，中华编印《四部备要》，均为读者所赞许，此次商务复有续编以行世，所收皆人间孤本，而中华亦重印备要以应需求。当此世方多故，古籍消亡，在在可虑。出其珍异，贡诸当世，实为保存之良法，固不仅获流通之益而已也。

《古今图书集成》为类书之唯一巨典。各省通志，为地志中之要籍，欲事探稽文物，舍此末由。惟皆鲜通行本，读者久感不便。今中华辑为重刊，以广流传，自为吾人所乐闻。第以何种板式刊行，庶于读者更为便益，则须先行商榷。而定价之务宜低廉，则商务与中华，当必能殊途同归，庶于社会更有裨也。

二书局在国中出版界固已久占权威。值兹万方多难，复能急起直追，以保存文献，阐扬学术为已任。

国人之表赞佩，自无待言者矣。

中华书局与商务印书馆，为吾国最有悠久历史与规模最宏大之印刷机关。双方虽志同道合，而以营商手段行传播文化事业，故常不免有同业互竞之举。虽不见显揭旗帜，然其角逐之痕迹固，历历在明眼人目中也。泛观年来西方所出惹人注意而为鄙臆所及之书，前之如商务出《辞源》，中华则印《中华大辞典》，商务出《四部丛刊》，中华亦摆印《四部备要》，无不遥遥相对，有如桴鼓。最近商务获得影印《四库全书》珍本之权利，又将影印北平图书馆之四库善本丛刊，于是中华书局亦不先不后，于兹际宣布《古今图书集成》及《二十二省通志》之影印。商务印《四部丛刊续编》，中华乃拟《四部备要》之重版，又目前彰彰之事实也。综观前后，似商务恒取得机先，中华则微若追步，是盖可战两者经营手段之高下，与主持者擘划设计之工拙。惟因此而华夏文化，先贤名著，赖以益广流传，益获阐扬，与夫承学之士从此益得窥缥缃之美富，则其功不可没矣。

遂事不谏，但言近者：此次商务影印四库珍本及善本丛刊，虽主其事者之知几，要亦赖政府之赞助，而“一·二八”沪变中该馆之遭劫，与劫后之复兴孟晋，实亦能获全国舆论之同情。故《万有文库》教部既为之通令全国学校，应予采购，又复宠以影印库书之荣任。于是商务馆乃益若为今日中国出版界之骄子，余子益相形见绌，碌碌不足道。而年辈相若规模相仿之中华书局，尤不无落寞之感，而有不甘雌伏之意矣，此集成与《二十二省通志》之所为影印也。兹事固不能必其即为受影印四库之影响致然，且报端正式宣布亦略较商务为早，但影印库书之酝酿固在先，而影印之实行，则商务固又着其先鞭，则无疑也。

如就所影印底本价值而论，四库珍本，全为人世秘籍（惟同时尚有四种阁本——文渊、文津、文溯、文澜），而善本丛刊，多属《委宛别藏》，既四库所未收，亦人世所罕传，其流传价值自不待论。以视图书集成之纯为类书，本身固已逊于四库，以及因光绪间外务部石印一次而行世传本犹众者，官不同矣。且在贸利与流通文化上，四库珍本，异日既可扩至全部，绰有伸缩之余地。目前复可拆售，尤易得洛阳纸贵之便，集成则于此伸缩性又矣。此外《四部备要》一书，虽审别自有义旨，要其书多为治学者所已备，初学者又少分购之便，且其校勘自不能比影印之免讹，故其覆印亦未能引起学术界深切之重视。所堪与商务旗鼓相当而足嘉惠学术文化者，其唯《二十二省通志》之影印欤？

案方志为史乘之枝与，省志尤足供国史之要删，且其性质，兼涵史地，唯其有为正史所不能悉详者，斯其足资研究，地方制度赋税水利人物之用，益具宏大之价值。惜此类书，编辑不时，良莠不翦，板式亦不一，兼备为难。而创意汇刻于一处，因环境所限，人力所囿，尤难之难者。今中华乃利用近世写真印刷术，作此空前之创举，可谓先获我心，而将来之成就，要可卜矣。盖四库珍本，以至《四部丛刊续编》之流，固属有功文献，大足耸动一时。然以功利言，其足以资多数人之应用，与直接有系于国计民生之探讨，窃谓廿二省志汇刊，义似较长（四库珍本等似过于专门），而处今日省志凋零，续修鲜闻与购求不易之际，斯事尤为应有之举。惜中华虽见启事，未即开印，同时亦未见宣示将来印本之方式与大小。深愿能豫顾庋藏之便利，与学界购买力之盈缩，以及藏家有无复本之避免，而小巧其书品，或等差其板式，廉其值，零其售（拆购）则嘉惠文化为不訾矣。不卜该局主人以为然否？

吾意已尽，尚有附言一事，即此次商务影印库书从所分贻样本观之，诚便购藏，但既云不失原样，大小均从其朔，字画有数色者，亦用套印。何以书前阁宝（文渊阁宝），又惮烦不依比例予以缩小，致露不称之状，转较湖北先正遗书中若干种，之确能全依文津阁本摄印者为失真，岂非美中之不足哉？附记于此，以谂影印库书之主持者。（骞）

（载《浙江省立图书馆馆刊》1934 年第 3 卷第 1 期）

中国文化与中国古籍

——《四部备要》重印感言

陈高傭

寒假期中，事务稍闲，终日披阅线装书，从事中国文化史的研究。适于此时中华书局重印《四部备要》，余对于以前印行之《四部备要》，固视为研究中国文化之绝好材料，于是在此重印之期，对于中国文化与中国古籍这一问题发生了许多感想，兹略述如次。

一

文化是人类实际生活的表现，我们要了解一个民族的文化，应当从一个民族的实际生活上去研究。所谓文字书契是由人类实际生活反映出来的东西，文字书契所表现的文化，好像是由人类实际生活中摄成的影片。我们要从电影院的影片上完全了解社会人生，固然不易，同样我们要由一个民族的文字书契中完全认识他的文化，亦有困难。即便能有了认识了解，亦是片段的、呆板的、想象的，而不是整个的、活动的、真知灼见的。因此，《庄子》说古人之书是“古人之糟粕”。

但文化不是一日之间形成的，亦不是各个时代不相联贯的，而是由一个民族的生活史上逐渐发展而成的。所以我们要明了中国近日的文化形态，势不得不本着历史的方法，穷本求源以研究其发展的过程，而欲研究中国文化的发展过程，则中国古籍当为最基本、最需要而且最便利的一种材料。

一个民族的形成与发展，固然与社会生产及政治组织有关系，而尤有关系者则为人民由共同生活而形成的一种共同意识，即所谓民族意识。这种意识，虽然随时代不同而有各种形态之演变，但其根本精神则始终是一贯的，此种一贯精神的表现，即所谓民族文化。所以我们从中国的学术思想上来看，先秦思想固然与汉唐思想不同，汉唐思想亦与宋明思想不同，宋明思想又与近代思想不同。但是我民族的“至大至刚”的一贯精神，则我们由史籍所见，固古今无异。时至今日，我们的民族虽然处于困难之境，我们的文化虽有点衰弱气象，但我们的民族精神如能振作，民族复兴固可立而待也。欲振作民族精神，则须先使人人有民族自信心，欲使人人发生民族自信心，则必须对中国文化过去之光荣有所认识，而欲认识中国文化过去之光荣，则惟有从中国古籍中求之。

在中国今日的情形之下，我们要复兴民族、复兴文化，当然不是把旧有的东西一齐都搬出来可以有为，且按人类历史演进的公律来说，要想把过去的东西在今日重行实现，事实上亦有所不能。因此，我们不能不吸收世界文化，不能不努力创造新文化。但是所谓世界文化，绝不是生吞活剥地可以搬到我国，必须由自己民族把世界文化熔化之后，然后可以发生作用。我们要创造文化，亦不是空想武断可以创造出来，必须本着过去的历史，因势利导，然后可以产生新的文化。不然专学他人忘了自己，不免画虎不成反类狗，不量自己能力而妄想创造发展，亦必至事倍而功半。因此，我们固不敢说读古书就可以打倒帝国主义、解放中华民族，但是要说把中国过去文化一笔抹煞，而可以使中华民族立臻强盛之域，我们亦绝对不敢相信。同一不龟手药也，或以霸，或不免于洴澼絖，要在人如何运用之也。中国过去的文化即我们先祖遗留下的不龟手药，民族之存亡，国家之盛衰，全看我人如何运用而已！

二

中国近代自从西洋文化输入以来，文化界的人士对于中国古籍曾有过几种不同的观念。西洋文化最初输入时，一班学者的观念是中学为体、西学为用。他们对于西洋文化虽然表示接收，但是对于中国固有文化则看得比西洋文化更为贵重。民元以后，有些人感觉着中西文化根本不能并立，中国要想维新，应当根本否定中国文化，全盘承受西洋文化，因此而有“五四”时代的新文化运动产生。当时陈仲甫说：“万一欲建设新国家新社会，则对于此新国家新社会不可兼容之孔杀，不可不有彻底之觉悟，勇猛之决新，否则不塞不流，不止不行。”吴稚晖亦说：“中国要好，非把线装书扔到茅厕中三十年不可。”但是数千年来的文化历史，既不是由任何人一日之间创成，当然亦不能由任何人一日之间毁灭，所以民国十一二年以后，一部分人士又转变态度，提倡整理国故。他们用科学的方法研究中国线装书，用历史的态度认识中国文化。在起初时，虽然不免支离附会的毛病，但是到最近确是已有相当的成绩，如近年来国人对于中国古史的考证，对于中国各种学术史的研究(如中国哲学史、文学史、经济史、政治史等)，对于中国社会发展变迁的讨论以及对于复兴民族运动的发生，这都可说是近十年来，国人用科学方法研究中国文化史的成绩。我们从历史上看来，一个有文化的国家，当他与外来文化接触时，经过一个相当时期，必然要产生一种新的文化，外来文化固被吸收，固有文化亦有发展。当印度文化输入中国时，起初中印文化成对立形势，六朝以后，一班高明之士且尽成为印度思想的学者。但是到了宋朝以后，中国文化又渐复兴，于是当时学者乃能以中国固有文化，熔化外来的印度思想而创成近代理学。现在中国文化又与西洋文化接触了，我们虽不敢言将来的情形仍与印度文化输入之后的情形一样，但以近十年的情形观之，则最近将来，中国文化之复兴，大体仍不外为吸收外来文化发扬固有文化之趋势。近数年来各书店竭力翻印中国古书，亦可说是这种事实的表现。

三

我们要复兴民族，既然要先复兴中国文化，要复兴中国文化，又不得不在中国古籍中认识中国文化过去的光荣。因此，我们以为凡是中国的政治文化机关，都应当备置一部比较完善而扼要的中国古籍，如《四部备要》这一种书，在我们看来就要算是比较最适合时代需要的一种文化贡献。因为《四部备要》的辑印，就其已经出版的五集而言，文化界人士已经公认其有内容丰富、形式优美之两特点。

在我个人感觉特可称述者，即是此书之选辑。从其系统上看来，真可说是中国文化史之标准材料，例如经部各书，先刊《十三经古注》，经注而需疏解，乃有《十三经注疏》，经学发展至清，纂诂最精，又有《清代十三经注疏》。因朱子所辑《四书》在中国近代文化上影响最大，乃更校印《四书集注》，如此有系统有条理之选辑，直可说是一部经学发展史。又如子部对于儒家书籍自先秦以至清代，应有尽有，吾人如欲研究二千余年，维系中华民族与支配中国思想之儒家思想，于此中求之，已经是绰绰有余。至其对于宋明理学之书，采辑特多，尤足见其用意之深。因我们从宋明理学书中，不仅可以认识中国近八百年来的社会组织与意识形态，并可以体会得当时人士，应付印度文化的方法以决定今日我们应付西洋文化的态度。且在此学术思想纷杂、国民精神萎靡的时候，宋明学者之个人修养方法，尤足为我们多所取法。以上数点，都是我个人所感觉着特别足以称道的。至其对于诵读之书用大字排印，浏览之书用较小字排印，一方面力求经济，一方面又务使读者不至有损目力。此种经营擘划，实为近年辑印古书之所仅见者。

年来，国内学校林立，学术团体亦风起云涌，此固为中国民族复兴之好现象，但是各文化机关大概对于图书馆的设置都不大完全。于是有人说某国立大学图书馆中连一部《宋元学案》都找不到，举此一例，可以推知一斑。我们希望各政教当局，真正负起发扬中国文化的责任，使各学校、各文化团体与各政治机关都节省一部分经济，多购置一些书籍，所谓书籍，当然不限于中国书籍，但是如《四部备要》这种既经济又完善的书籍，无论如何应当设法备置一部。中国古籍可说是先人所留给我们的遗产，我们要振兴家务，难道能够对于祖先的遗产毫不加以注意？

（载《新中华》1934 年第 2 卷第 5 期）

旧小说之翻版热

止　观

“不景气”的影响，年来已普遍全国，市衢百业，莫不萧条。海上一部分书贾，感想到生涯之不振，乃异想天开，将所有旧小说，施以标点，大翻其版，此行彼效，互相竞争，计有新文化书局、启智书局、大连美术供应社、大中书局……约有五六家买卖，在勾心斗角中。

此种标点旧小说之翻印本，自年前大批□发到天津，始也一六折，即群惊其贱，纷纷购买。目下出品益多，价钱更廉，而且低减到一四扣了。划算起来，差不多是只够纸钱，除去经售家的扣佣，恐怕是获利太微了。

已翻版的旧小说，如《三国志》、《列国志》、《红楼梦》、《西游记》、《封神榜》、《岳传》、《水浒传》……降至于不甚普遍的佳人才子小说，《平山冷燕》、《白圭志》、《驻春园》、《水石缘》、《风月传》、《双美奇缘》、《兰花梦》……一时也举说不尽。关于老文学书籍的翻版货，如《论衡》、《古文观止》、《文心雕龙》、《曾文正公家书》、《小仓山房尺牍》、《秋水轩》、《雪鸿轩》、《徐霞客游记》、《唐诗三百首》、《板桥集》……词曲类则又有《琵琶记》、《牡丹亭》、《桃花扇》、《西厢记》、《燕子笺》、《当炉艳》、《长生殿》……

最可笑的是，旧书籍翻版翻得穷了，把鼓词唱本，如同《刘镛私访》、《黄爱玉上坟》之类也翻印出来，将来还不知又有什么笑话，继续演出呢。

（载《天津商报画刊》1934 年第 11 卷第 11 期）

新生活运动与日历

王新衡

一九三四年的日历快一天天的扯完，一九三五年的日历又将很适时的跑到我们的案头来了。日历诚然是我们所不可缺少的东西，它给了我们不少的便利。不论是军政工商学各界，怕没有一个人能够少掉它，而能很有效率和秩序地办事的。

因为日历的普遍和广大的需要，经营日历生意必然成为目前一个不小的买卖。书店老板们，投机商人们，不论其目的在营利赚钱，或赠送顾客，招徕生意，都要从腰包里掏出本钱到印刷店去定印大批大批的日历的。

现在我想从作日历生意的人这方面来说一说：作这种生意的大都为，中小书店的老板或职员。他们和印刷店素有来往，定印起来很是便利。外埠又有发行网，推销起来也不大费力。有本钱的自然什么都无问题，没本钱的也可商量向印刷店挂账。书店里的人作这种生意是再适宜不过的了。

他们定印日历决不会是少数的。一千两千自然是少之又少，一万两万还是很少，就是七八万，十多万也不能算多。好在印起来是很便利的，一版上可以印上几十份。切开、装订，也都是至为简易、便捷。至于每份日历本钱的多少，则视日历的大小，纸张的精粗而不同。通常约二寸半长一寸阔用普通报纸印的长形日历，每份印费和装订费合计大致为四分，三寸长二寸左右阔用报纸印的日历，每份本钱大致为五分。日历面积再大上去，本钱可递加至五分半、六分、六分半、七分、八分不等。若用道林纸印，则小的每份也非八九分莫办，一角，一角以上的印费，自然也是很平常的了。

这许多日历大都是向内地的书店里批发的。批发的数目有时大得可惊，动辄三两万的运销，一万不是大数目，五千更是小数目了。批发价格比原来本钱每份只能高得一分左右，为了竞争关系，高五厘也有肯卖的。这对于经营的人仍是很合算的，例如一份日历赚五厘，十份赚五分……万份就可以有五十元大洋到手了，十万份就可以有五百元大洋到手了。这种批发生意，大都系先期约好，书面定货，才如数赶印寄往。主客间大都有过来往，甚至交情，而靠着面子作生意的。不过也有人把利益看得很重，假设有人肯把同样货物贬价出售，他是宁愿回掉前者，而定购那便宜些的。因为有这种竞争，所以终不免有人要失败，而要留下了堆积如山的过剩货物。

日历的种类是颇不同的。工厂，商店，银行……等工商机关印赠的日历，大都是具有宣传和广告作用，上面必定要把自己的出品，商品……及有利的事大加吹嘘。最普通而又最流行的是一种阴阳合历，不论在本外埠，销路都极其广大，那光印着阳历日月的，销路倒反在其后。这可见中国人保守程度的深入了。

不过，在内地的某些城市，阴阳合历却是禁售的，所以阳历的日历，也自有着它的销路。最近因为新生活运动广大的发展，在日历上印一些“新生活规约”，或画一些早起呀、早眠呀、刷牙呀、整洁呀……之类的图画，这自然也都是混□□的了。

（载《申报》1934 年 12 月 2 日）

稿　费

向　锦

吟诗作文，自古以来，都被认为一件风雅的事情。风雅的事情却提到钱，岂不是有这么点那个乎？

可是这个年头儿，吃碗肉丝面之后，拿那条脏黑的热手巾揩揩手，就非给两个铜板起码的小账不可。无十文向杂货店买草纸，甚至拉屎亦感困难。生此盛世，随地都要钱的。

于是写文章也要起钱来了，因为他们也是要吃面要给小账，而拉屎尚需草纸的“人”呀！

弄钱之道，各有巧妙不同，实数言难尽，但大部分动动笔头的，到夫子庙摆测字摊，既尚欠口才及经验，而秘书、教授、编辑之位置，大概尚未走运，一时很难找到，于是只剩下投稿以换钱的一法。红作家姑且不论，普通一千字一元（也许还有打对折的，但我说的是市价），如果能绞脑汁多写一点，每月所得，虽比不上旅馆茶房亦稍优于人力车夫，可以自慰矣。倘使公正的编者用公正的眼光很公正的爱上尊稿，那么更可开足马力的一篇又一篇，所得既丰亦可小阔，此投稿之为人艳羡，而投稿者日见其多之故也。

仍然还有高尚的文人在说“为了钱，一定写不出好作品”！诚哉斯言，可是穷得分文俱无，写稿子的笔墨纸张也俱无怎么办？不会有人送来请阁下完成不朽之作吧！于是此理得以渐明，而每个文人都要稿费了，如萧伯纳，有人文章中引用他原作的句子，他也要算钱。

“凡是钱都是难拿的！”已成无可挽救之定律。夫稿费，是钱也！故亦难拿。先决条件要编辑先生能够选用，搁置一个星期再刊登，总算幸事，如果选送字纸篓。哎！那什么都完了。有如购航空奖券一字不同，反倒贴老本了。这一难关通过之后，稿费有时还不十分可靠到手，有时拖欠三四个月连你自己都忘了。有时换个编辑，仿佛编者去职时连稿费都扫数卷逃似的，借口不发了。为这一点钱向法院控告或气得写遗诗自杀，似乎还不必，然由此可知投稿拿稿费亦不容易。

这便造成一般投稿者的悲哀了。故余读《石岳崧君上中央公园编辑书》时，朗诵再三，竟声泪俱下矣！

哀痛之余，成此作投“中央公园”第一篇。没有出息之至，仍不忘情较多之稿费也。（编者按：第一篇地位虽未邀录取，普通地位仍然刊出，作者目的既在稿费，则大鱼不来小鱼来，该叹一声“有胜于无”也。）

（载《中央日报》1934年4月14日）

投稿者的牢骚

杜　杭

站在编者的立场而说，“投稿难，编辑更难”，那是出人意料之内的。不过在投稿者看来总有点气愤，这怪不得，到底投稿者不都是以前做过编者，故而固执的偏见，是免不了的。

话应该反过来说，“编辑难，投稿更难”。这当然是偏见，但是偏见不是无理的。

以前鸳鸯蝴蝶派盛行时代，投稿者只要熟读一部《聊斋》，不妨无病呻吟诌一篇什么《惊艳记》之类的文章，就可得编者青睐。以后盛行新文学，那也无关投稿宏旨，只要多看几部张资平的三角恋爱小说，写一篇什么《失去了的心》之类的文章，也就可应付了。可惜的是鸳鸯蝴蝶派不能一统天下，而所谓新文学又新得不透。天下是扰攘的天下，文坛是乱七八糟的文坛！我们不能反对“自由谈”与“春秋”同刊于《申报》。只是难于写稿矣！新乎？旧乎？莫知所之！

况乎近来又盛行什么幽默、民族文艺……名目繁多。编者似乎想样样俱到，情形复杂，叫投稿者如何下笔！

文章既写好之后，又苦无人可托，虽则编者矢口声明不看托者的情面。然而民政厅长尚且骗了李淑云，值此人心不古，编者的话靠得住乎！（不是说贵编者靠不住，窃思怀疑为学者治学的态度。本人即取斯义。）人非编者肚皮内的蛔虫，知道编者欢喜怎样的稿子？

话虽如此，然而编者明明写着“罪言”二字，则斯篇之作，不过发发牢骚而已。

注：这是第二次尝试。

编者批：“牢骚”甚好，其“注”尤妙，“尝试”成功，可不再“骚”。

（载《中央日报》1934 年 4 月 20 日）

编辑法门

章伯雨

读四月二日贵编者之《编辑罪言》，颇有所感。大概此编辑犹是新手，未懂其中法门。爰就管见所及，略书一二，以呈左右，或不无小补焉。

右本文楔子

夫编辑者，凡有投来之稿则“编”之，稿中若有错误或乖谬之处，从而“辑”之，是之谓编辑。

右编辑定义

独坐编辑之椅，手执编辑之笔，而施编辑之权，笔则笔，削则削，其谁与我焉。

右编辑姿态

稿子够用之时，投来之稿，尽可置诸高阁，稿子缺乏之日，择其善者而补白。朋友来稿，不管三七念一，立即刊登，盖物以类聚，编辑之友，岂可非文人乎？准此，既可节省脑力去看无用之稿，又可增加友情浓度，凡我编辑盍一试之。

右编辑哲学或原则

编辑之于读者，犹大都市饭馆老板之于南来北往，四面八方之食客也。应把“王小二开饭店，论人给汤”之态度。□锅汤是为普通食客的，特别汤专供坐于雅座之贵宾。苟能如此，则于编辑之道，其庶几矣。

右编辑心理

投稿不用兮，
我乃献计，
苟被骂为拍马屁兮，
吾将掩面而凄其！

右跋诗

（载《中央日报》1934年4月10日）

编辑罪言

编　者

敝编辑走进园来，九月又一日矣。除于去岁九月二十一日作了一篇《编辑者言》外，平时未尝摆出什么编辑架子，诚以当今之世，有“架”必“讨”，无“子”不“厌”，只要货色搬出，空话大可不说也。（自注：有架必讨，无子不厌者，即凡架子都觉讨厌之谓也。此种句法，系仿照刘半农袈裟拆开法所作，事见《论语》三十七期。）然今日又要写篇《编辑罪言》者，则其有不得已也可知焉。

夫编辑之难，读者不可得而知也，而屁股编辑，其难又甚于一切编辑。考屁股之为物，鄙臭而贱，骂人常曰“不要面皮”，未尝闻有骂人曰“不要屁股”者，可见“面皮”纵不要，犹齿于人口，若“屁股”者，直垃圾堆不容之东西也。而此东西虽臭，又必欲每日在看官鼻下闪他一闪，要臭里带几分香，贱中含几分俏，于是敝编辑遂身体日渐羸弱；精神屡感苦痛，惶惶终日，不知所措。

人心之不同，有如其面矣，而人之所好，又如其面。这个欢喜蝴蝶之美，而那个却爱“虾酱”之臭。许多女人看上了金焰，金焰却和王人美结了婚，徐志摩、孙伏园之流在“五四”年头，出足了风头，周瘦鹃、严独鹤一群又造下了一个“礼拜六时代”。《阿Q正传》、《啼笑因缘》对抗于今日，“自由谈”、“春秋”并存于《申报》。吾一中央公园之小园丁，登了陈梦家之流的诗有人嫌其太新兮，登了思王的《喜圃随笔》又有人骂其开倒车。吁，嗟乎！除非我丢了这个编辑不干去饿死于首阳山之山顶兮，否则，将无法以自全。

中央公园者，《中央日报》之副刊也。我们在选稿撰稿时，不能不顾虑到报纸自身的立场，这样一来，稿件之来源，便大受限制。

而不阅《中央日报》者，终又无法看到中央公园也。中央公园月须十余万字，扩充以后，且增至二十万字以上，而以这两眼两手复一个脑袋的小动物，独力担任之，必欲使人人十分满意看，诚难乎其天。

尤有进者，这小编辑平时所受的闷气，诸君亦有所不知者。乘我的娇妻已经入睡之际，偷闲一缕述之。中央公园每月收到稿件约七百封至八百封，平均字数约在八十万字左右，此八十万左右之字数，均由余一人担任批阅之，我也是投稿出身的，熟知投稿之苦痛，格外珍重作者之心血。不论长短优劣，无不悉力校览。然此八十万左右之字数，可用者，十不及一二也。不是“春悄悄地来到了人间”，就是“银白的月色洒遍了大地”，试想这种烂俗文章，如何可以用得？有的文章总算清通顺，而内容却系讨论“文言与白话”孰优的问题，这已是十几年前讨论过的事了，今日怎还可以发表？至于文句欠顺，改无可改者，犹在其外。

然而每个投稿者，对于其自己的作品，均抱有百分之百的自信，于是乎不客气的信，纷至沓来，其采用者，势须依次发表，而不耐稍候者，亦要写信来骂一顿。更有趣者，寄稿时，附了邮票却不写通信地址，或写了一个地址没有写真姓名，退稿无从投递，而那个作者等了几天，既不见刊出，又不见退还，于是被骂一顿，也是免不了的。

余于本园扩充之初，撰此短文以告读者曰：诸君毋恐，本园取稿悉以稿件本身之优劣为绳准，稿子精彩者，虽不相识者亦必刊于第一篇，稿子不精彩者，虽极熟之友人亦必退还之。园地编得好坏，非一人之功过，全赖读者诸君之合作与匡助也。（诸君赐稿，请径寄本园，万勿托人介绍，托人介绍，徒使编者与介绍人两感为难。）

本园遵从馆方之嘱戒，自即日起，将略变其姿态。此后之中央公园，将减少虚渺的灵感作品，而偏重于实质的趣味文章。欢迎各种漫画以及掌故、游记、谐文、随笔、趣谈等类稿件，文艺作品，幸少惠赐。（注：并非绝对不要。）

罪言既毕，且稍放肆，歪诗四句，借伸余志：

编这东西谁欢喜？
还要常常受闲气！
无非年头少饭吃。
要钱回家养娇妻。

（载《中央日报》1934 年 4 月 2 日）

创作界的瞻顾

萧 乾

对于外人说我们“缺乏创造精神”的指摘，如果欲作防御战的话，不是无话可说的。就十年来的中国新文学而言，我们甚至可以畅怀地想：在某某诸方面，我们的情形，却比金元的美国强多了呢！我们的读者大众并不是马达机轮上喘息着的劳工，因而逼文艺者制作“工余消遣”的倾向还未露头。既习惯于沙漠生活的单调，对小说也并不要求勾心斗角地屈折复杂。生涯里玄想的成份本已太多了些，因而大部捧读文艺的动机不是逃避现实，实在是反而想借那发现现实、认识现实。我们的出版家虽同样有着一对机警的眼，一只等待装满的钱袋，但大吹大擂的 Best seller 还不曾盛行！这征象是说，我们的批评家还不曾为资本家贿赂所驱使，他们还有自由、有理性、有责任。这些人即或由于在诸事上的迷茫与迟钝，大体说来都还安分、还老实。一本书的成就、畅行，出之于广告宣传者少，诉之于读者爱好者多。

十多年来少年中国的文艺成就了些什么呢？数目并不多得不足信。难以衡度的却是精神上态度上的转移。由染了阳光的这方面看，我们的作者是逐渐由盲昧地任凭灵感差使，而进为有意识的艺术者了，他时刻在发现自己的短长，发现创作的过程，发现作品在读者心理方面的反应——社会的反应！但这并非一般流行理论所建立的功勋。不是吗，在先几乎每一知名作家都该出一本《文艺论集》，谈小说的结构，谈农民文学，但那些学说并不曾使他们自己的作品更紧严、更充实。近年来，我们的作者已聪明地把论思潮的讲台让给教授们，而各自老老实实地埋头创作了。由刻苦工作的过程中，参悟出比文学概论更切实的艺术教训来。这些获得，都吸引、渗入各各作品里去了。

一向文艺者自觉超于凡人的是“敏感”。因而日间看了一幕社会不平事，晚间即流着泪写了下来，对于事件的前因后果全可不顾。更可怜的是除了把握住那点事实现象外，并不知如何使用想象，把那残缺、复杂的材料酿成完整的艺术型。今日，我们的作家在表现前，却不同了，他们是经过了思考方握管的。一桩事件必先送到理智面前加以检选，再浸到想象熔炉里经过相当修剪与弥补，然后方以符号表现了出来。因而年来狭窄的民族题材，为人所不齿了。伤感的人道主义，只能博幼稚作者的青睐。在饱含社会性的写作上，大家都在竭力挣出当时环境的门槛，而寻找那更根本的体系了。

我们虽不曾有一位托尔斯泰出来大声疾喊，艺术和“道德”在一种极自然情形下却妥协了。不要误会“道德”这个名词对于艺术的损害，它从不损害艺术，艺术多少巨制是寄附它身上方能完成的。道德并不曾束缚住艺术者懂了情理、长了良心，明白了对时代的义务，他不能轻视这个名词！极明显的例证是大家都在努力跳出个人主义这个圈子。在态度上减少了那“自家”的浓味，但在艺术上却又在努力保持他那独自的个性。这是个启示：艺术者如有健全的心身，道德是不须刻在石板上的。同时也说明，艺术应在某一道德下始克完成。

中国早年的小说做了双重的奴隶，这是件不易隐讳的事实。由外国盗陈旧的故事型胎，由旧诗词里盗传统的美的词句，在读者心版上有现成的反应的词句。近年来，避用陈词，创作刻划的表现的词句，成为一种普遍的有意识的努力，在故事型胎上，也多数在竭力躲避窠臼，走上新路。

我们的小说家大半已闭上了说枝节话的嘴，停下不必需的动作，而对“壮美”在追寻了（这是一种德性）。再不见作者把自己的译诗和原文对照地塞进小说。再不见作者堵上人物的嘴，捆上人物的手，以自裸狂为专长了。壮美，这鹄标严紧了做事的结构，诗化了故事的题材和背景。壮美的追寻，促小说家在技巧和内容上一并地向诗歌的疆域里侵犯来。使用诗人统制读者情感的专注，使用诗人错觉美的词句。“春雨”、“黑夜”，我们的作者是那么喜欢把气候风景和人物心情混沌起来。声音颜色嗅味那么常为想象召唤而再现。在背景的涂饰上，我们的小说，显然已由呆板维肖的照像，走入想象的选择的绘画了。一种如何光辉煜煜的手段！这些在成功途中的努力，多是由于作者对艺术的可能性有意识的紧握。克勤代替了对天才灵感的迷信。

我们不能十分自菲，就因为一切成就原搁在我们的面前。

但是，如果稍挪一挪角度，我们便会发现无数可忧的痼疾。

何必忙着探问1934年的理论呢！我们文艺的大部仍拖在浪漫的气息里。即我们的革命文学家不屑写硬板板的现实。批评家尽管流血流汗般论战着，几乎每个作家都染着伤感的回忆的多情的浪漫流行症：时间往后煞，有时煞到千年前；地方总染着惹目的颜色；人物披的多是伤感的英雄的沦落的或异邦的衣裳。故事最流行最方便的方式是宿命的悲剧。无意中，赚一点儿眼泪仍不失为作品主要目标。压在习气现实下翻身的人太少了。翻身而能胜利的更少。文学的评价几乎成了眼泪的衡量。因此，如果年来小说在读者记忆中留下一二人物时，那几乎无例外地是曾逗起他“酸心”的人物。在把一个庸常故事、庸常人物、庸常背景绘得有声有色有骨有肉上，努力的人太少了。

在技巧上，我们也是太安分，那即是勃克夫人的“太不创造”了。在可能中，我们躲避那勇敢的写实的叙述，而采用省事的方便的写法。作品最常见到的是：忏悔式的第一身自叙，天方夜谭式的故事中之故事，和一切不需要紧严结构，允许充分描述解释语的方式。如果是心理小说，则最便当的办法不是如奥尼尔地用行动表现内在的心情，不是如乔伊斯地致力于心理剖析，而是由作者钻到人物的胸腑中，隔了肚皮向读者报告变幻。总之，即效法，我们也太避难求易了。

内容的贫乏更难尽述了。把作品和自己的人生观、政治信仰、处世憬悟打成一片的作家真是太少了。如果表现主义的精髓在乎用作品发泄一刹那的愤怒惊喜，那今日的中国文坛应为克罗齐所豪傲了。作者若成了劲风中的衰草，任了情感环境支使，那该是多么软弱的动物呵！如果有人写一篇农民的悲史时，那作品着重处还多在悲感的引起。当作者放下了笔、抹干了泪，当读者放下了书、抹干了泪时，农民便又陷入被忘却的国境里了。适才的泪恰予情感以舒展。

和以上倾向相反的是，靠近通商大埠，得以接近新到西洋杂志书册的一些作者。在他们的作品里，我们见到对传统的叛革了。但替代的是什么呢？流行的技巧，漂亮的皮毛。一本《论语》走了红运，许多萌芽中的作者都丢下了艺术的笔，写起"幽默"来。好个幽默年！一个人用俏皮的笔把舞女写出兴味，多少人也都转向了这方向。我预料，读者大众厌腻了的那天，这些正吸引人的艳事，也将如当年千篇一律的三角恋爱一样地被屏弃，如果舞女不再表现些，比吃咖啡说泼性话更实在的事。因为读者的赞许是最不可靠的。一个有见地的作者，他就决不会在作品上有供读者挑选的意见，尤其是那些淫靡猥亵的意见。并且这种读者此刻他张了臂欢迎着，有朝一日感到厌倦时，他再不会记得你那一本书，曾在火车旅途上陪伴他的那旧事了。我们看看吧，这日子近得很啊！

目下文艺画报化的风尚，我终觉来得太早了。不错，美国有大腿插图的文艺杂志，法国没有，也许还有比那个更进步一点的罢？那显然地说明文艺在该国已成了消遣品。作者甚而可以忘却艺术，只要色情诙谐的暗示，足以使重工业下的奴隶吐出一口放荡的气，在分工合作的社会组织下，文艺者就算尽了他的职责。但是中国的工业距人家还差若干年呢！这时文艺就已当做了消遣，那时又该如何？画报化的文艺是为大众吗？在文字内容形式和价目上，都只有见其远离大众。丢弃了艺术又丢弃了大众的文艺往哪里走，请问？

虽然中国教育如是落后，我们的读者并不曾拖在作者的后面。纵窘得够受，他仍不吝惜一笔买书的钱。这由于书业同行年来在“代办书报”的竞争上，可以看出买者的慷慨和踊跃来。从若干“读后感”中我们看出破费了金钱后，他们又用怎样诚恳不苟的态度读着时下的作品。但如果我们的读者赏鉴的水准有提高的话，那可不能归为批评家的功劳。批评家除有因他愚蠢狂妄和狡狯常常混和读者与作品的领会外，就没做过一件有意思的事。

在中国，没有比我们批评家再藐视读者的了！能负责任地作权威的评判固很好。如果不能，在印象的短评中含一点点读后的憬悟也好呢！除了扯住外国宗主打打理论架以外，太多的批评是写给出版者和作者的了。一本几乎唯一的书评杂志，载满与大众趣味隔绝的书籍的详评。一本流行的书评的杂志载满了书贾兜销的广告（如影戏院编的《影声》）。批评是被当做了标榜，威吓出版者和作者的工具，我对读者所负的职责却被牢牢遗忘了。如何帮助读者了解一部已经通俗了的书，是视为如大学教授编小学教科书的可耻。因而，除了在黑夜里摸路外，我们的读者，是受着书贾的封面题字如何“尤为名贵”的指导，出钱买书的。

批评家不是用辩证法的大帽子，就是引用某某外国学者的纲绳，我们的批评家太急于对一个正在努力中的作家，做盖棺以后的总括结论了。这无机体的不切实的案语，无论其性质如何，是不会有利于创作前程的。为什么不把罗盘缩紧些，集中于现刻的创作中的作者呢？为什么不集中在某篇作品上，谋读者理解作品的补益呢？从一般批评看，这些人应改业作牧师、屠户、唱花鼓戏者。

如果批评家负有兴趣领导责任时，年来剧本的不景气和近些日来长篇小说的萎靡，是和评论界有关的。一部《家》在刻苦中产生了出来，却见不到一篇证明，评者曾平心静气地读竟这部巨制的评论。尚徘徊在手工业时期的中国读者，若已对长篇生了畏缩，实嫌太早。如果田汉、熊佛西诸人的戏曾受到普遍的认识，那是他们公演的结果。戏剧由批评者享有太少太少的注意了，因而陈腐的粗制仍在流行，而新进作者鉴于批评者对此道的白眼，也各自失掉了尝试的勇气。

批评者必须和作者敌对方能成为批评家，方能应用他的职权吗？许多批评者的高傲劲实就由于有这点威风。许多摇着头，叹息着“这行太得罪人”的中辍的批评家，其气馁也正因为本身难于措置的地位。事实上，这敌对的局面是极大的错误。批评者对于艺术史和哲学的了解都该比作者来得深切些。他的责任正在培植调护萌长中的艺术，像一个保姆似地（因此一个对处女作吹毛求疵，甚而下残酷论的批评家直是艺术的刽子手）。作者在创作那一刻，虽竭力不为情感所绞绊，而终于在想象的雾中有迷途的时候。批评者除辅助读者了解作品外，对作者是有着提醒指导之责的。除非批评者含有恶意，除非作者有护短病，依常情说这不但不会得罪，反而足以促成合作的。但我们的批评家是太神经过敏了。他时刻怀疑着自己是恶意的。于是，懦弱的，投在作者麾下充食客；顽强的，把批评当做了射击的箭矢。

对随时等待掏腰包的读者我们是无话可说。他们皆那么老实：画报也好，诗刊也好，幽默也好，……他不曾明确地要什么，但一切都说是为读者，这哑巴的主顾！一个文学者责问某电影企业家说：为什么在连一座幻灯还不会制造的时候忙着摄五彩有声呢？为什么连基本表情还做不好就忙着演歌舞野兽片呢！电影导演家由嘴里拔出粗壮的吕宋烟笑笑说：这和出版界还不是一样！

中国的文艺应向结实处走。在这方向上，作者和评者应善意地自尊地携手。

十一月二日，海甸。

（载《大公报》1934年11月28日）

图书的批评

藏　云

图书的批评或图书评论，以西语当之，即 book review 或 bulletin critique，西洋有名的杂志中大概都设有这一栏，内容间或也多少带有介绍性质。他如所谓 textual criticism 或 higher criticism，那是属于校勘学和考据学的范围了。

图书的批评，当然不是指批评学的理论，而是以图书或著述内涵的实质为对象。著述的类别，有属于自然科学的，有属于文化学科的，而文化学科大抵以文学、哲学、史学（广义的）等为中心科目，史学的辅助科目有考古学、语言学等。这个粗略的分类，已足以囊括万有，似乎“图书评论”这个词儿根本无从说起了。这话自然有些理由，比如西洋重要的杂志中 book review 一栏所批评或介绍的书籍，大抵必属于那个杂志对于某种学问的研究范围内的著述，我国的杂志，诚所谓“杂志”，时下有些号称为纯正的杂志或学报中，便常常载着些自然科学的论文，同时也有历史考证的论文，真令人有“目迷五色”之慨。这种现象，仔细想来，影响于各种专门学术的进步却不算小，至少在近代科学的研究上是一种幼稚病。

那末，所谓图书的批评，假如并不附属于一种专门杂志中而自行独立，它自身也应宜保持一个相当的范围。比如它的性质是属于文化史的，那它的批评自然应侧重于史事的研究。史事的阐发与联接，可以见文化线索的演变。史事的本身是具有客观性的，但不幸因空间时间的障碍，往往掩蔽其客观性，而研究者的主观因此便容易发生误会，于是同一史事却有不同的意见，是非得失，由此而起，章氏《文史通义·史德》有段话说：

> 夫史所载者事，事必藉文而传，故良史莫不工文，而不知文患于为事役也。盖事不能无得失是非，一有得失是非，则出入予夺相奋摩矣。

文化学科之不能如自然科学之决定，以此。“出入予夺相奋摩”，便易陷于争辩，但争辩与批评，中间大有区别在。荀子说：“辩生于末学”，辩必有所蔽，我想忠于所学的人，愈前进愈不欲多言。然而，批评则不然。辩争的词锋是针锋相对，彼此是站在相反的方面的，批评是在同一的方向而在后边督促的，好像政治上监察者之于行政者，监察可以使行政发生更大的效力，批评可以策励那门学术的进步。

在文艺批评里，常有人称引 Benjamin Disraeli 的名句“批评的勾当是在文艺中失败了的人干的”，这话已成千古是非，大约是指眼高手低而言吧。但对于纯粹学术的批评，我却否认这话。批评一部学术的著作，批评者当有离开那部著作，而可独自写一部的能力，至少在某几点上当确有胜于原著的地方，使著者可以采纳而补充原书的缺陷，更增加原书的价值，所以批评可以促进学术的进步。

以公允的眼光观察一部无懈可击的著作，而能从大处看出其最大的缺陷，这是批评的正轨，是上乘的批评。摭摭片言只字，近于吹毛求疵，自是批评之下乘了。

反之，一部书的“好”，决不是一篇颂辞的堆砌，一部书的“坏”，也不是一言可以诋毁的，褒贬之间，应当公平地详细指出其“为什么”的原因。称赞当具不偏不倚的精神，指摘宜出以谨严审慎的态度，则所谓图书评论之义，可以思过半矣。

我们觉得一般的心理以为批评就是“骂人”，批评者自己也当是骂人，殊不知无论什么著述，岂是几句话便可骂倒的？由此种错误的心理图书的批评出发，于是常演为相互的辩争，结局是一场谩骂，谩骂之不足，继之以流言蜚语，以至彼此真欲得之而甘心，这岂止是“文人相轻”而已！至于假批评之美名而泄私怨，则又其小焉者也。《颜氏家训·文章篇》说：

> 江南文制，欲人弹射，知有累病，随即改之，陈王得之于丁虞也。山东风俗，不通击难，吾初入邺，遂尝以此忤人，至今为悔。

不知如今“山东”的风俗仍依然如故呢，还是“江南江北一般同”呢？

附注：本文是我个人的意见，不得代表任何方面，也不存在着指摘任何方面的野心，谨此声明。

（载《大公报》1934年9月8日）

我如何作书评

李长之

大小事，各人有各人的习惯。我知道，我写信的时候，如果不先把信封写好，则抽出信纸来，就一个字也写不上。最近又觉察出，别人洗脸的时候总是先刷牙，我就恰恰是把刷牙放在最后。书还没有，就先作序，也是我的习惯法之一。我很想将来我作的书评多了，说不定会闹出个集子来，现在便又把序先写在这儿了。

序不过是表明态度，在我看如此。所以，我要说：我如何作书评。

首先我要提及的，是我决不想为懒人效劳。看了书评便不必读原书的提要式的书评，我决不作。

但这并不是说，不读原书的人，看了我的书评会觉得和自己没有关连，有什么用处，当然我不敢说。我总想，——其实是根性，在书评里，我仍然使真存在着我自己的面目。发挥着我自己的主张，抒写着我自己的感触，甚至在文字上，我必力求其不失我自己的调子，即在可能范围以内，必尽是让它成为是可读可诵的，不如此，我不甘心。我很希望，在我的书评中，除了对原书，尽我忠实的公平的褒贬外，我仍要求有独立的价值。加以批评的书，容或是各式各样的，但在所加的批评中，我要使其一致，在思想上，我要有我自己的系统。

对于原书，随感式的书评，是颇遭人奚落的，但我并不以为绝对要不得，虽然我不那样作。大凡批评，和创作有着一致点，就是需要素养。有素养的人，虽随感录，并不碍其深刻和中肯。随感录的毛病，在根据往往是太薄弱，话说出又是太轻易，遭人的反感，自是应该。不过我以为仍有真伪之别在，以无素养的人出之，当然不能免此失，倘若出之于有素养的人，则他的根据便不是薄弱，而是巩固之外，加上贯通了，话说出也不是轻易，却是由平日思想之深，观察之彻，临时遂又有一种锐敏而纯熟的优越了。既然这样，当然不必责备他的话多话少，那怕是一言半语，也会是十分可珍视的。我对一般人攻击印象派的批评的答辩，亦然。不过话虽如此，其中真伪相混也是容易的，似是而非的片断批评也是常事，我不敢信自己有素养，所以我也不敢去冒险。

我之作书评，乃是极小心而极笨的方法。我把书拿来，倘若打算作书评，则至少必要用三倍以上的时间去读它的，随时我把意见写在书上，读完时，再将这些意见全抄在一起，每条之后，注明页数，这种东西，在我叫作为书评用的索引（Index）。其次是寻求这些意见有没有冲突的，倘若有，便也许其中之一面是不对的，遂需要多少费点思索去斟酌。斟酌完了，便将意见分类，首先是将不关本书的意见剔出，这种东西并不少，因为我每以为书不过是人思想的发酵剂，我在读书的时候，总没法使我自己的思想有充分活动的余地，当然酝酿出不少的头绪来，倘若足以为他种大题目的助益的，我就另抄起来，暂时没处放的就填在书评里。关于书的意见，自然不外褒贬，有好处，——不，是我感觉那是好处时，我一定有分寸的去捧，也许捧到天上，如果值得。坏处呢，我不客气，我每想作批评犹如作一切的艺术：在求真（分别只在，别的艺术在求大自然的真，批评则求作品的真）。倘若不仅只是书作得坏，动机先有些不纯，或态度上可以贻害无穷的，那就用得着我的口号了："疾恶如仇"，我必须尽量痛骂。书自然有太好了的，我当然也会极力宣扬，但至今却没找出和"疾恶如仇"相对的一个合适的口号。无论如何，我是在一书之中，而分别地见出优劣的，也就是对于一书，总也是褒贬并存的。优劣既得，我便进一步，看看这优劣是不是有一个共同的出发点，倘若看得出来，我一定喜欢得什么似的，因为抓住这一点，才算抓住书，才算抓住书的作者，然后才敢说对书确乎认识。根据这，而对作者进一点忠告，无论鼓励或指责，才不是落空的，倘若作者同意而且接受时，也才不致没有用处，因为有路而且路有可能故。至此，我作的批评才是不失为和作者好意的合作。同时，读者也得到一些眉目较清晰的评价了。意思都有了，我不能马上执笔，须把一切推开，在行若无事的暂时静止的脑海中，等那忽然而来的一点新鲜的意思，我立刻抓住，于是作了书评的起头儿。自己看稿纸一张张的写去，便像是织布样的一匹匹的抽出了，有着因劳动而来的快乐。

虽不想作好人，然而谁也离好人有点距离，我的书评，极力想作好，终于没有想的那么好，也是无怪的吧。不过，作法，我总是上述的作法。

二十三年一月三日。

（载《大公报》1934 年 7 月 14 日）

论改进平民读物

《大公报》社评

北平燕京大学的师生，在近年国难期内，对于服务社会，很有些特别成绩。然而最值得注意的，却是他们所出的各种通俗读物。本报对于这件事情，在本市附刊上和七月九日的《明日之教育》周刊上，都有过介绍。我们觉得这件事意义之深长，或者出乎一般人的想象之外，所以特别愿在这里再一加论列。

通俗读物编刊社，本来先叫做三户书社，后改今名，原起发动编印这种刊物的，据说顾颉刚先生出力最多。后来北京大学、清华大学又有教授加入赞助，并拟改名为中华通俗读物改进会。通俗读物编刊社本是国难的产物。所以它的最主要目的便在宣传救国，促进国家意识，同时对新道德和新知识，都相当注重。该社目前主要工作，在利用通俗鼓词戏本等旧方法、旧形式，以新意识、新内容，纂成新书，或就陈本改编，寓以新意，一方面仍要迁就通俗读者的低级趣味，一方面却要以全新的理想灌入读者脑中。该社已经印发的鼓词、剧本、图画、少年丛书等，已经有许多种。

平民读物编刊社的这种运动，如果得到社会上有力份子的援助，得以扩大起来，我们敢预言它的影响，决不下于民国七八年的新文化运动，或许它的力量还更要深刻一层，还更要雄厚一层。

我们近几年来，大概都已渐渐觉得，中国的问题，实是一个全部文化的问题。几十年的历史已经明明告诉我们，坚甲利兵不足以救中国，政治制度不足以救中国，经济建设不足以救中国，因为这些都只是

“力量”，而这些力量却都不易为我们“中国人”利用。换言之，中国文化与西方文化的不同，并不在现时所开的花，却在最初所埋的种。两种文化在根本上就早有不同。所以我们如果打算适应西洋文化，只去撷花，而不知换种，则我们敢说永不会成功的。这不是空话，这是中国问题，这是中国最基础的问题。所以给中国人换一个新头脑，换一付新精神，换一套新观念，是最迫切的事。中国整个教育现在也多少正往这方面努力。但是一般民众却太可怜了。他们都已领教过外人的枪炮、外人的飞机，同时农村已破产，家财已荡尽，而最后只落了一个怕洋人如天神的心理。这些人已经整个做了现代的牺牲品，然而意识却还未脱封建社会时代彩色。我们敢说，有这样的大众，整个社会永也不会呈露更好的现象的，有这样的大众，现代国家永也不会实现的，有这样的大众，上层领导力量永也不会树立起来的。我们外面有障碍，有仇敌，然而那障碍那仇敌，却没有我们这陈腐的大众更固滞、更顽梗。所以改造这一般民众的头脑，实是迫切中而又迫切的问题。

国内有人在提倡复兴农村，然而我们以为，纯旧式的农村是复兴不起的；有人在提倡救济农村，我们也以为被时代潮流压倒的农村，是救不胜救的；有人在运动教人民识字，我们以为这也是未捉到问题核心。民众唯一的问题，便是改造头脑，因为只有人民养成新头脑时，改造社会力量才算养成。只有改造社会力量养成时，整个社会问题才可以得到彻底解决。我不是说，救济农村的工作，全应该立刻停止，而专去努力改造人民思想。我只在说，改造人民思想，实是更基础更深刻的办法。

依上面的观点，我们立刻可以见到，北平通俗读物编刊社借通行的方法，向人民灌输新意识、新观念、新伦理思想，实是最有远见、最省力而最易收效的办法。用具体的故事，很容易指给人民一套新的抽象理想。我们要教他们怎样做二十世纪的人，叫他们知道什么是国、什么是法律，教他们明白国与个人的关系，教他们晓得怎样作公民，怎样在有事时应为国牺牲，于无事时更应为国做坚苦的奋斗。所以借改良通俗读物，不必教更多人识字，却一样可以使人民受新教育，改造旧头脑。

我们十二分赞成通俗读物社的办法。我们更提议几点来扩大这种运动。第一，我们希望各庚款教育文化基金委员会，能议定于来年至少拨十万元专为补助改进平民读物。现有的通俗读物编刊社可以再向大处扩展，务使它成为扫荡一时的运动。第二，该社应当搜集各项人材，专为编纂意识正确，技术卓绝的读物。同时招集说书的、算命的、唱戏的，予以短期训练，使习得新编鼓词戏本，然后发给津贴，派往各地（黄河以北尤宜特别注重）演唱宣传，务使深入民间。第三，教育当局除迫令各机关分发新编曲本外，并应同时将带封建气味、迷信色彩等所有淫邪辞曲，尽行搜来，一炬焚化，连根扫除。因为那些东西，与新社会实是势不两立的！依这样办来，我敢说，十年以后，救国的原动力可以增加百倍，社会改造队中，可以添一批雄勇无敌的生力军！

（载《大公报》1934 年 7 月 20 日）

关于通俗读物——顾颉刚氏的投书

记者先生：

我们创办的通俗读物，已有一年余的历史，因为我们没有宣传，所以外边知道的不多，想不到贵报在一个多月之内，连给我们介绍了三次，还有扩大这种运动的提议，我们真是说不尽的感激，并为中国的民众教育前途欣幸。

现在我说一说这件事业的由来与其经过，以备同志们的商榷。

去年上半年，是日本人压迫华北最厉害的时候，也就是燕京大学师生，作抗日运动最热烈的时候。万顶钢盔运动，万斤咸菜运动，以及军衣的捐助，救护队的出发，都在那个时候做的。那时抗日会分组办事，中国教职员抗日会的宣传组长是洪煨莲先生，他召集我们商量宣传的办法，我就提议悬赏征求大鼓词和剧本，以求深入民间。大家赞成，就在北平登报征求。奖金与印刷费，教职员方面出三分之二，学生方面出三分之一，两个月之内就出版了十余种。

我为什么提议征求大鼓词和剧本呢？这和我个人的经验有关系。当清末和民国初年，民气正蓬蓬勃勃的时候，新编的剧曲最发达。那时上海有刘艺舟、潘月樵，北方有王钟生、汪笑侬，慷慨的悲歌，淋漓的演说，常使观众为之泣下。那时我正在青年，受他们的感动不浅。后来北京大学收集歌谣，我也是踊跃奔命的一个。不久我就注意到地摊上的唱本，到一处买一处。材料既多，加以比较，就显出其共通的性质，知道其中不外淫荡、杀伐、迷信、阶级思想、出世思想这几类。论其本质既这样有毒，其普遍性也真够人担心。我们一个人要旅行到偏僻的小乡村去何等困难，这地和那地的方言又何等隔绝，然而一件故事、一首歌谣，天涯海角挡不住它的行踪。你们不要轻看这类无名的下等作家，须知他们的势力远在我们崇拜的大文豪之上呢。（十余年来，我收集的孟姜女故事的剧本唱本无数，希望不久能整理完工，让大家看一看真正民众文学的势力。）又如连环图画，是新起的民众读物，除了智识分子以外谁都爱看，小孩子甚至偷了他母亲的钱去租读一二小时。这种毒气一天一天的大量的挥发，叫我们的国民如何能适合于现代的生活？他们未尝没有民族思想，但在他们的民族思想之下只能做作义和团式的工作，这是何等的可怕！他们不想自己惕厉，做一个完全的人，有用的人，只希望有一个真命天子出来，许多神灵转世的将相降生，把世界布置得好好的，让他们去享受，这又是何等的可耻！近几年中，内政部和市政府也曾禁过小人书，但没有可读的东西出来代替，所谓禁止也只是一句空言。而且这种东西正是民众的智识的宝库、兴趣的源泉，若是真的禁绝，他们的生活又将怎样的枯燥。

为了深感到这方面的需要改造，所以在抗日会中有这个提议，好做一回试验。因为出版的抗日的鼓词和剧本，所以就取了“楚虽三户，亡秦必楚”的愤语，命名为“三户书社”。到了去年下半年，情势缓和，当局者已讳言抗日，甚至禁止抗日。我们出版的东西，放在地摊上，常受警察的干涉而不得售卖。我们一方面深体谅政府处境的困难，一方面又觉得我们应做的民众教育不应限于抗日，所以就在去年十月中，将“三户书社”改为“通俗读物编刊社”，脱离了燕京大学抗日会而独立，所出的东西也超出于抗日的范围了。

蒙你们的奖励，说我们的成绩好，这是不敢当的。我们敢老实说：

成绩并不好。所以不好的原因甚多，逐项述之如下，第一，我们自己是士流，我们的意识和民众太隔绝，我们的白话文是民众所不要看的，也是看不懂的，所以只得请人做。然而这班在民间生活的民众文学家大都生计竭蹶，你如果不能解决他的生计问题，就没有法子使他专心工作。我们现在仅向学界同人捐款，数目有限得很，决不能养着一班民众文艺创作家。既不能养他们，就不能责望他们写得好，像我们的预期。第二，在创办的时代，不能知道民众的需要，我们尽管一种一种的出，但民众未必一种一种的买。既有难销的，就将本钱搁起，以致不能周转，甚至有好东西送来，我们也无力付印。现在办了一年，销售方面有些把握了，我们以后就可顺了民众的需要而出版了。所以要求出品的精良适用是将来的事。

第三，我们这个士大夫阶级，几千年来和民众没有丝毫联络，一旦出了民众的图书，竟找不到代办人，以致没法使得它深入民间去。我们也亲自向各个摆摊的人接洽，但他们看我们是“异类”缩手缩脚的不敢亲近，好像我们是有不利于他们的作用似的。北平打磨厂是小书的总汇，各县各乡的摊贩来平批发的都到那边去，其中有几家已是百余年的老店了。我们为求摊贩的光顾，也开了一个小铺子在那边，在玻璃窗上张挂得叫他们注意。然而他们只管向几家老铺子去，不向我们这边来。可见我们要做这件事业，必得费长期的力量去挣扎，在一二年之内是没法踌躇满意的。第四，我们出版了几种唱本之后，就和天桥大鼓书场接洽，请其演唱。居然得到他们的允可。他们因为有几处地方唱出来不顺口，自己改了，描写的地方亦有些变动。我们想，这是改善我们的唱本，使它适合于实用的一个好机会，就嘱他们把改本送来，好在再版时照改，但是他们受了“独占秘本”的毒太深，此事绝对不能实现。逼得我们感觉，如要扩大宣传，非自己训练出一班人不可，而训练一班人，现在也因限制于经济能力而没法做。

以上这四项，都是属于民众方面的。还有几项是属于我们这班人的。其一，我们这班有职业的人，单是职业已够忙，何况我们在大学教书，多少带有研究的性质，学问无涯，更有什么闲暇。所以我们做这件事情，只是尽一点提倡的职责而已，至于正式的轨道上的工作，应当另有一班人起来，而这一班人至今尚未找得。其二，民众教育的重要，这句话大家会说，但真正感到其重要性而觉得不可一日缓的，却没有几人。这实在因为我辈的生活和民众太隔绝了，以致只求自了，想不到救人。不要说向不管教育的，就是以教育为专业的人也何尝尽不如此。自从我们改为通俗读物编刊社之后，曾请求教育部，通令各省教育厅，再由厅转令各县教育局，备款向本社批发。承教育部批准照办，但各厅各局来社批发的不到十处。以中国之大，省教育厅与县教育局近二千处，而仅得如此的结果，实可痛哭。难道掌管教育的人都觉得民众教育是不需要的吗？

这一年多的经验，我们真碰够钉子。但是决不灰心，我们深知要作事就免不了困难，愈大的事困难愈多，是一定的道理。所以我们不敢说一年来有什么成绩，但敢说：我们现在已有了一年的经验了！

你们提出的三点：第一点是望各庚款委员会能于来年拨十万元补助改进平民读物；第二点是望我们搜集各项人材，予以短期训练，派往各地演唱；第三点是望教育当局把与新社会势不两立的旧有唱本连根扫除。这三点其实就是一点。如果有了第一点，那第二第三点是跟着成功的。我们既得着相当的经费，就有力量选聘编辑人和经理人，使他们专心做这件事。失业的民众本来多着，要训练一大批演唱队是不难的。一方面，在开始数年间可以大批赠送，或只收回我们的成本四分之一，如此即可引诱民众和我们接近，而与旧有的逐渐疏远，旧有唱本可以不必焚烧而自然禁绝。这是一个国家民族的大问题，想来衮衮诸公也必以你们的提议为可行的吧？

我们觉得，这数十年来，大家都急近功，不但要求及身的成就，而且要求弹指楼台的实现。但天下没有便宜事，容易成功也就容易失败，表面的成功也就是根本上的失败。我们做这件事业，应当“不问收获，但问耕耘”地做去。我们这辈人看得见成功固快意，就是看不见成功也无妨，好在只要国家不亡，民族不灭，将来总有人享受其成的。

谢谢你们介绍的好意！希望你们永远来督促我们，扶助我们，使得我们真能把这颗心献给国家民族！

顾颉刚，二十三，七，二十五。

（连载《大公报》1934年8月1日、2日）

民众教育读物的讨论

——评燕京大学编印的通俗读物

宗秉新

我曾经在报纸上看到这样的一段消息：

> 教部奖励北平燕大通俗读物社
>
> ……日前该校接到教部训令一件，略谓：据该大学中国教职员抗日会等呈称，组织通俗读物编刊社，请予补助等情，查该会等痛心国难，组织编刊社，编辑各种民众读物，廉价印售，提倡民族精神，并注意于国民道德之培养，及现代常识之灌输，毅力热心，深堪嘉许，察核附呈各种刊物，当能适合需要，除令行各省市教育厅局，转饬随时备款批发，切实推销外，自本月份起，由本部补助该社经费一百元，以示提倡……至所编各项刊物，定价低廉，允合通俗教育性质，普及亦便……

最近又在本刊上读得吴俊升先生介绍的文字，因此，我就买得通俗读物四十八种，其中大概可分为两部分，一部分是拣选和国难有关，或是以刺激奋发国民爱国心的皮黄剧本，加以翻印或改编的，一部分是完全新编的剧本或大鼓词，兹将两类目录列下：

第一类

《山海关》、《明末遗恨》、《舌战群儒》、《渑池会》、《战太平》、《贞娥刺虎》、《碰碑》、《排王赞煤山恨》、《岳母刺字》、《宁武关》、《凤凰山》、《挑华车》、《摘缨会》、《将相和》、《骂王朗》、《吴汉杀妻》、《长坂坡》、《守蒲关二册》、《木兰从军二册》、《二进宫》、《大保国》、《反荣阳》、《新丰楼》、《赠别挑袍》、《唐雎使秦》、《战辽西》、《潞安州》、《昭君和番三册》、《请宋灵》、《哭祖庙》、《大屠宫二册》、《唇亡齿寒》

以上各种，均系报纸三十二开本铅印，封面完全与坊间所售之戏考大鼓词等书一样，道林纸彩色，上部印书名，中部借用旧剧中之武生花旦须生等照片，以代表剧中主角，下部印“北平通俗读物编刊社”或“北平三户书社”等字样，此外或有加“校正真词”四字者，页数大概是从六页到十页之间（按：三户书社系通俗读物编刊社之旧名）。

第二类目录如下

《杜泉死守杜家峪》、《翠红姑娘殉难记》、《南北英雄》、《五百大刀队战死喜峰口》、《汉奸报》、《义军女将姚瑞芳》、《醒醒醒》、《胡阿毛开车入黄浦叹朝鲜合册》、《林中会》、《宋哲元大战喜峰口》、《二十九军男儿汉》、《战淞沪三册》、《李晓英爱国从军》

以上各种的形式除前四种为报纸六十四开本外，余与第一类无多大分别，只是无（校正真词）四字。

大家都知道，民众有其天然的文学需求，民众文学就是民众精神上的布帛菽粟，凡是民众精神上的活动，如知识感情意志等，都必然要受它的支配，同时我们又知道我国民间流行的读物，乃是一个大圾垃堆，这个圾垃堆里保存着的无非是，迷信、荒淫、封建、神怪、武侠……等等一切从旧时代遗留下来而障碍新时代发展的分子，即是社会学上所谓遗蜕（Surival），试问以这些东西，来给民众做食粮，民众读物真成了民众毒物了，我国民众之所以不成其为现代民众，民众读物是要负大部分的责任的。

一般关心教育的人们，眼睁睁看着民众读物的势力，这样的广大，遗留社会的毒害，又这样的深远，于是就不能不想到，如何可以在消极方面，使这种势力，不为社会之毒害，积极方面，还要利用这种势力，以达到教育的目的，民众教育运动兴起以后，民众读物，更显其对于民众教育的重要，各地编印的民众读物如民众投民众读物之类，真如雨后春笋，多到不可言说，但是除了夸示于人以外，何尝能深入民间，为一般民众所接收呢？

干编辑民众读物工作的人，似乎都不曾留心他编辑的方法，他们只想拿新读物来代替旧读物，但是如何可以替代，应该取怎样的步骤，似乎不曾研究过，结果闭门造车，出门不能合辙，自然会弄成读物自读物，民众自民众的现象。

我常想，旧式民众读物的势力是这样的大，民众之浸淫于此种书籍的程度是这样的深，他们差不多已经养成一种“阅读的口味”或“阅读的习惯”，编辑民众读物的人，不应该不认清这种事实，不应该不根据这种事实想办法想出路，我以为应该在可能范围之内，与这种事实妥洽，来用移花接木的方法，把民众的口味、习惯、兴趣，渐渐引到我们的范围里来，我们固然知道，旧式民众读物，必须要改革，但是改革的步骤不能过于激烈，民众本是最富于惰性的，改革得太快了，他们便感觉到陌生，感觉到惶惑与不安，感觉到和他们原来的习惯，格格不入，索性给你一个不接收的态度了，所以我们总得要用温和的手段，一点一滴的改进，使他们潜移默化于不自觉，最后的胜利，自然属于我们的，古人说得好，其进锐者其退速，又说：欲速则不达，这就是新式民众读物失败的原因。

于此，我们就可以有一种考量，比如说旧式民众读物，最要不得的是它的内容，我们就尽先设法改造它的内容，对于它的文体、形式，就不必改革，不独不必改革，甚且极力加以保存，加以模仿，就在旧形式、旧文体、旧版本的掩护之下，偷偷的渗进新的内容，等到民众吸收了许多新的内容了，然后再进行其他种种改革，丝毫不迟。这就是我前文所说的在可能范围之内与事实妥洽的办法，因为形式、文体都是在可能范围之内，可以与之妥洽，而且妥洽以后还可以得其助力的。这样的思想，本来是很浅薄很平淡的，可是在我心头盘旋了好久，从没有见到有人肯去试验一下，最初我看到河北省教育厅出的几种图画，它的画法印刷完全和小摊上卖的年画一样，我心里就感到非常的高兴，最近又看到燕京大学读物编刊社的这几种小册子，显然，是属于上述主张之有意的尝试，颇有向我们民众教育界推荐的价值。

关于第一部分，完全是翻印的或改编的，姑置之不谈，我们就来谈谈几种新编的，因为这是他们的创造部分，也就是主要的部分。

中国的旧戏十九以恋爱为内容，丁文江和张君劢氏，都曾根据戏考这一类书分析过（见《科学与人生观》），其所以有这种现象的理由，这里不是讲文学原理，不去细说。有许多聪明的文学家就顺着这个趋势，往往构造一个恋爱的故事，做一根索子，把它所要表现的东西穿上去，以吸引一般读者，这种作品，表面上系以恋爱为内容，其实完全不是那回事，只是披着恋爱的外衣而已，例如孔尚任之《桃花扇》，他借侯朝宗李香君的艳史，来描写明朝末年的社会状况、朝野掌故，又如曾孟朴的《孽海花》，借着洪钧赛金花的艳史来描写清朝末年的社会状况、朝野掌故，到现在一般作家，应用这个技术，更是普通，更是进步，我也不必再多举例。

《战淞沪》上中下三册，就是应用这样的技术编成的，它可算是出于旧剧，推翻旧剧的，旧剧以恋爱为唯一内容，战淞沪以恋爱为内容而不唯一，它借着钱爱林和冯梦雄恋爱的故事，描写“一·二八”淞沪的战况，即就恋爱的部分而言，亦不是旧剧所表现的旧式恋爱，而是现代式的，所以旧剧所存留在这个剧本里的，只是一个躯壳，灵魂早已变过来了为给予阅者便利计，我且举几段做个例子：

> 背爹妈离学校公园前往 可怜我不自由 好不凄凉 好姻缘 空恋爱 从今休想 我只得 到公园 面会冯郎 恨爹娘 贪势力 金钱是想 好叫我 儿心内 无限思量

这都是十足的旧剧词句里的气息，但思想只是新的，又如：（白）他说的好男子汉大丈夫 不能为儿女私情系恋住了 现在日本人欺侮中华无人 我们要人人抗日 为国争光 纵死沙场 也可留名千古 今天他说叫我向妹妹说 不要牵记他 他若为国争了光荣 请妹妹去欢迎他 若是为国而死呢 请妹妹也要庆贺他死的荣幸……

这不是民族主义的旧剧吗？

恶劣的也有，如：（女看护上白）蜜斯钱 你又在发愁哪 今天又要送来几十个伤兵呢 你再打听打听你的黑漆板凳的下落吧（钱）蜜斯王不要说笑话 ……“蜜斯”、“黑漆板凳”，还没有成为一般民众口头上的用词，是不应该用的。

以外唱本居多，都做到逼肖旧唱本的地步，举例如下：

> 大不孝瑞芳女 千万拜上 拜上父拜上母 年老高堂 小女儿 此番是情非得已 望双亲 念当初 养育心肠 两月来 儿心碎 万难家居 再留下 说不定 病倒在床 并不是 嫌家寒 不甘寂寞 也不是嫌亲老 语短话长 更不是 嫌妹幼 出言无知 尤不是 嫌弟野 行为不良 为只为 我祖国 大难逼至 东三省 失去了令人心伤 国有难 坐不救何以生为 外敌来 唯一法 死力抵抗……在而今 只有那 同胞一致 在而今 只有那 共赴疆场 退倭奴 复失地 死中求活 充实力 树国防 最好主张 小女儿也是一 国民份子 雪国耻 为天职 何可坐亡……（义军女将姚瑞芳）

其他的例子，我也不再举了，唱本里头，还有两个可商量的地方：

第一，唱本，普通都是七个字一句的，句脚有韵（这有韵，自然指顺口），以便歌唱，为避免单调起见，中间或转换十字句，或夹以说白，但除说白以外的句子，似乎不应该长短不定，弄成既不便于当散文看，又不便于当唱本唱，因为唱本所用的调子极简单，不像词曲那样可以使音与调相合，所以看起来或唱起来，便令人有格磔钩辀的感觉了，例如《醒醒醒》中的唱句，用七字一句地位的排法，而字之多少毫无一定，好像夹注似的，很不妥当。

第二，十字句通例，实是分为三个小读，第一读三字，第二读三字，第三读四字，也是很便于唱的，但在《杜泉死守杜家峪》中，颇有分读无定的，唱起来，音节便不自然了，这也是应该加以改正的。

郑振铎氏对于这种刊物的办法，曾根本表示反对，他在《文学季刊》创刊号，做了一篇文章叫做《大众文学与为大家的文学》，他的意思以为“旧瓶装不了新酒”，新的内容，要以新的形式来表现，但依我看来，他似乎太主观了，我们要知道，这些剧本唱本，并不是写给我们看的，若给我们看，自然要感觉到如何的“四不像”，如何的不舒服，如何的滑稽，但给一般民众看，恐怕正合他们的口味呢，一般民众，只有这样的程度，只配看这样的书。而且这一类的东西，在我们看来也不过是一个过渡时代不得已的办法，等到他们的习惯，口味渐渐改变了，自然会水到渠成，尽量接收新的形式了。譬如说罢，章士钊氏前年用了古文译了一部佛洛伊德的《心理学》，一般文人学者，谁还愿意去看？

但是三十年前严复氏如不用古文译赫胥黎的《天演论》，一般文人学者又谁愿意去看？桐城派古文大家吴汝论氏在《天演论》译本的“序言”里有一段说得好：

……今西书虽多新举，顾吾之士以其时文公牍说部之词译而传之，有识者方鄙夷而不知顾……此无他，文不足焉故也。

同样的理由，假若我们现在要拿欧化剧本欧化小说等等的形式，而想通行于戏本唱本的读者层，大约是不可能的事。郑氏于反对通俗读物编刊社的工作之外，就极力推崇定县平民教育促进会的工作，认为是民众文学上的启蒙运动，按定县平教会所编的刊物，现有一百五十种以上，我对这种读物，自然认为是很进步的民众读物，不过这种读物，也许只可以通行于定县的实验区内，因为定县的民众，已受相当的教育，平教会一切的工作，民众都已接收，民众读物，当然不是例外，其接收这一类民众读物的情形，正如一般小学生之接收商务、中华、世界等书局所出版民众丛书，平民小丛书之类一样，但是一班教育圈子以外大多数的民众，他们看来实在和书店玻璃窗里陈列的高文典册，没有什么分别，他们是感觉不着什么的倒是这些剧本唱本，可以有广大的民众，都市的民众，固然不必说得，即至穷乡僻壤，我们也往往看见茶馆里、田垛上在他们休闲的时间一个人唱着书，旁边有许多老老少少男男女女团坐静听着，由此看来这种读物的影响，不但及于一般稍识之无的，并且还间接及于一般不识字的，通俗读物编刊社所努力的对象，原是这广泛的民众啊！

平日，我常想，旧式民众读物，在民间有这样大的势力，除它本身而外，还有一个重要原因，似乎未曾为人所道破，即是民间娱乐连环性的作用，民间娱乐，形形色色，至为繁多，单就民众读物而论，有小说，有弹词，有连环图画，有鼓词，有戏本，有曲调……等，除此而外，有电影，有说书，有唱书，有戏剧……等，而这些各种不同的型式所表现的内容，往往是属于同一题材，换句话说，就是同一题材，往往衍而为各种型式，这么一来，有两种效果：1. 同一题材，借着各种不同的型式，而普及于一般民众。2. 各种不同型式的表现，可以加深一般民众对于同一题材的印象。

《三国》、《水浒》、《珍珠塔》、《江湖奇侠传》……等等书里的故事之成为家喻户晓的公同常识，职此之由；于此，我们就可以悟到新题材投入大众之间，其所以如石沉大海，引不起若何反应者，其原因不尽属于某种民众读物本身的问题，而尚有其他条件没有具备，那么，我们今后要推行我们改良民众读物，须同时造成的一个各种民众娱乐的型式的总动员，这一点，似乎很值得提倡改良民众读物的先生们，详细加以考虑。

（载《大公报》1934 年 8 月 6 日）

谁救济识了字的民众？

陈独醒

地不能尽其利，乃耕耘不得其法，农人之无能也；物不能尽其用，乃斧锯不得其宜，工人之薄技也；货不能畅其流，乃调济不得其匀，商人之浅见也；干戈兴于内，军人之不明天职，不知有国家观念也；栗碌竟日，饥不得饱，寒不得暖，社会恐慌，经济暴落，此一般民众之拙技而鲜能也。凡此种种，遂致演成科学不昌，文化不振，社会不兴，国家不强！此何故欤？一言以蔽之曰：民智不开。民智不开，乃致民生不畅，民权不张，民族不兴。故有识之士，有鉴乎此，竟攘臂而呼曰："欲救中国，非启发民智不可，欲启发民智，非普及教育不可，诚哉斯言！"不过中国提倡教育自逊清末叶，已肇其端，"五四"以后，尤为蓬勃，迄乎今，则识字宣传运动，更见轰烈。民众日夜学校，随处皆有，问字处识字班，各地尽是，且如浙江一省，每年规定识字运动经费多至二三十万之钜，如此惊人设施，理应使中国民智日开，文化日进，社会日兴，国家日强。何如年复一年国家社会之颠连也如故，科学文化之衰微也犹昔，此又何故欤？！不宁如是，即使全国无教化之地，尽设民校，不识字之人，悉行强迫识字，待其结果，对于科学文化，国家社会，势必亦不致有若无之补裨与影响，此又何故欤?！或曰教民识字，可以俾无智之流，愚盲之民，上智识之路，登入学之门，此不过发其蒙，启其端耳，虽收效不大，多少有裨。某之所谓，殆伤心病狂之言也。余曰否，凡事务须从事实着想，切不可仅尚理论，今请以目下单纯识字运动情形，根据事实，申而论之，则其是否有裨于科学文化，国家社会？自可毋待某之辨也。

目下全国所行之识字宣传运动，每年举行二次，轰轰烈烈，几乎家喻户晓，宣传之周，号招之广，可谓盛矣！从宣传之后而继起者，乃为广招民校学生，劝勉各界读书，凡入学者，读书三月，识字三千，即行毕业。毕业后因乏资升学，从此罢休，而此所学之三千字，遂入于致用之途：一曰写信，二曰阅报，三曰读书。请再分述之：

（一）写信。农人株守田园，老幼共处，妻子同居，穷年累月，不出故乡，简直无所谓写信。工人早出暮归，更无写信必要，虽间有来自异乡，抛妻别子者，然因不惯握笔，非至万不得已，终鲜通讯问闻。商人操奇计盈，忙碌终日，不惟无写信之习性，且无与室家时通款曲之情绪。况向手方之未能执笔，此又足以使渠临书辄止者也。军警士卒欠粮绝饷，更谈不到时修家报。至于家庭妇女，虽经稍通文字，但无通信习惯，亦鲜鱼往雁来，加之女子忸怩状态，未见能以所学之二千字而付诸应用者哉。

（二）阅报。毕业民校者，其程度是否能阅读报纸，今姑且弗论，第就若辈在生活情形而言，即使有阅报之能力与兴趣，然以经济关系，亦未能予以阅报机会，盖乡村佃农，工厂工役，商店伙计，军警机关兵役，所入极微，衣食犹或不济，更遑论自订报纸，即以时间言，更无向图书馆或民众教育馆问津之可能。至于若辈主人，岂肯谅鉴及此，而为之订报者哉。如此情形，识字与阅报直两途耳。

（三）读书。受经济压迫之任何阶级民众，虽蒙政府之惠，得能略识文字，然写信既非渠所素习，订报岂为渠经济所胜？不时之购书研读，更为渠力所不逮，即偶欲置一极通俗之《水浒》、《三国志》、《酬世文柬》恐亦为事实所不能，盖毕业于民校者，大都均为赤贫如洗者流，若辈维身尚且乏术，何来闲钱堪以置备不急之书本也者。至于抽身入图书馆或民众教育馆，即不受地处之限制，亦受时间与职务之羁束，故虽有图书馆及民众教育馆，亦何由享其利益焉！然识字之目的在读书，读书之意义在更求深造，今出身民校者仅有识字之机会而无书读之福分，此识字与不识字相去几希，噫！

基上所述，办教育者虽竭尽劝学与广设民校之能事，而民众又肯牺牲三月光阴，来校读书，然由此所得之成效不过使民众仅仅承认三千文字而已，而此三千文字因“英雄无用武之地”之故，遂致日退一字，月退卅字，不二三年则完全退化，识字与不识字等耳！是犹工程师之授艺于学徒，既不予以斧锯，又不予以材料，因试验之无地，发展之无从，则学与不学简直相等，何由再增进技能阐明科学表式！执斯理由，苟欲以单纯之识字运动，而达普及教育之目的，是诚梦想耳！然则何由药之？曰提倡识字运动，广设民众学校，固属当务之急，而提倡流通图书馆教育，实有相提并重之必要！盖流通图书馆之特殊组织，能以下列诸方法，活用图书，与识字运动相互策应，以收指臂之助，而达普及教育之效焉。其法维何？

一、劝人读书　二、许人到馆借书　三、托人代借　四、巡回图书　五、陈列图书　六、车送图书　七、通信借书　八、代理图书

流通图书馆既以普及教育为唯一之职志，故对于任何阶段、任何程度、任何年龄、任何性别、任何地处以及任何状况下之民众，均以极信任之态度，极恳切之概念：先用激劝方法，俾其有读书求智之意向，然后许予可以分身之民众到馆阅书，此而不能办到，则可以许予将书借出馆外，各回其所研读，不然，此又不能办到，则许予托人向馆代借，又不然，此仍不克办到，则可向巡回车借，又不然，此尤不能办到，则可以利用脚踏车送书，又不然，可以用通信借书，陈列图书，代理图书，凡此种种，其唯一目的无非欲使已经识字之人，不费时间——跑路——不拘保证、不妨职务、不限地处、不分性别，而得有书可读之实惠，畀之上智识之路，以达真真普及教育之目的焉。愿负教育之责者，于斯加致意焉。

（载《中国出版月刊》1934 年第 3 卷第 1—2 期）

旧皮囊不能装新酒

猛　克

在中国，期刊和杂志不必说，就是日报吧，销路上了十万的，恐怕也不过两三种。这就明白的证实：看得懂报，买得起报的国民，也就不过这许多。这也总算得是中国的一种特色，凿穿说，则其实是可得一种了。

前些年，确实有人提倡过“识字运动”，现在是，大家似乎“谈也不要谈起”。这原因，我想，一半是五四运动的那些自以为前进的教育家们，现在大半都忙得很，有的要奔走国事，有的要出席国际什么学会，有的，有的还要深入山林，赋诗饮酒，说笑话，编书信，实在无暇顾到“这个”。

但是，中国的国民中的不认识字，其实也无法认识字的国民，却也还在无意中受着一种教育的，单就大都市说，在马路的水门汀上，在弄堂的铁门口，就常常可看见一些很不像人样子的汉子和小孩，围着看连环图画。他们从直觉的美术上，去满足他们的求知欲了。于是他们满脑子，都是皇帝和神仙。迷信和奴隶的思想，至今也还是死死的缠住了他们的心。

不过近来因几个杂志上讨论一个文学上的什么问题，不觉也引起了一两位真肯为大众教育着想的作家，由文字而注意到美术上的这连环图画，想要提倡一种改良连环图画的运动了，这实在是很可喜的。但也就有人提出异议，以为“旧皮囊不能装新酒”，应该从新“创造”一种美术上的教育新工具。最近上海的有些日报上，是确已有人在创造新形式的连环图画了。但是，那尝试的效果是很有趣的，不是弄得“知识阶级认为非艺术，而大众仍然看不懂”，就是弄得不但大众看不懂，连知识阶级也看不懂。自然，我们不能单就这一点经验，就下问题的结论，但单从这里，我们也就得到了一个教训了：就是在旧社会未彻底改革之前，想要即刻改变一种风气和习惯，是极其艰难的，我们只能尽可能的利用它，慢慢的转变它。所以在目前，由事实的教训，我以为我们对于连环图画的旧形式，仍须有条件的接受过来，尽可能的参进新的思想去。

由此，可知在文学上，有条件的利用为小市民所较欢迎的章回小说的旧形式，也未必不是同样的紧要问题了。

总之是，关于这一类问题，凡是还肯真替大众教育着想的人们，实在有重行提起来讨论的必要。

（载《申报》1934 年 3 月 24 日）

平民读物的编辑试读与校订

孙伏园

中华平民教育促进会定县实验区的研究试验工作中有一项是“平民读物”的编辑试读与校订。这一项工作的目标约计有三：

一、绍介知识。“除文盲”的工作，只给人以求得知识的工具；而真正知识之求得，则在毕业后阅读书籍。

二、练习文字。文字如不应用，最易遗忘。平民学校毕业生，只要一年不与文字相接触，便又渐渐成为文盲了。如此，新文盲尚未铲除，旧文盲又复滋生。轮回文盲，也就无法除尽了。

三、整理思想。防止旧有庙会上或冷摊上发售的平民读物之神奇鬼怪思想，以免识字之弊更甚于不识字，这是整理思想的一个意义。绍介知识，自有系统，希望这种系统影响平民日常思想，这是整理思想的又一个意义。

目标是比较抽象的；第二步就是怎样安放内容的问题。我们先拟定册数为一千，就这一千册中分配，百分之七十为常识，百分之三十为文艺。常识当中，有自然科学、社会科学、应用科学诸项；文艺当中，各项体例都有，如小说、戏剧、诗歌等等。当然这只就一个大概而言，常识与文艺的界限并不是划然分清的：常识的绍介尽可采用文艺的体例，同时文艺的部分也决不避免常识的绍介。

我们起首工作的时候，至多不过规定这目标和内容两项。但是这两项还要算比较抽象的，待到实际分疏那一种材料值得介绍，那一种材料不必绍介，那一种方式应该采取，那一种方式不必采用的时候，我们才觉到若涉大水其无津涯了。

我们平常写文章是决不计较读者程度的浅深的。因为要一显我们的渊博，只要有古书可以征引，我们就毅然征引之。因为要一显我们时髦，只要有西文可以摹仿，我们就毅然摹仿之。因这一显渊博与时髦之故，而减少多少万多少千的读者，我们是不管的。我们只觉得他们看不懂文字是他们活该，我们减少了版税也是我们活该，中间并没有一个救济的办法。

但在定县，这种态度是整个儿的只有抛弃的。我们是为农民大众写读物，同时我们就住在农民大众的当中，这环境叫我们不得不对读者负责任。我们的试读和校订两项工作就是专为这缘故而设的。

平民读物稿件的来源有三：一是平民读物工作人员自撰；二是本会四大教育（即文艺教育、生计教育、卫生教育、公民教育）各部编撰；三是会外专家特约编撰。稿件汇齐以后，先由工作人员审查校改一次，然后用石印或铅印，印成“实验用本”以备试读。

试读分两种办法。一种是由本会三大方式（即学校式、社会式、家庭式）各部人员担任。这是愈普遍愈好，每一册平民读物大抵都经过二百人以上的试读，每人试读一次即填写试读表一张。一种是由工作人员自任。这是愈精细愈好，每册只需要一二人的试读，但必须详细记载“试读日记”。现在引试读日记一则如下：

日期：二十二年十一月十九日。

地点：定县城内考棚本会文学部。

主试者：□□□（文学部同志）。

试读者：□□□，十八岁，定县南门外□□□村人，九岁时入国民学校，二年后即废学，所识字全遗忘，民国十九年入平民学校，未毕业，二十年再入平民学校，得毕业证书，现任□□□村同学会文艺委员。

试读书者：平民读物注音本《小姑贤》大鼓词。

结果：为节省时间起见，由试读者口述书中不妥当处所，由主试人用铅笔代填试读表，计有不妥当的处所十三。

附记：休息时与试读者谈话所得如下：试读者有一兄三弟，又有一姊。父母全健在。一家共种地二十三亩，不雇工人，忙时全家男女动员。父为本村村长。一家所穿衣服为母姊嫂三人所做。本村约有一百〇几户。贫者大抵为寡妇孤儿，为人佣工勉强糊口；最富者有地两顷余，村内亦只三家。本村平民学校，向雇一先生（雇字乃试读者谈话时原文），今年因毕业同学有可作先生者，故不另雇，而由毕业同学尽义务。毕业同学共五十余人，在校学生三十余人。本村有国民学校一所，由村中雇一先生，名□□□，教四十余学生，每年束脩一百三十元云。

我们参照了这两种试读的成绩，来做我们的校订工作。据已往所得试读表看来，试读的确是校订时的最大帮助。单凭我们主观的判断，以为一定没有问题的词句，待到一查试读表，数十人异口同声的说某词某句看不懂或不好念，才知道几个智识阶级中人的私见实在是没有用处。下面就是我们的试读校订的标准：

△平民读物试读校订标准

一、平民读物试读的目的，在找出书中不妥当的地方，以便在校订时决定全书去取或部分修改。

二、不妥当的原故凡三项：（1）看不懂，（2）不好念，（3）没有意思。

三、看不懂的原因在于词的不熟习；不熟习的词分四类：（1）文言文中所用的词，（2）科学书（自然科学、人文科学等）中所用的词，（3）著者偶而流露其方言中所用的词，（4）国语中所常用而本地（实验县）农民所不常用的词。

四、去取上四类不熟习的词的标准是词表（特别注意新民必用词表）。对于第一类文言文中所用的词，词表中有者存，词表中无者改。对于第二类科学书中所用的词，词表中有者存，词表中无者改。对于第三类著者偶而流露其方言中所用的词，词表中所必无，改。对于第四类国语中所常用而本地农民所不常用的词，词表中所必有，存。

五、根据词表之词典未印行以前，对于词表中所有而试读者认为看不懂的词，虽必须存而不改，但亦必须加以解释。

六、不好念的原因在于句法的不熟习；不熟习的句法凡两类：(1) 使用不熟习的成语；(2) 使用不熟习的组织。

七、去取不熟习的成语的标准是国语。在国语的成语表未编成以先，去取全凭校订者主观的标准：大抵知识阶级中人口头所用的成语可存；知识阶级中人书面所用的成语宜改。

八、不熟习的句法组织分四类：(1) 文言文的句法组织；(2) 外国文的句法组织；(3) 著者偶而流露其方言中的句法组织；(4) 国语中所常用而本地农民所不常用的合乎文法与论理的句法组织。

九、去取不熟习的句法组织的标准是国语。对于第一类文言文的句法组织，第二类外国文的句法组织，第三类著者偶而流露其方言中的句法组织，只要试读者认为不熟习（即不好念），即改。对于第四类国语中所常用，而本地农民所不常用的合乎方法与论理的句法组织，为提高农民的语言，推广国语的领域起见，宜存。

十、没有意思的原因在于材料的不熟习，趣味的不熟习，叙述方法的不熟习等。有时材料、趣味、叙述方法太熟习了，也会叫试读者感觉没有意思。

十一、去取这一类不熟习和太熟习的材料、趣味和叙述方法的标准是四大教育和农民的需要。对于不熟习的材料，只要是合乎农民的需要，而可以救治愚穷弱私的，虽或一时感觉没有意思，宜存。否则宜改。对于太熟习的材料，只要试读者认为没有意思，即改。趣味和叙述方法同此标准。

十二、审查试读者所拟改的词句的标准同上。

附注一：填写试读者表上各栏，除高级平校及小学高年级学生，担任试读者自愿填写以外，为节省时间及免除错误起见，希望学校社会家庭三大方式各部担任主试同人，依照试读者的意见代为填写。

附注二：不妥当的原故栏中，所拟三项不妥当的原故，均系以数字，填写时不必照抄看不懂、不好念、没有意思等原文，只要填一数字即可。如有其他原故，出于原拟三项以外，亦请填明。

附注三：关于没有意思一项，主试者务须在全本读完以后反复询问，如确认全本或前半本后半本或任何数节没有意思，必须照填。

附注四：对于原书篇幅的长短，取材的繁简，及何方面册数或觉过多，何方面数量尚嫌不足，等等，虽为表中所无，亦望主试同人随时考察试读者的意见，告知平民读物编辑设计工作同人。

附注五：如在某读物中竟找不出一处不妥当的地方，亦望积极的将该项读物何以适合农民阅读之理由见告。

现在已印成实验用本的平民读物约有二百三十册，一方正在试读样订，一方亦正在编辑撰述，预计明年暑假前能出到四百册。

平民读物的用字，完全根据本会的文字研究工作。从前文字研究工作中选得“通用字表”（三千四百二十字）和“基本字表”（一千三百二十字）的时候，平民读物的用字一准通用字表；现在文字研究的工作渐渐做到词的研究，词类连书的研究，注音符号的研究了，平民读物也一准文字研究所得的结果。所以平民读物的实验用本，从三百〇一号起，字旁加注“注音符号”，而在排版上也全用“词类连书”的办法了。

平民读物的实验用本每种都只印一千册，每册只收回纸费二分五厘。将来正式发行，一千册的定价至多不过二十五元至四十元。农民个人或者全家，都未必买得起，而且也没有这个必要。但是一个村立的小图书馆，最适宜的内容大概就是平民读物的全部了。

平民读物的工作正在进行当中，编辑试读校订各项工作都还没有做到一半，实在没有理由也没有勇气向大家公开发表。不过一则因为答谢《国闻周报》记者感情的怂恿，二则也因为工作尚未及半，正应借此机会向各方请教，如有错误很可赶早修改，所以还是发表了。

（载《国闻周报》1934年第11卷第1期）

民众教育与门板书摊

张溪愚

“民众教育”，这一个怪好听而又怪时髦的名词，是近几年来才被那般所谓先知先觉者的教育家所发现的新事业。不用说，征诸中国目前的社会状况，正值那些贫穷、愚笨、衰弱和分崩离析等病态现象不一而足的时候，民众教育，确是一服最迫切而又最需要的对症良药，而值得我们去实干苦干的一桩大事。但也许因为民众们的无福消受，或是那般办理民众教育事业的专家们，手段太觉高明，目光太觉远大？所以在这样的历程中，连带使它——民众教育——也患了半身不遂和麻木不仁的症候，而明白地宣告失败了！

真的，在我们国内，无论那一种事业，觉得官家办理的每不及民众们用自力经营的成绩良好。这些，固是事实昭彰，在人耳目。且拿小些的事件来作例证吧！便是，那些肩负办理民教事业的专职的民教机关，包括民众教育馆、农民教育馆等，不论省立和县立的，觉得用钱既多，人手又足，设备更楚楚可观，照情理讲，于民教事业的前程，当有合理的发展和宏伟的效率表显出来才对。可是，事实很明显地陈列在我们的面前：民教机关所有的成绩，非但不能尽如人意，并且实际上还不如街头的“门板书摊”，因为门板书摊倒是一所简易的民众教育馆呢！

说那些门板书摊是一所简易的民教馆，这不是我的感情的偏见要故意耸人听闻。实在从各方面看来，那些门板书摊的外观，虽不及官办机关的冠冕堂皇，但它设施的合理，效率的宏伟等，的确不是虚张声势的，而是名实相符的。换句话说，它着实要比民教机关胜过一筹，你看用钱既不多，人手只一个，设备更因陋就简，然而事业的发展，却颇有蒸蒸日上之概，于是乎日前那般教育家所惯说的那两句最动人的口号：以少数的金钱，办多量的事业。老实说，只有街头的门板书摊可以受之无愧。

到这里似乎需要说一些真实的事实了。

我说：街头的门板书摊，实为世界上最小和最简单的文化机关，也可以说是中国独有的文明产物。我们顾名思义便可明白它的全部资本和整个设备，便是：几扇门板，几十部书籍，最多再加上几条板凳和一幅遮阳避雨的布蓬而已！

在每一个都会，每一个城市，以至每一个乡镇村庄中，我们都可随处看到这样的门板书摊，星罗棋布的摆设在街头巷隅。而且地方愈繁华，人口愈众多，他的数量也就愈激增——单说上海一处，已不下二千多家——假如我们肯费些时光去加以调查比较和统计的话，一定会有惊人的数字，给我们明白，或者我们也可以这样的说门板书摊的分布量，是和当地的人口数成正比例的，但在此民穷国贫底不景气的中国，影响最大的便是教育事业，所以民教机关的设立，也如晨星一般的寥寥可数，这样，自然不能和它并驾齐驱，更休想争一日之短长了！

我们对于门板书摊，正因它发展得这样的惊人，所以决不可存熟视无睹的观念，真的！它是低级社会人底思想的源泉，也就是小市民层底知识的锁钥。它底日常的主顾，便是那般小学校里的学生，商店里有学徒、伙计，工厂里的工人，以及有关阶级底略识之无稍明文义的成年妇女。因为他或她们为了要消遣业余的时间，调剂枯燥的生活，和一部分有为的人，要满足本身的求知欲望起见，便会毫不踟蹰的，不期而然的做了门板书摊上的基本读书会员了！所以，在这求供相应的状况之下，无怪我们只看是门板书摊时常有着川流不息价的阅读者，而不曾见到民教机关里，也有这样多的人数了，虽是民教机关里的桌椅，比起几条冷板凳来，要舒适得多！

在此，我们不妨再多了解一些关于门板书摊的内容：它的唯一值得我们郑重注意的东西便是五花八门的书籍了，这大概分为下列几部：（一）是小说和连环图画，（二）是歌曲和时调，（三）是各种实用的书籍；第一部又可分为历史、社会、武侠、神怪、滑稽、肉感的几类；第二部又可分为江北调、京调、申曲、苏滩、弹词和时下流行歌曲等几类；第三部又可分为秘决、宝鉴、尺牍、碑帖等几类；麻雀虽小，五脏俱全，以喻门板书摊，实觉恰如分际。至于它的营业方法，则有出租与当场看两种，每本取费铜元一枚至三枚不等。没有什么手续，也没有什么保证，只凭信实为准则，颇能做到童叟无欺的地步。谁说不是具体而微——简易——的民教馆呢?!

照此说来，便可知道门板书摊的所以能在社会上占得地位，当然有着独具的优点：第一，是主持人的经营合理。第二，它能迎合低级社会人的阅读兴味。第三，它能适应小市民层的消费能力，至于主持人的态度坦白，率真和阅书时的不受拘束等犹其余事了！返观民教机关里的主持人员，态度既冷若冰霜，架子又摆得十足，使民众们以为这是衙门、公署，反致望而却步。说到书籍，非但门类不多，内容更枯寂乏味，加以阅书时手续的麻烦，防贼的监视和借出去为规则所不许等种种拘束。因此，虽不要破费民众们的一个大钱，也就没人情愿去跨进八字开的大门了。相形之下，见绌多矣！

不过话又说回头来，我并不是替那些门板书摊张目，而实在是替民教事业的前途担忧。从现在看，那些民教机关所设施的成绩和效率的所及，任它再不行些，也决计不会违反了时代性在大开倒车，使民众们的意识回复到封建的气氛里去。所值得我们恐惧的，便是那些足以麻醉民众们底意识感觉而有余——如加甚迷信倾向，加强色情狂欲，动摇人生观念——的门板书摊。办理民教事业的人们的，不曾顾念到它，更不用说，还未曾认识它是发展民教事业的心腹之患。惟其如此，所以民教机关，如果不想法把它的地位和势力取而代之，以及把民众们底病态心理移转过来，那末，民教事业的前途，必将黯然无色，而不可根治的。

所以，在这里，我倒有一个粗看近乎浅薄而实际颇觉合理的意见，便是：现在的民教机关，正不妨利用门板书摊的力量，来推动民教事业的事功，而把门板书摊的恶劣影响，一扫而光，至于他的地点、外观、设备等，尽可照旧，只要把原有的书籍弃掉，或是严格地翻查一过，可存者留，否则火毁，再把那些富有趣味而又有裨于民众们底思想、信仰、知识、德性的民众读物，加添进去，内容便不愁不充实了！再有门板书摊的主持人，仍以留用为是，只要给予相当的生活费及保障，他们一定乐于承受。这样一来，在国内的都会、城市、乡镇、村庄中，便立刻可有和当地人口数成正比例的许多简易民教馆了。并可随时设立于各地的农村中，深深地与民众们打成一片，真是前程远大，未可限量。今后的民教事业，也许因此而获得意想不到之效率，以少数的金钱，办多量的事业才能真正的实现，不致只成教育家所签发的空头支票了！不知民众教育专家对此有何高见和更好的办法？

（载《人言周刊》1934 年第 1 卷第 28 期）

街头图书馆

孔　皆

在上海几乎每条街上可以看见一种小的书摊，很整齐地放着许多连环图画的小书，化了几个铜元便可租得几本书，所以可名之曰：街头图书馆，《八剑十六侠》、《仙山奇侠》、《小热昏》之类的书便可代表了整个图书馆的书目。车夫、大姐、佣人以至于人家的太太都是这种图书馆的顾客。其中借书最多的就是小孩子们，这种情形是不难察见的。

我以为这类书对于小孩子是不宜的，而且是应该积极地禁止，因为这种书所述的不是荒诞不经的鬼话，就是淫秽不堪的胡言。这对于什么都不知的孩子至少是给他们思想上一种摧残。记得曾有许多起学徒等离家修道的事发生，而这种小书就是促成这种事的因素。

并且这种小书经过多人的传阅难免不有传染病菌附着。小孩看过后，再用这带有传染病菌的手抓东西吃，或者传着了病症。

所以我谨以极诚恳的态度向做父母的说一声：最好是能买有益的书给孩子看，至于这种小书宁愿小孩子没书看，让他玩闹，别给他这种书看。

这是我一些小小的意见，各位做父母的以为如何？

（载《申报》1934 年 8 月 6 日）

书摊访问记

罗　以

书摊是真正民众读物的最普遍最活动的推销处。

每当夜晚时分，在每一条街上，你总可以看到一个半老的贩子守着七尺高的一具书架，灰黄的煤油灯光下面，攒着几个翻书的人。这架子通常是用篾片编的，也有木板做的材料，左右两爿，放开来靠在墙上是摊子，收起来两爿对合可以背着行走。每一爿上下分五六格，每格都用绳子横拦着，就在这上面整齐的排着出卖的书和单页的唱本。

书和唱本都是用最起码的纸张和最下劣的印刷方法印的，可是卖价也低廉。普通七八页的册子，四个铜子就可以买到了。这是现行民众读物销行关键之一：印书者为适应读者的购买力，不得不取最低的价格，售价既须低廉，自唯有减轻成本一途了。其实一本售价四枚的小书，自原出版者起，曾经二三转手，最初的批价，至多怕只有二大枚。印书者如果要在书上赚钱，只有多印多卖。我们看这类书籍出版家以及出版种类之多，便可想见它销路之大。

在南京所见到的摊贩书（包括单页唱片），约有下列数种：

七字书、鼓词、淮戏、演义小说、时调（有单页与集子二种）、旧时启蒙课本及应用文（尺牍、杂字、楹联、三字经等）、皮黄戏本。

此外还有“房中宝”一类性智识书，《推背图》一类鬼话书，也有附售碑帖及廉价版本的笔记小说之类的。并有连环图画一种，大概都是租着看的，听说因为当局禁租的缘故，不肯公开放出来，只藏在摊后。

各种书籍当中，据我讯问所得，以七字书与时调单页销路较佳。购买者多半是小商人。

我曾打听南京城里城外这样的摊贩共有多少，据一位姓潘的摊贩告诉我，说总有一百二三十人。自然这不见得是可靠的数目，但就我所见而论，确也可信其为数不少。他们设摊的地点，大概有一定，好像各各划了界限似的，但每个摊子白天和晚上所在地点常不相同，这大概是为市场情形所限（如早上在有菜市的地方不能设摊），或朝晚行人集中点转移之故。摊贩大概因年老力衰或无甚特技，多半专靠这一行吃饭。我问他们每天能卖多少钱，他们答的都是“少则一吊多些，多则二三吊”。对生人报告本身经济进益，以多报少自是一般现象，并且所得的数目中，有一部分是租金，不是卖价。租书在摊贩可称是好生意，虽然每次所入，仅有几枚铜子，但原本甚轻，算来利息极大。不过无论怎样，书摊生意交易不旺，利子又薄，摊贩生活之清苦，可想而见。天下做“小生意”的人，原都是因为不能筹大资本，没有旁的道路可以发展，才弄个摊头或担子糊糊口的。街上有的是标着“收买旧书，出租小说”的野鸡书店，如果有力量而又爱在这方面干干的话，那个摊贩不愿意照样开一家啊。

另一方面我却想到每摊每天一吊两吊的收入，反过来说就是有价值一吊两吊的货物的卖出。平均称六十钱一本，一吊是十七本，两吊是三十四本，合全市一百余家算来，这每天的销数也就不少了。

他们卖的书，百分之九十九是上海闸北几家小印书局出版的如椿荫书庄、槐荫山房等出有许多七字书，昌文书局、尚古山房出有许多鼓词，此外，这类书的出版者为大达、大通、刘德记、美术、章福记、茂记等，南京本地，我所见者仅有廉美一家（地点不详）。我曾探问他们向上行批发的办法，据说都是现钱对现货的，但问到他们怎样从上海批来，每个都含糊其辞，不肯实说。我相信这些书得到南京分销，必在南京有代为批发的人家，要他们摊贩直接向出版者这一家那一家去批货，事实上决计做不到。现有代批的地方，那地方我想也该是个书坊，要买这种书，到那里去成批的买，一定会便宜些，所以竭力向摊贩打听这批书处，可是他们总不肯实说。我忽而从自己探问的动机想到他们不肯实说的原因，原来是他们为保障自身营业的防御策！但正当我认为向他们打听乃“此路不通”的时候，有一位摊贩竟因感我多作成生意而从实回答了我，说是叫“借珍”的一家。我记了名称地点，到第二天就亲自去找，找了半天，非但那地方没有称“借珍”的书坊，旁的店铺也没有牌号称“借珍”的。再探问，知道听错了，应是“聚珍”。但那地方也没有叫“聚珍”的店，问了好几次，好容易在一条巷子里找到了。原来是一家住家，不是什么书店，不过门上有块漆水斑驳的白铁牌，黑底子上可以看到“聚珍书局”四个字，但是那样的模糊不显，平常过往的时候决计不会留意。门开着，我就直闯进来，院子里有一个上身着的军服下身是扎脚裤的汉子在踱着，我就打个招呼，问什么地方卖书。“这里没有书卖！”我不觉一惊。自想不曾摸错门路，而且问话时又不曾带丝毫火气，那位朋友准是和谁呕了气了。又想这样的人物，眼高眼低，最会看风，也许因我穿着平常，问话幼稚而瞧不起我，于是郑重声明我打算和他们做一批不小的交易。但他回答的还是“没有！这里卖的，都是大批货，起码每种二十本”！说罢，掉头回走。我看他那种无可挽回的神气，觉得即使二十本一种买他几十种，只怕也有问题，只得暗暗叫声倒霉走了。

走后在路上想想，那位朋友以决然的态度回绝我，实在很是有理。批发店原不做零卖生意。而贩卖这种书籍，在批发者与零卖者之间，更有深一层关系。批发者必赖有一定的零卖者去广销，零卖者则须批发者不随便零星出货才会有生意，若果批发者兼做零卖（即使价格不廉）结果便致两败俱伤；其次，这种书籍当中，常难免有诲淫诲盗为官厅所禁止的书，贩卖者怕吃官司，所以“严密关防”，不肯和陌生人做交易。同时我又想到摊贩们含糊其辞的原因，并不如我所猜的那末简单。

（载《民众教育》1934年第2卷第3期）

街头随笔（续）

需

三五　书摊上的秘密

旧书摊有了秘密，他们的书籍是不值一顾的。他们偷着卖他们所谓的善书，善书是什么，只有他们知道。按照人类的好奇，旧书摊上可以有古董。旧书摊上的古董是活的宝贝，因为那能赚得很多钱。善书也是如此。有人喜欢看他们的善书，就有人喜欢出给他们大的价钱，啬吝一点的买卖不成，他们还得待善价而沽。

世间所有的文字，助成了人类交易的字眼，善书自然不会例外。

三六　小人书与毛三爷

小人书出版历二十余年而不衰，给了儿童及略识字的人们以极大的喜悦。但人心是随进化而来的，文化不管高低，时代的轮子老转，罪恶出来，人心也变了。从先的小人书是古板的，一点也不活泼，如今的改良，乃种毒于人寰。《毛三爷》是一薄本子的漫画式的讽刺画，比小人书自然要好的。可是，我能看到小孩子们能花一角钱去买成套的小人书，却没有花八分钱买一本《毛三爷》。儿童教育是一个整个的，可惜的是太零散了。难道师长父母，就忍心看那么小的时候就中毒吗？

（载《大公报》1934 年 7 月 27 日）

关于连环图画

融　谷

作者融谷君在“关于连环图画”这个标题之后，曾附写一行小题：“鉴于《王先生》、《安得生》、《毛三爷》一类的读物正流行着！”这是说明他写此文的动机，但是他却忽略了流行更普遍，使幼小者和初通文墨的人中毒更深的小人书。在价钱上，前三者印刷较好，每册至少要三五角钱，而小人书仅用数枚或数十枚铜元便可买一套，且租赁的小商人很多，租阅仅需一二枚；在多寡上前三者至多不过两三册，小人书则截至现在已有数百册之多。关于小人书，去年本刊曾有过较详细的调查，此处不再重述。总之，关于连环图画，却是一个很重要的问题。所谓连环图画，虽然如融谷君所说“一如其字面所示”，其实是“连”而不“环”，有始有终的。它的好处在于使不识字的也能看得懂，附以简单说明，则更使文盲有着追求文字的欲望。

关于这个问题，好像已经被人注意（记得河北教育厅曾登报征求“铲除鸦片之害”的连环图画——这几个字原有语病，所以记的特别清楚），却很少有人试作新的创作。上海某书局曾有以“九一八”、“南京路”等为题材的连环图画出版，但因绘画幼稚，同时专以儿童为对象，终未见有怎样的发展。这里我热诚的希望从事于艺术，特别是从事于绘画与漫画的青年，努力于这一伟大的工作。

末后，附带着说几句，本刊对于木刻尽量的给予发表的机会，目的当然是使这种新的艺术普遍的发展，但其希望则并不止于几幅风景或某种事物的死的描写，最高的理想也是以木刻来作连环图画的工作。希望努力于木刻的青年，以麦绥来勒的作品（良友木刻丛书）为蓝本，从事于我们自己的连环图画。

一

连环图画是什么？不但有许多人觉得生殊，并且有许多是根本对于其艺术价值尚有所怀疑的。本来连环图画假如可以当作艺术之一种的话，也毕竟是比较幼小的一种。在创作上既还没有什么可睹的作品产生，在理论上亦短少着最低限度的探讨。当然，它之不为人们所注意与了解，是无足怪异的了。何况更有一些卑劣的艺术独占主义者存心在蒙蔽、污蔑呢！

对于连环图画的这样的曲解不妨有各种各样的不同：无拘认为是一种教育儿童的工具；或恶意地直目为消愁遣闷的小玩艺。反正，都一致地相信，连环图画是个无艺术上的价值的，他们随便地抹煞了这种艺术形式，并且把是艺术的绘画和非艺术的连环图画割裂为绝不相同的二物，这是最无道理的。

实在说，连环图画一如其字面所示，只是许多图画的连续而已。绘画与连环图画的关系亦仿佛照像之与电影一样，前者显示了事态的精采的一片面或一部分，后者则显示着事态的进展及其动荡；一种属于静的表现，一种属于动的表现；二者之间在艺术的本质上是不尽一样的。这种本质的差异固然可以影响于题材、表现手法等等各方面的分歧，但这无害于其各自成为一种独立的艺术，当亦是极其明显的事实。

连环图画的每一段片，单独地抽出来看，也不是一幅成功的绘画作品，也许没有表现出一点整饬的意义；但是，就它的全部看，成许正是一部伟大的作品，那也难定的。所以，一部连环图画和一幅绘画同样只是一件艺术品，而不是许多作品的“合订本”。那种用旧日绘画的尺度来比量连环图画的各个断片，也即是把它割裂起来观望的法子，当然是要失掉其正当的眺视了。

设若我们可以把文学中的诗比做绘画，那无疑的连环图画便要是小说；单片的照像要是绘画，连环图画当然可以比作电影；二者之间只有性质上的不同，没有分量上的轻重的分别，以前者抹煞后者和以后者抹煞前者，都是一样的差误。关于近来连环图画的唱导，有的人视为艺术的堕落，立于公正的艺术的见地而看，倒勿宁说是一种艺术的新的进步与开拓为是的吧？

二

连环图画在艺术研究者中间虽还是一个新鲜的问题，而它在民间则很早便成为一种普遍地流传的东西了。

在乡下生活过的人，总该忘不了一些农家斑烂的泥墙上贴着的画吧？那大红大绿的极不调和的颜色，浓重的粗糙的线条，确实另外具有一种特殊的或者可以称做带有几分原始性的风格。因了这类的画只在年终的集（集是乡村的临时市场）上可以购买，普通便都叫年画。实在说，年画除了少数单幅画之外，几乎全部都是所说的连环图画。但，由于局限一张纸面的关系，连环差不多亦都很少，像《老鼠告状》、《杀子报》、《媳妇打婆变毛驴》一类的短篇故事便成了最适当的题材，虽有时间或采取《三国演义》、《七侠五义》、《彭公案》等长篇小说的故事，也只能作片段的割截而已。所以，抛开一切不说，单就这点看，年画难以有什么收获，自是极其明显的事实。

年画以外，流散在民间的还有一部分连环图画的单行册子，这种东西在小书摊上可以找到许多，但几乎全是取材于旧有的小说，一点创造也没有的。有的甚至将小说的原文附在里面，图画反居于附庸的地位，恰好形成了一种插画较多的小说，但市上流行的《昭君出塞》、《五女兴唐》、《纷妆楼》等文却又过半是这般情形，其不成亦便可想而见了。

事实实在是那样：民间的连环图画像年画小说画之类，不但在内容上是落后的、守旧的，在技术上亦是幼稚的、笨劣的；并且，根本上是还不得以称之为一种艺术。不过，只要多少留意点社会的事实的话，这结果便成了当然的结果，丝毫不足怪异。只要想到这些画的作者是些什么样的人，既然没有受过艺术的训练与教养；只要想到这些画产生的环境是怎样的情形，又短少进步的意识的成长与焕发。当然对之不应当有什么苛求，同时便也不应当对它有什么过高的期望与估价。

诚如所述，一些连环图画的作品太粗劣了，但这是不会影响于它的销售的，它仍然大批地流传在民间。在所谓下层社会里面，许多许多的人们尚啃嚼着这种粗劣的艺术的食粮，许多许多的人们尚接受着这种有毒的礼物，从这方面看，连环图画之在民间实含有绝大的意义，实在说，就是在一部大众艺术进展史上，亦不是全无意义的吧？

（载《大公报》1934 年 7 月 19 日）

木鱼书

源　源

在北方流行的有小人书，和它相似的在广东有木鱼书，而且流毒更大一点。

给我注意这类书的，是蛰居在广东农村中时，其时不过做些农村调查的工作，却无意中给我在一农妇家发现一本十六开本的，以红色的有光纸为封面，以白色有光纸为里，书名为《日边红杏》。虽然会在广州的下等书店看过这种书，初只以为是无聊书之类，正如一般摩登大众文学家似轻轻把它忽略了。这次经农妇的说述，竟给我认识农村的读物就是这类书。

据农妇说：现已出版有二千多种了。她们都称“木鱼书”，但有人也称“龙舟歌”。据我考察，“龙舟歌”似另一种。以下就是研究的报告：什么是“木鱼书”？

什么是“木鱼书”？

在“木鱼”两字看来，似有些佛教气味，然而绝对不然，这已出二千多种的木鱼书，完全是淫词荡曲、才子佳人的艳事，拥护旧有文物制度一种。我所看过当有五百卷以上，每次的研究都令感到其毒甚于洪水猛兽的。而何以“木鱼”言之？据农妇云，把这类画细声地唱起来，须加以如扣木鱼之板子，才来得好听。

木鱼书决不是戏曲的班本，也不是说书的记录，更不是小说之类。除了那儿，在全中国的农村，决没有这样怪书本。似歌非歌，似小说非小说。而却又似土谣之一类，但却不是创于多数人之手。里面全以减笔字与俗语写成，乃一般无聊的下等旧文人写成的，而略为识字之农妇即能看之唱之，而我曾以这种扣问一中山大学民俗会某一人，其竟不能读通两行，可谓奇极。

木鱼书的种类

木鱼书依我所调查，总有二千至三千度，册数当在五千左右。有些是一册全，仅二页纸，无底封面。一些多至十几册为一套。前者如《吹萧忆友》，后者如《背解红罗》、《桃花瑞英屏》等。

据农妇称，妇人最爱唱的有五十多种，我所经看如下：《金花赠衣》、《四季莲花》、《金兰寄书》、《天奇告状》、《店中分别》、《金生解果》、《五谏刁妻》、《拷打凤娇》、《凤娇扱水》、《锦绣食斋成道》、《客途秋恨》、《毋谏心田》、《夜送寒衣》、《夜雨寻梅》、《柳陆姻容》、《日边红杏》、《潜龙走国》、《桃花瑞英屏》、《金钗记》、《观音出世》、《陈姑追舟》、《老糠记》、《贵娇问病》、《吹萧忆友》、《反唐女娲镜》、《紫霞杯》、《雪月梅》、《夜吊白芙蓉》、《勇救白芙蓉》、《罗卜救母》、《周氏反嫁》、《烈女报夫仇》、《背解红罗》、《金生挑盒》、《山东响马》、《宝婵进酒》、《陈世美不认妻》、《烈女封王》等等。

有些是从旧戏中编出来，有些却被编为旧戏，前者如《紫霞杯》、《夜吊白芙蓉》等；后者如《背解红罗》，现被编成之《十美绕宣王》者。

木鱼书的外形

木鱼书的外形是十六开本，以有光纸或印红色、黑色，上绘人物，或登载下等药品的广告，以为封面，无底封面。里头亦有光纸，极粗。字粒乃木刻成。每行分四段或三段，如旧诗形式之排列。每段可容七个木板字。如是在七字以上则将其字缩小，以适合一必定段格之位置。略看去疑是旧诗或词之类。

木鱼书之价钱及销去之册数

木鱼书之价钱不一定，无定价，由下等书店或江湖售书客（农妇多向“江湖售书客处”买来，业此业者多湖南人，该地农人呼之曰“老兄”）自定价目，少者二铜元，多者在二角以上。如《吹萧忆友》二铜元可买到，《背鲜红罗》、《桃花瑞英屏》等非三角以上不行，普通多在一角左右。在农村经济崩溃中，农妇尚节衣缩食买此类书呢！

在普通小说诗歌言，必有一时红，过了红时就几没有人买。鲁迅的《呐喊》，现在简直没有人过问的。但是这类书没有红与不红，可以说老是红，因为这类书没有时间性，只要那妇人稍识字，那本都可以了。所以这类书的销路，决不会停止或减少。依我所知，每年约出册数十万有奇。我曾一次调查，在一千左右户之一农村，农妇占半数，识字者又占农妇之半数强（其学龄最高在初小三年），而平均每个识字之农妇存下之木鱼书在五百册以上。

木鱼书内容概说

这类奇怪的书籍，内容依我所研究是：（一）历史类，是把历代的野史编成，惟多涉及男女私事问题，可占全类书百分之二十度。如《背解红罗》乃说述宣王与十美的故事，加以种种之“斗法”，乃从神怪小说脱胎；如《潜龙走国》乃说这晋朝的故事。这类书，必是多数册合成一套，而故事连贯，变化无穷，妇女对之颇有兴味。

（二）爱情类，是完全描写男女私事，以旧有文物制度为基础，产生男女的愉情、私逃等等，而多为才子佳人之类。如《四季莲花》乃说述一女子“奇仙”万里寻情人的故事；里头的词句很多这一类：劝娇且把愁眉放/魂也荡/暂奔鸡唱晌/望你早归云雨结鸾王。又如《金生解果》，都把所有的果物以谐声来说到男女的爱情，几疑为岭东情歌。其起首句是这样：挑起盒扮个外江妆/轻轻移步过东墙/琼仙一见就叫句金香妹/妹你前来来听我事章/今日你系王家侍婢初来到/你亦不须楼上另设牙床/就在呢在开铺仝我共睡/免使我孤单无伴自见心慌。

在这类书里完全是喜剧的情曲，正是适合于农妇的一种。这种基于旧有文物制度的爱情剧，把那才子佳人写得怎样出色，怎样漂致，怎样愉情，怎样私奔，勾引少妇的心的怦怦（碰碰）然而动了。这类书总要占有百分之七十有奇。

（三）家庭类，是描写家庭吵闹事，家姑与媳妇的吵闹，丈夫与妻子的吵闹。如《陈世美不认妻》、《五谏刁妻》等。这类最少，约占百分之二。

（四）神怪类，出乎我意想之外，我总以为下等民众的读物多是神怪的。但最近我得到结论，在男子汉神怪居多，妇女则爱情多了。大概男子汉于外的发展来得坚强，而妇女是情长确是事实。所以木鱼书里神怪的只可占百分之一，如《观音出世》等是。

再说到它描写的对象与立场，及其引人入胜的法门。这种木鱼书并非小说的体裁，而是长篇叙事诗的格式与排列，几乎每一段都少不了才男与美女，这是描写的对象。完全是说明专制时代的好处，拥护旧有制度，主张男子多妻，而一方面却说述男女愉情以勾引之，这矛盾的形态，就是这描写的立场。它，而且离开普通的小说诗歌等作法，除第一章外，即到变化期（戏剧所谓转变），一直变化无穷，至终结，这就是引人入胜的唯一法门了，盖所谓兴趣浓厚活生生也。

木鱼书的制作者

木鱼书的著作者是谁，直至现在我还没研究出。起初是决定有一班无聊的旧文人所作，最近见到《老糠记》目录有这些字：“新出揸死仔依戏桥全本清唱南音”等字，又在《金钗记》见“全套赛韩湘赵昂九嫂看灯龙头金鈪金钗记”等。由是我从新决定是（一）无聊文人（二）盲妹（即唱书之瞎女）（三）盲公（即唱书、算命、看八字之盲人）。

此类书之出版处，皆广州下等书店，如：醉经堂、五桂堂、六经堂、以文堂等。其印刷之粗劣，言词之无稽，售价之贵昂，欺骗下等民众，麻醉农村妇女，罪大恶极！

何以妇女爱看？

看这类书的人，自然城市居少，是专售于农村农妇。地点分配，上至梅岭，下至四邑，东至惠阳，西至三水，其每年刊十万份者亦意中事的。但是农妇何以爱看爱唱这些呢？我所晓得大概如是：

（一）妇女们白天劳作，夜晚就要尽情地享乐与休息，而农村无适当之娱乐，除赌博外，就是唱“木鱼书”以为消遣。

（二）南方农村妇女多群十数人合组一“同心会”，其已嫁者及未嫁者皆寓居一室。即如顺德一地，女子常经过婚礼而不回男家居住，仍回“同心会”里居住，等到“同心会”里的女孩子全找到丈夫才一齐回夫家。“同心会”在南方农村自然成为一种特殊的问题。而在“同心会”里的妇女在一室之间不免说述男女的情事，由是这“木鱼书”成为“同心会”里的必要消遣物，似乎“同心会”里必要女孩子懂得男女的秘事似的，“木鱼书”就是一种导火物了。

（三）南方农村的少女当出嫁时，必先在家里帐帏内（穷家以蚊帐围成）“哭”三晚。这种“哭”名曰“临嫁祝哭”，一面表示女子别离家庭的悲哀，一面表示女子要祝福家里所有的人。（依我所参加几次的“临嫁大会”，这“哭”还是“假哭”。）在这三晚里的“哭”，女子不能专门说“爸呀，妈呀！”那样单纯的，女子必要有许多言词说诉，这样必然要求于木鱼书里。在我所参加之“临嫁大会”，那女子第一晚是哭“背解红罗”，第二晚哭“潜龙走国”，第三晚才点题“哭”家里的人。这才显出那女子识文识墨，而未到嫁期之少女当急广看“木鱼书”！

（四）南方农村送殡之妇女，皆哭送。惟“哭”也不能专在哇哇大叫，亦须有文理，亦须在“木鱼书”中抽出什么样的一段适合于那死者的身世而哭之，如是则旁听称有情有理之妇人。（送殡时，少女不须哭，仅妇人适用。）送殡后，死者之家庭，照例是每七日作一“招魂”，妇人又群集那里大哭一场。其时，各妇人可把一生苦情哭诉出来，这些又要求助于“木鱼书”。倘若该妇人觉得其姑不好或虐待等，乃在“木鱼书”中抽出适用之，骂虐待媳妇之言来哭诉。当被骂者听到时，决不白口跟她骂，等到轮到自己哭时，才回骂她。这样必然在“木鱼书”抽出来。你骂我，我骂你，等到某一方感觉没有“木鱼书”再可用，或皆用完了，才宣告某一方失败。如是，则妇女们当努力攻读“木鱼书”了，以备不时之需的。此等可笑的怪事，真是闻所未闻。据我所参观之一晚，有一妇人骂其丈夫的虐待，则抽《五谏刁妻》的话来哭诉：

“奉待爹娘有哥共嫂，边个开言话我半毫，

谁知今日为人妇，犹如怨鬼困住酆都，

有食故知唔得到肚，叫我点份低头做个下贱奴……”

这样的一种奇怪的书，可以说这奇怪的毒物，在现在的农村，妇女是必须要懂得的事物。

（注：此文配一幅插画。图说：此图乃“潜龙走国”之插画。图中乃绘晋太子走难之时也。）

木鱼书的毒

依前面所述，可以证明这种书籍完全是充满毒质的。最低限度，我晓得有这几点：（一）麻醉农妇于迷信中——农村里对于迷信之事已是很牢固，再加上这毒质，更把她们奉神拜鬼如吃饭了。所以南方的农妇仅十七八岁已会长篇大论在神鬼之前大吟特吟了，其学识当由木鱼书里来，而木鱼书却指引她们迷信的，全书占百分之九十都是充满这样的指导。

（二）崇拜命运论——崇拜命运论，中国人已登峰造极，木鱼书更加强这种崇拜的。债主的讨债是命运，田租增加是命运，夫恶姑恶是命运，一切都是命运的摆布。因为她们都晓得《潜龙走国》的太子的命运，也晓得《陈世美不认妻》的命运，等等。这些木鱼书之作者，有意无意之间显示为缓和了农妇的反抗的情绪，蒙蔽她们对于社会的认识，引入空想专制时代的快乐的。

（三）指引偷情——木鱼书里是教导农妇怎样偷汉子的，虽然没有明白写出，但在若暗若明之间已抓住了农妇的心了。南方的农民自从资本主义侵入至农村，农村宣告破产，农民离开农村者极多，此中之若守寡之农妇，皆为木鱼书所教导而偷汉了。

（四）授与非正确文字——一定有人会发问，农妇既能看这多木鱼书，文字当来得很好，其实全非，因木鱼书全以减笔字写成，纵然对于此种文字精通，而于普通上仍无用。所以农妇能读千卷木鱼书（因其习惯于此类文字，而中大某学生不习惯此类文字乃两行不能读通）未必能读通一封丈夫的家信，亦不能写一封短简。这样的怪书简直无存在的必要。（编者按：关于木鱼书中的简笔字怎样写法，原作者曾列一表，但这些字排字房中都没有，刻起来又太多。总之，这些简笔字与普通的简笔字并不完全相同，如同有无的“无”字，是把“有”字抹去两横）

所以这类的书的任务，完全是压低农村文化水平，麻醉农民，令其走入空想之路。而其魔力之大，决非农村问题学者、社会学家、大众文学家所能料想出。

怎样唱木鱼书?

这里插上一个有趣的研究罢：木鱼书要细声的带读带唱的，其导师当是老妇人和算命的瞎子。据我所研究正是“南音”与“龙舟歌”的中间一种，每四句成一段落。但是此种唱法完全是如念书的一种，在未到尾音之先可依字面念着，而以死格式的腔调落下尾音就可成功了。这样死格式而单纯的带读带唱，农妇很易学得的。

怎样利用和改良?

如上述即可知此种怪书在农村之流行之迅速与利害，但是这种书正如小人书一样可以改为教育的工具，须知农村中她们没有正当的消遣与娱乐，更没有正当读物，为开发她们的愚呆以知识。在政府愈与人民分离时，我们的教育家、大众文学家应该有如下的一种利用和改良：

第一步利用她们的俗语，著作一些关于她们切身问题的如长篇叙事诗的一种。

第二步还要利用木鱼书中之一定腔调，以完成属于土谣的歌之类，为教育工具。

自然啦，还要抓住了兴趣，要先适用她们的弱点，所以先下改良的工夫。如若马上编出许多什么什么民众读物，我看十年内必不能深入农村里去，原因她弱点不能一时就除丢清楚。改良的功夫，我以为先着手：要外表上印些较好的纸，字粒要铅字，取其清楚易看，惟减笔字不可省之太多；要内质上完全以农村的事为题材，示出新时代的抬头，别以为“二十个年头儿仍是皇帝理的”（依孙席珍语），最紧要要绝对排除才子佳人的一类故事，或可以采取于历史上关于农民的故事，如太平天国等。改良经过了适当时候，那时她们稍为认识新的形式，从这里的推进，我们扫除文盲的运动可大大抬头了。

这是一篇报告，不是一篇论文。如论之，当另条。

（载《大公报》1934年7月4日、5日、7日）

教育书的一个读法

子　夷

书是一种利器，会用的，用处很大，不会用的，害处也多。天下利器，都是如此。譬如交通，从前通行的骡车、小车，速度极慢，会用的也快不了许多，不会用的至多跌了一交，也没有什么大害。现行的汽车却大不同了。会用的是交通利器，不会用的或者有杀身之祸也难说。书也是这样。现在大家吐骂的书本教育，学校里读完了教科书，还没有工夫到实地上去印证去应用，立刻又拿了那教科书去教别人。转辗相传，读书与实际工作愈离愈远。这样循环着读书教书，世界上独多了不少

“两脚书橱”。曾记得从前有一个演讲会中，请了一位名人讲演。题目记不清了，范围仿佛是什么“新教育”、“进步教育”、“创造教育”之类。讲者看了手里的底稿，念了一大批关于这等教育的外国人名和书名。临了，说：“关于某某教育的实际，因为有好多参考书没有带来，所以不讲了。”散会后，听讲者纷纷谈论，大家说：“主席的介绍，说这位名人有多大的学问。原来他的学问，都在书箱中呢。”

书是不是学问？读书是不是求学问？书和学问是一还是二？简单些说，书是学问的纪录，不是学问的本身。单单会得死读书的，不好算有真学问。真学问，要从经验中得来。但是经验也不能算是学问的。经验可以说是学问的基础，或者说是学问的起点。譬如我们常常听得语言、音乐，以及色色样样的声音。这是一种经验。声音的高低，是和振动速率有关系的。声音的强弱，是和发音体振动的大小有关系的。音色，是和振动体所生各种信周率有关系的。凡此种种，都是耳朵所不能听的。耳能听，目能视，口能尝，鼻能嗅，手能触的，都不过是事实和现象罢了。从能听、能视、能尝、能嗅、能触的事实现象中，找出不能听，不能视，不能尝，不能嗅，不能触的关系来，才是思想。用思想找来的结果，才是学问。书中纪录的，都是别人思想的经过和结果。所以读书可以帮助我们思想，就是说可以帮助我们达到学问。要是我们自己没有相当经验，读书无从入手。要是我们不在思想，读书也属无用。

有经验的教员，往往怕读关于教育理论的书。“这等空泛的理论，于我们实际工作何补！”便成为了极常听到的评论。就是新从师范学校毕业出来的教员，也常说在校所读的书，到了实际工作时，完全无用。事前读书，既不能帮助将来的实施。事后读书，又觉得空泛无补实际。那末，学者与专家呕心血著述的书，不是徒劳！书里写的，或者的确是较抽象的理论。但是理论决不是凭空来的。理论的来源，仍在经验。或者是经验中归纳出来的通则，或者是根据著者经验所产生的理想。要是著者毫无经验，那里会得产生什么理论？问题不在书，也不在读者，恐怕是在书的选择和读的方法。

譬如，才从初中里升入师范的学生，开头就拿一本《教育概论》请他们读，他们虽受过九年多的学校教育，但是从来也没意识过教育的意义与目的是什么。第一章绪论，大谈教育的意义，接着又是洋洋大篇的目的论。叫他们从何读起？其实，还是从较具体的方法方面入手，来得近情。就拿他们自己的学习方法和考试方法，来做读教学法的引子，岂不有趣！书本的开端有一绪论，在著者是想给读者一个概观。然而读者根本没有这等经验，概观便落了空泛。师范学校从教育概论开始，教育概论从教育的意义与目的开始，都犯了这个通病。

但是在有经验的教员，空时把几年来的经验反省一下，拿出《教育概论》来，先从教法、训育、行政、管理等入手，一面读书，一面拿平日经验和书中所说原理比较对照，最后再读目的、意义等作为结束。这样的反省，可以发现平日经验的错误，自己设法改进。如此读书，理论便和实际发生了密切的关系，只觉得书中所说可以帮助实施的改良，那里再会得嫌他空泛？著书人为体例或系统关系，把绪论放在开端，并不是一定可以非议的。书是死的，印刷在第一章的，自己不会得搬到末一章去。然而读书的人是活的，我要把第一章放在结束时读，书和著者，决不会来干涉我禁止我的。专供学生用的教科书，内容的排列，我们希望遵守着由近及远，由浅入深，由具体到抽象等原则。普通用书，对象千差万别，体例照论理排列或者检查时比较便利。最要紧的是在读者自己活用，不必死守原书的章节目次。

本刊这一期，专门介绍关于教育的图书杂志。虽不能说集教育书报的大成，但是重要刊物，可以说很少遗漏。如许书本，叫我们从何选读？不将成功一个问题。选书没有一定的标准，因为各人的需要不同，兴趣各异。若怕读空泛不切实际的书，第一步，可以考虑自己平日工作有什么困难问题。问题当然不止一个，有的是很细小的，有的是很重大的。第二步，拣定一二个较为重要而兴趣很好的问题。第三步，选择与这一二个问题有关系的书读。读时，不必依照原书目录，先在目录或索引里拣与问题有关系的几章几节先读。书中某章某节如列有参考书的，再按照所列，一一读去。如觉读来有兴，再检目录索引，拣别章读。有时竟会得把全书颠颠倒倒的读完。读完以后，如兴趣还好，最后再依照章节目次略读一遍。如此读法，读书和实际发生了密切的关系，完全合乎自己的兴趣，决不会再嫌空泛了。

（载《中国出版月刊》1934 年第 3—4 期）

教育图书的出版及其改进

龚宝善

教育这门学问，谁都知道一些，谁都可以谈谈。因此教育学在一般人的心目中，似乎不能占有重要的地位。这在从事研究教育者，实负有很大的责任。应该努力于著述中使教育学获以发扬光大。但是我们试将现代的出版的教育图书加以检阅，良好的著述固然也有，但常令我们，感到的却有下列几种现象：

1. 平凡理论的抄袭——教育固需要理论，并且应使大家都能了然。不过只是这一套理论的轮回抄袭，东拼西凑，那便未免令人讨厌了，目前出版界中便常有这种现象。这很明示著述者的不努力，不能从教育的圈地中去寻觅新的境界，而只靠一些平凡的空论去堆砌成一本著述。甚至于把教育学的内容，弄得支离破碎，像这一类的东西，试问有何价值。

2. 教育著述营业化——在一般从事于教育著述者，想获得广大的阅读对象，这原是人情事理之常。但以之视为一种营利的生涯，那便太可笑了。例如请名人题字作序以自高身价，偷工减料以求大量的生产，避重就轻以迎合读者的口胃，像这些勾当，都是以使教育著述的本身大大的减色，而成了欺骗读者的产品。

3. 不合国情的贩卖——中国以往的教育理论和方法，大部分已不能适合时代的潮流，尤其新教育制度实施以来，一切教育的理论和方法都不得不求之于外国，此原为过渡时期所难免的现象。但结果在教育的著述中，尤其许多译述中，不问本国的实情，而尽量的把外国的思潮或方法一起贩卖过来，一般浅薄之徒，更从而模仿抄袭。因此教育在中国便失去了重心，教育学便成了一种无补实际的学问。

4. 只在教育内兜圈子——教育不仅是开起学校来教育儿童读书，乃是与政治经济，文化以及社会上各种现象具有密切的关系，这一点许多教育者已有觉悟。但在教育的著述中，仍常看到有许多是具备完整的理论，其毛病便是只在教育范围内兜圈子，而忘记现实有环境，因此大半成为空谈。

教育著述所表现的不良现象约如上述，希望今后从事于著述者能够设法的避免，此处更有三条途径等待我们前进：

1. 教育学理的深究——在目前教育原理还缺乏整个的体系，有待我们努力的建立。譬如现代一般人认为心理学、社会学、生物学乃是教育的三种基础科学，这种说法是不很确当的，因为我们知道了心理、社会、生物以外，还有政治，经济等也和教育发生密切的联系。这些都可说是教育的关系科学，而不是什么基础科学。今后教育学理的深究是以教育本身为中心而从心理、社会、生物、政治、经济……各方面去研讨他们和教育的重要关系，融会贯通以建立一个教育原理的体系，这是我们从事教育研究者所应努力的一条途径，由这种努力所成功的著述才有价值。

2. 实际经验的陈述——目前的中国教育，就功利上讲，实不需要一些平凡的理论，而急求实际的新鲜经验。所以今后的教育著述者不要只知在图书馆中参考一些书籍便写文章，而需要从干了以后有所心得再来写述。这样的著述才可以把自己的经验告诉人家，免得重走错误，而可以指示一条更经济更有效的途径给人家走。

3. 教育资料的事整理——中国具有数千年的历史，当然有不少关于教育的资料，近三四十年新教育举办以后的情状，更属斑斑可考，像这些资料，至今还没有用全力来对付的人（也许虽有而我们不知道），正有待于我们用科学的方法去加以积极的整理，使中国全般的教育遗迹，能贡献于读者之前，这当然是一种极有意义的工作。

因编者先生的催促，忽忽的写一点感想，不对的地方，还希望读者指正。

（载《中国出版》1934 年第 3 卷第 3—4 期）

所望于国立编译馆者

高觉敷

我们在大学内任教科学，谁都觉得中国书的缺乏，有时讲到一个问题，想要开几部书以供学生参考之用，便很不易找到中国文的著作。这是学术上的一个大饥荒，老实说，凡是和教育及学术发生关系的人们都不能辞其咎，现在教育界同人可以说有两种相反的毛病。第一种毛病是惰性，拿到一部外国文教科书，便得过且过。学生万一看不懂，那是学生的外国文程度太劣，咎有应得。谁高兴动笔编著可读的讲义呢？第二种毛病是高傲，以为自己是了不起的世界学者，不屑以中国文写作文字。这两种毛病，无疑地同是可以指斥的。前一种不必说，后一种也未免太自私。我们要知道一个时代有一个时代的任务。前人不尽义务，今人受其害；今人放弃责任，后人复受其害。旁的任务不在本文讨论范围以内，姑慢说起。单就书籍而言，我们这个时代的任务便是要多多编著，多做一点介绍的工作。我们大家不必唱高调吧。老实说，在现状的中国，决不易有创始的研究及著作，因此，卑之无甚高论，我们只希望自己能介绍，或者，能造桥，来一个比喻吧，使我们的后辈从这条桥上走过，走到一个更深远的处所。后人若要远行，又要自己动手造桥，必将减少其所能到的距离，结果又和我们这个时代的人们同无所就，医三年之病，要前有七年之艾，我们请努力于蓄艾运动吧。

然而编著要先有整个的计画。中国现在好像一个尚未有书的图书馆。我们若为刚成立的图书馆购置图书，首先要通盘筹划，看何书当先购，何书当后购，假使我们不问孰为次要，碰机会乱买，结果必耗费大量的金钱，还没有像样的图书。如国内学者编著书籍，也应持同样的原则。从前最大的错误，就是著译家无论就那一个学科而言，都没有预定的整个的计画。某甲编一部，某乙译一部，书局内虽有书出版，但是大学生用书依旧缺乏。尤可叹者，就译述而言，往往没有价值的外国书，翻译出版，而有价值的外国书反没有中文的译本。

这也是不足深责的。有能力的学者或因太懒，或因太傲，使编译责任降落于以稿费过生活者之手。卖稿者为生活所迫，自然遇有相当的外国书便从事于编译，而稿件计值仅凭字数或页数，于是编译者仅求写字之多，那管错误之有无。至有整个计划更谈不到。即使有人对于某一学科，作有计画的编译，然而人少不足以图成人多又如何联络？所以这个伟大事业只好由团体或机关负责才有成功希望。因此，书局出版丛书是值得令人高兴的。然而书局在商言商，或不免以营利为主，而以文化为副目的。有些专著销路不旺，书局老板便可拒绝收印，自然科学的书籍在国内出版较少，尤以此为主因。因此，我们对于国立编译馆便不能不怀有一种奢望了。国立编译馆既然是一机关，又非营利者可比，故大可多尽一点介绍文化的责任。我们希望，国立编译馆能定一个编译计画。使将来大学各院各系的学生，都有中国书可读。国立编译馆内人数不多，自然不易满足我们这个期望。但是以国立编译馆的地位，对于各科所应编译的书不难征求各科专家的意见，商定一个书目，以为馆内工作努力的目标。馆内对于某书若有相当的编译员，担任编译更好，否则当分请馆外专家共同执笔。如此进行，或可于三五年内有可告无愧的结果。然而近来细察该馆出版新书的广告，不禁令人大失所望。

国立编译馆已出版及将出版的新书计有下列各种：

一、新出版者计有：《化学命名原则》、《药学名词》、《天文学名词》、《特种国文读本》、《经济学原理》、《格式塔心理学》。

二、付印中者计有：《光学之研究》、《天文学论丛》、《约翰孙》、《英国当代四大小说家》。

三、已经拖稿正在审查中者计有：《有机化学实验法》、《化学文献》、《化学兵器实验》、《经济学概论》、《细菌学及免疫学名词》、《矿物学名词》、《人类的学习》、《英国小说发展史》、《英国政府与政治》、《近世欧洲政治社会史》。

我们现在可将这些书分类如下：

一、自然科学：《化学命名原则》、《药学名词》、《天文学名词》、《光学之研究》、《天文学论丛》、《矿物学名词》、《细菌学及免疫名词》、《有机化学实验法》、《化学文献》、《化学兵器实验》。

二、生物科学：《格式塔心理学》、《人类的学习》。

三、社会科学：《经济学原理》、《经济学概论》、《英国政府与政治》、《近世欧洲政治社会史》。

四、语文学：《特种国文读本》、《英国当代四大小说家》、《英国小说发展史》、《约翰孙》。

科学名词的整理和审定固很重要，然而何独限于化学、矿物学、天文学、药学、细菌学及免疫学呢？或者其他科学的名词也方在审定中，尚未公布，因此我们对于这个工作姑勿妄加评摘。就关于名词之外的各书看来，显然可见国立编译馆的出书是毫无计画的，馆内有什么编译员出什么书，编译员遇到什么书便作什么编译的工作。譬如就语文学说，何以亟亟乎出《约翰孙》呢？何以孤零零地来一套特种国文读本呢？何以独侧重英国小说呢？就科学说，化学出了许多种，物理学仅有一种，动、植、生理、教育、社会一部都没有。心理学却有两部，自然是令人高兴的。《格式塔心理学》想来是苛勒（W. Kohler）所著的 *Gestalt Psychology*。此书我曾译过，稿交商馆排印，“一·二八”毁于国难。但格式塔之译名似可商榷。这是题外话，我所最不满的是，国立编译馆出书之无计画。或谓国立编译馆成立不久，故成绩尚无从表见。或为谓国立编译馆本有整个出书的计画，惟尚未公布于世。因此，我们对于该馆的责备，或只是无的放矢。不过我们一念到大学生读物的缺乏，造桥工作和蓄艾运动的重要，便不能不令人殷殷属望于国立编译馆；因为期望太殷，故不免责备过严。

（载《中华教育界》1934 年第 21 卷第 8 期）

论文言白话与教材

宗亮东

一、文言白话争论的再起

时代在前进着，而表现于文化领域上的诸种现象，却多少的滞顿了，甚或至于后退了，这也有其必然的因素的，我们对此，需要一个正确的认识。

我们需要文言呢？需要白话呢？这个问题似乎只该拉到前十几年去才有讨论的兴趣，因为那问题好像成为历史上的事迹了；可是最近由于教育界的几位“名宿”和“专家”兴波作浪的掀起了许多风波。发动是由于中央政治学校教授汪懋祖先生在《时代公论》（第三卷第六号）上发表一篇《禁习文言与强令读经》，主旨是为文言和经典的厄运抱不平，接着就有教育部科长吴研因先生在《中央日报》上应战，题目是《关于小学参用文言与初中毕读孟子及指斥语体文诸说》，大意是说语体文的被采用已是不可疑问的事实，似乎不应再在教育界本身里引起争执。此后他们往返地交战了好几个回合，且有柳诒徵、翁率平、许梦因、曹冀远诸先生参加，由于这些“名宿”和“专家”的讨论，似乎可以得着一个满意的结论出来，但事实上使我们失望了。

推源到文言白话的争论是在一九一九年间欧战休止后，那是五四时代反封建势力有力的基点，这原也有其必然的原因的。文化的演进，从社会发展史的观点来看，则是绝对地与社会关系相吻合着的，封建社会有封建的文化，资本主义社会有资本主义的文化，虽然历史的结晶可传留给后一代，但也要以有利于该社会关系的重心为条件的，反之，不仅能保存，且必然的要遭打击。我们民八五四运动的开端，因着反封建势力的关系，就发现到文言这工具在现代生活中不够用。此刻且不需要把那里胡陈诸名将，所提出的许多理由来作解释的根据，我们若是明了在一个浸润于国际关系的新社会里，它为着自身的要求，需要广大的普及教育，提高一般的文化水准，来到达它自身社会的关系的发展，必然的一般民众需要一种明浅方便的文字，白话文旗帜的揭起就是应征了这个要求。这并不是中国的特例，在西欧也早已同样的发生这个倾向，马丁·路德的宗教改革运动，若是不用当时通行的语言文学来作宣传的工具，它能进行得这样广播而顺利吗！

因此我们知道文化，是密接地跟随着社会的演进而改变的。然而汪吴诸先生不从目前还不能普及的“五四式的文言”加以改革，却旧事重提的开倒车，还来论文言白话谁有价值，这里且说明他们的要点，再加以单简的讨论。

（一）主张文言复古的理由。“文言文一日不绝响，则此问题一日存在”，这是他们论据的根源，他们以为提倡语体文后不但没有好的结果，且发生许多不可饶恕的罪恶，“十余年前，所谓新文化运动，课其成绩，不过语体文在学校课程中占有地位，他无有也。白话文之理论，类皆吹毛求疵，无理读骂，不辨是非”。于是语体文应当取消，理由是：

（1）禁习文言，乃少数人之私见。

（2）现代白话文土苴礼义廉耻忠孝仁爱之说，青年读之，信为洪水猛兽。

（3）白话文是“发挥个人主义，毁灭礼教，打倒威权，暗示斗争”。由此推论，赞成白话文从事白话文者即是共产党，蔡元培先生长北大的时候提倡新文化那是罪魁祸首，而现在“阳居国民党元老，阴持无政府主义，而右共党”（见《中央日报》载翁率平的《就复兴民族前提下论吾国极度败坏教育之急待改进与文言经学运物》一文）。

（4）文言一字传神，白话则往往数十语不能达意，虽学文言较费力，而以后受用，必且倍蓰。

（5）今人以儿童中心为白话之护符，实不知儿童心理。

（6）社会人士，还是一致赞成需要文言。

白话文既有这样危险的趋势，取消是不成问题的了，因此，在中小学里应该提倡文言，方法是：

（1）小学参用文言，此不特为升学及社会应用所需，即对于不升学者亦可不绝期研习文言之机会。

（2）初中早读《孟子》，高中读《论语》、《学庸》，以及《左传》、《史记》、《诗经》、《国策》、《庄子》、《荀子》、《韩非子》等选本。

（3）各省当局，应提倡文言以为实施之基础。“时至今日，使各省当局如何（键）陈（济棠）辈之主张尊孔读经，可谓豪杰之士矣。”

（二）反对文言复古的理由。语体文随着时代文化的进展，已有相当的历史，无论在任何方面都表现着这种趋向，那是不可否认的事实，因此毫无疑问的语体文应当发扬光大之，其理由按反对者的论据而加以反驳，乃是：

（1）提倡语体文是时代的要求，决非几个人的力量所可左右，而禁习文言，也决非是少数人的私见。

（2）所谓“洪水猛兽”之说，不仅是用文言后就可禁止的，且并不因提倡语体文而致此，有着“洪水猛兽”的社会背景，“虽读文言，实也不能涂民耳目”的。

(3) 教育因当注意它的结果，但也就顾到它的过程，学文言费“十年窗下，仅乃通文”的工夫，不能算是经济的办法。写文言文十九不通，做白话文随意可造，这也是事实。

(4) 就中小学国语选材而论，原也不反对酌用文言，实在有些文章也不能严格的分成文言的白话，“若在小学参教少量古人不用典古的写景叙事诗歌，如范石湖的《田园杂兴》及《木兰辞》等，以助儿童读书兴趣，原也无所不可”，但在初中“早”读《孟子》则未免太过，因为学《孟子》(其他许多经学中亦然) 中也“有许多简短琐屑，无甚结构且不重要的章节”。

(5) 关于国语教材，实绝少取及童话，“照汪洗的意见，白话不尽合于儿童心理，但是‘高级必读浅易文言’，即尽合儿童心理了吗?”事实上不见得如此。

(6) 社会人士主用文言，是囿于旧习，“正如不能因我们的母亲主张替孙女缠小脚，而便牺牲自己的女儿”。

此外如柳诒徵翁率平许梦因诸先生，各都执自己的偏见就问题的枝节上加以讨论，那是无须列举的。

我以为文言与白话，要是讨论的话，决不是在学校教育领域内，争执得出结果来的，尤其不该把片面的教材，特殊的事例用来做论据，它该是整个文化领域里一个重要的工具问题，方法问题。所以在问题的枝节上加以论述是没有效果的，根本问题是应当着眼于，整个社会文化的发展历程中，是要基于社会意识演进的必然阶段中去把握。

二、语言文学发生的历史观

怎么从社会意识演进的必然阶段中去把握呢？在这里是需要简单地涉猎到社会文化发展的文献。

在原始社会时代，本无所谓语言文字，只是在共同劳动的时侯，由于他们的呼吸器和发音器，为着工作进行的便利往往反应于努力，无意之中，发出一定的音响，比方樵夫用力运斧时所发出的“呀”，劳动者负载重货所发出“嗳嗄”，都是语言的起源的实例。我们虽然没有看见作工的劳动者，但若听见他的声音，也就可以知道他们现在所作的事。这些声音，虽然不是很正确的“言语记号”，却是表示劳动工作的记号。所以这种记号——劳动的呐喊所形成的——在实际上可以使共同劳动有组织和规律，可给与亲爱的精神，可使动作有同时性，可使共同劳动有秩序。劳动的呐喊和劳动歌所以尚存在于今日，就是因为这个缘故。

许多语言学家的研究，证实了原始的社会的劳动者，他们发出的声音，乃是能够表示劳动活动，而被他人所理解。由此遂产生了语根，为数虽不多——不过二三十个——但次第发达、变化、分化，虽是无意识的性质也变成有意识的，终则进化为后世的言语，所以现在极复杂的言语，亦都可以归之于这些种类。

语言既发源于劳动的喊声，那末怎样能够发展到现在这样复杂的地步呢？并且文字又用怎样的形态以出现呢？

简单地说，语言的发展是随着社会的生产形式的变化而变化的，在封建制度时代，社会组织已经扩张到较大的地域上，结合多数人民，无数的集团，经济关系已直接或间接把他们团结一体，生产的手段和方法也与以前不同了，因此必须用较复杂的语言来表示较复杂的人类关系。社会进展到初期资本主义时代，生产的形式是更扩大了，劳动的体系也更扩张而发达起来，这与指导者个人的能力所能左右的权威的社会是相反的。这个交换社会的机构，必须是在各种企业间发生的密接的连络，因此，劳动的条件、方法、工具，和生产物也表现得更为复杂。并且因为社会有了分工，由是个之生产部门，乃制造出只能适用于自己之间的言语和文字，他们有他们自己的专用语和术语。这些随着社会组织的发展而来的复杂的语言和文字，决不是能用过去封建制度时代，地方分割的形态里的语言文字来应用的。社会更形进展，到了工业资本主义时代，由于生产和商品循环的必要，引起知识的民众化。因为机器的生产必须有知识的劳动力——有理性的，有理解力的，有意识的劳动者。所以文字的本身，因着这关系必然的要加以改革。各国国语文的提倡（我国的语体文运动）乃就是应征着这个需要的。

文字可以说是开始于绘画，其间又经过种种的过渡形态，绘画可用来作报告或记述事物的手段，但到社会的组织进步了，它需要用较少的劳力能表现出较多的事实，由是才用二三笔画表示各种概念，这图形，经渐次的变化，便成为今日的文字，我们若从我国的象形文字的演进，书写式样的改变来作为语言文字进化的印证，也是能显然明了它的社会意义的。

语言文字的内容和形式，吻合着当时的社会关系，这是不可否认的事实，可是意识形态的诸方面并不是完整地与那社会关系相协调的，由于社会的因袭，往往在质与量上表现矛盾的现象，部分和全部的参差。

文言和语体文的需要问题，往往是决定于这一点的。我们看不到社会需要和客观的可能性，而来断然的加以是非的争辩，这不是科学方法的态度。

三、教材与语文的关系

在学校教育里，传授给学生的，当然要包涵供给现在社会生活的内容，即是社会生活的永续，已往积聚的经验贡献于现在的活动。教材乃是达到这种目的的手段，不过对于这种资料，加以特别的选择、表述和组织，使它更经济的达到预定的目的罢了。因此，连带的就关涉到教材自身所取的方法和手段，那便是语言文字的问题。无疑的，因为教材的内容要包涵供给，现在社会的生活的诸方面，于是在它的方法上，也是要采取吻合这种活动的手段的，即是说怎样的社会，须采取怎样的语言文字的形式。

但是教材内容的好坏并不决定于语言文字，如主张文言复古说的汪柳翁诸先生，一味咬定，目前国语教材的腐陋是由于实行语体文的结果，这好像不应当出之于“名宿”与“专家”的语论，很明显的，教材的不完善，是由于社会环境的反应，而尤其是撰著者学识不充足，思想或有不健全，自身生活经验的单纯，且受着传统的因袭的观念，或者由于编纂时不慎，粗制滥造，不顾教材对于儿童社会发生的影响如何，而专为书店或迎合某个当局的便利而编辑，由于这些不可否认的事实，教材的不完善乃是必然的了。

不过我们也不能忽视编辑教材所用的文字，教材的好坏虽不是决定于文字，而文字的应用得宜与否，那是能影响到教材的。问题很简单，根据于前述的论点，对于编辑教材所用的语言文字，无疑问的应当采取合于社会环境的需要，但并不是限于因袭的要求，而是着眼于知识民众化的基点。我们同意于曹冀远先生的意见，学生在学校教育里受教，关于语文的训练，是着重训练为科学的知识，政治经济的原理，机械技术的了解等知识获得的工具，不仅仅是在文字本身的训练，倘使语文的训练仅指为将来做文牍员——汪柳翁诸先生攻击的根据颇有此种倾向——而言，那真是教育的破产了。（见《中央日报》载曹冀远的《卫白话》一文。）所以在中小学里——尤其是小学——课本采取语体文，国文大部撰选语体文也是当然合理的事。这是不需要什么科学测验或统计的材料来证实即可以明了的。

这里附带地还得讨论关于儿童读物——尤其是关于儿童文艺方面的——和神仙鬼怪鸟言兽语的问题，因为这也与教材有关，而为“文言复古派”攻击的另一面。

教材由广义的来讲，它是包括一切活动的，因此儿童读物也就尽了教材的大部分责任，可是目前我们所能见到的许多儿童读物（关于儿童文艺方面的，以下都据此）在内容方面方法方面都使我们怀疑，这无容“名宿”和“专家”来指责，我们从事于教育的人早已知道，现在专就神仙鬼怪和鸟言兽语两项加以研究：

（一）神仙鬼怪的效能。儿童读物中的神仙故事成分，据一般赞成者的言论说，那是儿童最喜欢的读物，而且若编制适当，它不但能引起兴趣，启发想象，且含有教育意义，这似乎是合理的，但是我们从理论上讲，当儿童正在发育，正要认识实在的环境，体察自然的现象的时候，应当给予儿童以自然及社会现象忠实的描写，养成振作有为鼓励以忠实的奋斗手段来达到目的之读物，在取材上应反应于现实的，健全活泼，富有动作性的读物。事实上神仙鬼怪的成分并不是能引起儿童兴趣的因素，这是有科学研究的根据的，美国教育家邓恩 Dunn，推孟 Tenman，赵登 Jordan，余尔 Uhl 等人都用测验的材料研究儿童读物，若使其他条件相等，除掉神仙鬼怪的幻想性，儿童还一样有兴趣，所以神仙鬼怪的成分于儿童有如何如何的好处，确已是使我们怀疑了。它不但没有积极的价值，反倒有许多消极的缺点，要之不外下列数点：

（1）易阻碍儿童适应客观的实在之进行；

（2）易习于离开实现生活而向幻想中逃遁的心理；

（3）易流于在幻想中求满足或祈求不劳而获的趋向；

（4）易养成儿童对实现生活的畏惧心及厌恶心；

（5）易流于离奇错乱思想的程序。

（二）鸟言兽语的意义。“鸟言兽语”作为儿童教育教材中的材料不仅引起在教育界以外的人的反对，且从事教育者也提出许多疑问，原来“鸟言兽语”用得不适当，也会犯神仙故事一样的毛病的，它好比“吃奶”一样，在婴孩时是需要它作为良好的营养料的，可是到成年的儿童，还是一天到晚吃奶，那虽不致于有什么危险，但所受损失也就不少。但鸟言兽语和神怪故事不能混为一谈，它有些是出于自然现象的表露，有些是说明生活的自然故事，虽有许多处理不良，而竟含有神怪故事的性质，但也有许多是毫无神怪成分的，如《快快布谷》借以勖勉农夫，《猛和蜗牛》的问答，借以说明蜗牛的生活。因此，假使教材及读物采取这种形式，我们只须顾及它内容的好坏，而不必以鸟兽而废言。退一步讲，鸟兽原也是有生物，根本便与人类相同，蚕吐丝，蜂酿蜜，狗守夜，鸡司晨，蜘蛛结网，鸟之将死其鸣也哀，这都好像是古人学鸟兽的例子。

因此，我们可以知道儿童读物的内容，神仙鬼怪的故事确是可以取消的，而鸟兽语的材料若是取材适当，我们是不反对的，不但不必反对，它且有许多优点。

四、我们的需要——结论

关于文言和白话争论的兴起，所牵涉的问题本来很多，如中小学读经问题，课程标准问题以及教材问题等。实在，这问题必然的要牵涉到多方面的，但是所遗憾的是，多没有从根本问题上着想，不过这亦有困难，由于现实的环境告诉我们，一切都在奇离破碎的现象中，对于一切问题缺乏积极性那是必然的。

实在，我们关于目前语体文的改革运动，甚至是文字的改革运动，似乎还比这问题来得重要，因为目前教育上——甚至于整个社会的演进上——的重要问题还是如何普及民众，以提高民众的文化水准问题，应当采取何种语言文字是最有效率？社会的政治经济的发展条件在语言文字上又发生什么影响？我国的文字是否要根本改造？从那里着手？……这些似乎都是在根本上比较迫切的问题。此外如现代的语体文，因着受西欧文字及句法的结构的影响，有些已非一般民众所能了解，我们站在文化演进和普及教育的立场上看是否应加以改革？在它形式上文法结构上是否需要新的动向？这也是方法上的重要问题。

然而，那许多“名宿”和“专家”都没曾在这方着想，我想他们也没有能力在这方面着想的罢。

总之，文字乃是一种活动的现实的工具，它在内容和形式上都是决定于当时的社会关系的。我们需要的是切合人类活动必要的文字，它该是代表人类生存及发展的活动的最有效的手段：因此我们虽然需要收受固有的文化，可不需要死的文字来浪费我们的生命。社会的因袭观念和成见，只有历史的必然条件来决定它的存在与否。所以，这次的争论虽不算是浪费，可也没有针对着问题的中心。

我同意于曹冀远先生的意见，文字仅是一种求知识的工具，而并不是知识的本身，文体的形式怎样，与知识的内容关系很少。而且文字应当是社会性的工具，而并非教育的专门技能，我们应该注意的是社会价值的语体文，而不是学校教育里的语体文所可包括的。

关于文言和白话学习的难易和以后的应用问题，我想引曹先生一段文，那是最切当的：“夫以机械运输，其较畜力运输，负载为广，到达为速，岂有疑义；然若偶因装载物之不健全，而谓其罪由于机械运输，欲遂故步自封，废其利器，宁非不通可笑之至，轻薄语体文，亦犹是也。”

本文仅就文言和白话演进的必然原因和教材的关系，加以简单的叙述，我知道有许多意见是为“名宿”和“专家”所诽谤的，因此我还希望读者给我一个指正，而能得到更健全而正确的结论，那是作者的期望和本意。

一九三四，六，十五，北平。

（载《文化与教育》1934 年第 22 期）

我国教科书之今后管理制度商榷

周质民

（1）统一功效与自由发展：一部分关于思想训练及缺少时间性地域性之教科书，由国家编订，余由各地教师或书馆编订，送经审查，则既可受统一管理之效，复能适合各地及儿童之情况与需要，二美俱受，既不背国家教育政策，亦合于自由发展之原则。

（2）财力之经济：采用此制，国家不须多聘编辑人员，自可减少多量财力。

（3）收效宏富：善其事必先利其器，此为不朽名言。教科书采用此种管理制度，则所出各书，必多能适切可用，决非往昔之空洞浮泛，漫无定型者所可比拟，其收效自必较丰。

（4）促进进步：对于教科书之审定，预立标准，严格审查，则编者自必日求精进，以冀审核通过，销路畅达，于是竞争以起。群相争达标准或且希冀超越标准，而教科书编制之进步，乃得日见长足之发展。

虽然，采用此制，亦非绝无弊端者，兴利除弊，则更有待于下列各端之努力：

（A）积极方面：

（1）增厚研究空气：中国今日之学术界，研究空气，甚为销沉，而行政方面，复日惟缩小其目光于事务及人员之管理，鲜有注意于研究事业之发展者，因之因袭他人之皮毛，徒尚形式之敷衍，自欺欺人，卒致三十年来之新教育，成效甚微，言之心痛！故今后行政方面亟宜改弦更张，设法增厚研究空气，务使学术界同人，一扫往昔浮泛之陋习，悉心从事研究，则教育上之改善与进步，当不仅只教科书已也。

（2）奖励学术著作：在学术著作饥荒得可怜的我们的国度里，社会上对于真肯研究学术的人，又不重视，同时又受经济的压迫（生计不敷，书籍不易购得），教育行政方面再不奖励学术著作，则学术园地，将日益荒芜，无人问津了。教科书之编辑，虽与学术著作微有不同，但编教科书者，至少也该对于所编的科目有专门的研究，对于教学方法及教学之上诸般情况，也该深明洞悉。凡此，使非对学术研究有兴味的人，或是对学术研究有素，经验充分的人，何可做到？

（3）提高教师待遇：教科书由教师编辑，较为合用，已如前言，可是细细检查我们的中小学教师，他们能不能负起这种责任呢？这却使我们十二分的失望！他们大多数或则因本身能力及兴趣的薄弱，不能从事编辑；或则因任课太多，无暇从事研究与编辑；或则因待遇低微，无力购书，从事进修；或则因地位没有保障，不能发生专业兴味，无由责其从事研究与编辑，所以提高教师待遇并保障其地位，而于上述诸端，不惟迎刃可决，且可使有专门研究的人，不致中道改业，而乐于从事。易言之，提高教师待遇，不惟可以改善教师之质，亦且可扩充教师之量。教师之量质俱有进步，则教科书编辑之质，自不难胜任愉快，而教科书之长足的进展，似亦可深信而不容置疑。

（B）消极方面：

（1）严订教科书编辑原则或标准：教科书之改善，在积极方面，因应如上述三项之努力，从事根本之建设，而在消极方面，亦应有管理之章制，以司取舍之权衡，因是教科书编辑原则或标准，自应首先建立，用作准则，合则留，不合则去，庶几教科书乃能优者存而劣者亡，而有澄清之一日（关于编辑标准的问题，《中华教育界》曾出了一本教科书专号，其中讨论甚详，此处从略）。

（2）严订审查手续：标准既定，则审查手续，亦须严密规定，庶不致标准之徒具，而流弊频仍也。个人主张，每种教科书至少须经两人以上之审查通过，方得准许刊行，而审查之有效期，亦须视教科书之性质，由审查者予以限制。盖不如是，则教科书之审查，易于流于主观与偏见，而教材内容，将无以随时代而求改进。至审查机关，个人认为中央与地方不妨采分权办法，凡书坊编订之教科书而无地域性者，概由中央审查，凡各地教师编订之教科书，则为求适合各地情况起见，概归地方教政机关，依照中央颁布标准，或经呈准之标准，详加审查，送请中央备案。如是，既不失统一管理之精神，且多切合于实际之需用。

（3）严行取缔不符标准之教科书：教科书既经严密审查后，其不合于标准者，应绝对加以取缔，不稍宽纵，同时对于优良教科书，特予奖励，则教科书一日千里之进步，自可拭目以待。

（4）具体规定教科书使用法：教科书的弊端，在前面我们已经约略的分析过，从前面的分析看来，可知有许多弊端是教科书本身的，有许多是由于编者的不良所致。我们预立标准，严格审查，兴奖励学术著作等，只可以医后者之弊，却不足以药前者之病，于是乃有另谋补救方法之必要。这另外补救之道，就是教科书使用方法的问题了。

教科书一部分的缺点，既是它本身所有，则除非根本取消教科书，无法减除，于是惟一救济方法，就要在使用教科书的方法上着意改良。因为我们知道，无论东西的利钝，全靠使用之方法如何，如果使用得当，则钝者自利，否则，虽利者亦钝也。

教科书之使用方法，兹贡献如下：

（A）以儿童为本位：不问教科书内容怎样排列，但以儿童现时需要及经验为主，然后就教科书中寻找适合儿童需要及帮助儿童解决问题的材料，实施教学，这样，不致使儿童觉着干枯无味，懒于学习。

（B）设法尽量与各科联络。

（C）补充读物：这有下列几办法：

一、选用两种以上的同程度的教科书。二、选用有关系的他种书籍。三、教师自编教材。

采用补充读物，为活用教科书之最好的办法，其效果约有：

一、养成学生恒久的，多方面的阅读态度。二、养成学生广博的，敏捷的阅读习惯。三、养成学生敏速的对各种有价值的有关系的题目，从书报上找出一切的适用的一切资料的技能。四、发达读书方面的比较，批评及诘难的精神。

（D）编订教学的大单元：搜罗同程度的各种教科书，汇合其相关的教材，成若干大单元，再依照节日、气候等，分别教学，此可使儿童得一完整的系统的知识。

（E）利用目录：教学生利用大纲，继续参考，评判本书之价值。

（F）利用教科书作为上课时讨论之基础。

关于教科书之管理问题，已论列如上，最后，尚有国家对于教科书之供给问题，亦得附带论及。

教科书供给问题之合理的解决办法，简括说来，个人认为：

（1）小学教科书一概免费供给：小学教育，在国家方面讲，为国家规定国民应受之起码的教育；在国民方面讲，亦为人人应享之最低限度的教育权利，则代表现下学校课程之大部分内容的教科书，自应免费给予，俾人人得自由的享受其应受的，起码的与最低限度的教育权利，而国家普及教育政策，庶可合理与顺利的践行。

（2）中学方面凡基本科目之教科书，以免费供给为原则，如事实上不可能，取费亦应特别低廉：中学教科书全部免费给予，事实上多不可能，然基本科目，为国家希望国民所受之最低限度的训练，故教科书应即免费，如事实上国家财力有所不达，则受费亦应特别低廉，以符国家设教初旨。

以上云云，概括言之，其目的无非在求教科书之日趋美备，以克尽其在教育上之伟大使命与功能，顾管理者与编辑者力之所及，不过教科书之善美化的一种初步功夫，后此事实之责，却在教师。具有良好教学技术的教师，可使教科书达到最大的功用，且可利用之作为感动学生学习的工具。否则，教科书虽至美备，亦难奏实效，是则教育当局，似不能认为教科书之由管理而进步，已然尽责，师资之训练，却有甚于教科书之管理者也。

（载《校风》1934 年第 208 期）

教科书的装订问题

陈惝儒

“新”是儿童所欢喜的，无论是玩具，用具，环境，读物，只要是新的，莫不能引起他强烈的兴趣，但只要一经过相当的时间，便会得弃之如敝屣，以后要想再引起他对于这件事物强烈的兴趣，便感觉到非常困难，这非但是儿童如此，就是意志不坚决的成人，亦何尝不然。所以每当学期开始，发给新书的时候，一般儿童，都会手不释卷的终日阅读，就是平日不欢喜阅读的儿童，这时候也会得毫无倦容，兴趣勃勃，恨不得立刻将它看完，以求明了内容究竟讲点什么？等阅读完后，里面的意义，虽不能完全明了，但一个大概的印象，已深印在他的脑海中而不可磨灭了，因此以后的上课，便发生困难了。

根据教学上的准备原则，在教学新教材之前，应先引起儿童适当的心向，集中其注意力，以增进教学效能，但书上的教材，在儿童的脑海中，已有一大概的印象，欲再引起其研究的心向，颇感困难，欲集中其注意，尤非易事。故用装订好的书本来教，每不及用讲义，容易增加阅读兴趣与注意，此为将书本改为活叶本理由之一。

根据儿童本位教育原则，教育应顾及儿童现时的需要和程度，使之过一种快活而幸福的生活。当然编辑教科书的先生们，不会得不顾到这一层，但甲地甲时儿童所需要的，未必为乙地乙时的儿童所需要，所以乙地乙时的教师，虽欲适应儿童的需要，若无相当教材，同时在其它教科书上，却有适合此时的教材。欲补救此弊，虽可使儿童购买两种以上的教科书，或由教师编发讲义，但前者有碍于儿童的经济，后者又为教师时间所不许。唯有将教科书改为活叶本，则教师只须备多种的教科书，就可任意选择采用，而无顾此失彼的弊病，此为将教科书改为活叶本理由之二。

或许有人要说：将教科改为活叶本后，虽可引起儿童学习的兴趣，及适应儿童的需要，但各教科书内所包涵的课文，性质不同，且有一定的分量，若改为活叶本后，教师将偏重于一方，而不能普遍。这确是一个问题，但我相信只要教师能时将新课程标准和自己所选的教材相对照，就可以免除这一种缺点。

综合上列理由，将书本改为活叶本，实有利而无弊，且为刻不容缓的事，望教育当局，注意及之！

二三年五月写于私立光明小学。

（载《杭州市政府教育周刊》1934年第161期）

关于小学国语教材的疑问之检讨书后

柳诒徵

顷读吴研因先生《关于小学国语教材的疑问之检讨》一文，而得数义如下：

一、白话文恶劣，所举的例是事实不容置辩，白话文恶劣，据所举的例而言，确实是恶劣不堪。

二、小学国语，究竟是给小学生当作金科玉律的念的书，总应当一点也没有不通的毛病，有了两个实例，自然不容你不自承白话文恶劣。

三、希望批评小学国语白话文恶劣的人，真能自动的集合几个人来把现行的各种小学教材书审查改正一下，以替全国的小学生造下无量的幸福。

四、诚然有一两种小学国语鸟言兽语的分量太多。

五、违反时代性的语句，编入小学国语，正如小学中充满着帝王臣仆的本国历史教材。

六、从小研究过不合时代的历史的人现在的脑海中，是否还有臣罪当诛，天王圣明的观念？

七、《后羿射日》、《嫦娥奔月》，不过转述古人的不经之谈，所谓传说而已，自然《后羿射日》、《嫦娥奔月》、《龟用诡计脱身》等，并非十分良好的教材。

八、儿童多认识两个不普通用的生字，也不见得就浪费了儿童许多光阴。

仆对于小学国语教材怀疑之点，一经吴先生之检讨，居然已得若干定论，从此可以确信小学国语教材白话之恶劣，鸟言兽语太多，教育部审查教科书不负责任，须由批评白话文恶劣的人，自动集合审查改正，为全国小学生造福，而且小学生读不合时代之书，或认识不普通之字，既无害于脑海，亦不至浪费光阴，此皆吴先生之见解，与吾辈主张相同者，仆诚不胜感谢吴先生之与吾辈表示同情也。复次，吴先生服膺孔子学说，一方面提倡国语，一方面提倡《论语》，如教儿童纪念国耻，既怀有暴虎冯河，死而无悔之过虑，教儿童对于不很合于科学，或所谓道德的材料，又信其有择善而从，择不善而改之能力，普通人近朱则赤，近墨则黑，今之小学儿童，却能择朱而赤，近墨不黑，意者小学儿童，已在幼稚园听读《论语》，故于小学教科书之是非得失，不难以孔子之眼光，加以判断，纵使小学儿童未能如此，小学教师也能引导他们如此，譬之教师教至县官把惊堂木一拍叫差役抓人，大打一顿之时，教师必能告儿童曰，此不过是一则文学，引起汝等兴趣，汝等须知此等事实之不善，确是不很合于道德，切不可效仿其所为。孔子尝云："三人行必有我师焉，择其善者而从之，其不善者而改之。"汝等须依孔子之法读教科书，不但异时为县官时，不可学此等不善之事实，即异日为文学时，亦不可学此等不善之教科书。小学儿童经教师如此训练，虽然不知孔子为何人，《论语》所言为何义。日读不是好东西的国语，但其判断善与不善之程度，自然不亚于孔子。由此观之，现行小学国语教科书，既经若干与孔子程度相等之儿童选择判断，纵属恶劣不善，不合科学，不合道德，乃至文理不通，亦不必再经批评，小学国语白话文恶劣的人，加以审查改正，编辑者及教育部中人，更可不负责任矣。仆因读吴先生之文，而得此最新颖之教育常识，谨为引申，以质当世之教育家。

（载《中央日报》1934年9月28日）

民众学校课本改编之我见

张　炯

我国往日民众学校课本，大概均注重识字一方面，其他常识、公民、三民主义等，都是附属的。所以民众学校课本，多称某某千字课，如三民主义千字课、农民千字课、市民千字课、平民千字课等。是即表面未标明千字课，而其内容亦包涵一千字者：如识字课本、民众读本、妇女读本、民众识字本等。是盖以前一般热心社会教育事业者与研究社会教育之专家，都以为民众之愚蠢，由于不识字或少识字，如能使民众认识普通应用之字，在一千左右，则必能阅报，必能看书，必能写应用文字，必能吸收现时代一切的新知识。譬如一匠师，有斧斩刀锯等之工具在手，可以制桌椅，可以造房屋，更可以作其他一切器具也。不知编辑民众学校课本，注重字数，有下列三种困难：

一、语句不能整齐；

二、文字不能短简；

三、意义不能选择。

有一二两种困难，民众读时不容易读，记时不容易记。不容易读，不容易记，则兴趣不生，印象很浅，望其长时间记忆，已不可能，望其能运用自如，尤属梦想。有第三种困难，民众读时，一方面感觉不到与本身生活有密切的关系，他方面对于做人做国民的知识仍是茫然。故民众学校的学生，当开始授课时，往往尚济济一堂，其后即渐渐减少，虽其原因甚为复杂，而学校课本之不良，确为重大原因之一也。古人云："医者之治病也，必察其病之所自来，而治其受病之处。"今民众学校最大的病源既在课本，现在要推进民众学校，自应亟将民众学校课本从新改编。譬如宴客，必须先将肴馔等预备齐全，然后请客人入席，在客一方面，方觉卫生可口，兴趣横生，在主人一方面，亦庶能如意称心，毫无缺憾。然则改编之方法与内容究应如何？兹将炯对于民众学校课本之应行改编之意见分叙于左：

一、文字方面

此次编辑课本，文字不必求多，多八九百字，少六七百字亦可。其笔画烦难与不常用之字力求避免，盖教一字既能认识一字，且能永久记忆一字，则较之勉强注入而过后转忘者，其益实多多矣。

二、语句方面

此次编辑课本，在每课每句，字数多寡不必限定，少三四字一句，多六七字一句亦可。但从头至尾，均拟用平易的韵语或成语，使读者不感困难，容易发生兴趣而印象较深，纵经过长久时间，亦能记忆。

三、意义方面

此次编辑课本文字原不必求多，但含义必须丰富，关于做人做国民重要之知识，拟尽量编入课本中，使民众读此课本后，不但个人道德当有进步，并且知道中国是一个什么国家？个人与社会的关系如何？个人与国家的关系如何？国难严重的情形更如何？如此，则对于国家庶能尽国民之职责，对于国难庶能激发救国之热忱，似于个人，于国家，两有裨益。

四、分量方面

此次编辑课本，拟将做人做国民最重要的原理原则，选出约八十条，编为八十课，作为基本课本，以供初级民众学校之用。此外因地域职业之不同，风俗习惯之不同，则由当地教育行政机关或社会教育机关，另编补充及应用课本，以与本部所编之课本相辅而行（补充课本不必用韵语编辑，以期适于实用），如此，则重要之知识，民众可以尽量吸收而无其他欠缺或扞格之虞。

根据上面说的几点，故炯认为民众学校课本之改编，实有重大之意义。但有的人说："民众学校，不注重识字，固有相当理由。然细察我国农村经济破产，大小都市均呈凋敝的现象。民众教育不从生产教育着手，似非所宜。"不知我国农村经济破产，全国都市均不景气，不是我国农工商各业技术上突然退化。盖有两个大原因：一个是帝国主义者的经济压迫普遍全国并侵入农村，如纺织一项，向为我国农家最大之副业，现在我国从事纺织者几乎绝迹，又如谷米茶丝，向为我国出口货之大宗今则外洋谷米向我国倾销，而丝业茶业亦一落千丈。一个是国内军阀与贪官污吏混作一团，巧立名目，直接或间接榨取人民的膏血，我们如不从根本上着眼，设法救济，仅仅授农人工人商人以浅近生产之技能，使其增加少量之生产，我恐以后农人工人的穷困，仍日甚一日，而都市之不景气，亦一年不如一年矣。譬如黄河之水，挟排山倒海之势而来，仅仅覆数篑之土以御之，于事必无济也。

说者又谓："注重生计教育，于破产之农村无多补益，诚有相当理由，然则如你的意见，改编民众学校课本，即能救此危机乎？"余答曰：能！如能依我的意见，改编课本把全国民族的精神提起来，把公民的常识输入进去，使民众大家都明了本身所受的痛苦与国势的垂危都是帝国主义者与军阀赐给我们的，非大家起来负起责任想自救的方法不可。在积极一方面，大家群起抵制，群起反抗；在消极一方面，大家都不做帝国主义者的汉奸，不充军阀的走狗，中国前途，庶乎有豸！且这种办法，并不是自我创始，丹麦的格龙维与科尔德创办国民高等学校时，不顾外间的非难，注重国文国史教育唤起全民的爱国心，卒能使丹麦成一独立自主的国家，而农业与合作事业，均为世界各国之模范，我国正不妨仿行也。

（载《江苏教育》1934年第3卷第9期）

1935 年

一年来之中国出版界

范璞女士

文化的发展和变化是具有时间性和空间性的。在一定的时代，依据一定的空间环境，就体现出一定的文化思想的动向与内容，这几乎是不用提说的事实。自然，要想理解一定时代的思想文化的内容和动向，是要从著作者和读者双方面去观察，才能透视出它的全形态的，然而这里也有一个简便方法，可以作为我们测验的指示器，那就是看出版界的情形如何。固然，社会的多数人的心理想些什么，著作者想要说些什么，以及读者爱读些什么书报，要求些什么知识，是和出版界之间存在得有矛盾的。因为有许多著作者写作的东西，往往出版机关不需要它，以至于不能出版，而许多读者所需要的知识，爱读的书报，出版界却又不能供给他们。因此，要想很准确地探到社会思想的深处，明了其趋向，这尚不能单纯地从出版界的现状看得出来。虽然如此，但在一定时代的社会思想的表现，成为文化动向的特征，且能作为现时及将来之理解的材料的，亦可以从出版界的表现看取出来，作为评价的准则。因为出版事业可以大体上体现出社会的环境。它能出些什么东西，这是社会的环境所决定的。它能获得一些什么作品来出版，也可以表明这一时代的社会文化进展到什么阶段，已经获得了怎样的探求成绩。至于它的出版物销售的状况，则更足以说明读者的要求与倾向。一句话，这一切的一切，都体现着整个社会的思想、文化乃至政治经济的内容与动向。所以我们在这里回顾一下中国出版界一年来的状况，无异于是在把中国一年来的整个文化发展阶段作一回顾，特别是希望读者把它作为一年来的中国思想史的象征看。

一九三四年的中国出版界，在书籍方面虽然不见得比一九二八及一九二九那几年多，但其数量比之一九二五到一九二七年总是超过的。在杂志方面，我们相信它在量的方面是赶不上一九二五到一九二七年的，但去年一年确实也可以说是一个杂志年。据舒新城先生在《文化建设》月刊上所指示我们的统计数字说，一九二八至一九三一年在内政部登记的书籍是一，〇〇〇种，三二年八八六种，三三年一，八九〇种，总计为三，七七六种。杂志新闻纸方面，一九二八年九月至一九三二年十二月为一，四〇三种，三三年为一，九一九种，总计为三，三三一种。而一九三四年一月至九月新闻纸和杂志在内政部登记的只有六五四种，根据《申报》广告上的统计至十月截止，总计新刊出版物亦不过一，二八六种，且他未分别出书籍与新闻纸及杂志来，因此一九三四年似乎比三三年相差甚远。但这些数字是不很正确。因为在一九二八至三二年，就书籍方面说多半是没有登记的，实数当远在已登记的数目之上。而一九三四年连同书籍杂志，即根据《申报》广告亦嫌不够。因为在《申报》登广告的大都限于京沪两地的出版物，他如天津、北平、广州等处，大半是在就地的报纸登广告，所以那个数字远不足以概括全国。因此在参照事实的大概估量上说，一九二五至一九二七年是书籍少而杂志特别多，一九二八年以后的三四年中书籍比较出得多而杂志少，一九三四年一年内书籍方面比前期要少些，但也不是特别落后的，只是方向有些转变而已，至于杂志方面，那是要比一九二八年以后发达得多了。

这种出版界的变化特征，其原因在那里呢？大概说来，是由于一九二五至一九二七年是一个行动时期，在那一时代，大多数人都把全部时间和精力消耗在行动方面去了，不暇作深刻的研究。其所需要的只是些简单而现实的宣传与实践上的指导，因此整部的书籍很少有人去读。那时不但行动者需要宣传和简要的现实的行动指导，而且那时的社会团体特别发达，每一个学校都有几个以上的社团，而每一个社团亦多半有自己的出版物。在社会上一般的社团和出版物也是很多的。这都是那一时代的书籍出版跟不上杂志发达的原因。但到一九二八年以后，广泛的行动时期过去了，社团活动也减少了，静的研究就有逐渐代替动的活动的趋势。理论和认识上的深入，过去了的历史事变之反省，这都不是简单的杂志所能满足的。所以后来杂志的数量逐渐减少，而书籍，特别是基本知识的理论书籍的介绍，遂在那几年中发达起来。许多家新文化的小书店，在那几年中如雨后春笋一般的勃兴，即足以表现那时出版界的特征。时代推移到了一九三四年，由于客观环境的决定，社会科学的理论介绍和研究遭遇到困难，于是一九二八年以来的出版方向便不能再照样继续下去，而这也就影响到书籍的出版方面。然而时代的静态不但没有改变，而且是愈益加深了，因此研究总还是一个客观上要求的条件。所以一九三四年在书籍出版的量上，并没有特殊的低落，只是方向和从前显示着明白的转变而已。至于杂志方面，在客观的原因上是有许多理由决定它活跃起来的。

第一，由于这一年中有两种思想在剧烈地竞争着，所以在攻势方面的一种，为了争取完全的领导和代替，努力发刊它的杂志，以为宣传武器。然而在被攻的那方面呢？它亦尚不甘示弱，常常随时改变方式和内容，来企图保持它的地位，也不断地出版杂志。

第二，目前的中国是在国难期中，大家处在彷徨不安的状况之下，实在有无穷的实际问题摆在面前，使人人感觉得不能置之度外，必须去研究理解它。可是杂志是比较易于立言的，因为那种短篇论文尚可以含混地半面地透露出些意见。所以一九三四年杂志的众多，正表明中国社会因为难关迫切，已形成一种不得不说几句话的社会苦闷和牢骚现象。

第三，世界和中国的不景气，已使一般知识分子失业穷困，而新书业的颓败，更使他们连吃文字饭的最后出路都日益狭小了。因此大家都群趋于以办杂志为自己找出路，解决暂时的生活，乃至收罗失业的文人以为活动的张本的方法。所以这一年来的杂志特别发达，亦足以说明智识分子的生活恐慌的里面。总之，一九三四年的出版界，是因为上述的种种原因，而形成了它的杂志年的第一特征。

前面已经提出了一九三四年出版界已经转变了方向的问题，但这不仅是一个可以提说的问题，而且是这一年出版界的特征。因为在过去的出版界，在书籍方面是趋向于社会科学之一般的原理原则的讨论与介绍。但这种讨论和介绍，在现时是和环境相矛盾的，不能不停止。于是出版界在出书方面，现时就发生了两个普遍的新倾向。一方面是旧古董的重新问世：最显著的是商务印书馆的翻印《四库珍本》，单是初集就有二三一种，共约两千册；是中华书局的缩印《古今图书集成》，约八〇〇册；是《宋碛砂藏经》五九二册，以及《四部丛刊》、《四部备要》、《宛委别藏》、《辽海丛书》，都在印行中。此外，重印旧书的小书局和社会团体也是很多的。所以，如果说一九三四年是杂志年是对的，那么，我们又可称它为旧书重出的古董问世年。在另一方面，对于书籍的出版，虽然实践的理论研究和介绍比较的少，但在重出国内陈货之外，也有着从国外介绍哲学和科学的新气象发现。商务印书馆最近曾选了不少的世界哲学科学名著在翻译。中山文化教育馆于第一期出书中已出版了多种这类的书，而第二期出书亦正在选译哲学科学名著。辛垦书店是已经出了多种哲学科学丛书，现在尚在继续译出。因此一九三四年的出版界，可以说是理论的与实际的科学介绍年，特别是自然科学中的理论自然科学，在这一年中介绍了好多种世界有名的大著作。这两种倾向，在前一种是向着旧路回跑，对于中国的思想和文化的前进之逆的作用，将会发生一种暂时的影响，是不可否认的。在后一种，我们亦不可轻视它，以为它走出了实践圈外，没有好多益处。须知在中国，对于自然之深刻的认识和理解素来是落后的。人类最终的问题是对付自然的问题，对于自然的正确认识，将成为正确的哲学思维的起点，并能以此促进正确的人生观之诞生，形成正确的社会观而达于正确的实践理论。如此，则这些哲学科学的介绍，正指示出中国思想界在作进一步的深刻地理解整个世界之努力，在不久的未来，将由自然科学的进步的领导，来一个中国思想上的文艺复兴，以达到社会的复兴，是必然的。因此，一九三四年的出版界的方向转变，是以旧书翻印与科学介绍两种背道而驰的矛盾现象表现它的第二特征的。

其次，就一九三四年的出版界情形看来，一方面可以证明中国现时的经济状况是不景气和一般民众的穷困加甚，他方面是文化运动更减少了它的普遍性，而且表现出大多数青年都不好读书，不求深造，只有少数人在努力于前述的哲学和自然科学的研究。这些现象我们可以从许多事实中得到证明。第一，一九三四年全年，在书籍出版方面虽仍有相当的数量，但旧书的购买大部分是以文化机关如学校图书馆为雇主。在新的哲学科学方面，销售的情形也很坏，购买的人非常的少。各书局都时常大廉价，就是从来不折不扣的商务、中华等大书局，也加入了大廉价的竞争场合，而有些书店则既是终年大廉价，甚至有折扣打到一二折的书。然而尽管如此廉价竞争，结果还是生意不好，许多书店不能维持。这正说明了人民穷困无力买书读，或者有许多富家青年学子不肯读书的现象。第二，无聊的小说和带有肉感的画报倒比正经书销得。那一种报纸如对于体育和电影等消息载得充分时，那就争先恐后的去买。这是表明了大多数青年思想上的无聊颓废，不以学问为事，而一心沉醉于无聊的消遣。其中就含有市场购买力贫弱和大多数人不肯求深造的倾向。虽然这并不是说看杂志是不对的，也不是说小品文刊物完全无意义，然而那正是读者从经济上和理解问题上打简省算盘的象征，所以随便买一两份杂志或小品文看看了事的心理，就充分地表露出来了。所有上述的那些现象，就是出版界所体现出来的一九三四年文化上的第三特征。

再就一九三四年的出版物内容来说，在书籍方面我们已经在前面说过了，是以趋向于眩耀古物和绍介哲学科学双方面并进发展为其特征的，可是，在杂志方面，也有可以标识的一种显明倾向。大多数的杂志，对于政治问题都只侧重于国际政治的研究，对于经济问题则多半集中在国际的经济恐慌的分析和中国农村经济崩溃，城市经济衰颓的讨论，对于中国民族的独立、自由的问题，大有不肯探究之势。这正如小品文、幽默作法之在一九三四年盛行一样，也是出版界的特征之一。

总括一九三四年的出版界概况来说，它是体现着中国思想界和文化运动的瑕瑜互见的现象。一方面是思想分化之极端的发展，他方面则表现着一般的不景气，因而大多数人逐渐被铲除于知识圈外，不能受出版文化的恩赐。而一般青年之倦于求知以及新书业之颓废不振等等，也是个严重问题。我们希望能在一九三五年使科学的洗礼普及于一般的社会，并以此挽救新书业之坠落，那就是中国文化前途的幸运，也是中国民族的幸运了。

（载《申报》1935年1月13日）

一年来之中国书业

康乃德

不景气的火球，继续在市场上滚动，各种工商业的繁荣都日益被其烧毁了。书业虽同时又是一种文化事业，但也不能逃脱一般工商业所遭的恶运，所谓不景气的现象，在一九三四年的中国书业中是更鲜明地表现了出来。

大家知道，书物的购买者是一般知识分子，特别是一般青年学生。但近年以来，因为工商业的凋敝，农村经济的破产，在失业恐慌的灾难中，有许多知识分子和青年学生都陷入了失业失学的穷途。他们连吃大饼油条住亭子门都成问题，那里还有钱去买书呢？于是，书物的购买力减少，各书店的营业，当然也就日益衰落了。

据一般书业家说，向来中国主要的销书市场是：上海、北平、东北、南京、广东、福建、四川等地。而今呢？东北已被日本强占了去，中国书籍根本不能运去售卖，这是不必说了。至于其他地方，书物市场也是今不如昔，非常萧条冷淡。现在，我们且先看北平吧。

北平的“书市”，主要的是在东安市场和西单商场。一般书贾都是在这两个地方开着小铺或摆着大大小小的摊子，经营他们的生意。过去，他们除贩卖上海各书店出的书籍外，还暗中将那些容易销售的书翻印出来，贱价出售，以取得较大的利润。后来因为引起了出版家与著作者的严重干涉，所谓“北平的翻版书”才渐渐减少了。现在，他们的生意，主要的是经售上海各家书店出版的书籍，与未贱价收买穷学生的书籍来售卖。但因为书物的购买力的减少，北平的“书市”已远不及从前那样的热闹，有许多书摊也不复存在了。

其次是南京——据《徐报》所载：“南京书店业在民国十七年以前，可谓无声无臭。乃自国府奠都南京以后，书店业为应时势之需求，亦随之发展。迨民国二十年冬，始成立南京书店同业公会，负责指导同业之发展。迄至最近已有八十五家加入公会合作。……南京书店业年来营业已到极度，不景气之秋，几家家书店亏本。其原因有：（一）各书店积存图书过多，各中小书店为谋经济之活动，多不顾血本脱售，如定价一元，既打一折，再打九扣之类。不听公会之约束，致使书价不能划一。（二）上海方面，虽设有图书出版审查委员会，审查出版之图书。但本市各书店因消息不灵通，致不知何者为被禁之图书，随便由上海购来，到京时被禁止出售，致受意外之损失。”何以各书店会“积存图书过多”呢？他们又何以要“不顾血本脱售”呢？回答很简单：因为市面萧条，少人买书，没有办法，不得不如此！

其他如广东、四川等地的情形也是一样，在过去广东、广西、成都等地的书店有许多在上海都有庄客，经常向上海各书店批购书籍，可是现在不仅是有些庄客不见。而且有许多书店都关了门，根本就失掉了存在。因此，上海各书店不知道有好多书账在这些地方收不回来。

上海不消说是中国书业的中心，别的地方的书店多半都是经售上海各书局出版的书籍的。因为整个市场的冷落，各地书店的营业不佳，作为书业中心的上海各家书局的生意当然也就大成问题了。在这种情形之下，上海各家书店为了要图生存，当然就不得不相互竞争。这竞争的现象，从各家书局的出版倾向和其一般的经营方法上表现了出来。

一九三四年中国的出版界中，我们可以看到两大倾向：一是有些小书店，因为不能大批出书，只能靠出杂志来维持门面。二是那些比较大的书局，因为看到一般书籍的购买力减少，无法推销，便拼命重印什么全书全史的古书，以各图书馆、各文化机关与各史学专家为其主人的顾客。前一倾向的结果，便构成了“杂志年”的名称，后一倾向的表现，便透露出了复古潮流的一个特征。

同时，随着复古潮流的发展，还有人因为经济力量薄弱，不能跟着“商务”、“中华”等去影印大批的中国古书，但又要想投复古之机，没有办法，便拼命去搬运西洋古董。例如辛垦书店，便是专出十七八世纪的乃至希腊时代的西欧哲学和科学的古董，来与什么《四库全书》、《古今图书集成》、《二十五史》……等国粹相映成趣的。然而不幸，一般新的书籍，无论如何总还有其购买者，中国的古书也有图书馆、文化机关和那些史学专家来照顾，惟独这西洋古董，已经为许多大思想家批判过整理过的西洋古董，简直无人问津。所以，这些投机家投机的结果，不仅不能使其业务繁荣，反而在营业上弄出了更大的危机来，那便是没有买主，以致存货日多，现金周转不灵，结果是无法对付一般债主。

至于在一般经营方法上，上海各书店的竞争情形也同样显明地表现了出来。拿"大减价"来说吧，我们所看到的是：今天甲书店登出广告照原价打八折售价，明天乙书店就来了个对折卖书，接着在书物市场上便是"三折"、"四折"……等等的呼声。如果你肯到四马路各书店去看一看，那你一定可以见到什么"新书当贱货卖"、"一元只卖八分"、"新书好多钱一磅"（书变成了大米面粉，须用磅来量！）与夫什么书"打一折再打八扣出卖"等字样。同时，还有一些书店，如"生活"、"开明"等，更大登广告，谓外埠向其购书，可免汇费。又如"上海杂志公司"，其开幕后的"第一声呼号"便是："负无限责任为君代定杂志"、"倘有中途停刊，可凭本公司定单，取回定洋"……这样的竞争情形，恐怕是近年来所特有的吧。

在各书店的相互竞争中，资本雄厚的当然可以参加竞争，维持门面，但那些经济力量薄弱的小书店可就无法生存了。据说最近就有一两个小书店，因为欠印刷局和纸店的钱太多，无法支持，恐怕就要关门大吉了。

书业不景气的结果，印刷业和纸业自然要受影响，同时，就是一般文人的生活也遭到了极大的打击。非常显然，因为书籍的销路不好，文人的稿子就不易卖出。即使卖了出去也因为卖价过低与夫"打折扣"、"除空白"、"除标点"甚至"除外国文"（这是最近某大书贾新发明的！）的关系，文人费去许多时间，绞脑汁的结果，所得也就无几了。而且，还有一种专门骗稿子的书贾，把文人的译著拿去印成了书，硬不给其稿费或版税。我有一位朋友，他译了一本书，在某小书店出版，现在这书已经再版了，但他还未得到一文版税，当他最近去向那书店要版税时，书贾们竟向他开起玩笑来："哈哈！你这书原是送与我们出版的，没有版税啊！谢谢你！"于是，这位朋友没有办法，咬着牙关，痛在心头，只得怪自己的"命运多乖"了！——像这样滑稽的事情也有的！由此当可想见在书业不景气中一般文人所受的灾难了。

（载《申报》1935 年 1 月 13 日）

一年来的中国出版界

储安平

一

《读者顾问》的编者，出了这个题目叫我担任。这一个题目在我，感有两点困难。第一，过去这一年的中国出版界，并没有什么大了不得的地方，可以让我们来恭维，或者批评。第二，我从前住在上海的时候，对于出版界的消息，还比较流通。近年来，和这个“出版界”日渐隔膜了，所以未必能有准确的观察。无已，我只能将过去一年中的书店刊物以及文化界的一般波动，来做一个粗略的鸟瞰。

所谓“出版界”和“文化界”本来是两个范畴，而和我们通常心目中所谓的“文坛”，又是两件事情。“出版界”只是“文化界”里的一个部分，而文学书籍杂志的发行，又只是出版事业里的一方面。在中国，一般人心目中的出版界，好像就指目下大家所谓的“文坛”而言。这大概因为“文学”这一行，在现在中国的出版界里，特别热闹猖獗的缘故。我们试看现在中国每月出版的杂志和书籍，关于文学一部分的实在占着很大的百分数。为什么“文学”这一行在中国的各种学问里，它特别热闹呢？一切政治、经济、社会、教育、哲学、历史以及自然科学等的杂志，决没有文艺杂志的来得拥挤，前仆后继，永不寥落呢？其原因，自然很多。不过严格讲来，其中至少有一点，我们不能否认，就是“文学”这一行，太容易“浅尝而止”。其实“文学”的内包与外延，对于教育、心理、哲学、历史、社会等等，都有极密的相连关系，同样的需要很深沉的研究。可是我们看看当前的情形，特别在现文坛上活动着的一群当中，我们有几个高深的文学史家、文学理论家和文学批评家呢？现在有许多高中学生也在弄着文学，初中学生也在弄着文学，而且，现在文坛上有许多成名的作家，都是在大学里读书的，读而未成的学生，所以，社会上都看不起文学，觉得这玩意太容易、太浅薄。平心而论，“文学”这样东西，本来应该分为两类，一类是治文学史、文学思潮、文学批评的，这一类的文章，决不是随便能写一两首诗或一两篇小说的人所能够率尔下笔的。还有一类就是从事于创作的。创作的内涵固然需要对于一般学识有相当的基础，以及对于社会生活有相当的充实，但创作的成功条件，我承认总得要有天才。有文艺天才和兴趣的，他自然而然的会爱好文艺，没有文艺天才和兴趣的，他自然而然的不会和文艺接近的。天才本来不受什么年龄或年级的限制，所以创作并无一定要毕了什么业才可以写的规定。而也正因为这样，年事极青修养太浅的初中学生，也要提起笔来写二十万言的长篇小说。同时，因为文坛上缺少一种严正的格律，本来写创作的人们，也要来写文学批评文学理论，以致不能树立起一种文学的尊严。因为任何人都可以弄“文学”，使一般人对于“文学”这一行起了轻视的感觉；因为任何人都可以弄“文学”以致通商大邑，僻隅内地，莫不有“文学”的刊物，其结果，文学成为了出版界里特殊的湃澎波动，荫蔽了出版界里其他的发展。

我现在说得太远了，试回过头来谈谈“出版界”。现在所谓的“出版界”，实在说来，是跟了“五四”时代的新文化运动而发展构成的。中国的书店事业，本来只有几十年的历史，“五四”以后，中国起了一种新的思潮，一种新的文化运动。与此运动无形中互相呼应，迅速进展的，就是这新书店的出版事业。但是我们假如要问，这几年来中国的出版界，有没有什么进步呢？它的进步可以说是很微小的。先就印刷的技术而言，简直没有令人满意的改进。现在中国出图画刊物的只有良友和时代两家，影写版印刷顶好的是时代，但是真真和外国的一比，那还差得远。中国的出版界，就不谈这些印刷上的技术问题，单就其组织严密以及办事效率上说，也实在不能令人满意。中国的出版界，对于著作人的待遇，始终没有改善过，对于读者的利益，也没有尽心关切过。各地的出版界依然散漫不堪，出书的迟缓和刊物的脱期，尤为昭然的事实。大部分的出版家的力量，只能活动于极小极小的范围以内。举个例说，上海有许多书店，都是只在上海开立一家门市总店，在各地不另设分店的。书籍的销路，决不能仅限于某一地方，它的市场越广越好，必须遍及全国各地，而要遍及全国各地，自己没有分店，就只好托各该当地的书店代销。但是我们知道书款不能收回，这成为了现在办新书业的人的最大苦痛。他们决不会为了几十元的账，专门派人前去催收的。这一种飘账收不回的现象，实在足以剥削出版家的进展力量。我觉得这个情形，假如出版家能有一种联络的组织，就较容易有办法。因为出版家在营业上如其没有这种痛苦，对于书业的发展，一定有很大的帮助，而间接对于一切作者读者及一般的文化事业，都有良好的影响的。

同时，据这几年来我们的观察，出版家真能当“出版”为一种事业而干的，实在很少。大部分，都是犯了一种商人的气息，没有远大的眼光，没有充实的信用，没有负责的精神，只图目前小利，不顾长久得失。譬如说，对于著作人的稿费，不能按期拨付；对于预约的书籍，不能准时出版；欢喜出投机的书籍，不问这书的内容，不问这本书出版了以后对于自己书店声名信用的影响如何，只要看上去销路不坏，可以赚钱的，便毅然付印问世；你要正正经经去和他们接洽什么，他们总是鬼头鬼脑，一番商人口吻，而缺乏一种大方负责的态度，来和你诚诚恳恳的讨论商斟——以上所说的，在过去的一些出版界里，实在是很多这样的。我觉得这些行为，其实都是自杀政策。不过，同时，我也相信，以这样的态度来办出版事业的人，终于要失败的。我们即拿最近这几年来的事情来做例子，就可以证明我这一句话。在四五年之前，上海的小规模的新书店大约总有十几家，而其中以开明书店办事顶认真，顶有精神，出书也顶谨慎，而到现在，开明书店终于十分发达，有了坚固的基础。再说最近开设的生活书店，他们办事也很负责任，有人专责努力，一心苦干，所以生活书店虽然历史顶短，而现在的业务，却一日千里，非常发达。

二

新文化运动的发源地是北平，所以“五四”以后的初期新书业，也是以北平为中心地点的。一直到国民革命军在南方发难以后，住在北平的一些维新的分子，在北平都渐渐的站不住脚，纷纷南下。其中声势较为雄壮的“语丝”和“新月”两派，也移到了上海。初期新书业的中心书店北新书店，也将总店设于上海，北平琉璃的北新老店，反而成了支店。那时在上海方面，本来就有创造社和文学研究会两大流派，再加上由北而南的大批人物，于是上海就在无形中成为了中国文坛的首席之地。这七八年来，全国的出版界和文化界，差不多都以上海为中心，受着上海方面的启示和影响。一直到一九三三年下半年和一九三四年，居留于北方从事于文艺的人，才开始联络了起来，形成了若干集团，构成了与上海遥遥相应的出版局面。我们现在谈一九三四的中国出版界，就姑从上海和北平两地概括说起。

中国的三家大书店——商务、中华、世界——都是开设在上海的。这三家书店，差不多鼎足而三地分占了中国所有的出版市面。这三家之中，魄力自然以商务为最大，出版的书也以商务顶严谨。中华则始终差堪支持，不大见有新的气象。世界本来很会做生意，所出的小学教科书的销行，曾有一个时期，几乎驾商务而上之。不过也就在这小学教科书上出了一个大乱子。改组以后，正在力谋整顿，去年一年，没有什么新的表现。商务自遭“一·二八”沪战之后，元气大伤，现在喊着复兴的口号，在王云五先生的努力主持之下埋头追赶。过去一年除整理影印古书之外，还筹备出版《万有文库》第二集，《大学丛书》也是过去一年出版诸书中的一重要部分。另外则恢复了《教育杂志》的发行，内容比较以前更觉充实。

开明书店，这几年来经章锡琛先生和夏丏尊先生等的惨淡经营，已获得很健全的根基。所出的中学教科书，很得良好的成绩，而其中尤以林语堂先生编的英文教本，销路顶好，目下国内的中学英文教本，有许多都是用林氏所编的。开明书店的读者对象是中学生，所以他们的出版计划，也是针对着中学生而进行的，他们出版的书，泰半都是给中学生看的，许多自然科学及历史地理，都成为了一般中学生很好的课外读物。《中学生》杂志出版了已经好几年，因为内容的适当精实，仍然获得多数中学读者的欢迎。这一个刊物的态度，中庸稳健，所以对于一切中学生，实在有很好的影响。开明书店似乎颇有挤入于商务一类大书店的企图，不过他们是渐进的，他们所用的进行方式也不同，他们并不是先有了若干巨大资本的，他们的资本，乃是“读者对他们的信仰”。去年他们出版《二十五史》，这可以说是开明放胆行动的第一次尝试。《二十五史》书卷浩繁，治者本称不便，现在开明拿它缩印为九大册，洋式装订，给了读者一个很大的方便，该书售价七十二元，预约四十元，因为开明平时的信用很好，所以预约的成绩听说还不错。

生活书店在过去的一年，活跃极了。单就杂志而论，除了《文学》外，另出了《世界知识》、《译文》和《太白》三种。《世界知识》注重国际政治经济和科学常识，杜重远先生主持。《译文》均选世界名作，翻译介绍，由黄源、黎烈文两先生主持，不过这个刊物所译的作品，大部以文学为主。《太白》由陈望道先生主持，是一种杂文小品的刊物，至于《文学》则仍由傅东华先生主持。生活书店现在所搜聘的人才，的确很多，而他们又较有组织，彼此呼应，所以容易创出局面。最近还出了一个《生活画报》。现在市面上的画报刊物，很有几种，不过大都偏重于低吸趣味。《生活画报》则将图画和文艺调和在一起，但仍保持很严正的格律。

以上这几种刊物，在出版界中都有着很好的地位。生活书店虽然因为资本较为充足，人才也较丰富，但无论如何，我觉得，他们的做事认真，至少是这一个书店发达的一大原因。

生活书店过去一年，除了这些刊物之外，还由傅东华先生主编了一个《创作文库》，里面所搜集的作品，都还齐整，其中如沈从文的《边城》，郭源新的《取火者的逮捕》，沉樱的《女性》，都算过去一年中好的小说集。

良友书局，在最近两三年来有很好的声誉。良友书局本来是中国专门出版图画书籍一个最早的书局，它一向与文坛不发生关系，读者对于这个书店，也好像取着另一种眼光。自从赵家璧先生担任了这个书局的出版责任以后，努力规划，使这个书店渐渐和文坛发生了关系，使这个书局在出版界里获得更重要的地位。赵家璧先生自己主编了一个《良友文学丛书》，他的售价特别高，他的装潢也特别讲究。而出版这一个文学丛书的书局，又是素来对于文学不生兴趣的良友书局，所以在出版的时候，很受读者的注意。过去一年这个《良友文学丛书》里，很有几本好的作品，老舍的长篇小说《离婚》，是过去一年中长篇小说里的顶好的一本。而过去一年中中国文坛上的短篇小说，又当以老舍的《铁牛与病鸭》和《黑白李》为代表作。这两篇小说，也收集在《良友文学丛书》老舍所作的短篇小说集《赶集》里面。沈从文先生所撰的《记丁玲》，是几年来中国传记文学里顶成功的一本，也是编在去年这一个文学丛书里出版的，还有，素以文笔细腻风格清逸见称的施蛰存先生的《善女人行品》也是这一两年很好的短篇作集。

过去一年，有一个刊物的出版，引起了文坛上很大的波澜的，便是良友书局出版林语堂先生主编的《人间世》，这是一册专门注重小品文的刊物。平心而论，这个刊物，在“质”与“格”上，当然要比《论语》高得多多。在文学的立场上，专门提倡小品文，本不是一件罪恶的行为。不过一定要说十年来中国新文学的收获，就只有小品文的成功，这就未免言之过偏，而易于引起人们的反响。我对于林语堂先生，从我对他的大略的印象里，我觉得他很有几种特殊的个性。在这儿，我要提出来说的一点，就是林先生“好作惊人之笔”。他也明知如此说来，未免言之过偏，明知如此说来，一定易招反感，然而他却偏偏要这样说。并且，我们毋宁说也许他是因为对于这一个乌烟瘴气的文坛，看不过眼，为了要和人家挑战一下，才有意这样说说，急人家一下的。他的确有提一支笔与天下士人大战三百合的魄力和才能。《人间世》出版后，向其攻击者，不知若干人，而他却从容自如，沉着编辑，毫无慌张步伐。

除了上述二事，过去一年中，良友书局还有几部出版物要提到的，就是《中国景象》。这是一册不惜工本的出版物，将中国的国美，摄成照片，制版印出，以介绍于世界。与这同样性质的，还有《中国风景美》、《中国建筑美》、《中国雕刻美》三部。这种要化很大的资本的出版物，在外国的出版界里，本算不了一回事，但在中国，这就很少见的了。《中华景象》售价须二十五元，预约二十元，其成本之大可知。良友书局为出版这部书，曾经先组织了一个“良友全国摄影旅行团”，周游全国，搜摄名胜风景。这种书的目的，在乎将中国的国美，介绍给世界，所以我觉得这种工作，是有价值的。

现代书局在新书业中，也是很占重要地位的。不过在过去一年，并没有什么活动。施蛰存先生和杜衡先生编的《现代》，也在一九三四年的年底夭折了，这实在是一件很可惜的事情。《现代》在夭折之前，曾经出了一个美国文学研究专号，很得读者好评。平心而论，以生活书店的《文学》和现代书局的《现代》一比较，在内容上，《现代》也是不相上下。而且，我们应当明白，《现代》在他们那处困苦的环境下，由施蛰存和杜衡两人的合作经营，能够编得这样，已经是很不容易的了。

《现代》虽然夭折了，但是“现代”这一集团的人物并没有分散，他们在文坛上的努力和活动，也并不因《现代》的夭折而停止。所以，我相信，在不久，他们也许还会有别的刊物编出来的。

时代印刷公司过去一年除了出版《时代》的图画半月刊外，其余没有出版什么。不过，从时代分化出来而独立的第一出版社，过去一年，则出了一个通俗刊物，叫《人言周刊》，销路还不坏。以前上海的通俗刊物以《生活》为最佳，《生活》停后，目下比较有实力的，当推《人言》、《华年》、《新生》、《新人》等数种。

关于上海方面过去一年的出版情形，我已经说得差不多了，现在再来说说北方。北方过去一两年，开设了几家新书业，计有立达书局、人文书店、民友书局等几家。新出的刊物，则有《文学季刊》，由章靳以等负责；《水星》，由沈从文等负责；《文学评论》，由杨丙辰、李长之等两负责。《文学季刊》每季一册，内容还不错。《水星》是新出版的，薄薄的一本，每册只售两角，纯文艺性质，很严谨。《文学评论》则着重于论著批评，也很有精彩。

以上这三个刊物是还存在着的，还有一个刊物只出了几期便已夭折了的，就是《学文》。这是以前《新月》的后身，由梁实秋、叶公超、闻一多、余上沅、林徽音、陈梦家等先生合力维持。这是一个最严谨最不市侩化的刊物，由自己拿出钱来干，写文章的人也不拿稿费。所出几期，均甚精彩，然而终于不能长久支持，也是很可悼惜的。

除了关于文学方面的情形，有如上述以外，过去一年北方在思潮上，还有一次很大的论战，就是关于唯物论辩证法的问题。这一个论战在北方差不多延长了两三年。现在有民友书局出版，张东荪先生编的一本《唯物辩证法论战》，这一次论辩里的精要文章，都收集在里面。本刊上期已有专文介绍，兹不赘述。

过去一年中国出版界的情形，除了上述上海、北平两地方，其余各地拟不一一备及。至于南京方面，则自己出版的书局，就只有正中书局一家。正中书局，在过去一年，除了出版一部分教科学和《文艺丛书》、《大学丛书》之外，还出了一种《新生活丛书》，这丛书的执笔者，都是文坛上的知名人士，及有权威的学者。其内容将各界应履行的新生活，都分别指示，可以说是过去一年提倡新生活运动中最重要最有价值的文献。(完)

(载《读书顾问》1935 年第 4 期)

一年来之出版界及其展望

屏 群

(一) 出版界的发展及当前新书业的不景气

观察某一国度的文化程度如何，在其出版界一般的情况，总可窥得其梗概。出版是著述的表现，而著述是国民知识能力总合的系统的反映。由过去的著述出版，遗留了历史演进的迹象，将珍贵的经验传递给后人，基于文化的积累，而推动社会的进展。同样的，在当前的出版界中，出版的数量的内容及读者需求的情况上，都正是一国文化动向之忠实的记录。

文化不是架空的，玄虚的。文化是人类为求生存借重自然，以增进物质生活，及其所反映的精神生活过程的总合。自人类开始使用工具之时起，以原始工具作用于自然，便是最初的文化。文化是基于一定的社会基础，而具体的说，即是社会的生产力。所以文化是随着社会基础的演变，而也在不断的演变。中国由于长夜漫漫的以农村经济及小手工业生产为社会基础的悠久历史，为其上层建筑之意识形态的学术思想，因而也没有足以划时代的巨大变动。现代中国的所谓新文化运动，是因国际帝国主义侵略而蓬勃起来。旧的意识形态，自不能单独架空的赓续存在。当满清末年“戊戌”维新运动前后，流行在朝野间的论调，是

“中学为体，西学为用”，感觉到西洋的道德哲学虽不及中国，而那些“奇技淫巧”，却不能不拿来利用，于是欧西的平面印字机，也输入到中国。以担负中国新书业启蒙的任务而出现，是光绪三十年，首先利用新印字机介绍欧西学说，及科学译著的商务印书馆。民国以后，中华书局做了同一战线的生力军，而负担起中国新文化运动初期的使命，民八五四运动以后，随着以输入欧西资本主义的学术思想为主干的新文化运动的发展，如群益书社、新潮社、亚东图书馆、泰东书局等，也风起云涌的担负了新文化书籍发行的任务，如《新青年》、《新潮》、《创造季刊》、《创造周报》、《孤军》、《少年中国》等刊物及《胡适文存》、《独秀文存》、《吴虞文录》、《科学与玄学的论战》等书籍，都是富于浓厚的时代意义的代表作。“五卅”和“三·一八”前后，出版界更增加了上海、北新、民智、光华、现代、创造社、开明、长江（原名中国书店）等新书店，如雨后春笋一般，陆续出了许多文学书，及启蒙的社会科学书籍。这对于一九二五年—二七的大革命，是有深切的关系的。

新书业更进一步的发展，是在民国十七年以后，当民十五北伐军出动后，革命的怒吼普遍了全国，而在这大时代的动乱中，客观的迫不容缓的需要是实践，无暇顾及理论的研求。及到暴风雨过去后，为要了解事变的发展，为要更进一步的检阅过去，展望将来，不能不热烈的企求在出版物中满足其需要。小的新书店的产生，有空前的数量，据调查在一九二八到一九三二年间，新书业最发展的时期，全国有二百六十余家出版新书的书店，比较一九二五年以前有十倍以上的增加。其中在上海开设，而确有地址的有九十余家，外埠有四十余家，此外有一百余家是出版书籍而无明确可靠的地址。这时，书籍出版的数量，是与时俱增。据内政部图书注册的统计，一九二九年数量是四百一十一种，一九三二年则增到八百五十一种，自然，这数目是不足为凭的。因为图书之在内政部登记，是近年来的事，在前几年，大多数书籍，是未曾经过登记手续的。而其逐年不断的增加，此也就可想见。在书的物质方面，据调查社会科学书籍差不多占了全部的三分之一，数最上第一位，其次是文学，自然科学方面却为数很少。一般人对于现社会的极需要认识，是如何的迫切，当可了然，同时，社会科学及文学的翻译，也很流行，可知输入外国的文化，仍在赓续。不过，所输入的，有资本主义的文化，同时，也有反资本主义的文化。

在最近一二年来，中国出版界却颇呈现萧条的状态。许多新书店，如南强、昆仑、新月等书店，都相继倒闭，现存的也都在大减价中挣扎着。主要的原因是：1. 薄弱的中国经济，遭遇到世界经济恐慌浪潮的冲击，工商业凋弊，农村经济破产，一般知识分子对于新书的购买力也随之低落；2. 自“九一八”事变后，严重的国难，使人感觉到空谈理论的无济于事，应付这燃眉之急，只有充实力量去实践，于是影响到学术著述的不景气；3. 政府文化统制政策，查禁左倾的偏激的社会科学书籍，及所谓“普罗文学”的雷厉风行，新书在种种的限制下，不能尽量的刊行；4. 一般知识分子的生活时刻在动摇中，忙于奔走衣食，精神颓丧、没落，绝少读书的风气；5.“读经救国”又高唱入云，“回顾取譬”、“托古拟制”，甚至企图“借尸还魂”的也大有其人，开倒车的复古氛围弥漫全国，新书出版，自然遭受不良的影响；集合这若干的原因，中国新书业，又遭逢了不幸的厄运。

（二）一年来出版界的新征象

在最近一年来，新书业的不景气，表现最明显的，是一般系统的社会科学及哲学书籍的锐减，据上海《申报》调查，一九三四年的社会科学和哲学书籍，仅占全部的百分之七强，文学书籍占百分之十七，尚保持相当的数量，惟所谓“普罗文学”，是已逐渐绝迹了。大多数书店都竞出的教科书、儿童读物、妇女读物及青年修养等类书籍。在全盘的出版界中，如下的几种现象，是一年来比较值得提出的新征象：

1. 古书的大量翻印，最初是商务印书馆编印《四部丛刊》，接着有中华书局编印《四部备要》。其后商务有《四部丛刊续编》、《嘉庆一统志》、《各省通志》、《四库全书珍本》，中华也有《古今图书集成》的缩印。开明书店出版《二十五史》及《辞通》，佛教会也计划翻印《宋碛砂藏经》（六千三百一十卷）五百九十二册。……诸如此类大部古书的出版，不仅表现了中国的复古热；同时，这些书籍也绝不是为贫困的在饥饿线上的读者预备的，而其主顾除图书馆外，大多是醉心考古，或儒、佛、道教的绅士学者，甚至仅是少数官僚士大夫的装饰品。“这些卷帙浩繁而售价又昂的书籍，很明显的是非普通财力者所能购备，其顾客的对象，乃为一种特殊人物。他们或者是暴富，或者是新贵（总之是很少研究学问的人），他们虽然不能阅读这些古籍，或者简直是无暇阅读，但是在客厅中，在书房内他们需要表示其为一个博学君子的象征，需要一种足以点缀其厅堂的高雅之装饰品，所以这类装订整齐，而又美观的旧书，实是最相当没有的了。总之，他们的购买此等古书，乃是与古董、对联、桌椅、地毯等一样，作为陈设之用。然而他们有的是‘阿堵物’，数百元以至千元，在他们根本不算回事，因之《四部丛刊》在初编之后有续编，《四部备要》在初版之后有再版。这些卷帙繁多的书，欲其初版售完，原来已不是易事，然而虽在这样不景气的当中，竟都销售一空，可知其营业之盛了。”（见《文化建设》一卷二期，余一琛的《中国今日的出版界》）所以樊仲云先生也说：“中国的出版界有个特殊的现象，就是所出版的大抵不是读的书，而是用以供装饰陈列之用。这原因的由来，不消说是由于中国的读书界，其情形非常特殊；即力能读书的多不读书，他们即是购书，也把这当作装饰品，以为房间的陈设，所以虽有人出高价收买宋元古本，而普通的新书，却很少有人购读。我们但见出版家竞事古书的翻印、重版，而介绍新知识的新书，则初版二千也不容易卖完。”“这个现象的造成，最大的根源，总说一句，由于社会上没有一种读书的需要与风气。……”“然而读书竟是飞黄腾达之路，因此，读书给人视为最尊贵的事，士居四民之首，理固宜然。不过因为这只是猎官的手段，其最大的用途，无非为的应付考试，所以一旦富贵到手，书籍便可束之高阁。可是因为这是富贵之所由来，一般人心目中，把这当作难能可贵的事物，象征着高贵风雅，与美术品古董同样，为一种高等的陈设品。”（《教育杂志》二十五卷第三号，《读书界与出版界》）

2. 所谓“杂志年”——据上海《人文月刊》统计：一九三二年收到全国杂志为八七七册，一九三三年为一，二七四册，到一九三四年为二，〇八六册。该刊因有期刊索引栏，对各地期刊，极力搜罗，但未曾见到的，当所难免，不过由这个数目的增进，一年来已可称得起名符其实的“杂志年”了。至于“杂志年”的造成，《新生》周刊行素君的意见是很详确的：“第一，是动荡时代中的读者的要求。时代的车轮加速的在转，投进这个时代的思想更是九光十彩，在动荡中的人们，要求对这时代的明确的认识，对于时代前途的预知，他们的要求的迫切使他们没有时间埋下头去有系统的研究各种理论，要求急就、速成，和一般的认识，那只有在新刊的杂志中找到各种的论调，以便领会了粗枝大叶，有了方向，再作道理。第二，读者和经济力量。一般的读者不要说买不起万有集成，就是一元二元也颇吃力，若想读书就只有买杂志或是一折书，就是杂志，虽然订阅，另有优待，有许多读书也是望洋兴叹，一时拿不出二元。虽然这样困难，仍然从生活的必需资料中省下一份钱来零买杂志，所以马路上的杂志摊生意也还好。第三，文稿的供给。毕业即失业的国内外大学生，一般舞文弄墨之士，颇多以卖文为生。同时，人们也不再不知不觉，对于当前的各种事变要求认识，要求发表意见，一个刊物，真不知有多少撰稿的后备军。”今年仍为“杂志年”的继续发展，是无疑的。“读者的钱袋不饱满，读者的求知欲却比从前发达，读者对于从‘宇宙之大’到‘苍蝇之微’种种方面的疑问也比从前多得多了，因而读者想以少许的代价换取多量的各方面的知识，希望他脑袋中的无数量的问号在一本刊物里就得到若干答案，于是觉得‘杂志年’是较合于他们条件。……”（《太白》第七期，一介君文）

3. 幽默小品文的流行——事情是无独有偶的：古书大量的翻印，表现的是复古热；幽默小品文的流行，表现的是趣味化。而前者是在倒推时代的车轮，后者是没落文人的衰落的表现。“小品年”继续到去年，与“杂志年”在互相辉映。在沉闷的时代中，一部分敏感而却近视的知识分子，对于现实虽深感不满，但因为看不到前途的光明，他们却又没有勇气正视现实，为真理而奋斗。于是有的抱着“怀古的幽情”，有的追求“幽默”的趣味，以图离开现实，而遁入无人统制的世界中去。如幽默大师林语堂说：“……信手拈来，政治病亦谈，西装亦谈，再启亦谈，甚至刷牙亦谈，颇有走入牛角尖之势，真是微乎其微，去经世文章远矣。所自奇者，心头因此轻松许多，想至少这牛角尖是自己的世界，未必有人来统制，遂亦安之。孔子曰：‘汝安则为’，之我既安矣，故欲据牛角尖负隅以终身。”（林语堂著《我的话的序文》）原来生活在这无人统制的世界——“牛角尖”里的人，自然需要欢笑，“轻松”，那些想要脱离现实，而遁入这“牛角尖”的知识分子，也需要解闷，“轻松”；幽默文人既反映他们的需要，因而不满足他们的需要，当然也就可以“据牛角尖负隅以终身”了。厌倦了物质享乐，离开了社会现实的知识分子，对一切都采取不负责任的嘲笑态度的所谓幽默，完全是没落文人的丧钟。由语堂大师创办的《论语》、《人间世》以至《语林》、《太白》、《中庸》、《千秋》、《十日谈》、《文饭小品》、《华美》、《华安》等，都成了一部分知识分子的消闲妙品。

4. “旧书推销法”——即如商务印书馆这样大的书局，尤其自“一·二八”事变后，也感到了不景气，新书既不能大量的出，于是依照过去编印《东方文库》的办法，又在编印《万有文库》了。“……他把商务印书馆自三十余年前开创时所出的书，与民国二十余年所出的书，都分门别类，改版重排，汇列而成整齐划一的形式，配以玻璃，列之书室，真是美观极了，并且价钱也不怎么大贵。小图书馆有了这一部，也便可把‘图书馆’三字的场面撑了起来。这是何等便利的事呢！因此之故，商务印书馆以《万有文库》的有功，继着更有《小学生文库》、《幼童文库》，近更预备出《万有文库》续编。该馆自‘一·二八’来受祸最烈，然而不及二年，能趋于复兴，这实不是没有理由的。”（见前引余一琛的《中国今日的出版界》）在商务本身，固然是营利的新方法，而对于一般学校及图书馆，却也有许多的方便处。

5. “折一书”的大量出版——适应一般读者低微的购买力，及其时代落伍者的需要与趣味，比较通俗的旧书，如《水浒传》、《红楼梦》、《三国演义》等旧小说，及《曾文正公家书》、《秋水轩尺牍》、《古文观止》等书，也在大量的出版。五号铅字，报纸印刷，校对也无多错误，实价一折，其价之廉，竟令人难于置信。这便是因为既无须出稿费，又因大量的印刷，当然可以定价低廉。不过这些旧书，不能供给以时代的新知识，自是遗憾。

6. 画报的畅销——若依循前述一般读者购买力的低减，画报反能畅销，似乎是不易解的事。这诚如樊仲云先生所说：“……次之是学校学生，他们多属中产及中产以上人家的子弟，因为生活之无忧，所以知识似不必要；他们的入学校，不过为求得一个资格，等于昔日之应科举。所以除教科用书为考试所必须外，其他书籍，他们多不愿意购买。他们甚之宁愿以一元钱看一次电影，而不肯买一本政治经济或科学的名著。他们偶然也买一些书，那末非画报即小说，目的在消遣时光。这种现象，以大学生为尤著。因为能入大学者，比之中学生必是较为富有的子弟，即生活可以比较无虑的人。”（见前引《读书界与出版界》）在少数生活安适，极力寻求茶余酒后的消遣品的需要下，《良友》、《大众》、《文华》、《时代漫画》及《毛三爷》、《王先生》等，都得到大量的畅销。为适合读者趣味化的需要，许多杂志如《新小说》、《生产》、《小说月刊》也都以画报化的姿态而出现，供现给少数小姐少爷，及所谓大人先生，作为无聊时消遣的另一种妙品了。

此外，如因普通读物的出版减少，除以上述诸途径谋发展外，各书局认为中小学教科书，及其必要的参考书，除非教育完全破产，学校完全倒闭，是终有销路的。各书局在这个途径上大事竞争。与中小学教科书有关系的青年及儿童读物，也有空前的增加。在“杂志年”出版的数千种杂志中，关于边疆问题、军事研究、科学知识及乡村建设、教育问题诸方面的新期刊的日渐增多。关于法西斯蒂研究及世界伟人传的专册的增多，也是值得提出的事。

（三）今后的展望

出版界今后的展望，及我们的希望，愿再提出几项简单的意见。

上述的几种现象，今后，当然还有赓续发展的可能。不过古书翻印，“旧书推销新法”，不致再有什么新进展。幽默小品文，本质上是没有前途的，冷嘲热骂，一味的说不负责任的风凉话，为时既久，便势必为读者所厌弃。去年的幽默小品文的风头，便不及前年初兴时那样的起劲。有的刊物，如《太白》、《文饭小品》，在基调上已有相当的转换了，这更足以证明其将为时代的演进所否定，更是必然的了。“杂志年”当然势必继续发展，不过基于客观的需要，发展的路线，不是趣味化的，而是注重实际问题的探讨，及供给以富于前进的时代性的新知识为主干。这也是我们所急切企求的。

我们认为今年应该是“中国本位的文化”的建设年，与文化建设有着不可分离的密切联系的出版界，自然也当负起这个伟大的使命。为了“检讨过去”，对中国一切旧著述，要从新估定其价值，而绝不埋葬在故纸堆里，“抱残守缺”的“迷恋骸骨”。为了“把握现在”，对于现实社会要有深切的了解，多作实际问题的研探，而绝不徒发“大而无当”的空论。为了展望将来，应系统的编译新书，延展视线，认清时代的动向，而绝不崇拜新说，一味的冒从。

为沟通出版界与读书界，以齐一的步调，负起以建设“中国本位的文化”而为革命前导的重大任务，负有领导民众，教育学子的诸先进，应设法造成读书的风气，倡导广大有力的读书运动。如最近中国文化建设协会主办的读书竞进会，可知这个运动已在具体的展开了。我们仅祝其有顺利的远大的发展。

（载《众志月刊》1935年第3卷第1期）

过去一年的文化界

孟　刚

过去一年的中国出版界，处于很平常的状态里，既没有什么特殊的兴盛，也没有什么特殊的衰落。在结构上，书店是出版界成立的基础，在活动上，书籍和刊物是出版界热闹或冷落的表现。现在我们检讨过去一年的中国出版界，就从书店及其出版物两项上着手。

过去一年在书店方面，也没有开设出什么新书店，同时在老书店里，也并没有关闭了的。仅在北平方面，新添了一家立远书局，成为北方出版界里一支有力的门户。在上海方面，规模大的书店，仍然是商务、中华、世界三家，偏重新文学方面的书店，则仍为生活、现代、北新等几家。开明书店近年来不太再出文学书籍了，颇有跳入于商务这一类里的趋势。出版书刊物同时又接近于新文学的，则仍是良友和时代两家。南京方面，则仅仅有正中书局一家，努力得非常认真。

商务印书馆遭“一·二八”沪战一役以后，极力想恢复它从前的状态，所以一切都在一种非常紧张的活动之下进行着。他们在管理上，完全执行科学化。主其事者，能够以身作则，埋头吃苦，不浪费一丝光阴财力，加速地向前迈进着。过去一年，除了翻印古书外，又计划了《万有文库》的二集，《大学丛书》也出了不少，《教育杂志》也设法恢复，由何炳松主持，内容充实，仍然成为了当今中国教育的杂志权威。

中华书局过去一年没有什么动静，世界书局自从前次因为教科书的损失，而设法改组以后，现在正思努力追赶，以期获得他本来的地位。

开明书店过去一年，有一件大事，那就是《二十五史》的缩影。中国的史学，书卷浩繁，实在不容易收拾，开明书店缩影为九册，洋装装订，使读书界便利不少。原价七十二元，预约四十元。因为开明书店过去的信用很好，所以他们的预约成绩不差。

生活书店是近一二年来在中国新书业中顶顶发达的一家。最大的原因，就在乎他们有人，大家肯认真的干。我以为天下无论什么事，“人”的关系总占去大部分力量，只要有人才，有内行的人，努力干，总可以有成绩的。生活书店除了出版一个《文学月刊》外，过去一年还添了好几个刊物，一个是陈望道编的《太白》，一个是胡愈之编的《世界知识》，一个是黄源编的《译文》，还有一个是《生活漫话》。虽然出了这许多，据说销路都还不错，现在文坛上的努力，可以说简直给他们的一派势力占光了。

《太白》是一个小品杂文的杂志，因为不是幽默或者讽刺，所以和现在的《论语》，和过去的《语丝》不同。这一个刊物曾经宣称要用大众话来写文章，但是事实上自然完全不是这么一回事，不过文字比较清洁一些罢了。《世界知识》是一个专讲国际政治的刊物，内容还好。《译文》是专门选载译品的，可惜有时候的译笔太差。

除了刊物之外，生活书店还出了《创作文库》，内容平平，不过比较现代书局出的《现代创作丛书》好一点而已。

论人物，生活书店是以傅东华一流人为中心。他们的文艺活动，和别人的文艺活动，有所不同。别人的文艺活动，是纯文艺的，即使朋友间的往还，大体上我敢说还是情感的作用。而生活书店所包括的一流，他们的文艺活动，则似乎组织化了，所以他们能够一人高呼，万人响应，把持操纵，傲然左右。在思想上，他们多少是左倾的。其实，他们里面的分子，以前有许多不是很右倾的吗？然而左倾是很时髦的，而况，好像干文艺便非左倾不可似的，所以许多人也就无所谓的左倾起来了。

过去一年中，他们以自己的机关志《文学》为中心，在文坛上扰起了好几个热闹的题目，比如“文学遗产问题”等，但是只是一阵热闹而已，事实上并没有什么结果。

现代书局是新书业中顶“商业化”的一家，但是在过去一年中，他们好像也没有什么精神，并无任何活跃。《现代》月刊过去一年曾经出了一个美国文学杂志。但因受经理洪雪帆去世的影响，而终于停刊。《现代》月刊，严格的说来，内容并不见好，况且他们的门户之见太深，太包办化，不过，平心而论，真的就此寿终，也很可惜。听说杜衡近来对于《现代》，颇感兴趣，所以一旦停了，非常懊伤。不过杜衡、施蛰存他们一班人，仿佛是成为了一个班底似的，他们大概还在努力再想其他办法，也许不久，他们仍旧会编一个其他的文艺刊物出来也说不定。

北新书局在初期的新文学运动里，是声势顶大的一家，但是近年来真是每况愈下，黯然无色了。有时出了几册英文自修丛书，有时出了几册儿童书籍，简直是一无生气。仅有一个刊物《青年界》，真是有若无，脱期得可怕，使人的脑海里简直没有这一个刊物的存在。听说北新书局现在的总编辑是赵景深，所以就难怪北新书局没有发展了。

良友书局过去一年很有几件惊人的出版，其中顶大的就是《中华景象》。这本书是以画为主，以文为副。将中国各处的风俗名胜，都摄下了照片，再制版印出来。良友书局为了这一个出版计划，曾经组织了一个良友全国旅行摄影团，在全中国走了好几万里。能够化这样大的资本的，恐怕只有良友了。这本书定价二十五元，预约十六元，以这样大的书价，普通的人民，真是购买不起的，大概只有达官贵人，富户商贾，可以买得起了。不过，我们知道，良友的基本销售地是南华，所以书价虽贵，仍然销路很好。在外国，这种花工本的出版品，本不算一回事，不过在一切落后的中国，这是很惊人的事了吧。良友书局居然敢出版，出版后又居然不亏本，可见他们经营的魄力和眼光了。

除了《中华景象》外，过去一年良友还出了什么《中国雕刻美》、《中国建筑美》、《中国风景》一类的图画书籍，这种出版力量，至少在目下中国，是没有别家可以与之竞争的。

除了图画出版物之外，去年良友出版的书籍，可以提出的，就是赵家璧主持的《良友文学丛书》，过去一年，出了老舍的长篇小说《新婚》、短篇小说《赶集》，沈从文的《丁玲》传记，都是风行一时的。

时代印刷公司除了继续出版销路很好的《时代》半月刊之外，过去一年还曾由叶灵凤等编了一个《万象》，《万象》是注重于图书的，内容的确不错，可惜因为化的成本太大，所以终于出了一两期便停止了。

除了这些刊物之外，在过去的一年中，上海还有一个刊物，也是很有势力的，那就是《申报》的副刊《自由谈》。曾经轰动一时的“大众语”问题，就是在《自由谈》上大讨论过的。可惜“大众语”，“大众语”，讨论了半天，如何才算是“大众语”，至今还没有看到货色。

除了在上海一方面，过去一年，在北方，却突然的热闹了起来。北方本来有不少作家，不过从前都不大联络，近来则不再仰望上海，而在北方，自立门户起来了。北方近来出的文艺刊物，有《文艺季刊》、《水星》、《文学评论》、《大公报·文艺副刊》、《当代文学》等等，书店则设立了立达书局、人文书局、民友书局，大概他们颇想占有北方的市场，而排挤上海的势力。

《文学季刊》是以郑振铎、章靳以、巴金等为主体的，《水星》是以沈从文、卞之琳等为主体的，《文学评论》是以杨炳辰、李长之等为主体的，《大公报·文艺副刊》是以周作人、冰心、沈从文等为主体的，这几个刊物的内容都还不错，并且他们的市侩习气，也比较上海方面少一些，不过门户之见总还是有的吧了。

过去一年北方的出版界里还有一件事情可以记述的，就是关于唯物论辩证法的论战，唯物论辩证法近年来在中国本来非常时髦，其实拥护他的，根本对于哲学上就没有什么修养。大都是受了人家的支配，而一味盲从，所以北方有几个严正的学者，就出而纠正，其文字散见于北方的刊物上者很多。以后并由张东荪编为一集，归民友书局出版，名为《唯物辩证法论战》。南京方面，过去一年中很少可记，因为南京自己出书的书店简直没有，现在就只有正中书店一家。正中书店去年除了出版教科书及大学丛书之外，也有一批《新生活丛书》，里面对于新生活的理论及实践指导，发挥殆尽，对于社会上的各方面，都关涉到，成为民族复兴声中不可忽视的重要文献。

（载《中央日报》1935年1月25日、27日、28日、30日、31日）

出版与国势

王云五

计量国势的强弱，是多方面的。但通常不外四方面。

第一是基本的势力；

第二是经济的势力；

第三是军备的势力；

第四是文化的势力。

所谓基本的势力，通常是指土地与人口。但是土地包括已开辟的和未开辟的两种，未开辟的土地面积纵然很大，对于国家的势力不能有何增益，所以从土地方面计量国力，不及人口的可靠。但是人口是否确实可靠的势力，还是一个疑问。试把中俄日美英法德意八国的人口比较一下。中国占第一位，俄国次之，美国又次之，日本居第四位，德国第五位，英国本部第六位，意国第七位，法国第八位。从这个实例看起来，人口与国势虽不无关系，究竟不是重要的条件。

其次说到经济的势力，这一项包括的条件很多，如天产品，工业品，和财政金融状况都是其中的一分子，计量的方法，颇为复杂。我以为现在各国大都不能闭关自守，只要观察其在国际贸易上的入超或出超程度，便可知道其天产品工业品和财政金融种种状况。现在试把中俄日美英法德意八国在一九三二年间的国际贸易情形一为比较，中国是特殊的入超国，计输入超过输出的数额为百分之一百十三，俄国在一九三二年为入超国，输入超过输出的数额为百分之二十三，但是到了一九三二年却一变为出超国，计输出超过输入的额数百分之四十二；日本为轻微的入超国，计输入超过输出的数额仅百分之四；美国是出超国，计输出超过输入的数额为百分之十六；英国为特殊的出超国，计输出超过输入的数额为百分之九十二；法国为入超国，计输入超过输出的数额为百分之五十二；德国为出超国，计输出超过输入的数额为百分之二十三；意国为入超国，计输入超过输出的数额为百分之四十三。这些数字所指示的除中国入超这般大，显然是贫乏的征象；英国的出超这般大，显然是殖民地的广大，此外各国的出入超原因颇为复杂，虽然有多少分可为国家经济力的表示，但是大都限于经济力一方面，其于他方面的国力所表示的却不很深切。

再次说到军备的势力，这一项包含的条件也很多。现在姑从陆军方面的常备兵把中俄日美英法德意八国比较一下。其结果中国占第一位，俄国占第二位，意国占第三位，法国占第四位，日本占第五位，英国本部占第六位，美国占第七位，德国从前因条约之限制，占第八位。这种比较是否确可为国家武力的表示，任何都知其不然。如果说仅仅陆军的常备兵额，不能充分表示，那就把海军军舰和空军飞机的量数一一加入比较，但因为还有超出于陆海空军的战斗力存在，结果仍不能作为真正的国家武力的次第。又如把国家的军费来比较，其不正确尤甚，所以从军备方面比较国势，不独是很难正确，其所表示的国势也大都限于一方面，未必能为国势全部的征象。

现在说到文化的势力，这与基本的势力，对于国势的全部未必有正确的关系，或是经济的势力与军备的势力，其范围大致仅及于一方面，不能表示国势全部的，都不相同。因为文化的势力，其原因不止一方面，其影响也不限于一方面，把他作为国势全部的代表，实较其他各种势力更为切近。换句话说，一国的文化势力强，则工商业定必发达，经济的势力也就随而强盛；而现代军备的实力，乃由智力财力和爱国心各种元素组织而成，如果文化的势力和经济的势力都强，军备的势力，也就没有不强的。

文化的势力，究竟从哪里计量，也是一个问题。一般人以为文化的势力可从受教育者的数量和比例看出来，这固然有其理由。但据我的愚见，所谓教育只是一种方法，受教育者的多少，只可以说是对于文化势力的增进曾经努力过的程度，究竟文化的势力已否增进还是一个问题。具体说起来，如果教育只是有名无实的，或是受过教育的人，对于学术上没有真正的认识，或是不肯认真的研究，那就表面上受教育的人数虽多，实际上对于文化的势力却增进无几。因此我们要计量文化的势力，不当仅仅计量受教育的人数或其比例，却应计量真肯研究学术者的人数或其比例。所谓真肯研究学术者的人数或比例，可从一国出版物的数量，出版物的定价和生活程度的比例，以及出版物的性质，这三项中观察面得。

先从出版物的数量方面说起，查一九三二年间前述中俄日美英法德意八国新出版物的种数，计俄国三万五千余种，日本二万二千余种，美国九千余种，英国约一万五千种，法国一万五千余种，德国二万一千余种，意国一万二千余种。其中苏俄出版物这样多，大都是宣传用的小册子，不能认为正确标准；英美两国的统计，则官书和小册子都已除外，实际上较上述的数目还增加不少。所以公平一点说，除苏俄不能认为正确标准外，出版物多少的国家可分为两等，第一等便是日德两国，第二等是英美法意四国。至于中国则出版物向无正确统计，如查根据二十三年度内政公报所载加以推算，则单行本出版物注册之数量约七百余种，实在微乎其微。但此数限于已注册者，实际上没有注册的书还是很多，所以不能作为根据。又有人把《申报》所登新书广告统计，而照统计的数目增加一成，计十个月约一千四百三十种，全年约一千七百十六种，这数目较内政部注册的数目，自然更为近似。但依我的推测，似乎还要多一点。因为仅仅商务印书馆一家在民国二十三年内出版的新书，实共一千二百八十三种，一千七百九十三册。商务印书馆的出版物固然在国中占最多数，近年所出新书而且特别的多，但是全国其他出版家的出版物合并起来，大约也可以和商务一家的出版数量相当，那就二十三年度，中国全国的出版物总数当有二千五百六十余种。这数目也未必正确，但比诸内政部注册的数目和根据《申报》所登新书广告酌加成数推定而得的数目，似乎正确一点。而其数目也较大一点。但是证以其他两种推算的结果，我以为我所推算的数目，纵然是不很正确，但与其说失诸过少，毋庸说失诸过多。现在假定以此数为最高的数，则以我国二十三年度的出版总数二千五百余种，和日德两国在民国二十一年度的出版物各在二万一二千以上相比，我国仅及他们任何一国的八九分之一；而且日本最近两年出版物数量激增更速，查昭和九年即民国二十三年度，其全年新出版物的总数竟增至二万六千三百余种，那就我国在同时的新出版物总数还不及日本的十分之一。以我国人口和日本相比，我国在日本五倍以上，而出版物的数量，不及日本十分之一。照这样看起来，我国出版率对人口的比例，还不及日本五十分之一。如果和德国比较一下，因为德国的人口不及我国的七分之一，而出版物等于我国九倍，所以我国出版率对人口的比例，还不及德国六十三分之一。此外和英美俄法意任何一国比较，我国出版率对人口的比例，多则只及其二十分之一，少则还不及四十分之一。从这一点看起来，已可肯定我国文化势力的薄弱。现在进一步从出版物的售价和生活程度的比较，研究各国间文化势力的程度。我们从出版的种数，可以计量文化的兴衰，我们还可从书籍的售价，计量各种书籍销数的多少。表面上书籍的售价，系由出版家主持，实即出版家完全处于被动地位，凡是销数很多获利较厚的书籍，出版家因同业竞争的自然结果，无论如何不能单独维持高价。换一方面，如果某种书籍销数不多，出版家不是因势所迫无力出版，便不得不提高售价。因此只看某类书在某一国的售价高低，便可推定某一国对于这类书销数的多少，换句话说，就是读者的多少。当然的各国的生活程度彼此不同，书籍的价值，除销数多少的原因外，还受着生活程度的影响。所以我们计量各国书籍的售价，还须把生活程度的差额抵销，现在举一个例子。日本的一元本关于社会科学的书籍，每本字数多至二三十万，如果在我国出版，无论如何售价不能这样低，我国出版家除自愿赔本外，二三十万字的一本社会科学书，照日本一般的纸张和装订，无论如何，售价总在二元以上。这样便是等于日本的售价的二倍。至以生活程度而论，日本至少高于我国百分之五十，如果把这项差额抵销，那就我国社会科学书的售价约当日本的三倍，这至少推定日本对于社会科学书的读者比诸我国增加许多倍。

再举一个例子。日本近年出版的各种高等数理讲座，其售价比诸美国同类同程度的出版物不及十分之一，美国的生活程度虽高于日本，但至多不过五倍，如果把这种生活程度的差额抵销，那就日本高等数理讲座的售价仅及美国之半，这也可以推定日本对于高等数理的读者人数确比美国加多。像这种的例子很多，如果一一拿来比较，便不难推定各国对于各类书读者的倾向程度和人数，也就可以推知各该国的文化势力和倾向。又如专从一国各类书籍的售价比较一下，也可知道各类书籍销数的多少。我国书籍售价最低的是小学教科书，次之是中学教科书，再次之便是字典词典，这可见我国的读书界还是在被动的时代，换句话说，就是大多数还是按照学校规定的功课而读书，所以只有这一类书销数特别多。但是这一类中的词典而论，我国流行最广的普通辞书，像《辞源》一书，和日本流行较广的《汉和辞典》比较，还是望尘不及。查《辞源》在过去约莫二十年间总计印数还不满一百版，而日本的《汉和大字典》，从大正六年到昭和八年间共印过六百二十版。只此一例，便可推及其他了。

又我国一般用书的售价，在同一印刷方式之下，大都旧学书廉于新学书；文艺类廉于史地类；社会科学类廉于自然科学类。这都是我国文化倾向的明征。现在再就出版物的性质稍为研究一下。大抵新兴的国家多侧重于自然科学或社会科学；老大的国家多侧重于文艺或历史；紧张的国家多侧重于军事政治方面；承平的国家多侧重于农工商各方面；而且同一国家，在某一时期，因适应时代的需要，而侧重一类的出版物，但是另换一个时期，却又因需要变更，转向另一类的出版物。

二十三年度我国出版物，据上海《申报》登有广告者比较起来，社会科学居最多数占全体百分之三十六；文学次之，占百分之十九；应用科学又次之，占百分之十三；史地占百分之九；哲学类占百分之六；艺术占百分之五；自然科学及语文各占百分之四；总类则占百分之三；宗教占百分之一。社会科学的出版物在现今的国家，当然占大多数不足为奇。我国人特别注重文艺，亦系当然之事。惟应用科学一跃而居第三位，不可谓非国人思想之转变与觉悟。而特别注意生产与实用。现在再把日本昭和九年度的各类出版物观察一下。计社会科学居第一位，占全体百分之三十二；应用科学次之，占百分之十九；文学又次之，占百分之十；总类艺术史地各占百分之八；宗教占百分之六；语文占百分之四；哲学占百分之三；自然科学占百分之二。除社会科学的百分率和我国相差不远外，其第二位为应用科学，较我国所特别注重者更为注重；文学仅占百分之十，比我国的百分率约减半。其足以引人注意的便是宗教占全数百分之六，比诸我国不及百分之一者，其百分率相差至六倍，比诸日本昭和八年度，也由百分之四进至百分之六，就是一年之间增加至半数。又社会科学类中括有军事一项，昭和九年度出版者计四百零七种，较昭和八年度仅一百五十六种者，增加至两倍有半，这尤其是堪以注意的现象。反观我国，二十三年度社会科学类出版物中所包含的军事书籍除由政府机关出版者不计外不过六七种，仅当全部出版物千分之三，比诸同年度日本所出版的种数，仅及其百分之一。总之，从日本的出版物中，可以看见国民好学与紧张的程度，又可以看见其国民对于宗教与军事的迷信。而在我国的出版物中却可以看见我国人民之好学者，从出版种数计，仅及日德等国五六十分之一，若与每种书的销数一并计量，恐怕还不及百分之一，至于喜欢阅读的书，软性者多于硬性，惟近年对于应用科学稍加注重，这或可以算是乐观的唯一事件。从出版方面所观察的我国国势，既然是这样的落后，欲谋挽救，则政府对于教育设施之猛进，社会对于读书运动之提倡，与出版界对于优良出版物之努力，三方面负有同等的责任，而且是要同时并进的。

二四、五、十四，讲。

（载《广播周报》1935 年第 36 期）

中国出版界到何处去

傅逸生

目前中国文化界的动向究竟是怎样的？要了解这一问题，我们虽然可以从目前的社会生活及时代思潮等各方面去加以考察。但是，我以为，最重要的，还是应当首先考察目前出版界的情形。因为出版事业，不仅在他底内容，就在他底发行及读者要求的情况上，都正是一个国家文化动向之忠实的记录——因此，我们提出“中国出版界到何处去”这个问题来讨论，在了解中国文化动向这一点上，并不是没有意义的。

不过，一谈到出版事业，其所含的范围非常的广泛，在内容上说来，包含有书籍报章之印刷与贩卖，就在书籍的出版上说来，也包含有新书旧书及一切的政府公报，在这篇文章里，不能对着广泛的内容全部加以叙述。我们这里所谈的，主要的是目前在出版界占极重要位置的新书业，因为在目前出版界的情形下，新书业不仅是构成整个出版界的中心，而且也只有他才和我们的时代最有关系的。

我们在社会的见地上，来观察出版界的动向。

中国之有新书业，还是最近几十年来的事，随着西欧资本主义之侵入中国，及新时代的一切科学技术之在中国的发展，在中国才构成了新书业发展的摇篮。以后，随着中国时代的变革和社会的需要，中国的出版界也就逐渐发展，一直到了现在。

这中间，我们在大体上可以分为三个时期，第一，由萌芽到启蒙时代的时期；第二，一九二七以后书业的发展时期；第三，一九三二年以后的萧条时期。现在我们分别的加以叙述。

第一，由萌芽到启蒙时代的时期——这个时期主要是随着中国新文化之运动而发展的。在光绪三十年，首先介绍科学译著的商务印书馆，即已播下了启蒙时代的种子。这是中国出版界开始负担起新文化运动使命的第一个记录。民国以后，中华书局做了同一战线的生力军。民国八年五四运动以后，随着新文化运动的发展，所谓群益书社、北大出版部、新潮社、亚东图书馆、泰东图书局等也风起云涌的担负了新文化书籍发行的任务，如《新青年》、《新潮》、《创造周报》等刊物及《独秀文存》、《胡适文存》等书籍之发行，都是富有时代意义的。“五卅”和“三一八”前后，出版界更增加了北新、开明、民智、现代、光华、创造社、长江书店、原名中国书店等新书店，他们出了很多的文学书和启蒙的社会科学书，这对于一九二五—二七的大革命，是有深切的关系的。

第二，一九二七以后书业的发展时期——这个时期，新书也得到了大的发展。这种发展，不在大革命的时代，而在大革命以后，其主要的原因，一方面自然是因为人们在大时代的动乱中，每天忙于他们的实践，无暇来顾到理论的要求，及到时代过去以后，自己为要了解事变的发展，为要更进一步的考核过去，不能不热烈地要在出版物中来满足他们的需要。就是平常一无所知的人，也不能不要求对于时代和人生的了解了。另一方面，便是许多从战线上退下来的人，他们要在退下来以后，才能有精力和时间来从事文化工作。因而，中国的新书业，在这许多条件之下便蓬勃地发展起来了。

小的新书店之发展，在这时有如雨后春笋。据不完全的调查，在一九二八到一九三二年间，新书业最发展的时代，全国有二百六十余家出版新书的书店，比较国民革命以前有十倍以上的增加。其中在上海开设有明白住址者共九十余家，外埠有四十余家。此外有一百余家是出版书籍而无鲜明可靠之地址的。

这时，书籍出版的数量，真是年有增加，若根据内政部图书注册的统计，则其发展状况有如下表。

年别	数量
一九二八年六月至十一月	八〇
一九二九	四一一
一九三〇	一〇四
一九三一	六五一
一九三二	六八三
一九三三	八五一
总计	二七八〇

不过，这个表是不大靠得住的，因为图书之在内政部登记，是近年来的事。在前几年大多数的书籍都没有经过登记手续的。虽然这样，但我们已可看出书籍是在逐渐发展了。

至于书籍的内容，根据图书年鉴及个人在各方面调查之结果，在一九三二年左右，流行于市面的各种新书，可以列成下表。

类别	数量
自然科学	六二五
社会科学	二，三四〇
教育	八二七
史地	六二〇
文艺创作	一，七一〇
农业	二七〇
工商	一〇〇
技术书籍	一五〇
医药	二〇〇
国学	四〇
语文学	一四〇
新书籍	二〇
家庭读物	七〇
哲学	四〇〇
总计	七，五〇二

由此，我们可以看见社会科学书籍差不多占了全部的三分之一，在数量上占着第一把交椅，其次便是文学，至于农工技术反而很少。由此，我们可以看出读者们是如何的需要了解现实社会啊。

近年中国接受了外国文化，特别在文学方面，翻译之流行更是一个不可否认的事实，兹将几年来文学翻译加以分析，可以看它底国别和数量，有如下表（单位/册）：

国别	美	日	法	俄	意	德	印	波	奥	匈
数量	四三	七〇	一五五	一八五	一三	四八	一七	一〇	五	五
国别	希腊	罗马	西班牙	各国合集	比	瑞典	挪威	太	总计	
数量	四	二	八	五〇	一一	四	一二	四	七七二	

从这一个表中，我们可以看出中国是如何地吸收外来文化。

总括起来，这一个时期中国新书业已经有了大大的发展，无论就数量或质量上来说，都是飞跃的，随着时代的需要而有显著的进步。

第三，书业萧条时期——新书业的发展，经过了他底发展时期以后，现在，又走上了一个萧条的时期了。世界经济恐慌的浪潮打击在中国的结果，使中国的民族工业和农村经济的破产愈趋深刻，结果一般读者的购买力便日形削弱。同时，又加以日本对东三省的进攻和上海“一·二八”的战乱，中国新书业在东三省及华北的市场都受了很大的影响。此外，出版界本身的混乱和读者对于书籍认识的增加，都一再的使中国出版界的发展受到了很大的阻碍。几年来，许多新书店，如春潮、乐群、沪滨、水沫、江南、前夜、时代、平凡、新月、大江、昆仑等书店都相继倒闭，而其他许多书店，如现代、南强、光华等，亦陷于不景气之中。同时，这些还存在的书店，又不能不与大减价大廉价之外，更在教科书，儿童用书，及其他方面去找出路了。这种情形，一直延长到现在，更构成了目前出版界的许多现象。

在目前萧条的阶段中，中国的出版界表现了怎样的形态呢？要说明这一个问题，我们可以分成下列几点来说。

第一，是一般系统的社会科学和哲学书籍的锐减——据《申报》新书广告，一九三四年的社会科学和哲学书籍，仅占全体的百分之七强，文学书占百分之十七，仍保持相当的数量。大多数的书店都竞出教科书、儿童读物、妇女书籍及青年修养等书籍，这自然是不景气中，读者购买力减少之结果。

第二，便是所谓杂志年——据《人文月刊》统计：一九三二年收到全国杂志为八七七册，一九三三年为一二七四册，一九三四年为二〇八六册。据个人在各家子公司调查之结果，除政府公报外，共为二百八十到三百种的数目。这当然是名副其实的杂志年。这里所值得注意的便是杂志年的意义问题。我们既然从最近一般书籍之生产上知道出版界是在不景气中，那么，何以杂志到够盛行一时呢？关于这层，我们可以引用《新生》上行素君的意见来说明：

"第一，是动荡时代中的读者要求。时代的车轮加速的在转，投进这个时代的思想更是九光十彩，在动荡中的人们，要求对这时代的明确的认识，对于时代前途的预知，他们的要求的迫切使他们没有时间埋下头去有系统地研究各种理论，要求急就，速成，和一般的认识，那只有在新刊的杂志中找到各种的论调，以便领会了粗枝大叶，有了方向，再作道理。第二，读者和经济力量。一般的读者不要说买不起《万有》、《集成》，就是一元二元也颇吃力，若想读书就只有买杂志或是一折书，就是杂志，虽然订阅另有优待，有许多读者也是望洋兴叹，一时拿不出二元。虽然这样困难，仍然从生活的必须资料中省下一份钱来零买杂志，所以马路上的杂志摊生意也还好。第三，文稿的供给，毕业即失业的国内外大学生，一般舞文弄墨之士，颇多以卖文为生。同时人们也不再不知不觉，对于当前的各种事变要求认识，要求发表意见。一个刊物，真不知有多少撰稿的后备军。"

这样，我们的杂志年，不仅过去，最近的将来，也许还会继续下去咧。

第三，是幽默小品的流行。——时代在一个阴沉沉的时候，只有用反语，讽刺，和短小精干的小品文来发泄。《论语》、《人间世》、《华安》、《华美》及各报纸副刊之能为人注意，当然是有它底时代意义的，不过这许多东西，因为它仅是一种幽默讽刺，所以，终究不能解决读者的许多问题，现在，幽默小品的时代，显然的已在向下了。

第四，是大部古书的出版。——商务印书馆影印四库珍本二千册，中华书局缩印《古今图书集成》八百册，佛教会计划翻印《宋碛砂藏经》（六千三百拾卷）五百九十一册，开明书店出版《廿五史》和《辞通》。此外商务之续印《四部丛刊》，中华之再版《四部备要》……这些大部古书之出版，表现了近年中国复古的热烈。这些书籍当然不是为贫困读者出版的。图书馆，藏书家及一部分醉心考古，或儒、佛、道教的绅士学者是有钱购买这些书的。所以，我们虽然看到一九三四年一般书业不景气，但资本雄厚的书局出版这些书来供给有钱可买的买主，总是一种例外的现象。

第五，是迷信书籍与淫书之活跃。——年来社会经济日趋没落，生活不安惹起许多迷信书籍出现于市场。如《科学灵乩图》、《幸福图》、《星相学》、《断梦术》以及许多邪说书籍，特别行销。这完全是适合于无知人民底心理的。此外，同样解除人民忧心苦闷的淫书，猥琐小说，春宫图等卑劣书籍及印刷品，也很流行。

过往事实告诉我们：中国出版界底变动状况，反映了中国社会经济与文化的变动状况。现在研究出版界到何处去的问题，当只有以目前社会经济动向为根据条件；而文化趋势之决定出版界前途，都是有科学的因果法在指示给我们的。

在目前的时代，金融奇窘，百业凋敝，人民对于衣食住，尚且朝不保夕，专心读书的环境当然是难以持续的。我们将看到生活必需品购买力下降的趋势，使书籍的销路愈益没有着落，不景气的命运，自然还要使力量薄弱的书店继续倒闭。即使资本雄厚的大书店，也不免要感到营业困难，特别是社会经济越趋恶化的时候，大资本投资于大部古书出版的营业，恐怕还会增加，而教科书儿童用书及青年修养的之类的书籍恐怕还会加多咧。

有人说中国内忧外患愈益加深，中国人将愈益埋头读书及作专门的科学哲学之研究；这是适合于少数人的言论。我们如果从多数人的境遇考察，却是相反的。人们为了解决个人的生活与探求社会应有的前途，读书的需要，将不能用于在做纯理论之空洞研究。这好像伪善的和尚，不能在他的庙子已经被火烧光的时候，仍旧跪在菩萨面前念经是一样的道理。我们可以断言，读书的大众，将要为了解决个人与社会的幸福问题，必然在生活紧张的余暇，加紧找寻，指示自己与社会前途的简明读物。应了这样的需要，精粹而富于实践性的书籍杂志，将有更加踊跃的出现，而杂志年也会更加发展吧！

随着时代的进展，以后出版品的内容方面，不成问题的，我们可以断言：难以阅读的旧文字与洋八股将与读者更加远离，大众语与手头字必然更加普遍流行。迎合侥幸心理的迷信书籍与消解苦闷的淫荡离奇小说，仍可相当的发展；但富于科学常识的精明书籍杂志及意义深刻的漫画、画报、木刻，将有更进步的供给着前进的读者，迎合个人牢骚及悲观思想的幽默品，将愈趋于颓废堕落，富于前进性而有社会意义的讽刺品与写实小说，将有更进步的成绩供给读者。

（载《现代》1935年第6卷第2期）

中国出版事业的惨败

王平陵

最近中国文化建设的呼声，正在甚嚣尘上。此刻，却相反，也就是全国书店业总崩溃的时候，多数人均归咎于经济不景气的缘故。但我觉得书业市场未可与其他各种营业一概而论。德国在第一次大战失败以后，全国经济彻底破产，民众生活完全陷于绝境；而柏林大学教授就是饿了肚皮，还是照常上课，当局还是照常印行世界文艺丛书，全国民众反而格外努力，读书的空气，较大战前更为浓厚，从未闻德国的出版界受了大战以后经济总崩溃的影响，同样的趋于没落。因此，我认定中国书业的不景气，必有其他许许多多的原因在。中国书业的销沉，国人读书空气的稀薄，好学意志的颓废，现代世界各国，无出其右，实在是一个空前未有的危机。这危机如不设法移转，中国永无复兴的希望。爰作《中国出版事业的惨败》一文，尽可能地把中国现代的出版物所以无人过问的种种复杂的原因，提纲扼要地说出来，以供中国关心文化问题者的参考。此篇文章的刊出，如能引起上下的注意，力图根本的解决，实为著者的深幸。(平陵附志)

近年健康的读物，无人阅读；而不良的书刊，反不胫而走，是值得我们关心的一个问题。要解决这问题，当从读者、写作者及出版者的三方面加以精密的分析。

在经济非常不景气的状况下，这三方面都显示着一个同样的情况：

就是读者的购买难，写作难，出版难。

写作者和出版者能造成读者的倾向，但读者也能左右写作者和出版者的态度的。这三方面的人，常不免发生连带的关系；而这三方面的人，又因为目的不同，有着许多的种类：

写作者：通常可分为三类：（一）唯利是图的投机作家（大多数）；（二）纯为文化服务的作家（极少数）；（三）半为文化半为自身利益的作家（较多数）。

出版者：通常可分为二类：（一）唯利是图的出版者；（二）半为文化半为营利的出版者。

读者：通常可分为六类：（一）教科书的读者；（二）为企图造就自己是某项写作者的读者；（三）为着寻求某种职业的读者；（四）消闲的读者；（五）官样的读者；（六）真为学问的读者。

现在是读者群左右写作者和出版者的年头。为此我们只须把读者群的嗜好、倾向分析清楚，便能举一反三。

第一类是教科书的读者。这一类的读者，大都是学生，他们按照官厅的规定，学年的制限，以及为着毕业后的某种资格的获得，教科书是他们的必读之书。他们读了教科书，姑不问在教科书中能得着些什么，但至少读完了一册教科书，立刻就有一种“目的”的达到，却是事实。教科书的读者，在读书界占有着最广的部分，依据着官厅的规定所辑成的教科书，而又是万无一失地可以使每一个学生人手一编的。因为这，遂使一般经济力充实的出版者，大家从这里投射他们的“生意眼”，逼着他们于赚钱较渺茫的其他出版事实，暂时放手，贯注全力在教科书的出版。于是，一般写作者亦遂不得不跟随时代的急迫的需要，听从着出版者的征求，以企能维持自己的生活。

如果，某一种教科书能够被各学校所采用，实在是此刻写作者一件“名利双辉”的事业。如林语堂的英文读本，每年可坐得五万元以上的版税，即其一例，其他无论写作什么东西，无论你写作得多么好，决比不上教科书那样受出版者的欢迎，像教科书那样“丰收”。

但，有一点应该说明。即教科书销得多，销得少，不能作为测量文化升降的唯一的标准，购买教科书，为的是现在的升级，毕业；将来的资格，饭碗。真所谓“一本万利”，受益无穷，教科书的销路所以特别好，其主因在此。属于各种教科书的参考用书，虽然比教科书编得好，可是，直接的利害关系较少，销路就远不如教科书的畅旺了。其他参考用书更少直接关系的书，在学生群中，当然是更难找得到主顾。

第二类是企图造就自己是某项写作者的读者。这一类的读者，是不容易揭开他们的钱囊，购取一本于他们用处较少的书的。因为他们同时也是写作者，所以选购书籍，也和出版者的看中了什么市场发行那一类的书一样，为着资本的回转，不能不深深地投射他们的“生意眼”。这就是说，在此刻的市场，那一类的稿子，比较是容易兑现，他们就选购那一类；那一种倾向的稿子，比较是最受读者的欢迎，他们也就会欢迎那一种。如果，我们把现在出版界的真情实况，有了相当的明了，则过去的书业市场，某一种倾向的书刊所以特别风行，实际上是某一种倾向的稿子，最容易脱售的缘故。因此，为着要造就自己是某一种作者的读者，也就都在某一种倾向的作品上下手了。在同时站在反对方向的作品，或是不和某一种倾向唱双簧的书刊，其所以无人过问，决不是内容上的优劣好坏问题，而实在是某一时期的既成的倾向，尚没有使读者、写作者感觉到疲劳乏味而有另寻门径，别开生面的要求，但这倾向迟早是要过去的。所以有些投机的书店因为跟上这个潮流稍迟缓了一步，常常吃了大亏，以致折本关门的也是很多。但，这于作家并没有多大妨碍，因为他们随时随地可以随风转舵的。

第三类是为着寻求某种职业的读者。这一类的读者，大概是以从学校中混得了某种资格的人居其多数；读而未获得资格的也有；时代错误的人也有；从未读过书的也有。这些人本来是不愿再读什么书了，可是，为着吃饭的缘故，使他们不得不具备了些应付的常识，生活的技能。于是，预备当西崽，进洋行的，要补修一点浅近的外国语；预备进京赶考的，要读全几册“考试须知，文官考试大全”一类的书；预备当小学的国文教师的，要读一读“国文百日通”一类的选辑；预备当警察做巡捕的，至少也得要读一些“警察须知”一类的小册子。如此诸般，都是中国目前寻求职业的读者，这些读者，以走捷径、速成、立见灵效为唯一的原则。关于他们所需要的读物，只须编，无用写；所以写作者与这一类的读者，不发生多大的关系。较神气的书店，也不会做到他们的生意。这一类的营业，恐怕要让给小书摊的书贩子所独占了。

第四类是为着要消闲的读者。这一类的读者，大抵是吃饱了饭没有事做的人居多，姨太太，少奶奶，阔小姐们，遇着坏天气不便出去兜风，或则是白相缺少了搭了，她们也会觉得最好有配合她们胃口的书籍，供给她们消愁排闷之用。

在这一切不景气的年头，大家都在闹穷，忙着招寻工作；像这一类的消闲阶级，除了一部分在从前括了地皮的落伍的官僚，以及已经发了财的富商大贾以外，实在没有好多。所以真是能够消闲的读者，比起从前已经减少许多了。

消闲的读者，其目的仅在能够消闲，稍微是用一些思考的书，在这些读者是绝对的不需要；即以小说而论，文艺性过重的作品，也是不需要的。他们最欢迎的读物，旧的是《红楼梦》、《金瓶梅》；新的是张资平、郁达夫一流的宣传性欲的小说；半新不旧的，当然要算是张恨水一类的章回小说了。此外，就是正在流行的各种画刊，以及各种电影刊物等等，这些刊物文字部分并不重要，而每期所刊载的女人的照片，要多，要美，尤其要时髦，否则，也会一样的没有销路。

前几年各书店把握住这一类读者的胃口，要赚他们的钱比较得容易。写作者如果要把生活过得舒服一些，写这类的稿子，也比较得容易找出路。所以，张资平、张恨水这一类的作家，听说都发了一点小小的财。可是到了去年，也完全不行了。其原因，一则是整个的经济崩溃，影响到这些有闲者的生活，不能像以前的好整以暇了，多少是不免发生了一点周折，再也不能吃饱了饭把小说画刊来消闲了。一则是极少数生活上还比较安定的人，他们唯一的目的，是找寻麻醉，所以都需要着多量的刺激，像那些小说，画刊之类的读物，虽然在从前已足够遣愁，现在是无济于事了。他们与其读张恨水的小说，觉得还不如去看郑正秋的电影。与其把《金瓶梅》当作圣书来读，现在有的是廉价的女人，还不如直捷了当去嫖妓讨小。因此，自去年起，就是那些以赶印消闲的书籍曾经发过财的书店，也因为这些读者嗜好的转变，折了本而至于关门大吉的，所在皆是。这一类专为供给人家消闲的作家们，当然也不免受着同样的影响。

第五类是官样的读者。这一类的读者，其目的仅在求办公事或应酬上的一种便利，所以用不着研究怎样高奥的学问，就是比较广泛的常识也不需要，过去的如汤化龙的《电文尺牍》，高语罕的《写信必读》；现在的《公文程式》、《酬世锦囊》等等，是他们的读物。这些书，也都是收集现成的材料，经过编辑而成，用不着另写。而这一类读者，收入有限，决不至于有多余的钱购取多量的书；就是有了多量的书，他们整天的时间，都消耗在抄写公文，拍电报等这一类的无聊工作上，也决没有多余的时间，可以让他们清清闲闲焚香读书。所以出版者要在官样式的读者中发展他们的财源，是不可能的。因此，连到从事撰著官样式读物的作者们，也就以稿子的难于出售而只得改行了。

第六类的读者，是真正为研究学问的读者。这一类的读者，大别之可分为二种：一种是“兴之所至”的读者，一种是“学以致用”的读者。

所谓“兴之所至”的读者，又可分为两种：有的是以博闻强识，多习掌故为能事的读者，凡不通俗的古板线装书，以及殷墟甲骨文等等，是他们的读物。有的是不问世事，消遣岁月，企图避免闲愁的读者。凡旧体词赋、新式诗歌、散文、札记、随笔之类，是他们的读物。

这一类的读者，就是从前所说的“斗方名士”，他们并无“经国济世”的远大目的，但求在“怡情适性”之中，得着些不关痛痒的片断知识，作为茶余酒后的谈料而已。更不期求把书中所得着的东西，在他们的行为上发生什么作用。在以前农业经济社会还未崩落的时代，像这一类的读书人常可以在僻野穷壤发见他们的踪迹；可是在现代十分忙乱的社会中，像这样不求闻达的高雅的读书人，已经绝无而仅有了。因之国内线装书的出版者，也就不得不跟随着这种情势，完全陷于绝境。

至于抱着“学以致用”的态度而从事学术研究的人，大抵是凭着自己的学问，在社会上已取得了相当地位的人；或者是别无奥援可以满足自己的欲望和志愿，而只有从储蓄实际的知识技术，作为“进身之阶”的较有怀抱的青年们。前者的目的，是企图维持原有的地位，甚至是希望将来的地位比现在更好。后者的目的，并无非分的野心，仅求在茫茫的人海中得着一枝之栖而已。但，当着社会上所需要的知识标准，像是“固定性”的平庸，比较专门的知识和技能，反而是无处可用的时候，那么，原来凭着自己所学得的东西，已经能在社会上到处“致用”的人们，就没有“更求深造”的必要了。或者是由于机会凑巧，自己所占有的地位，预料在若干年后决不会发生动摇，这些人也就乐得舒服，把一切读物“束之高阁”了。所以，在此刻配称为研究学问的读者，真是少得可怜。出版界凡关于高深的巨著，装订华贵的名作，除了少数要面子的富家翁购用为布置会客厅以外，简直不容易在读者群中找得到主顾，出版界因为这类高等读物销路的停滞，当然无法欢迎这一类稿子，在这种情形下，那些供给高等读物的写作者，怎能不投笔兴叹，感觉到学问之无用呢！

现在我们把中国读书界加以详细的分析以后，便不难归纳所分析的现象，作如下的断定：（一）现在读书界为着生计的困穷，很少有人能够作深长的研究；而只图立时见效，切于实用，可说是一般的情形。（二）读书界感觉不到兴味；所以，读书的空气，始终鼓动不起。（三）凡称之为“学”的书（如心理学、论理学、哲学、经济学等），现在是无人过问；只有称之为“术”的书（如照相术、养鸡术、化装术之类），尚有较少的主顾。（四）假如是读了这本书，非等到明天不能发生效果的话，是无人过问的。现代人都需要在眼前读了有用处的书。（五）因为人们都不耐烦作高深的研究，所以愈是浅薄无聊的读物，读者的范围愈为广泛。（六）因为只有浅薄无聊的书，才能找得到主顾；而书的内容，就不得不愈趋愈下。（七）因为书的内容愈趋愈下，中国整个的文化的水准，就不得不愈趋愈低。（八）因为文化的水准愈趋愈低，社会上自然是认常识为特识，当普通为专门。（九）因为中国现在的环境，还用不着许多专家和特识，所以中国的文化永远在平凡肤浅之中轮回着，始终不能迎头赶上去。（十）一言以蔽之，这都是由于中国读书的人太少，读好书的人更少。

中国出版事业的惨败，到了去年，可说是达于极点了。这实在是一个必须。

要设法解救的问题。在这里，我愿意在消极和积极的两方面，再写出几条具体的意见：

A. 消极方面：（一）国家应厉行《出版法》，严格取缔于文化上一切“有损无益”的读物。（二）凡不在文化上找立场，惟在利用女人的肉腿，秽污不堪的材料，从坏的方面诱致读者的出版者，应绝对在禁止之列。（三）凡电影、戏剧、报纸的社会新闻，及副刊等等，务必要做到在娱乐之中含有充分的教育的意味。

B. 积极方面：（一）急宜普及平民识字运动，在最近期间肃清文盲。（二）凡在科学艺术以及思想上的新贡献，和一年来重要的著作物，公私立文化机关均应选拔嘉奖，给与出版者和著作者双方以绝大的鼓励。（三）国家选取人才，及各地方考送留学，应使苦学自修的年青人有充分尝试的机会。（四）高中以上各学校必须要用的外国书籍，应由国家编译机关一律译成华文，减轻读者的负担。（五）凡同倾向同兴趣的读者，以及同里闾的邻居，可应用合作的方法，组织小规模的流动图书馆。（六）全国公务人员（连军队在内）应由主管指定于公务上有利益的读物，强迫自修；而把自修所得的结果，作为晋级标准的一种。（七）各地负责指导文化的各机关，应从速组织读书竞赛会，鼓动青年读书的兴趣。（八）全国公私立图书馆，应规定经费，充实内容，负责领导各地的读书运动。——于南京

（载《江苏教育》1935年第4卷第4期）

中国出版业之趋向

程伯群

我国由旧日手工印刷突然转变而为新式的机器印刷，不用说是由于时代的刺激，也是由于内部的需要。自从道光二十二年鸦片战争我国失败以后，外国教士到中国传教，并介绍西洋学术，清政府也因此设立学堂，研究西学，但大部分还是仍循故制。到了甲午年和日本开战失败以后，留心国事的人，深觉要图国家的富强，并改革现状，采取欧美制

度，研究欧美学术不可，于是这种思想，就逐渐表现于实事方面。为适应新的政治制度与教育制度起见，旧日的出版业，乃渐式微，而新式的出版业乃应运而生。

自从清季以迄民国，我国的出版事业可分五个阶级来说：第一是教会出版业和官书局时代，第二是民营的新式出版业的兴起，第三是新文化运动以后的民营出版时代，第四是小说文艺的鼎盛时代，第五是翻印旧书时代。

一、教会出版和官书时代。自从革新运动发生，新式的出版业就逐见成立，以供给新的书籍，适应时代的需要。可是在革命运动以前，到中国来传道的人，为使基督教随西洋文明深入中国人心起见，已经开设学堂和印书馆刊行西方的宗教书籍与学术书籍借以灌输宗教知识。到了革命运动时期，教会的重要出版机关有：

（一）中国教育社，和（二）广学会。前者是光绪十六年创办的，所出的书籍以教育用书为多。在光绪二十九年的时候售出的书达一万余元。后者是光绪三十年创办的，出版比较高深的科学、伦理及宗教书籍为目的。在中日战争以后，教会出版的书籍，颇为我国人士所欢迎。光绪十九年，广学会的书售价只有八百余元，到光绪二十九年售价的总额，竟达二十五万余元，可以想见那时教会出版业的发达状况了。

至于清政府方面因为要办学堂，不得不采用新书，所以当时也办了许多官书局，编印新学书籍。

二、民营新式出版业的兴起。教会和官书局的出版物，在社会上的势力到光绪二十九年以后，渐为民营出版业取而代之。民营出版业在革新运动的初期，已经发生，当时的力量虽然敌不过教会和官书，但是进步很快，不久便驾于教会和官书局之上。在光绪三十二年，上海一隅除了二十三年创办的商务印书馆而外，又有文明、开明、彪蒙、广智、昌明、有正、鸿文、时中、普及、乐群、通社、点石斋、启文社、新智社、会文学社、新民支店、群学会、小说林、新世界、小说社、东亚公司、新书店、中国教育机械馆等二十余家。所出的书籍，即就教科书一项而论，学部所审定的一百零二册教科书中，民营出版业发行的教科书就占到八十五册，内商务印书馆出版的《最新小学国文》等教科书五十四册，文明书局出版的《初定蒙学修身》等三十册，直隶学务处出版的《心算教学法》等十册，南洋公学出版的《初等小学读本》等四册，时中书局出版的《普通各科教授法》一册，化固小学出版的《画学教科书》一册，武昌图书临本一册。未注出版局名的《蒙学修身》一册。这样看来，那时的民营出版业，进步的速度，着实惊人。因为清室废科举设学校之后，并未编印教科书，这里工作，乃由民营出版业担任。民营出版业自担任这种巨大责任之后，就在出版界占了重要的地位。

三、新文化运动以后。自清室退位，民国成立以后，雏形的新教育制度亦大发展。在新文化运动以前，知识阶级大都不能彻底明白旧制的不适宜。现在经过新文化运动，他们所注意的地方，不像以前专注意于政治方面，并且注意到社会经济方面，不但打破了一切的因袭传说，一切的旧有的权威，一切腐败的组织，对于文物制度，一件一件的来重新估定价值，并且把我国向来所用的语言文字不统一的习惯加以改良，成为言文一致的语文体。这种趋势自然也使出版业表示进步。

四、小说文艺的鼎盛时期。新文化运动的结果使出版界受了很大的刺激，以后的进步，便转入了小说和文艺的鼎盛时期。新兴文艺家，小说家，批评家等等多如牛毛。这些著作在三四年内，居然汗牛充栋了。文艺小说家的大量产出是因为社会的动向的关系。无事可做的人觉得小说文艺是最容易了，无业可就的人觉得小说文艺是最容易读了，且可以读了去消遣时间。况且学校里的学生于课余之后更需要大量的小说和文艺来安慰他们的心情。

五、翻印古书时期。翻印古书是时代的需要，因为在过去的二十五年中，私刻官书可以说停顿了，而社会的需要还是很大，所以旧籍的价值增高，有的书他的价值增到可以重新制造的费用。于是商务印书馆首先利用这个方法，起而效尤的书店很多。另一方面也因复古运动的活动，有钱的人和新兴的富者也很欢喜买些书来点缀家屋。

今后出版业的趋势

过去的历史在处处很可以表现出版业和政治经济，以及社会的动态有很大的关系。今后的出版业也要受政治经济和社会的动态所牵引，趋势可分三支：

一、官书之必兴。国家的编译机关，必将兴起取得各书局印刷教科书和学术书的地位。此乃自然的趋势。在中国的历史上官书曾经立了地位，历史的复现是可能的事。然而至完成的时期路程尚远。及至完成，势必下降，因终不能与私家印书在价值上抗争。虽或有书商认为当前的问题者，然而如果出品佳良依旧可以不受影响。

二、语文技术进步必快。语文学及技术书籍进步必快，因为时势的需求，中国国语的语文书本不多，而中国出的外国语文中只有英文数目也不多。将来日文、法文、德文、俄文、意大利文必将发达。此外技术书籍中国最少，势将随工业的进步而发达。然而精密的技术书不见得就能出现，因为中国之保守秘密实较他国为甚。

三、史地书籍将有改变。史地书籍之所以改变者，一因研究史地学者的策动，一因过去史地学家之错误观察，故史地著作之陈腐者将无人过问。

四、其他书籍平均发展。科学、文学、宗教、社会科学、美术等书籍发展平平。科学研究较费时日，社会科学不为人重；独有经济及法律两科，尚有相当地位。宗教书籍出版虽少，但由宗教机关常在督促，故不见势力衰弱。

（载《工读周刊》1935 年第 1 卷第 2 期）

出版界的不景气

金　爪

虽说今年是杂志年，虽说现在正有各式各样杂志书报，像雨后春笋似地出现于动乱的文坛，虽说市街上大大小小各书坊店的玻璃橱里，陈列着的书本尽够使人看得眼花缭乱，可是内骨子里，无论是办杂志的人，著作人，书店老板，那一个不是在仰脸叫苦，说“中国人为什么不读书”？

诚然，这一二年来出版界与著作界因为读书的冷淡，弄得书店老板们像热锅上的蚂蚁一样团团转，著作人也是毫无办法。

去年年底，纽约出版界也曾为这问题热烈的讨论过，他们就拿“美国人为什么不读书”作为题目，公开征求意见。结果呢，有的是归咎于著作人的身上，说是现在有思想的人所以绝少买书，是因作家能把思想充实他的书的，实在千中不能取一。有的是说这是由于学校教育不能鼓起人们读书的“兴趣”，以及一般人的“懒惰”所致。另有一位的主张则以为现代的读书人，已不属于那些“有钱有闲可以读书”的人，却是那些为自己“找机会”去读书的人，换句话说，就是那些好读书的，图书馆里常常见面的人，是苦学的儿童，失学的青年，商店学员，以及工厂里的工人；因为为消闲而读书的时代究竟是过去了，人们为求生活的向上而读书，所以在生活优裕的圈子里的人对于书的要求自然比较淡薄了。最近《读书顾问》季刊上也有王平陵先生的一篇《书的销路问题》，他的意思是以为中国读书界的人数的低落，并不是经济的原因，从读书界，著作界，及出版界三方面精密的分析起来，他们间都有复杂的联带关系发生着。著作界中呢，有唯利是图大伙投机作家；出版界中呢，完全有以营利为目的的大伙书阀；读书界中呢，有大伙的消闲的读者，为企图造就自己也是某项写作者的读者，为着寻求某种职业的读者：因此各方面左右为因，形成了“购买难”、“写作难”、“出版难”的尴尬局面；而弄得健康的读物，无人过问，不良的读物，反不胫而走。王先生为证明经济的不景气与书的销路无关起见，特别提出德国为例，说他们经过了第一次大战的失败，全国经济总崩溃，民众生活陷于绝境，然民众让读者的空气反较大战前为浓厚，从来未闻有出版界受了大战后民穷财尽的影响，以致让书本一捆捆堆积起来而无人过问的事。

以上的话，虽然各有独特的见解，实在一般的说起来，这问题的责任，绝不是任何一单独方面可以承当的。要谋补救之道，这是在于大家共同的自救与努力。最要紧的，大家都要反省一下，这究竟是文化，还是营业？究竟是为自己谋福利，还是为大众谋福利？我们总是不要把自己弄糊涂了，那才是误人不浅！

现在出版界是恐慌了，他们急于想出一折书、对折书、赠品、优待等方法来了。据说北平现有翻版书，价钱极便宜，鲁迅的《准风月谈》只卖二毛，《袁中郎全集》也只卖一二毛，这样的闹下去，非特出版界的陈书永远没有出清的一天，就是整个的文坛也只有走上死亡的路上去！

（载《中央日报》1935年5月6日）

出版界的出路

樊仲云

我国的出版界，原来自始就不曾有过出版的计划，全凭市场的需要，随机出书，这情形恰与市场的投机相似。这原因由于大书铺不曾想到有计划的出书，而小书铺则虽然意识上要想有计划，以限于资力，势不可能，何况一般的小书铺，又都以大书铺为规范，亦步亦趋，模拟惟恐不肖。所以我国的新书业，自商务启其端，以后起来的许多家，莫不与商务相似，很少能专出一种书籍，别树一帜者。而以此故，彼此在市场上的竞争，形成非常的激烈。这在市况活动时，固尚可应付，但一到市面不景气时，却就要感到无书可出了。

因为书籍缺乏销路，于是想到了出书的计划，但此所谓计划者，由最近在市场上的表现，似尚是惰性因袭的氛气多于积极创造的倾向。如大部古书的翻印以及所谓文库之编行，都是大半依据旧有的书籍，凑合以成。这是一种因陋就简的办法，所以若说是欲由此，以打开新局面，毋宁说是保持现状，借以应付此不景气的市面，还是等于无计划。然而即是此种无计划的办法，也非具有相当资力的大书铺不办，至于小书铺则根本不可能。

为今之计，如欲创造新局面，为自己的营业，为国民的文化，都尽一点相当的力量，那末第一，我以为首须打破那种一窝蜂的习气，看见一家出什么书有销路，于是大家来出什么书。第二，每家书铺要能自标异点，专出某一种书，盖凡生产事业，分工愈细者，愈为精良，我以为出版业亦当如此。尤其是小书铺，能力所限，正不必以商务为模范，贪多务得，兼收并蓄。如此则彼此间的竞争可以缓和，而有通力合作的可能。第三，在生产发达的今日，照例凡生产者必与分配者分工，断无自己生产自行贩卖之理。故我以为小书铺如欲求存于此不景气的现状下，为节省开支，集中经营，实有联合开设共同门市的必要。且惟如此，乃能在外埠防止中间商人的操纵，而有利于读者的购买。

至于大出版家，则我以为凭其雄厚的资力，大可不必与小书铺争胜，而自定出书计划。老实的说，我们现在是什么书都零零碎碎，没有系统地编印。譬如文学，我们有一部包括古今中外的文学史与作品么？所以，如各国各时代文学史以及各重要作家作品的介绍，都是目前最为需要的。且不仅文学，其他如政治经济哲学科学等，亦莫不如此。在纵的方面，我们需要系统地史的介绍，而在横的方面，则亟需有分门别类地明白的认识。而这是非大出版家的能力不办的。

（载《申报·出版界》第二期1935年4月20日）

出版界的风尚

皮 椎

假若说“杂志年”是一股潮，那末，这股潮沉滞到现在还是在乘风作浪的。当然啰，杂志市场也有消长，有的不免昙花一现，有的终于半途夭殇，也有的就是无疾而终。然而这多是由于受不景气的影响，以及难于应付环境的关系，此仆彼兴，还是递嬗不已，所谓“杂志潮”仿佛还未就此衰落下去，这也未始不是可喜的现象。

盛况虽然得未曾有，但就杂志市场出现的一般杂志，试将内容检查一番，量与质发展的比例，成正比例的固有，成反比例的也大有在。试留心观光观光：优闲的“寄沉痛于幽默”，色情的“为艺术而牺牲色相”，于是风花雪月，酥胸大腿，消闲刊物，照片画报，洋洋大观，蔚成风尚。现在充满在杂志市场的，大抵就是这类出版物占着绝大多数。

“杂志年”的真实评价，亦就可以“思过半矣”了。

我们也不必侈谈高调，也可不反对纯艺术的描写，但是文学与艺术，究竟不是一种消闲的东西，它负有它本身应尽的任务，当此苦难动乱的年头，大家的生活，都已卷入了急变的进行中，大家一致的要求，就是需要一点能够把握现实，含有尖辣刺激性的精神粮食，与实际生活不可太距离远了，谁还有种闲适的工夫关在象牙塔里欣赏那些纯艺术呢？

现在读书社会里，由时代的转变，已经开拓了大群新的读者阶层，一般低级趣味的无聊东西早为大家所厌弃，认识力较高，思想进步的读者，对作品已有深刻的选择能力，渐渐地被吸收到了新意识形态的影响下面，使一般读物，已经从“闲适”、“消遣”的厄运里解脱出来了。他们的眼光，已经起了很大的变化作用，不是切合实际需要的作品，必然不会为他们所接受的。所以出版界的目标，应该转移方向，读物的对象，必要抓住进步的大众。最低限度，出版界亦须多供给一点没有毒害比较严肃的营养资料。面对着这荒芜没落的文化园地，我们应该发出这样的长啸。

（载《书报展望》1935 年创刊号）

出版界的检阅和期望

叶　青

文化在现代生活中讲来，非常重要。而把我们的文化比之欧美，则十分落后。因此有急待努力的地方。这是人所共知的，无需乎多说。

从事文化之活动的，有教育，有学术团体×等等，而出版事业尤为重要。一切文化活动，无论属于思维的或实践的，属于提高的或普及的，都可从出版事业中看出。所以要明白我们的文化状况，就须检讨出版事业。

我们的出版事业，有相当浩大的范围。官府，学校，社团，书店，个人，都在参加。不用说，在这些参加者中间，书店是带专门性质而为其中心的。

但不管你专从书店说也好，一般地说也好，我们的出版事业有种种缺点，是很显然的。好处呢？似乎没有甚么，而且不说也无妨。重要的是指出缺点来，并从中找一个努力的方向，以推进我们的活动。

这样，我就开始把出版事业的缺点，加以分析了。

从量方面说，拿我们一年出版的东西与日本、美国及英法德意等国比，相差得很远。依舒新城先生的推测，去年“全年计约为二，一六〇册，一，七一六种，与一九三一年世界各国出版数目比较，仅多于瑞士而占第十六位。若以人口比较，则每二一九，二三〇人方占新出版物一册，实在比任何国家为少”（《文化建设》第一卷第三期一〇五页）。像这样少的情形，还可以称为文明国家吗？

从质方面说，哲学、科学的著作很少，深刻的更谈不上。比较地说，文学稍多一点。而最多的，则莫如古书的翻印。好些书店重重叠叠地出版，譬如二十四史、二十五史、二十六史即是。另外就是竞出各级学校教科书。儿童用书亦成为近几年出版活动的趋向。画报不用说也特别发达。

从出版物的量和质两方面看来，可以说目前应努力的方向，是这几点：

第一要增加数量；

第二要多出哲学、科学书；

第三要注重高深的著作。

这自然与中国的需要有关系。而在过去出版物在量和质两方面的贫困，也有原因。合起来说，就是生产不发达，农村破产，又值整个经济不景气的时代，教育未曾发达，研究风尚没有，不读书和不买书的教员、学生及一般人太多了。在这种情形中，欲出版物不贫困，是不可得的。

我们不应该是宿命论者，应该做，应该想办法改正。从根本上说来，须谋生产发达。而如何取得生产发达的可能，例如使关税能够完全自主好给幼稚的生产以保护，又是问题，并且这也不是短期内所能解决的。出版事业在此时停止来等待么？依然活动呢？我以为是应该活动的。这好比工人在未获得根本解决以前，仍要生活，不得不做些改善目前生活的事情一样。

而它一方面，一切都是人做出来的。在我们未明白自己的缺点，自可依样葫芦地做下去。而一经明白了，我们不独应改革，并且也有可能。这里是有着自由意志之余地的。我们不是无意识的动物，我们要觉悟地实践，追随我们所愿意的目的。

这里，我首先觉得多出哲学科学书，而少出古书，完全是可能的。问题只在出版界中各方面的主持人，例如书店的总编辑等，是否了解此中的是非得失。关于这点，我想另文讨论。这里，我作为问题已被解决一样地看待。从此后要多出哲学、科学书乃至文学书。

对于高深的著作，固然购买者少。但我看是会多起来的。无论如何，教育和生产都在发达中，只不过缓慢罢了。研究的设施和努力，也有些须的进步。虽然这些都不够，但总可添一分购买力。它一方面，少出古书，则古书的购买力便会移到这方面来。所以高深著作也有相当的销路。

以上关于多出哲学、科学书并及其高深著作一事，我以为出版事业家不能完全站在被动的立场，只求客观需要的供应。必须明白出版事业家，对于研究的人是造成其客观需要的条件。没有新式小说，人们只有读旧式小说的欲望。有了新式小说，便有人来买它读它。需要产生于有。坐火车的需要是来于火车之有的。

至于增加数量的问题，与经费有关系。假使上述的书在销路与生产不相应时，亦需要钱来周转。怎办呢？我以为各方面的出版事业家，应结合起来要求津贴。文化既然重要，而且要谋建设，要谋复兴，自可将出版事业津贴费列入国家正当开支里面。与其拿钱养活骈枝机关，倒不如裁撤一些，把人移于翻译著作，把钱移入出版津贴转化为稿费或版税以支给他们还有意思。

要发达文化，必发达出版事业，所以我在检阅出版事业后提出我的期望，愿从事出版及文化的人，予以注意。

（载《申报·出版界》1935年4月13日、20日）

出版界的年轮

郁达夫

年轮本来是植物学上的一个专门名词，不过用在此地的意思，却只是普通字义的解释。中国的出版界，和中国的政治、社会一样，花样实在太多，变化也真剧烈。前几年听说是杂志年、翻译年、小品年、杂文年，现在又说是小报年了。从堂堂的大论文，而一变为小品杂文，更从几百页的杂志，或十四十六张的大报，再变而为半张的蝇头细字的读物，在这一种变迁的反面，也就可以看出中国地图的变换，与中国国运人事的衰落来。

而这中间，尤其是显著的两个现象，是粗纸滥印的一折书的流行，和高价大部的古书类书的再兴。人家或者还要称赞这两件事情，说是中国现代的文艺复兴，但其实也就是中国社会，已经走到了衰颓的极边的一个证明。

一折书是为适应经济破产后的大众而产生的企图，用意未始不善，结果影响，也不会没有，但试一检查这些一折书的内容，那就糟了。所翻印的仍旧都是封建时代的几本最普通流行的书，新的作品和新的选本，只占了十分之一的地位，而这十分之一的新书，也浅薄错乱到了万分。大众的思想，既不能脱出封建时代的臼窠，而新的芽蓓，又浅薄错乱到了这般的地步，试问这一国的国民，还有什么希望。

旧书的重印，本来也没有什么不合之处，但大家都走上了这一条倒退的大路，新的光明的开辟，更没有第二个人出来担负，却是目下中国的特殊的现象。这些大部的丛书类书，是为中国有产的中坚阶级与智识阶级而印的；一个社会的上层阶级，只剩了一点过去的追怀，而没有了现在与将来，那这社会岂不是和地下的本贝城一样，岂不是个个都变成了僵尸？

还有一层，从中国出版界的流行上，可以看得出来的一个最大的弱点，是中国人的没有创造的精神。模仿取巧的小聪明，损人利己的恶习惯，是谁都具有的，但是新的创意，却在中国人的脑里耙扬不出半点来。所以在立身处世上，大家只知道做官可以发财，在经商营业上，大家只知道作伪就是正路。你出一本什么，我也马上出一本什么，你定一个商标，我也同样画一个葫芦；到了强邻压境，城下缔盟的时节，还要说一声，“敌国外患，何代没有？犯而不校，斯真君子。我但求能胜国人，也就是一世之雄了”。

（载《时事新报·青光》1935 年 9 月 20 日）

出版界往何处去

李衡之

如认出版界不仅仅是白纸上涂些油墨，而是当时思想及文化情状的反映的话，那末，我们不妨大胆地说，今日中国的出版界不仅是患“贫血症”，而是已将断气了。

中国“有内容的”出版界之发展，近百年来有几个显著的阶段，便是：（一）康梁维新运动，（二）五四运动，以及（三）国民革命运动。第一个阶段摇动了“封建绝对主义”的基础，第二个阶段引发了民族自决的要求，第三个阶段，也是最重要的阶段，开展了民族独立的反帝斗争。但是最后的一个阶段，没有多少成効，现在早已消沉。

如以为“书店”是出版界的中心，以“书店”的变动来观察出版界的趋向，那么，更足以表现今日出版界的奄奄一息。在一九二七年左右，活跃于出版界的书店，有百分之四十以上，已经不复存在。即使仍能支持至今的书店，性质也已“非复旧观”。在新书业中具有历史地位的几家，如新生命书局，今日已失去了《新生命月刊》，甚至《社会与教育》时代的光芒，开明书局已丧失了《新女性》时代的前进精神，神州国光社已找不到一些《读书杂志》时代的力量，北新与现代也没有了“推进新文艺的发展”的作用。此外尚有几家，如华通、大东等，在历史上固无何种贡献，而今日在“出版”方面，已呈停顿之状，自更无足论。

但是，这并不是说：今日的出版界连“白纸上涂油墨”的都已绝迹，不过，就是在出书的“数量”上，也已减少。号称文化街的上海四马路上几家书店“照常”出版新书的，只有商务等几家，有几家虽仍间有新书出版，而为数已不如以前的多。此外则差不多都已入于停顿状态。

即就这些新出版的书来说，究有些什么作用呢？我们可由其“数量”中来分析其质量：

（一）教科书——还是竞争最烈的目标，如最近教部新将各级师范课程标准公布，各书局莫不抖擞精神，大事竞争，如商务、中华、正中、开明、黎明、大华等都在斗心钩角，积极进行。

（二）古书——太多了。资本雄厚的大部翻印，较次的则也退而求其次。如商务的《丛书集成》，开明的《二十五史》等，都是“亭子间的文人”没有地方安置的巨书，其次如好几家争印的《袁中郎集》等，也都是不要稿费的“国粹”。

（三）旧小说——旧小说也是“古书”的一种，不过在一般正人君子如古直先生等看起来，究不能和《十三经》等相提并论。旧小说的翻印开始很早，即所谓标点小说；而现在却大走红运，除了文化图书公司等的“一折八扣”的不论外，几家大书局也竞印旧小说起来。“合购十部，大洋四元”的《三国志》、《红楼梦》等翻印本，成了世界书局近日来的利市买卖。几种旧曲词话占了生活书店的《世界文库》之巨页篇幅。

（四）图画杂志——数量很大，为这一阶段出版界的特色，几家杂志公司因之成立。内容是给姐儿爷儿们坐在“苏乏”上看看怪有趣的春色、健康美、人体艺术，以及许多不能没有“影星”及“舞星”的东西。

此外，是的，此外还有什么，除了一些“怎样种菜”、“怎样造屋”，以及“怎样算账”的书籍？（如商务的每日新书，都不过是些基础技术科学的书，儿童书也已过时了。）是则，这些东西对于新的思想与新的文化之推进，究有些什么作用呢？

于是，有许多批评者高声疾呼，什么各书局不应该出版中国古书啦，应该出版西洋古书啦，应该多出哲学科学的书啦，应该，应该，“第三个还是应该”。实则造成今日出版界这种现状的，有其各种现实的背景，决不是应该不应该的理论问题所能挽救过来。

造成今日出版界这种局面的原因，除了政治环境以外，最重要的是经济关系。经济衰落不但造成购买力的减低，而且也可促进思想的苦闷，无心于读书。为了这样，于是各书局的参考书都成了废纸。就是在上海，号称文化最发达的地方，不但各校学生大多不读参考书，教授大多不看参考书，就是一般文人、著作家，其所写的书的数量也有超过其同时间所读所看的。在内地，不要说是在农村，就是在都市中，就笔者近日所到的长江流域几个商埠，中产以上的人民都在闹恐慌，化一元买一本书是很少见的事，所以，如在九江、芜湖等处，就是商务、中华等几个大书局的分馆，其日常至要的营业也只见数角数分的买卖，市上所见的无非是一折八扣七扣的东西。

在这种情形下，怎能不逼各书局走上今日的路。他们出版教科书，他们知道只要有学校，总有些销路。出古书，他们知道至少有些图书馆及收藏者还有一些购买力。出版旧小说，因其读者对象最广，而且“大鱼吃小鱼”，至少那些旧的石印书及书摊的生意是可以抢过来的，图画杂志性质也相类似。

但是，就是站在书局本身的立场来说，今日的处境虽已困难，而也是不能维持长久的。譬如课本，竞争结果必为大的书局所独占，如教部及国立编译馆的编印各级课本计划成功，这路即将断绝。古书虽有一部分图书馆及收藏者的惠顾，但这市场极狭，而且只有减缩，没有开拓的。那家书局如以旧小说及图画杂志作为营业主目，则其事实上已不属于新书业范围，更无论此路也是不能持久的，因为旧小说的数量不能有新的增加，老是这么几本，大家竞争的结果，必然是同归于尽。

今日中国的出版界究往何处去呢？但是在这国民经济总崩溃之时，没有去路的，实不止出版界，各种事业都是这种情形啊！

（载《申报·出版界》第二十期1935年8月24日）

出版界应走那条路?

玉　辉

在本刊二十七期上冷峰先生的《出版界应有的觉悟》一文中，指出了目前出版界两条十分显著的趋势，一条是大家努力于古书的翻印，一条是大家竞出肉感的、色情的画刊。大体上说，冷峰先生说的并没有错。在财力稍为富有，规模稍为大一点的书店，现在大都正在致力于古籍的翻印与整理；规模小、财力弱的书店却在竞出画刊同一些内容空洞、徒借形式的美观来招引顾客的杂志。这种现象很使一般有识的人代中国文化的前途抱悲观。不过我以为这悲观是可以不必的，因为这是一种不可避免的趋势。为什么呢？由于目前出版界这种畸形的现象，我们不是可以清楚地看出一般读者购买力的薄弱么？几千本，少至几十本、十几本的丛书或丛刊之类是什么样的顾客是不必说了，买画报同内容浅薄的刊物是什么样的读者，我想读者亦大都可以想到。前者的主顾是一些学者、藏书家同图书馆，后者无疑是一些有点闲钱的大学生或是公子哥儿们，他们想借此来消磨饭前舞后的余闲。目前出版界最好的主顾既是这一类人，而书店虽然说漂亮点是宣传文化，但我们不能叫他们作亏本的生意，叫他们出版一些找不到顾客，或只合一般无力购买书籍杂志的人们的兴趣与需要的书。所以眼前出版界所显示出来的两条路实是必然的。有心中国文化前途的人，我以为不应对这现象抱悲观，相反地，我们应代出版界筹想一些较为有效的办法，使书店不妨碍他们的生意经，在读者方面又可以得点实益。徒然悲观，徒然咀咒出版界当局的错误是没有什么裨益的。

我们既然看出一般的购买力的薄弱，但我们却不能否认一般读者求知欲的增加。他们倘若有一点余钱的话，除开一些的确为他们所迫切需要的书物之外，他们绝不乱化，更不会买一些用来消闲的东西，因为他们根本就无闲可言。所以我们如果能够出版一些较为实用，换句话说，较为合于一般读者的需要的书籍与杂志时，我们确信还有相当的销路，止要定价不十分昂贵。

现在是最大多数人都在闹着经济恐慌的时代。能够买得起十几元、几十元以至几百元一部书的千人中不得一，但这并不是说一般读者不需要读书。所以我们出版界除让那些大规模的公司去出版大部书外，小规模的书店应尽力出版一些小型的东西。我们不能以其型小而加鄙视，只要办得精采，那么，虽小又何妨？况且今日能有读书时间的人少，能得充分时间读书的人更少，大都是在工余，在课余，分出一点时间来的，那么我们出版小型的便于购买、便于阅读的杂志同书籍，实在是最适合不过的。

讲到办杂志。许多人咀咒中国眼前杂志的充斥，在我却不以为然，我们现有所有的那些杂志，好的并不多，其余的尽是些废料，只是白纸印上黑字，内容的空洞，宗旨的欠纯正，选取的失重心，作品的粗浅，人云亦云，在在都使人觉得无聊，请问有多少杂志能超过二千份以上？它们是不是只徒然地在书市场上占一个空隙，让购主嗤之以鼻而已？那么，要是再办一个有意义的杂志，我们还可以嫌多么？而且杂志是综合的，新鲜的，办者轻而易举（是较那些大部的书容易的意思，要办得好还是很难的），读者亦便于选购，易于阅读，而且对于新发生的事情，立刻可以抓住来发挥、阐说，这是单行本所不及的。那么再进一步，我们要什么内容的杂志呢？关于国内外的政治、经济、外交情势的杂志，我们现在还有一些，我们要注意科学方面的，如社会科学、理化等等。可是主要的条件就是文章要顾及读者的程度，不要令人读了头痛，要用一种流畅的、明了的文章写出来，即时下所谓科学小品。作者在那里只是作一种启蒙的工作，领导读者走到一条正确的路径上去，然后由他们自己去发现，去开拓他们自己未来的园地。

还有几种意见再写在下面：

我们现在的出版界——尤其新闻界已把眼光由少数人移到多数人上来了。这是可喜的一件事。我以为我们目前，无妨试办一种新型的新闻纸，但本质上虽与新闻纸略同，可是他又兼杂志的长处，即是于记载事实之后，更择要的加以说明。我以为读报是日常一件大事，而报又是一件最难读的东西，有十分的修养的人看懂十分，无修养的人看了却捉摸不到什么，等于不看。在文化的立场上说，这种出版物每日给予读者一点智识，积至一年，亦能蔚然可观了。人们的学识，纯粹是在不知不觉、日积月累之中得来的。而且我相信它必有极大的销路。因为读者可以由大学生（因为他们的学识好些都是空空如也）直到店员与黄包车夫。

其次是以杂志的性质来获得专门的效果。例如我们以日本的研究作中心，每十日，或每半月出一册，介绍日本的国情或日本的国势的动向等等。主要的是纯粹以日本作中心（譬如中日关系、苏日关系的讨论亦可包括在内），让读者以读杂志的能力与时间及精神获得一些专门的智识。

还有，我们尽可以迎合各单位的读者，而办各种类的出版物，如以大中学生为中心，目前最要紧的莫过于工具一类的东西，如外国语是。北平《日文与日语》定价甚昂，但每期销路很好，而且销售范围仅局限于华北一带。由此可见这类工具刊物，在读者需求之殷与出版者眼光之正确。此外如法文、德文、俄文等等都是可以举办的。我们文化落后，正需要向外国去学习，现在外国文对我们是极端需要的。以英文而论，商务、中华二家所出之英语周刊，虽然非常枯燥，亦拥有万上的读者。如果我们的出版家愿意生财，而又作一点有贡献于中国文化的事业的话，这就是一条富有意义的生财大道了。外如针对儿童、针对妇女等等都有举办各类杂志的必要。

综上所言，我的意见完全是对小规模的出版机关说明的，而且亦是由下的意旨归纳来的；我们自“五四”到现在，文化的收获依然非常贫乏，大学生而不晓得阿比西尼亚，以为哈尔滨是俄国境内的地名的岂非比比皆是？我们需要再来一次启蒙的工作。这一面的启蒙工作的对象不应局限于智识阶级与上层份子，而应普及到全体的民众上去。所以我赞成办杂志，办新型的新闻刊物，办收获专门的效果的刊物。

我们出版界向来都是一面倒的。看见甲出幽默的刊物获利，于是乙亦出版幽默文集，丙亦出版幽默名作选。看见人家出课本，于是亦争着出版课本。但获得利益的只有最初发动那一家，其余不是亏本便是把它一折九扣，当作废纸出卖。精明的出版家们为什么不去发见开拓自己的新大陆呢？

还有定价的问题，我以为应当低廉，杂志的获利与否并不在定价上，而是在获得读者的多少上。纽约的 *Saturday Evering Post* 一本只买五分钱，简直连一半纸钱都补不上，但赫斯特（*S.* Harst）每年却因而获得几千万美金的利益。原因就是它的读者众多，另一方面收入了许多广告费的缘故。而广告的多少又是看读者的多少而定的。出版家最初怕亏本，于是尽量把定价提高。殊不知提高定价正是出版家一种自杀。

我的意思止于此，由目前新闻界的杂志化，杂志的新闻化看来，我这些推测或不至于怎样错误罢。

（载《申报·出版界》1935 年 10 月 26 日）

出版业衰颓之检讨

器 重

在数年之前，书业鼎盛，新书店像是雨后春笋，在上海开设了不少。可是，转眼之间，倒闭的倒闭，出盘的出盘，不倒闭而不出盘的也大都在裁员减薪，似乎有些残喘苟延不下去的样子。据说，这是为了整个社会经济衰颓的缘故，大的公司银行尚且在倒闭，书业受到影响，自然在情理之中。然而，我们在出版业的本身上检讨一下，我们觉得社会经济之衰颓果真是一个很大的原因，而其本身之不健全，实为更大的原因。因为，整个的社会经济虽然衰颓，学校里出来的学生找不到出路，大家嚷着“毕业即失业，读了书没有饭吃”，但同时又现出了一个矛盾的状态，就是每个学校的招生，投考的终要超出应取的学额，书店出版的杂志，五六年前像商务的《东方》、《教育》、《妇女》、《学生》等，一直可以伸出大拇指认为销路最大的，但不过仅是几千份；现在开明的《中学生》，北新的《新学生》，申报馆的《申报月刊》，那一种不是销路在万数以上？即使认为销路不佳的，至少也有二三千份，可见得书店的主顾实在比从前多得多，而书店竟会因社会经济的关系而陷入不景气的苦阱里，设非其自身之不健全，终也不至于到这一个地步，这是很明白的了。所以，在目前，要使衰颓的出版事业从新复盛起来，其本身不健全的地方不能不检讨出来。

第一点就是投机，取巧，贪图近利，比方如民八亚东书局出了标点旧书，赚了一笔钱，于是各书店竞相效法，想来分润一些，而自己并不想一下这路是否可通，贸然为之，弄到后来资本完全搁死，无可奈何，只好一折七五扣或是一元三斤半来赔本的出清存货。五六年之前，马克斯派的学说，在社会上很出风头，于是书店老板，看到目前有利可图，竞相争印，大有不带左倾色彩的够不上印行的趋势，想不到风头一转，老板只好望了堆在栈房中的销售不掉的存书而叹气。此外，如竞出儿童读物，印行画报，见到《论语》以幽默之态度而得到很多的读者，于是也来照样投机，老板们却没有想到跟了人家跑，前面路上的黄金早已被前面的人拾去，自己不会拾得到什么了。还有，看到教科书有利可图，自己也来印行，只求投机谋利，不问内容是否精审，更为贪图销售，拼命给予书贾厚利，折扣打得很大。像最近，又是竞印古书，商务、中华因为资本大，当然不会生问题，其他书店，也来竞印，仿（彷）佛目前的出版界只有翻印古书一条路可走，拼命的向前追去，待到跌在苦阱之中，那时就要后悔无及。所以，目前的出版界，须得自己放准眼光，望定了目标前进，不要看到人家怎样，自己为图目前的近利而投机而跟着怎样。须知盲目的跟人前进，前面的利益只有被人家得去，自己即使不随之而失败，但得利也很有限，这是出版界应该觉悟的。

第二是不审书籍内容，只卖名家名字。很多的书店老板，如果碰到一个无名作家的稿子，他并不审察一下内容怎样，以为无名作家的稿子，决不能帮他赚钱，大有稿子送给他都不要之趋势。反过来，有名作家的稿子，不问其内容，每肯出巨价收买。其实，无名作家的稿子，未必都是不行的，而名家的作品，杂乱无章者也多得很。读者并不个个是有名作家之崇拜者，出了巨价去买得了名作家过时的作品或是无聊的作品，化去资本印行，销售不掉，也只好望了大堆存书叹气。所以，书店老板，今后也得改变方针，出版一本书，不要在作家的名字上打算盘，最要紧的还是要审察一本书籍的内容。

第三是铺张表面外强中干。有许多书店，当其开设在弄堂里的时候，因为开支不大，获利很多，但是，想获更多之利，所以把组织立刻扩大起来。那里知道，组织扩大了，开支浩繁，而营业也不过和在弄堂里时差不多。看看危险，想要收缩而不可能，每有因之而关门者。如前年×书局，将大批资本向外国去订购最新式的印书机器，有人告以且慢实行，而老板不听，终于，外国的机器还没有到上海，自己先陷于不能维持的地步。当时设非再加入资本，则外国订购之机器来了，自己也不能使用，势必廉价拍卖。所以，书店老板，作事把稳，踏实了地，不要妄事铺张，空做场面，则不景气的巨浪打将过来，终也不会成为致命之伤。

第四是仅求销广放账难收。因为鉴于开支浩大，于是只求销路广大，对于外地书贾，冀其多销书籍，故予以巨大折扣，还将账目拖放。那里知道放账容易收账为难，到期收得之账目，七折八扣已是幸运，而书贾将大批书籍退下抵账，书籍在途中装来装去，受到损失极大，放着廉价部中出售，不过聊以略略收回资本而已。然而，书店老板，在此已经吃亏不小！不幸书籍污损，而七折八扣之账目又未能收得一文，使自己陷于绝地者，在现在的出版界这是常有的事。所以出版商人，应当觉悟，宁可脚踏实地，不妨营业少做，则虽然社会经济衰颓，自己所受影响，决不至于陷于绝地。

第五滥登广告徒耗金钱。广告不是不要登，出版界出了一本书籍，不登广告，人家怎么会知道而来购买！但刊登广告，也得对于自己的资本算算。大的书店，资本动辄千万或是几百万，他们的营业也做得很大，所以每月花上几千元或是万元的广告费，决不会感受什么影响的。普通书店，资本不过数万或数千，营业也远不及大书店之广告，每见大书店在报纸上刊大幅广告，于是相率效尤，想借广告之力，发展自己的营业，殊不知一大幅广告之刊费，即耗去一书之本利数十倍。即白送去数十本书，还不能收回一天之广告费。所以广告要做得醒目而又不占多大地位，仍有效力，而每月可以节省不少之开支，这也是出版业不景气之狂潮中书店老板应加以注意的。

上述五点，据我看来是出版业颓衰而在本身上检讨出来的弱点。或者尚有其他，为我所见不到的。

（载《申报·出版界》第二十四期1935年9月21日）

出版与文化

叶 青

出版就是印行书报，——所谓出版物是。这是人人知道的。书报或出版物为人类文化的记载，有文字和印刷以后，一切文化都被它记载起来。这也是人人知道的。那末出版与文化的关系不很显然么？

是的。我们要看一个社会的文化情形，从出版的书报上，可以一目了然。尤其是在今天，文化发达，印刷便利，纸张的生产容易，几乎现在的一切乃至过去的一切，在文明国家，是全都出版成书报了。所以有什么文化就有什么书报。文化作用于出版。

但如果人类的思维有逻辑性是确实的，那么过去的思维就必然成为当前思维的决定者。所谓文化，是种种观念形态，为思维的产物。即采取广义，把行为包括进去也一样，因为行为是观念的事实化。这样，记载过去文化而出版的书报，也就成为当前思维的决定者。出版于是就加影响于未来的文化了。这里我们不感觉得出版之作用于文化么？

如果这样，那末依照第一个法则，我们现在出版物的贫困，据舒新城先生的估计，在世界上占第十六位，便是我们过去文化不发达的证明了。在这种情形下，我们是应该特别努力的。历史告诉我们，凡文化落后的民族都要被它的车轮打下去，不能生存。所以努力发达文化，是我们生存于二十世纪的条件。

这样，依照第二个法则，要发达文化，就必须在出版上加以注意。希望有什么样的文化，就应该看有什么样的出版物。今天的书报是将来文化的种因。所以我们将来的文化，在今天的书报出版中就透露出消息来了。

如果这些话是实在的，我们将来的文化便很可忧虑。因为从我们对于出版的检阅中，知道现在的出版方向是倾向于古书和儿童读物的竞争。在儿童读物方面，虽于提高没有意义，于普及是很需要的。只有古书的大出特出，是一件不祥的事情。它必然要使将来的文化呈出复古的姿容。

我并不根本反对古书。古书是古代文化的记载，自然应该出版，以供我们了解古代文化之用。但我们的任务不在了解过去，而在创造将来。中国过去的文化，实在不及欧洲近代得很远。如果我们将来的文化从中国过去出发，那是落后的，必然不及欧洲的将来。我们现在要赶上他们，与他们并驾齐驱，再不可停留在后面了。因此古书是不应该大出特出的。

这里，我要附带地说一句，多出版古书自然不应该，提倡读古书尤其不应该。对于读经存文的主张，在出版界、文化界和教育界，当同声反对。那是使文化和出版都开倒车的事情。

（载《申报·出版界》第五期 1935 年 5 月 11 日）

论出版界的投机

须　旅

有人在慨叹出版界的投机，商业化。出版是商业之一种，在商战的现代，商业必须投机而后有出路，有钱赚，不蚀本。仔细想来，这是极正常的现象：所谓“化”，是并不是的，只是一种“本色”。投机是商业的技巧之一，本色的技巧之一。出版界要是不投机，除非不是商业。要是是商业而不投机，那么出版家只能喝西风去。

我不是一个出版家，也不是在替投机的商业出版界辩护。我的意思是：在商战的现代，投机和商业都是正常的名目，率直一点说：是正常的行为。以这样的名目向出版界苛责，是笨而不当的，等于责备一个专靠赌钱吃饭的人，说：“你为什么要赌钱！”

出版界的投机，局外人看来，实在是可恶，有伤文化事业的尊容，但在他们自己，却把这看得极平常，极正当。他们以为，建筑在商业形式上的出版界的任事，也只能是这样。为什么？因为现代的商业正是这个情形：非投机就不能站住脚。

现在的出版界终于只是一种买卖，而买卖则终于是需要手段的。

所以，单是咒骂出版界的投机，在原则上固然甚是，但于情势是不大适合的。骂投机的出版家丧尽了良心，在原则上固然无疵可议，却是没有体谅到被骂者的苦衷的。要指摘出版界的堕落，应该指出其所以堕落的根源。

目今的出版界之堕落，是显见的，无可讳言的。那么怎样会堕落的呢。出版界并不是“爱”堕落，是另外有个原由迫得他们如此堕落的。这，狭义地说：便是投机，也不是“爱”投机，而是在某种情势下不得不投机的。

这某种情势，这原由，依我看起来，还要归到一个大题目：社会经济不景气。

这题目太大，区区不敢谈。这里的意思，只是以替出版界喊冤为止。

经济状况好，出版界自然而能会向上，会不投机的。这是很浅显的事：我们只要看几家资本足的书店之出书比较严肃郑重，而小书店之出书则胡乱马虎，便可明白。

在这样无可奈何的情势下，直面的向出版界申斥：“呔！你投机岂有此理！”或者喝断：“唗！不许投机！”……这些，都不成功。我们只能：一方面企求根源所在的社会经济转好，一方面企求出版家于可能范围内存点良心。只能企求，不能责成——因为无法责成。

但良心是要有余裕时才能有的。现在的出版界处于窘极的状态下，恐怕难得肯发现良心。——此所以我们的出版界之没有办法！

投机者，是迎赶潮流的意思。是好的潮流，则这投机将是一种好现象，因为因了大家的投机，会促使潮流更活泼，更广大，也就是使出版界更蓬勃，更丰富，更有生气。但潮流是坏的呢，投机可就会生出坏的效果来了。因为投机的多，坏潮流也就更泛滥得厉害，成为洪水，无可收拾。

所以投机倒也并不通是坏。好坏也还要以潮流为依归。潮流是读者的趣味方向所激成。那么，从读者的趣味方面着手去诊治投机的不良形势，或许倒也是一个治本的方法。

这该是教育家、批评家、著作家的任务了吧。虽然读者的趣味方向与投机也有关联；但比之于以上那些“家”，出版家的责任是要比较得少一点的。

目今的出版界的投机情势，我觉得不负责任的教育家、批评家、著作家们，不但不负责任而已，也有着促成的力量呢。

最后，从原则上谈一谈投机的害处。投机的害处，除直截的助长恶潮流外，更有细密之点在。

举一个例，譬如出一本书。书的内容是迎合潮流的。所迎合的潮流是不良的潮流，那么不消说别的，那本书已经是不良的了。所迎合的潮流是好的呢，照例应该是本好书了，然而不，还是一本坏书。

潮流之过也是快速的。尤其是我们中国的各个“界”。譬如文学中的潮流吧，在西洋往往要流上许多年，然而在中国，只消几个月。因此，一本书要赶上潮流，甚至是潮流的最高点（潮流最高点最卖得出），便非也同样地快速制出不可。做书者必须紧赶造，出版者也必须上紧赶印，于是只顾到快而不顾到精——不，连像样也不顾，结果那本书虽是好题材，也是一塌糊涂。潮流总算是赶上了头，热心于潮流的读者是拉着黄牛就是马，不细察内容的好坏的，只是读，只是读，也许读了之后还以为是一本好书——因为他认为它是“时代的产物”。出版家呢，自然总算赚了一点钱了，把注意力全注在钱上时，当然再无出现“良心”的余裕，全乎不管那本书于不幸的读者发生了什么影响。

投机于坏潮流是当然坏，但投机于好潮流往往也不能免于过：便是这种粗制滥造。

诊治之方法与上面相同：要治本。但一方面也有待于三“家”的尽其任务：教育家告诉读者“什么样的书是坏书”，批评家指出“那一本是坏书”，著作家则做一本好的出来，同坏的比一比，使人一目了然于它的坏。

（载《申报·出版界》第三十一期 1935 年 11 月 14 日）

对于最近出版界的感想

杜　衡

也许是因为近来对于出版事业略略发生了一点小关系的缘故，对于新书市场这些问题都不得不比较关心起来。这一种关心的结果，是只有造成叫人对艺术或文化这些东西的神往和重视发生了动摇。

仅仅看书籍的广告，仿佛每一个出版家都是“非以役人，乃以役于人”的，开口文化，闭口学术，但我们若看的明白一点，也是说，看穿一点，所有的学术文化都是断送在这班商人手里的。往时还好，因为出版事业比较的昌盛，几位发了财的出版家，为沽名钓誉起见，也会从他的利润拔出三两成，做些即使没有大益处，但究竟也不会有大害处的真正的事实，但近来，由于一般的不景气，读书群购买力的减低，却连这一种举动都绝对少见了。大家都是企图着从“事半功倍”的方面发展，以最低的代价，在最短的时间内，购买了智识劳动者的劳力，草率编订成册，然后拿文化学术等招牌来骗取读者的银毫，而结果是断送学术文化，另一方面也糟蹋了学者和文人。

古人化毕生的精力来著一部书，像这样的书，近人是一两个星期就可以做成的。古人写了书，然后捧了书到处找人替他出资刻板，有的甚至几十年都找不到，近人则下半部没有写出，而上半部也经排印好了，印刷所又天天来向作者催稿子。但古人的著作既印成书，印上几百部，而这几百部往往会被人珍藏着，轻意不致遗失，而近人的书，则要不了一两年就会在花生米摊上发现的。大量生产的结果只是浪费，精力的，时间的，以至金钱的浪费。但出版家是赚了钱，在他这方面看是不至浪费。

时常有人把出版界的罪恶推到读者身上去，说读者是盲目的，给他好的，不要，给他坏的、臭的，要了。这固然是部分的事实。则智识欲充盛的年青的读者们，他如果有能力鉴别书的好坏，他也不必成为书的买主了。这种对读者的责难，严格的说，是不甚公正的。我觉得我们缺少一个出版界的公正的检察官；我意思说，如果能有一个公正的有势的，配的上指导青年而又为青年所信仰的评论机关，那总会使投机的出版家们稍稍知道一点慎重；即令还是欺人，也至少要欺得合理一点了。

（载《生生》1935 年创刊号）

出版界应有的觉悟

冷　峰

目前中国的出版界，现出两条十分显著的趋势，一条是大家努力于古书之翻印，一条是大家竞出卖报。我们走进无论那一家书铺中去，除了不注意于代售别家出版物的商务、中华和专卖线装书的几家旧式书店外，那一家不是摊满着花花绿绿的刊物？这刊物除了一些研究学术的杂志外，其余都是些画报。据说画报的销路较任何一种刊物广，因为有利可图，所以出版界努力刊行，书店十分高兴代售。因为画报的出版有了好多种，所以大家又拼命竞争，努力趋于肉感方面，故封面必用女子，而且最好还是裸体。这不是我说谎，常在书店跑跑的人，终能感到的吧！我们再翻翻报纸上的书店的广告，凡是大幅的，除了几家所谓小书店者刊登每种书籍只卖几分的无人要看的什么白话尺牍之类，此外便是翻印古书的广告了。照这两种的趋势看来，显然的，在这不景气的现在，其他的书籍没有销路，只有向古纸堆中研究的老先生以及社会上粗识几个字的有闲阶级看看画刊来消遣的两种人买书了。这是怎样的可怜，而同时对中国的文化前途，又是怎样地可悲呢！

我并不是主张古书不要翻印，画刊不要出版，因为学术文化是要从各方面发展的，尤其是处在今日危机四伏的中国，事事落在人家之后而不来迎头赶去，反来安闲地玩弄古董，看看消闲刊物为大不当。所以我的主张，印古书，出画刊，不宜在这风云紧急、危机四伏的今日。

书商之目的，本来在“赚钱”，虽然面上挂起着“宣传文化”的辉煌的金字招牌，但这金字招牌无论如何掩不掉“赚钱”两字。出版一般的书籍，无人过问，没有法子，只好另寻出路，于是，不得不出版古书，出版画刊。因为古书与画刊，比了一般书能够赚钱，于是，大家都走向这两条路了。我们不能叫书商不赚钱，所以我们对于书商也不能不加以相当的原谅。但是，站在文化的立场上讲，因为出版界有左右文化之势力，所以我们不能不责备贤者而冀其醒悟过来了。

翻印古书，是保存中国固有之文化。然而，中国的文化，有着五千年的历史，这五千年来的古董，未见得件件是合于现代社会的应用，如果不用科学方法来整理一下，实行肃清运动的清一清，翻印了徒然是污损一些有用的纸张，于中国的文化是毫无裨益的。现在的中国，大家知道内里是天灾人祸，弄得赤地千里，灾民不可计数；外面是受着外敌的侵略压迫，使得国中财货，大都进了外国人的腰包，都市不景气，人民的生活一天困难一天，国家像是“骨瘦如柴”经不起丝毫风寒的病躯，当然，最要紧的是服食强身补血的良剂，玩弄古董，无益病躯。请问古书中究竟有无救济中国现状的材料？所以翻印古书，不是目前的急务，出版界不努力于目前的急务而大家趋向于不急的翻印古书，有人称之为“自杀”，似乎也不能算错到那里。

出版画刊，是提倡艺术，话是当然不错的。然而所谓艺术者，不仅是女人的画像和裸体的照片而已。为什么不努力于其他方面而一定要在女人方面呢？岂除了女人之外，就没有艺术品了吗？目前的中国，文化程度十分低落，人民不能赏鉴高深的艺术，这是实在情形；可是，为了生活的苦闷，于是群趋于低级的享乐，看看色情的画刊，多少可以救一些性的饥渴，画刊因此而产生了。然而，对这千疮百孔的国家，何异命之狂抽鸦片，究竟是有害而无益的。

当然，出版界的目的是在赚钱，目前其他一般的书籍无销路，所以不得不改走别路。一般人不购读其他的书籍，要将其纠正过来，这当然是一般的知识阶级所应负的使命，然而出版界也得不去努力出版画刊和翻印古书上，须知文化之进展的车轮，是出版界及著作家平均分担着向前推进的。希望出版界有悟于此，从速改换路线是幸！

（载《申报·出版界》第二十七期 1935 年 10 月 12 日）

目前文化界的一个巨大危机

平　之

目前我国的文化界，正当着一个巨大的危机。这个危机的到来，既不是由于出版界的不景气，也不是因为一般人心消沉，总说一句，是由于帝国主义国家文化政策的新展开。

我国的出版事业，在所有的产业中，许多年来，可说很少受到帝国主义势力的压迫。如其他产业，因外国资本的压迫与外国商品的倾销，现在是十九皆朝不保夕，乘着欧战的机运而兴起的民族工业，简直全陷于破产的境地。然而出版事业，虽以不景气故，目前的情况，很是萧条，但对帝国主义的压迫，可说是超然于其外的，这原因，由于彼此之间，存着完全不同的语言文字的间隔。

因此之故，帝国主义国家对殖民地的文化政策，最初只是传教。所谓教会者，亦以翻印耶教经典为事，这与我国思想上的影响，实在很小，继着由传教而办学，然仍不脱教会的支配，影响尚浅。迨美国首先退还庚子赔款，用于教育及文化事业而成效大著，于是如英法比日等国都起而效之，我国的文化界，遂如割据主义的封建军阀一样，因其所受的教育及庚款根据之不同，亦分成许多派别。这个从传教到办学的过程，正当于资本帝国主义之由商品输出进而为资本输出。在商品输出的阶段，其目的是商品的推销，迨至资本输出，乃利用资本，投资于殖民地，以购买公债证券，设立工厂等方式，求取利润，故当帝国主义商品输出的阶段，其所需要的是，商品推销员与服用西洋文明品物的所谓新人物，而至资本输出的阶段，则更进一步，需要技术上的专门人材，如帝国主义者投资筑路，他实不止希望能从铁路营业上取得利息，还更希望如铁路材料等等，亦能由彼供给，如铁路之经营管理，亦能由彼支配，在这里就需要受其教育的人材了。

直到最近为止，我国的文化界，是在这样的一个情状中。但是我们知道，资本帝国主义对殖民地的政策，决不止于资本的输出，他还要再进而使殖民地为其本国政治经济以及文化上的隶属，这是广大的中国从次殖民地到分裂的殖民地的过程。不幸，我们的运命现在却不得不踏上这过程的第一步！

现在不说政治经济方面的情形，单就文化界言，我们可明显的看到，因为帝国主义势力的压迫，我们已不能随便发言，甚至我们的教科书，我们的历史，都不能不有所修改，但帝国主义者能就此而止吗？不能的！像苏俄那样，为了宣传其主义，赤化我中国，曾经编有中文教科书及其他读物，并且，也曾出版过不少的中文报纸与杂志。帝国主义者也必然的要来这一套的。帝国主义的中文报与中文杂志，现在已经有了，以帝国主义自己的立场开设书店，来编辑的教科书，当然也不久就会出世的。到了那时，试问我国出版界的资力，能与之竞争吗？这样，我们向来超然于帝国主义压迫以外的出版事业，就必须受其倾销的打击，而陷于绝境。

或者说，即其如此，只要我们的知识中人，不与合作，一致抵制，帝国主义虽有雄厚的资本与势力，有什么用呢？但我敢问这是可能的事吗？我们须知中国今日的一般知识分子，正以能亲近外人为荣，而社会一般的心理，亦以能与外人相交接者为高等。现状如此，只有帝国主义者之不我用，倘若一旦有什么需要，我恐中国的知识分子，像登龙门，一样还求之不得呢。

读者诸君怀疑我的说话吗？那么请看当前的事实。那些朋分庚款的，不是我国的所谓名流学者吗？而所谓专家也者，其所研究的报告，不是多用东西文字，而反不屑用自己的中文吗？还有，现在的所谓学者，虽是中文的著述，不是反送至外国印刷所或外国出版，然后再由外国书铺以为发行吗？凭借了帝国主义的势力，既可在社会上占有高等的地位，受一般人的崇敬，并且，还可避免本国政府的检查，而自由发表其诋斥本国的言论，给人称为敢言的英雄，这样的汉奸有谁不愿意充任呢？

事情既已到了这步田地，这是中国在文化上的消灭，及今不图，我恐将来真要后悔莫及了！

（载《申报·出版界》第二十八期1935年10月19日）

不景气中之中国出版界

天　问

近顷，我国出版界有一种特别的趋势，就是翻印古书的热狂。如果把这些被翻印的古书加以分别则可以分为三大类：一、小说笔记类；二、丛书类；三、珍本类。其中尤以第一类在市面上获得大量的倾销。翻印此类书籍的，如大达图书公司、中央书店、启智书局、新文化书局等几个供给一般通俗读物的出版商。其次为丛书类，在丛书类之中又可以分为两种：一种是给学者们参考或图书馆置备的，如商务印书馆最近所编印的《丛书集成》，内容是搜集以前各私家所藏的或汇编的丛书为单位，第一辑计包括五六十个单位。一种是供给一般从事于国学研究者诵习用的，如中央书局所出版的《国学文库》之类，业已出版的有《李太白全集》、《韩昌黎全集》、《剑南诗钞》等，不下一二十种。这二种丛书，以后者倾销率较高。再其次为珍本类。什么叫做珍本呢？就是一些前人的作品，经过一种政治力的取缔与查禁，或是在当时所流行的一种原刻本到现在已经很少见了，再拿来出版，便叫做珍本，现在上海杂志公司所编印的《文学珍本丛书》，便属于这一类，而这些珍本之中，尤以晚明的竟陵、公安二派的作品，格外来得风行一时。继《文学珍本丛书》而起的，又有中央书店的《国学珍本文库》，根据他们告白上所展示的目录，也有二十多种，现在已经出版有《小窗幽记》与《写心集》两种。此外还有一种中西合璧式的有类杂志性质的在生活书店出版的《世界文库》，把世界的名著翻译过来和中国以前的名著，合刊在一起，分册连载下去，成为今日出版界中一种别开生面的出版物，他如《史记》、《汉书》、《纲鉴易知录》之类，没有系统地列在书坊中出售的，更不胜屈指。

按照上述的三大类的古书翻印的趋势，我们可以看出现社会的经济环境、群众心理和文化事业的各面底姿态来。

中国近年来为白银流出问题，使国民经济日渐不振，而商业金融，更日趋萎缩。使一般企业家，没有一个不在他们所经营的业务上蒙受重大的损失。商品价值愈低落，书业购买力则愈薄弱，经济的不景气赶走了都市的繁荣，许多平常资本很雄厚、信誉很卓著的大商店，均相率倒闭，由一切日常生活的必需品到文化教育的读物，一律都呈现这种动摇与崩溃的现象。因此我们除掉在绸布庄上能够看得见“买一送一”、“加五放尺”、“外加赠品”、“不顾血本”等等的告白之外，同时在书坊里面，我们也开始看见了“一折八扣”、“购满若干元以上赠送××××”的告白了。一般书贾在这个时候，为顾全到他们的业务不致陷入厄运中去起见，不得不另想方法来图谋他们的出路。因此古书标点与古书翻印的两种方法几乎成为近顷一般书商的营业重心了。其所以一定要标点古书与翻印古书的原因，大约不外两端：第一是古书向无版权或著作权。无论那一家书店均可自由翻印成标点出版，这与用现金来购买时人的稿本或抽版税的办法要来得经济一半。第二，古书原刻本的价值过昂，非一般读书人的经济力所能购买的。现在择这种原刻本或木刻本标价较高的书籍用一种普及本排印出来而以最低的价钱或折扣卖出，至低的限度必能从全国一部分的读众获得相当的盈利，这差不多是一般书商的一种犀利的眼光与经验所及，而无须要试验，便立刻可操左券的。

至于在群众方面，为什么一定要阅读古书呢？这也可能够分两方面来说，有一种群众于现社会中感觉到生活的不安定，尤其是精神生活，似乎失去了一种什么依靠一般，使整个人生陷于萎靡颓唐，不能自拔，对于一般富有刺激性或麻醉性的享乐，感到了厌倦之后，一些歌咏才子佳人的章回小说，与怪力乱神的笔记小品，便成为唯一消遣的读物了。因此那些一折八扣的标点书籍便获得了大量的倾销。还有一种群众，可以说是研究学术或嗜好文艺的一群，低价的古书卖出，使他们得到多方面的便宜。当然，在价值上讲，这一类书籍是必须比上述的一类要来得高尚，而光顾这一类书籍的读众，他们的思想、头脑同时也比上述的一群来得高尚。虽然这一类书籍的销路要比上述的一种稍加逊色。一般书商在事前早已看准了这一点，深切地预觉着这是一种最适合的投机事业，便像赌场上的有经验的赌徒似的，很决断地，很有把握地放下了一笔孤注。而古书标点与古书翻印的事业，竟把握住一般通俗群众与一部分的知识阶级了。

最后说到文化方面，目下中国的文化是在一种停滞的状态之中，新的理论与新的学术，均因直接受了经济恐慌的影响，使知识分子无法接受随着时代推进的文化思潮，一般学者既无志于承担介绍新的学术与思想的责任，同时一般书商也不愿意出版这种徒费资本而销路狭隘的书籍。因此整个文化的生命已陷入僵死的危状。另一方面，从事于文化事业者与一部分的教育家，便不得不在这种情况之下，来高唱复古运动和读经运动了。文化动向的标的，既集中于过去的读物，因此便造成了书商的投机，标点古书与翻印古书，今日充塞于文化市场而获得大量的倾销的自有其必然的因果性在，不足怪也。

（载《中央日报》1935 年 11 月 21 日）

中国出版界往何处去

顾凤城

中国自从五四新文化运动以来，一般青年的求知欲，随着时代思潮的激荡而高涨起来，新的出版业如雨后春笋般地产生，出版界一时呈现非常蓬勃的气象。最初是新文艺书籍的畅销，鲁迅、冰心、叶绍钧等人的创作，在时代青年的手里可说是人手一册，那时我和上海的出版界已有一些关系，据说无论谁的创作，最好是恋爱小说，书局总可以出版，初版二千册是可以闭了眼睛卖去的。那时如专销南洋一带的上海书店，只要看见是张资平等人的创作，总是一千八百的批去，我在厦门集美师范时，问过那里的消费公社，他们说那时的新文艺书仅在集美一校每种可销一二百本，这是出版界黄金时代的第一期。后来经过了中国国民革命军的北伐，一般有志青年都从浪漫的氛围中转到现实来，他们需要实际问题的解答，那时社会书籍的书店如昆仑、平凡等也开了不少，这是出版界黄金时代的第二期。后来，社会科学的书却愈出愈多，大家编来编去，理论总是那么一套，还有许多看不懂的翻译书更使一般读者头痛，加之有许多书因为内容不纯正而遭禁止，而青年的购买力也随着社会经济的衰落而降低，于是出版界就不得不走到第三个阶段——教科书、参考书、儿童书上面去。因为他们知道教科书是学生所必读的，参考书也是学生所必备的，儿童书过去仅有几个大书局出过一些，新书局却从未尝试，以占据全国学生最多数的小学生为对象，未始不是一件好买卖。于是，中学教科书、中学补充读物、儿童书就充满了整个的出版界，以专出新文艺书籍的北新、开明、光华等书局，也都转变方向，出版教科书及儿童书，而专出儿童书的儿童书局也开了起来。在最初出版这种书籍的时候，出版界上确有一些刺激，但这种书出得太多，大家也就麻木，儿童书信、青年书信一类的书不知出了几十本以上，结果，销路是显然地低落下去，出版界走到这一步，已成强弩之末了。到去年，各书局在无办法中，大家来竞出杂志，企图以低廉的价格出卖内容丰富的文字，但这个潮流到了今年也渐渐地不行了。

最近的出版界上表现一些什么现象呢？

（一）古书的翻印。最初翻印古书的仅仅止于商务、中华等大书局，他们整套翻印，排印也很考究，定价当然很贵，所以订购的只有一些藏书家及图书馆极有可能，但现在一般小书店及新书局也都在仿行了。《二十五史》、《二十六史》之后又有各家全集以及什么珍本禁书之类的翻印，这个古书潮正是弥漫在现在的出版界上。

（二）一折八扣书。一般书商因鉴于读者购买力之薄弱，于是将书籍大倾销，定价提高，折扣减低，譬如说定价一元的书仅售八分，这就叫做一折八扣。假如为读者利益打算而减低折扣，固然极好，但现在的一折八扣书却大半为了他们便于吸收现金而已。第一，这类书的内容太糟了，除了一些古书之外，大多是些“相术”、“购买航空券”、“风月宝鉴”、“武侠奇观”一类迷信淫荡的书读；第二，他们的折扣虽然减低，但批给外埠的书商大多仅仅一折五扣或六扣，而外埠的读者买起来还是要一折甚至二折三折，这样，大多数的利益是被中间商人剥削去了。

（三）画报。今年的画报真是多极了，什么《电影画报》、《声声画报》、《女神》、《唯美》、《图画》等，有数十种以上，他仍大多数以女人的照片为号召，以吸引人的性感。这种刊物对于一般青年固然是有害无利的。

最近中国的出版界，固然是走到混乱的顶点了，大家都觉无书可读而徘徊于古书和画报中间，这样下去，对于中国文化的前途实在是非常危险的。但是，我们如果明白了现在社会各方面的情势和一般读者对于读物的需要，便不难寻觅一条出版界的新路径，现在我所想到的有下面几点：

（一）翻印古书问题。翻印古书，并不是一件坏事。中国的旧文化中有许多遗产值得我们接受的，不过在翻印的时候要注意两点，第一，必须要以现代的眼光来检讨过去的文化，旧书中虽有很多珠玉，但也不少糟粕，应当分别取舍，勿专以珍本、奇书、禁书为号召；第二，须加以整理。现在翻印古书，大多仅是翻印，至多加上标点，丝毫未加整理，我觉得最好聘请专家加以整理，如过去胡适之等的考据《红楼梦》一样。最好能在中国的古书中编出一些专集来，如“中国政治思想史”、“中国经济史”、“中国文化史”等等。

（二）翻译古典名著。西洋文化输入中国已有近百年的历史，翻译书中国也出版了不少，但是，都是零碎的，杂乱的，没有系统的。即就文学一门而说，西洋的许多大作家在日本大多已有全集了，中国却一个也没有，许多伟大的名著也很多没有译本，由此可知中国的翻译界是贫弱得多么可怜！我们现在需要《托尔斯泰全集》、《歌德全集》，也需要亚丹斯密斯的语体文译本，这许多工作都是从事出版事业的人所应当努力的。

（三）史地书籍。中国的出版界除了史地的教科书之外，单独出版的史地书很少，生在二十世纪的现在，每一个人应当具备一些国内的及国外的历史地理的基本知识，可以知道民族的演进与分布，以决定自己的出路。

以上是关于内容方面的，关于形式方面我觉得大可仿照日本的文库式，如《改造文库》、《岩波文库》等等，内容既精审，价格又便宜。不必故意定为一折几扣，干脆将定价减低就是了。总之，今后的出版物须求系统化，通俗化，大众化；换句话说，内容须精审，文字须流畅，定价须低廉，那么，出版界虽然不景气，经济虽然非常恐慌，但如果有真实的货色出来，还是有人买的。

（载《中央日报》1935年11月21日）

怎样发展出版事业

叶　青

文化与出版有密切的关系，要发展文化就须发展出版事业。自然，站在出版方面看，不景气极了，连资本很雄厚的书店，都必靠预约和对折来吸收现金，维持原状还不得，那里谈得上发展？但站在文化立场，却有力谋发展的必要。

为什么呢？事实很显然的是中国文化落后。只要你在文化界上一展望，确实是见不到中国。这是除开从未理解世界文化的复古派和夸大狂外，没有人不知道的。

那么怎样发展出版呢？从量方面说，我觉得是要多多出书。

书店是出版的中心，自然要多出书。对于它，我觉得任从那方面说，都当予以扶助。即不能，最低限度，也得实行这种政策：Laissez-faire，Laissez-passer。这样，它没有损失，也就能够完尽其出版的机能了。

书店之外，我觉得有很多的机关和团体等，都当负一部分出版的责任。

首先我们谈学会吧。学会以研究或鼓励研究为事，最宜努力于出版活动。中国的学会很多，大的小的，普通的专门的，几于应有尽有。然而不尽皆有出版事业；有出版事业的亦多迹近衍敷，不过撑撑门面而已。否则既集合了很多学者专家，为什么不努力于出版事业？今后，我觉得每个学会，均当以出版来表现成绩。至少应该有一个机关杂志，两部丛书——以一部翻译世界名著，以一部容纳会员创作。

其次有致力于出版之责任的是研究院和编译馆一类组织。它是国家拿钱办出以吸收研究人员专事研究和编译的。研究的报告，应该发表成书。中国也有研究院，也有编译馆，而且它们也有出版物。但从既有的成绩看来，似乎还不够。以后应该积极振作，在出版方面来努力。

再次可以在出版上负些责任的，是学校。尤其大学，所谓最高学府者，是应该同学会一样，有机关杂志和出版译著之丛书的。其教授皆学者专家，并以研究为事，自当发表其研究所得。并且要这样，才足以证明其所教人不是贩卖知识。中国的大学，目前大多有出版事业，只是不普遍，不积极，成绩很少。因此唤起它们用出版来完尽其最高学府的责任，是必要的。

学会、研究院、编译馆和大学，若均能努力于出版，不让书店单独负责，那末出版事业的发展当可迅速。这样，文化也就进步了。中国便可从落后状态中走出来，不辜负其为文化古国。要复兴文化么？我想当从发展出版事业起。

至于从质方面说，我觉得应该力求进步。这里，我把我的意见分成几点来讲。

第一，不应该多出中国古书。中国古书在了解中国过去的种种进化上，自须专家去读。然而为量有限。若像现在的竞出竞销，一方面与复古暗潮相呼应，一方面助长复古暗潮的扩大，实在不是办法。出版界应该站在推动文化的立场才是。

而且现在的古书不止是量多，并且一书数出，在外观上，虽然花样翻新，我看在这几年中，有价值的，只有《古今图书集成》。其它大概是架床迭屋、巧立名目来卖钱而已。这几乎纯粹是一种商业的方法，少有文化意味。

第二，我觉得倒应该多出外国欧洲各国古书。因为它在研究上有充分的必要。我们对于外国的政治经济之制度，应该“迎头赶上去”，以新为佳。只有对于哲学科学之理论，则一面应该“迎头赶上去”，一面又应该随后跟着走。所谓迎头赶上去，即学习他们最新的东西，以好向前创造。但在这时，回顾从前，吸取他们的传统以深厚我们的泉源，却非读外国古书不可。这不仅为历史，实在于现实的研究有必要。

然而这在中国出版界中，却是非常稀少。很多哲学史和科学史上的名著，竟没有出版。我很盼望现在专门的学会，每一个能够把它那一门的名著编辑两部，一部古典的，一部现实的。中国过去虽自有其哲学科学，然而从近代的欧洲发展说来，它却是没有哲学科学的传统。以介绍西洋文化为事的人，应该注意这点。

第三，应该多出哲学科学一类书籍。无论从理论上说和技术上说，这都十分需要。它对于我们的思想、行动乃至整个生活的现代化上，关系很大。这是发达文化和改造社会之一起点或要事。

在普通的和高深的两方面，我觉得均需要。没有普通的哲学科学之大量的出版，不能把多数人提高到现在世界的一般文化水平上来。没有高深的哲学科学之大量的出版，不能把少数人提高到现在世界的专门家理论程度上来，使我们走进创造之门。所以普通和高深的两种哲学科学著作，都是出版界致力的所在。

第四，因为这样，现在是需要专门的书店来分工并进，包括万有，这样也出，那样也出，要大书店才可以。小书店特别应该选择一种学术门类，作出版方针，以造成它的特色。或者依思想性质来分，也是对的。过去的小书店，从一九二八年以后好几年间，一面竞出新思想著作，一面在文学和社会科学方面专任一门，确于中国文化有很大的贡献。如果中国的文化运动，从思想性质上分，以"五四"为一期，"一九二八"以后为一期，那末这期的出力者就完全是小书店。一般大书店，太保守，全然没有丝毫贡献。它们纵使营业不曾遭受任何压迫，然而这一点确是它们的耻辱！

现在不然。很多小书店在近两三年都竞出教科书、各儿童读物。这是不应该的。就从营业上说，也竞争不过大书店。结果，一无所长。出版特色丧失之日，即文化任务终止之时。愿今日尚存在的小书店，恢复其过去专攻一门的性质。

从质方面来谋出版事业的发展，我一时所想到的就是这些。

出版关于文化很大，所以无论量方面或质方面，都当有一个打算。从事文化的人，应该注意及此，并还须对出版事业采取批评的态度，以资纠正。否则原因造坏了，结果就难保其好，未来文化便会黑暗起来。

（载《申报·出版界》第十四期 1935 年 7 月 13 日）

最近出版界的两大工作

宁　静

在出版事业不景气的中国，居然有人肯为文学这门园地，做扛鼎的工作：愿以最大之精力来实践一个雄伟之企图，愿以不易筹措之一笔款项，而为文化贡献上作孤注一掷的尝试，这个，即是在印刷中的《世界文库》，以及《中国新文学大系》两书。

《世界文库》，为郑振铎氏主编；《中国新文学大系》，为赵家璧氏主编。前者以介绍世界各国文学名著，及择印中国旧文学中最有价值之珍本为任务；后者则是将提倡白话文运动起，直至创造社、语丝社、文学研究会等结束为止，其间的文学作品（包括理论、小说、戏剧、诗歌、散文）作一总汇。两书出版之动机与目的，皆非常正当，而且也不缺乏伟大之意义，此点确可以赞扬。

郑振铎氏与赵家璧氏，非特其本人在文学上有素养，在服务社会这一点，亦具有强大之能力，我们试检点两氏过去之成绩，则两氏计划之周密，经营事业之富有恒心，富有毅力，皆是事实。所以像上面这两大工作，的确非经验丰足认识明晰而在文学上复有渊博的智识者不辨。

《世界文库》一二集已出版。个人读后略有一点浅见，提出来一谈。关于印刷、装订，那是非常讲究，毫无可以批评；惟其编辑方法，似有商量余地。因《世界文库》的编辑方法，采杂志化。编者的用意是这样的：一方面可调剂读者趣味，二方面出书时间可提早。关于出书时间，那倒是事实问题；惟调剂读者趣味这一点，大可斟酌。因如第一集中，有《花间集》，有《西游记》，有《金瓶梅词话》！也有《吉诃德先生传》，也有《死灵魂》——等等；而每一部书只登载几章或几节。（《吉诃德先生传》，好像要在第五集上才能刊完。）这样调剂趣味，据我想是不可能的。第一，没有一部名著，可以痛痛快快给读者从头读到底，都是读到略有头绪时，半腰里顿来一刀“未完”。第二，一下子在读古色古香道地国粹文学，一下子又跳到俄国的作品上去，读了十几页，一个跟斗又翻到英国的作品上去，这样坏处就在不统一。本来这种编辑方法亦算很新颖的，但个人以为或不免太主观化了一点，因为像郑先生这样“博古通今，学贯中西”的读者，在中国究竟还不多。进一步言，所谓世界名著，实在应以研究为目的，不应以欣赏为目的，顾即毫不顾及趣味，亦不能谓为不当。现在因着限在调剂读者趣味这一点，而弄得每部作品支离破碎，实在是一个缺憾。故个人希望，在再版时，还是以单印本的方法出售，可给读者以方便。其次介绍名著，最好要有系统，这办法或以时代分别（譬如：十九世纪的世界名著……），或以国家分别（譬如：英国名著、法国名著……）。至于国内已有译本的名著也可不必排出，借以节省时间和精力。

《中国新文学大系》，内容分十集：理论二集，一为胡适选辑，一为郑振铎选辑；小说三集，一为鲁迅选辑，一为茅盾选辑，一为郑伯奇选辑；小品二集，一为周作人选辑，一为郁达夫选辑；诗一集，为朱自清选辑；戏剧一集，为洪深选辑；另再有索引一集，为钱杏邨编撰。在选辑人才上，可谓十分恰当。上海有几种小报的副刊上，对郑伯奇、朱自清二人，颇有微词，这个我以为不然，因为一种选辑工作，应看他选辑的方法正当与否，选辑的态度公允与否为前提，与个人在文坛上的享名的大小无关系。即郑、朱二氏，在文学上也极有根底，而且以诗的派别之多，创造社内容之杂，朱氏选诗，郑氏选小说，也许还是极适当人才，亦未可知。

《中国新文学大系》，预约为十四元，门市为十六元，据说要买须一部，各集不分开另售，这一点，购买力薄弱到十分可怜的像我这种读者，大有“望书兴叹”之憾。其实，良友为营业计，尽可给人一点儿方便。在这里，早几年商务的《万有文库》之失败，大足以供出版者之参考。至于是书的内容，尚未看到，不赘。

（载《中央日报》1935年7月22日）

书业的使命

沈锡钧

无论开什么店，无论做什么职业，最大的目的，唯是在能够赚钱解决生活。不过我说服务于知识界中的，无论什么事情比别的一种职业却有些不同，如我们的书业，虽然与智识阶级是仅发生间接的关系，可是这种的间接是与直接同样的重要，因为无论对于智识方面任何一种用具或书籍的缺少，总是要走到书局中来买的，所以智识阶级是不能离开书业，而书业也不能离开智识阶级，智识阶级的使命是无论什么人都知道的，不过书业的使命，我从来没有在杂志上报纸上书籍上看见有人提过，所以现在我自己所感受到的和所想到的，糊乱的涂这一篇，给全国服务于书业界的诸位先生参考一下。

请问为什么要开书局？大多数或全体的老板先生们总说："是要为智识阶级来服务，使他便利，是要推广文化，使固有文化发达与现在潮流相溶洽。……"至于要问如何为智识阶级服务？如何推广文化？如何招待顾客？如何发展营业？他们有一篇极长的道理，滔滔不绝的讲出来，使听的人极是敬佩，可是要问他书局应负的使命，他们却不能够随时的回答你了；因为他们在商场上的经验是极丰富，而对于服务书业的使命从未有想到的一天。

有人要问："服务智识阶级的便利，推广固有的文化与现在智识相溶洽，这不是书业与其他各业不同的使命吗？"我说这是书业在商场上应尽的义务而不是使命，因为书业除上述的几种事情外，还有其他的使命要负哩！

今年不是学生国货年吗？许多的学生在提倡用国货，许多的工厂在制造国货，而我们的书业与学生是有直接关系的，也应该首先尽力的搜集学生们所需要的国货，极力推销，极力宣传，能够弥补少一些的金钱入外国，这是我们书业首先比各业应负的使命第一点。

我们的国民政府，近年来在极力提倡扫除国内文盲，普及全国民众教育，使全国人民都有识字的机会，这一种极好的提倡，我们书业也是应该与政府相辅的起来赞助（当然要出版界与贩卖界一致同行）。能够完成政府的目的，这一种的赞助和推销是我们全书业无论那一家应负使命的第二点。

现在国家渐上轨道的时候，凡我全国书业，应该大家起来，消除从前贩卖荒淫无度的神怪小说，或者是供给消暇的书籍，要把国家现在所需要的各方面的书籍，极力推广，这是我们书业界应负使命的第三点。

以上三点不果是我拉杂的写下，自然还有其他种种事情让我们书业界中的人做。凡是我们书业界的老板经理先生们，应该如何努力啊。

（载《同行月刊》1935年第3卷第5期）

书业所给吾的印象

苏　者

“书业”这二字在一般人的理想中，是何等的优越和高尚，在高尚的方面，便是它使命的重大，不和一般的商人一样的唯利是图，并且所遇的顾客，都是高尚的知识分子，和当代文人。

在优越的方面，它的工作似乎十分轻便，在春秋二个开学期过后，便觉得很空，在这很空暇的那店内，有很多的书籍供给店员自己研究自修，和参阅。

上面是我未入书业的理想，下面便是踏进后所得的印象，我从初中内毕业后，因种种关系踏进社会，但因为年轻，不知利害，不能和恶环境宣战，终于宣告失业，所以一见我理想职业的书业有坐位时，便请人介绍进去，幸福得很，介绍人的面子关系便逃过了无论何人所怕过的难关，学徒生活，因为要知道同行内幕的情形关系，便请教于老资格的同事问，据说：苏地以前有过同行公会，并且成绩极佳，后来因为种种关系，公会组织解体，在去年春季开学时，同业各店，各不相让，互相竞争，但均尚能照血本出卖，在事实上没有什么大关系，不料到秋季开学，各同行竟置血本于不顾，实行如一般商人的行为，在一方面固然推广读书运动，减少学者负担，和文化运动大有功劳，但翻转来看，这完全不对，无非是和普通商人一般抢生意手段，和争面子关系，所以明白的职业员，便努力提倡同业店员公会，在图救济现在的危机，和恢复以前同业公会精神，经数次的会议，于将要完成时候，又因为他种动力全盘推翻这是何等可惜啊！因为没有团结，所以它的工作人员——上自老板经理，下至店员学徒，和它的本身——书业，是永久不会高尚的，和普通商业一样的堕落，假使它的工作人员要求他们的本身和商业上的高尚地位，那么只有请诸位同行的经理和店友们，请你放弃已往的主见，真实的团结起来，去救将要给不景气潮流所打下去的同行，和自己吧！快不要把伪的提倡文化和真的抢生意来自杀杀人吧！再有去年倡议过同行店员公会的勇士们，请你们不要怕他人的非议和破坏，恢复你们去年的精神，做那救人自救的工作吧！否则，危机实在难于想象。甚至于组织文化的推进。——这是因为各店竞争之时，只求价廉，而不求书的内容好坏，使读者得像今日的教育，对学者毫无用处，如此不是破坏文化，难道是提倡教育吗？所以还是大家团结吧！不知诸位对此，作何感想？和有何更好的办法来救济一辈可怜的书业和书业店员？!

（载《同行月刊》1935年第3卷第12期）

智识分子对出版界的责任

曾建屏

近年以来，因为一般国民生活的穷困与过去几次革命运动的失败，使一时有过朝气的出版界，很快地衰落下去。大的书店，好像资产阶级，完全成为封建地主的俘虏，再也不敢提倡一点前进的革命意识；小的书店，却完全暴露了他们小有产者的面貌，回到趣味的阴影下去了。这种事实的具体的表现，就是某方面正在大印其古书，而某方面则在大出其富有肉感的诱人读物。目前出版界这种风尚，完全暴露着中国出版界智识分子——甚至全国民生活的自杀倾向。

这种倾向之发生及发展，似乎并不是最近一二年来的事。然而我们前进的智识分子——著作界与读书界，却完全噤若寒蝉，一声也不敢对这倾向予以有力的打击，甚至许多历来较为前进的作家，也不敢提出严正的批评。某些出版机关正有计划地进行其复古，反时代，反革命的运动；而前进的读者，却对这种反动的倾向及运动，采着自由主义的态度。自甘学习做驼鸟，把头藏在一个看不危险的地方。如果说今日的出版界是“等于向民众施送鸦片”（李麦麦先生语）；那么，我们的智识分子，却无异是在默认杀害民族者的公卖红丸。近年一般国民思想之腐化，一般国民生活之堕落，我们前进的智识分子，是应该负起重大的责任的。

虽然一时代的风尚，其产生与发展，不免具有它的客观条件。可是转变风俗的势力，实质上，也要依靠我们前进者的主观上的抗争。中国近年来政治上的苦闷以及经济上的破产，固足以造成现代出版界、读书界之反动复古及浪漫淫荡的倾向；但这种倾向，是可以从广大的有力的反抗运动而消灭肃清的。没有人要读古书，则出版古书的大书店，将要关门或掉转方向；没有人要看淫书漫画，则发行淫书漫画的小书局，必会倒闭而不能支持。读书界的良好风气的造成，最主要的是由于前进的智识分子的号召；而不是在于以营利为目的的大小出版机关的转变。假如我们的智识分子，愿意永远学着驼鸟的办法；那么，革命的文化运动及革命的民族运动，又从何处谈起呢！

所以中国目前的智识分子，如果不甘在文化的领域中实行慢性的自杀，那在这个时候，我们就应该起来；从批评上，造成广泛的批判运动，来向目前的反动的复古运动进攻；从启发上，造成有力的清洁运动，来肃清一切危害民族的颓废倾向。积极地学习日本人及英国人尤其是俄国人，大量地出版文库式的有系统的小丛书、小文库。不单要从文学上去发展，而且同样要从自然科学各部门和社会科学之理论部分各部间去发展。假不如是，革命的知识分子，只贪着一时的安全及闲适，那么今日正在大出古书的出版界，其发展之结果，必将使我们的民族革命、文化革命过去的成就，完全扫清，把时代又再拖了回去。

假如这个时代——经过去几次文化革命及政治革命的时代，被目前的腐化的书贾及带着马鞭宣传读经的武人幕客拖回去；那么，革命的智识分子，那时候除了再做幕客之外，在文化上将减轻了他——不，将消失了他的历史的任务及推进时代的意义。故目前智识分子自己解放及自救的一条路，是不要投降复古运动的书贾及宣传读经的武人，坚决地起来督促目前的出版界，救救我们的子孙，救救革命及自己！

（载《申报·出版界》第二十二期 1935 年 9 月 7 日）

出版界应把握国民正义

樊仲云

东北沦亡，使我正在发展中的出版界事业，丧失了一个巨大的市场。无疑的，这次冀察两省的所谓自治运动，对于我不景气中的出版界，是很大的打击。但除经济的打击外，其给与我国民心理上的影响，实尤值得我们注意。

平津两地，不仅是我北方，简直是我全国学术文化的重心，很早，我们就听到那里的教科用书是须有改编，以符亲善之旨了。当然，以傀儡式的自治运动之出现，这种消灭国民意识的手法，将更有发展。于是我们衰落的出版事业，为了经济上及政治上的原因，遂惟有放弃其发扬国民文化的使命，而屈伏于暴力之下，因为出版界是反映国民心理的镜子，故这意义非常重大，表示着民族独立运动在国民心理上是又遇到了重大的失败了。

而由这种国民心理上的影响，于是结果所至，是非不分，邪正莫辨，认贼作父以汉奸为殊荣者，势将层见而叠出。若再加以政治上的委曲求全主义，官吏的任用，须视敌人的意旨，使与敌相结者俱得飞黄腾达，到了那个时候，我恐不待敌人的飞机巨炮，我们在心理上已早是亡国之民了。由此次华北事变，一时如大亚细亚协会等汉奸团体，竟先后并起，这充分表示其意义的严重。而观察目前的出版界，我们由微知著，如年来的专事翻印古书，而于新知的介绍反不注意，不能不说是一种逃避现实的举动。我们知道只有英人之于香港，日本之对我东省，才主张读经，胡说什么“王道文化”。

故当此之时，我们的出版界，对于民族独立意识的一线生机之保持，是负有非常重大的责任。我们要认识由国土之日蹙，市场之缩小，我们的出版界是与国家民族同其命运。在强敌侵凌之目前，这是我们民族的灾厄，也是我们出版界的受难期。出版家之尽力于民族独立运动，是不止为的民族，也是所以为自己出版事业的将来。因之，当目前的危机，我们出版家的唯一要事，我以为应当是“国民正义”的把握。我们只能以此“国民正义”的明灯，才能烛照一般汉奸的阴谋，而为民族的独立意识吐万丈光芒。

但是所谓出版家者，此种把握“国民正义”的任务，到底有待于著作家及智识分子，学生青年之共同提携，乃始克奏效。因此，我们的学生运动，青年运动以及一切文化运动，思想运动，必然的与出版界只是一物之两面。而指摘汉奸叛逆，树立国民正义的工作，不消说也是我们所有运动中之一种重要项目了。文天祥云：“天地有正气，于人曰浩然。”这种浩然的正气之所寄，便是在我们出版家及著作家学生青年的身上的，而当民族存亡的危机，则尤须我们能对此有坚强的把握，始能将抽象的国民正义具体化而为统一与独立的事实。

（载《申报·出版界》第三十六期 1935 年 12 月 19 日）

出版界与军队

谢炳文

出版界与军队，在我们中国，是隔着南北极那样的辽远。

出版家做生意，以为图书馆学校，才是自己的大顾主；印了图书是给教授学生们，以及一般智识分子读的。至于军人，大家总以为除了拿枪杆子之外，仿佛是再不需要书本子的。若夫一般士兵，那不仅为出版家的忽视，其实自古以来，就被摈出于文化的圈外了。这层传统的隔阂，造成了中国军队的落后，使一般士兵变得非常愚昧和粗鲁。很明显的，这原因当然是由于军队文化教育的不振。但是不振的原因，并非是因为兵营里面的人不喜欢读书，厌恶文化教育的缘故；而其实是历来中国士大夫抱着偏见，以为武人只是学艺，用不着通文理的。故此文武双全的人，在先前是非常希罕的，而军队中文盲的普遍化，至今也还是最平凡的现象。

但是，世界是进化了。目前是二十世纪，文武的界限已被科学技术的狂飙所摧毁。军人使用现代的武器，不但要武装手和身子，而且要充分的武装自己的头脑了。

例如欧美日本之所以强盛与文明，据出版界与军队间的密切情形来看，也是显而易见的。日本每年所出版的士兵读物，据说占全国出版物总量的百分之二十以上。为着士兵而编的军事政治经济的小册子，虽是无从统计，但单就供给军队阅读的流行杂志，就有了四十多种哩。在英法诸国，文学家描写战争与军队生活的作品是很多的，而他们主要的读者对象，也就在兵营之中。雷马克、鲁索、巴比塞之热烈的拥戴者，有许多便是军人。因为他们的作品，刻画着军人的内心，军人的灵魂。而现在，在德、意诸国，文人也有奉命写着作品献给军人的，那是带着鼓励的作用——歌颂战争或宣传军国主义的。若夫苏俄那样的国家，出版界更是有计划地大规模的印刷着士兵的读物。他们所出版的《红军文库》，委实是颇可注意的。

返观我们中国，情形就完全两样了。出版界对于军队的文化教育，差不多没有什么协助。因之，适用的军士读物，简直是凤毛麟角。固然一二个当过少爷兵小姐兵的作家，也写过一些从军日记，但那些究竟不是军士们所能理解的。必须知道，现在中国一般士兵所读的东西，还只有一种《士兵日课》。自然，这是不能满足士兵的智识欲的。但实际上有许多士兵，在岗位上偷看着小说唱本的事，我是常时亲眼看到过的。于此可见：中国士兵大多数虽是文盲，但爱好智识的欲望，则是人人都燃烧着。如果中国出版界能够仿效日本书店的办法，有系统的编辑几种有趣味的士兵读物，包含各种军事、政治、经济、地理和自然科学的基本军用课本；我想：那销路一定是不坏的。

而且，因为中国军队在近年来的确经过了一番整理，纪律与建制上比较的有了不少进步；在将来编制国防军时，自然更少不了要以文化教育同时并施的。现在当局正积极的在进行着军队中的启蒙教育，所以客观上需要出版界很大的协助。这种协助，无疑的，是中国出版界非常光荣的神圣的任务。何况目前出版界，正陷于不景气的氛围中，受着经济恐慌的袭击；假如出版界真正能把翻印大批古书的一部分财力与人力，去协助军队中的文化教育事业，那么，这不仅是对国家尽了忠实的服务，而且也为出版界自身开辟了一个新的领域。

（载《申报·出版界》第三十期 1935 年 11 月 7 日）

读书界与出版界

樊仲云

一

中国出版界有个特殊的现象，就是所出版的大抵不是读的书，而是用以供装饰陈列之用。这原因的由来，不消说是由于中国的读书界，其情形非常特殊；即力能读书的多不读书，他们即是购书，也把这当作装饰品，以为房间的陈设。所以虽有人出高价收买宋元古本，而普通的新书，却很少有人购读。我们但见出版家竞事古书的翻印、重版，而介绍新知识的新书，则初版二千也不容易卖完。

这个现象的造成，最大的根源，说一句，由于社会上没有一种读书的需要与风气。在中国向来，买书只是所谓读书人的事。而读书人者，他们的读书，乃是为的致仕求禄。所以只要考试必读的四书五经之类读熟，其余求知识学问的事，倒反是不必要了。这与现今的读书以求得知识，为生活技能的准备，或从事学术的研究者，大不相同。

还有因为中国的社会尚是农业手工业生产，对于新的知识没有什么需要，生活既然非常简单，认识了字也没有什么用处，因此，对于读书，多视为不切实用，无足重轻，只是为了应举求官，乃不得不埋头攻苦。所以一般人对于出版界的冷淡隔膜是无怪其然的。

然而读书毕竟是飞黄腾达之路，因此，读书给人视为最尊贵的事，士居四民之首，理固宜然。不过因为这只是猎官的手段，其最大的用途，无非为的应付考试，所以一旦富贵到手，书籍便可束之高阁。可是因为富贵之所由来，一般人心目中，把这当作难能可贵的事物，象征着高贵风雅，与美术品古董同样，为一种高等的陈设品。

我国过去对于书籍的见解，便是如此。可是现在，时代变了。因为手工业的印刷术，已进步为机械的大量印刷，使人人得有读书的机会。并且，从农业中工业社会转变为工商业的资本主义组织，也使人不得不求取知识，以应付那刻刻变动的社会生活。这种情形之表现得最为明白者，便是一般人对于报纸的需要。如在欧美，往往日报还感不足，于是日报之外，有晨报、午报、晚报等，每天出版至四五次。

我们中国，目前正当时代的过渡期，所以一方面留着旧日以书籍为装饰，而非必要品的观念，另一方面却一天天感到要准备应付这刻刻变动的社会有新知识的需要。感到这种需要的自然是没有钱的人居多数，至于一般富有的人，则仍以读书为游戏，只是装饰其大少爷的身份的一种资格，所以今日的出版界，才有这种畸形的现象。

二

今日的读书界，最有购买力的是那些达官巨贾，他们以书籍为客厅的陈饰，用以象征其高贵博雅的人格。次之是学校学生，他们多属中产及中产以上人家的子弟，因为生活之无忧，所以知识似不必要；他们的入学校，不过为求得一个资格，等于昔日之应科举。所以除教科用书为考试所必须外，其他书籍，他们多不愿意购买。他们甚至宁愿以一元看一次电影，而不肯买一本政治经济或科学的名著。他们偶然也买一些书，那末非画报即小说，目的在消遣时光。这种现象，以大学生为尤著。因为能入大学者，比之中学生必是较为富有的子弟，即生活可以比较无虑的人。

至于中学生或中途辍学而服务于工商界的，他们因为感到生活的困难，颇想充实知识，以为他日的准备，然而他们在读书界，却是最没有购买力的。此外一般人，则字且不识，自更不谈到读书了。因此，出版家的眼光，为营业计，往往着重于最能销售的书的印行，那末第一是教科用书，第二是翻印的古书，待至第三才是一般供给知识的新书。如翻印的古书，因为买主是最富购买力的人，所以定价不妨较贵。次之教科书，因为学校通用，销数较大，多中取利，所以定价可以稍低，至于其他的书，则销路既然有限，定价自非高不可，且在中国，倘非与学校教课有关，一本书就很难初版售完。

由这种出版界的畸形现象，普及知识，自然谈不到，提高文化，更不用说起。出版界只跟着读书界的尾巴，天天印古书，出画报，或者改头换面，东抄西袭的彼此作教科书的竞争。自去年来，为了市场的不景气，乃相率以杂志为广告宣传。一时风起云涌，造成了所谓杂志年。但是迎合读者消闲心理的小品杂志，虽然廉价倾销，到底不合于那些欲求取真实的生活上的知识之青年的需要，所以到了今年，有以供给知识为主的杂志之出版。因为杂志价格究比书籍为廉，且内容亦比书籍为更有时间性，所以颇得人之欢迎。

但是定期出版的杂志，无论其为专门研究或大众性质，究是断片的材料，以之作为补助读物则可，若以之为正式的研究用书，殊不相宜。所以在读书界，阅读杂志的风气必须与一般新书并进，庶能免除普通一知半解之弊。况今日的杂志界，以供给知识为主而非着重于消遣的，究竟还是少数呢。

三

杂志的所以能够流行，最大的原因，是因为价廉。这使凡稍有图书的购买力的，都为之动员了起来。由此，可知出版界对于一般新书，倘若也能以杂志那样的定价出售，销数是也不难逾万的。例如最近的一折书，便是如此。只是其所印者，都是《三国志》、《水浒传》等旧小说及《古文观止》、《秋水轩尺牍》等旧书，不能供应时代所需要的新知，这是使我们觉得遗憾的。

故就出版界言，翻印古书与编译教科用书，在营利主义上，诚不失为有利的方法，但是讲到提高文化水准，即出版家对文化界的任务言，究竟是无甚意义的事。古书不仅购读的是极少数人，且照样翻印，不加整理，虽或可商量旧学，究无补于涵养新知。至于教科用书，在知识的普及上，诚然很有功效，但讲到一般文化水准的提高，及最新的科学知识与思想理论的介绍，到底有待于新书的编译。

但在目前，因为社会的不景气，购读新书的极少数人都感到贫乏无力，结果造成了出版界与读书界（此处指真正研究用功者而言）相隔绝的状态。故当此时，唯一沟通出版界与读书界的办法，似乎惟有出版界能系统地编译新书，而以低廉的定价提供于读书界。所谓“系统地”者，即分门别类地，有计划之意，所以矫正昔日漫无组织，乱出乱印，专事迎合社会风气的习惯。我以为倘能如此，那末对于某一门类，如其学说的赞成、反对、修正、批评都可以有一般的了解，不致如现今那样成为畸形的发展，不仅赞成是无理由，即反对也多是盲从的了。

但是，不庸讳言，由过去的因袭，在现今是连以读书为消遣余暇的风气，也还没有弄成，自然更不消说是研究了。所以要使出版界能顾虑学术前途，多出廉价的新书，那就非使一般人有研究学术的习惯不可。这便是说要首先造成读书的风气。

关于读书风气的造成，我以为今日的文化机关实有改弦更张的必要。即将从前的游戏态度享乐主义改变为认真处世的人生观。如在学校，教育当局首须有埋头学问的决心，屏绝一切政治及社会的无谓奔走，而为学生的楷模。次之，如新闻纸等，亦须排除那些迎合低级趣味的记载，而从学术的研究态度出发。譬如奸杀事件，要当视为一社会问题的新闻，而加记载，不当专就奸淫残杀等暗黑面，恣意描写。又如电影，亦不可不着重于教育的意义。至若积极的提倡，则有如学术刊物的发行，讲演及学术研究的集会之举行等。

其实，就生活的需要言，要求知识的迫切是莫过于今日了。在这一般的不景气中，到处是人浮于事的现象，既然这个局面不知何日好转，故为个人生活计，自然知识较优者，容易得到职业的机会。但是到底因为书价过高，卒使这些连生活亦成问题的人，不能不对书籍望而却步。他们这样竟致欲求知识而末由，这是我们只须看一般图书馆中，充斥了贫苦青年的现象，便可明白了然的。所以只要书价减低，社会上读书的空气实是不难造成。而以此故，在这里，问题的解答，就不能不有赖于出版界与教育界的共同努力了。

（载《教育杂志》1935年第25卷第3期）

读者与出版界

黄照熹

当然，读者与出版界是一个鼻子出气的——读者离不了出版界，出版界离不了读者；但，出版界能“统制”读者，读者就没有方法可以“统制”出版界。譬如读者想读“这”一类的书的话，出版界偏要出“那”一类的书，读者有什么办法？

想是一切不景气的原故，出版界近来也消沉得多了，但，在另一方面出版界的广告已进化到同电影广告一样，片片都是“巨片”、“代表作”，一般读者有时不免要上当。因此我们读者对于出版界发出了几点希盼：

一、我们所要买的书，是我们所高兴读的，我们是要买真货，不要买充货，更不希望买便宜书。“一分行情一分货”，现在书局里面大减价，固然书店老板不是“生意经”，另一方面也就是我们读者的不幸。书籍给我们以学识，学识岂是贱价可以买得来的吗？因此，见到一些怪象：书局因为要价的原故，定价就高了起来，现在我们不是见到有两部某大书局的什么选本，定价一元八，特价九角吗？把这广告居然印在书皮上，似乎有“长期”特价之势（或者初版完全特价也说不定）。又有某大书局因为遭了什么“国难”之故，大吹大擂，预备在以后第几周年，第几周年纪念要举行大减价，把有些书的定价比“国难”前的增贵起来（有谭天著的《现代书报评批集》可参考）。这些都在道德上说不通的。同时在著作者方面，写作也就不起劲起来，去年文坛上闹了一大阵中国怎么没有产生伟大作品的问题，这或许也是一个原因罢。

二、我们并不希盼出版界印什么名著，什么珍本，集成，几十几十史……之类的伟大出版物，经济终属是支配了一切的，普通的读者是没有那样丰富的经济能力同裕余的时间去探索那些金宝银藏。那些是图书馆装门面的东西，收藏着或者什么学者用来自己欣赏的。我们总觉得现在不是在玩古董的时候了。去年（今年才开始，一切情形概在未知数）不是正闹了一阵什么大众语问题吗？一般“有识之士”似乎都认为现在中国的人，文盲还是占多数，白话文是不能懂得，还要降低至比白话文更浅鲜的大众语才行，姑无论这个办法行不行得通，可是似乎出版界不肯帮忙的样子，去年闹大众语闹得厉害，可是出版界印什么名著，什么史，什么集成，什么珍本……也印得热闹，怎样矛盾到这个地步！我们很希盼出版界除了做灌输“上层智识”的工作而外，还要做一点灌输“下层智识”的工作——而且应该多一点，有了印一部什么珍本，什么集成……之类书籍的本钱的一部分来印点大众出版物，其有功德于社会我想总不至于比给图书馆装门面，给收藏家欣赏来得少。

三、出版界中——譬如上海的各大书局印的书籍，在读者方面认为太杂芜了，什么事都应该有种识见——或专注意一件事去做才行。在中学，地理历史要好，物理化学也要好，图画体操也要好才算是优等生，而这个优等生有什么用，做这样的优等生也颇要点本领呢，可是在学术上他们是谈不到的。出版界也有这种现象，一家书店中任何一类的书籍都想出版，书店老板或许为“生意”之故，从不注意他的出版物。我们以为出版界最好也有个计划，自己的书店中应该出那一类书，越专门化越好，对于我这“本门风”不妨多费点力去经营，去搜集。这样，在书店方面是专在一门，可以精益求精的去做，在读者方面，可以知道想读某一类的书就到某类书店去。现在我们差不多可以看得出的，如商务印书馆对于出版自然科学与哲学一类的书是比较认真，中华书局对于出版教育书籍是比较认真的，现代、北新、开明等书局对于出版文艺书籍比较认真的，新生命、神州辛垦等书局对于出版社会科学比较认真的……我们希望他们以后更精益求精，越专门化越好，至于那些开杂货店一样的，我们是不敢赞成。

出版界更应该将出版物的内容介绍与读者，不要夸大，使读者与出版界打成一片，对于社会国家的文化前途总不会有害罢。

一九三五，一，一八，真茹。

（载《现代出版界》1935 年新第 1 期）

书商与读书界

曾 迭

中国读书界的贫乏的现象，是无可讳言的一个事实，因为撑着这读书界的场面者，大部分还是一班大中学的学生。除此之外，即觉得十分的希少了。

这几天正是各种学校，纷纷开学的当儿。所以就送进来的报纸一看，许许多多花花绿绿的书店广告，也已出现。在这不景气的年头儿，报纸没有缺少这一种点缀，倒也还是可喜的事。

因为就这些书业广告的目录来加以一番分析，所有的，并不完全是些“教科图书”或学生在学校里所必须要置备的书本，就是读了之后，并不能在学校里获得分数的书，倒也不在少数。这也不能不说是一种良好的现象，由于这样的为兴趣，为人生，而读书的习惯的种子的传布，于中国文化的前途，是很有希望的。

然而，这样的为兴趣，为人生的读书，也可说是学校以外的读书，那么，我们固然不必唱什么“四时读书乐”的滥调，我以为这为自己而读书的读书，是正可不受时间空间的限制的，这样看起来，中国的出版家不在暑假期内举行大减价，刊载大广告，而一定要在开学的时候做，这为的什么呢？占中国读书界大多数的学生们，一定要在开学的时候，才买“闲书”来读，这又是为什么呢？

这是一个值得研究的问题了。

上面所说的“闲书”，是广泛地指并非学校指定要买的书说的，学生们在学校里，如若只读几册“课本”，自然是不够的，而在一个长学期中，即使课程忙，也决不至抽不出空闲来读自己所要读的书的，就功课说，有时是更须要别书本的帮助，所以我并不主张一个学生一进了学校，便不许看“闲书”了，而只应该在暑假寒假去读“课本”以外的书。不过从学校一开学，不是卖教科书的书业界也活跃起的一点看来，总觉是有点突兀了。

这原因大概还在开学时的学生，不管是从外埠的都市或农村来的，或是从上海的家庭里出来的，袋里除了求学的必要费用外，总还有些余钱，可以买一些书来读诗，所以正好来一次广告，招徕一批主顾。

我对于这些勇敢地把钱化在买书上的青年，是十分敬重的，而且认为是值得鼓励的，但同时也希望出版家和著作家的目的，不是只在吸收他们袋里的钱，而忘记了自己的文化事业的责任。不过，如其说暑假寒假里书业生意的不好，是由于学生们把钱化在别的无益的地方而然，那么，这又足为中国读书青年悲观了。

（载《人言周刊》1935 年第 2 卷第 26 期）

文化建设与读书

静　观

自一十教授发出“文化建设”宣言之后，“文化建设”的声浪，弥漫了全国。

凡是一个问题的发生，自然接踵即分出三条路来。“文化建设”，当然也是这般，不能离此原则。一条路是向右，就是保守固有的文化。凡是外来的，不管好歹，一切都去拒绝它，他们的理由，以为中国已有几千年来的栽酿文化；科学一门，固然及不来东西各国，可是“文化”，中国是高于一切的国家。并且以为保守国故的文化，是为团结民族的良法，激起民主精神的强心针，但是“文化”的一件东西，它的实质，究竟怎样？甚难解说。犹如我们说到“风”，“风”的实质什么？我们能讲得出来么？不过我们看到树叶颤动了，草儿摇摆着，和面上刮着冷气，我们知道“风”来了。可是“风”的本质和实体，我们始终没有看到过。“文化”也是和风一般，自己的实体，很难捉摸，须在他种的事实上表现出来。若是空中有了飞机，陆上有了摩托，水里有了汽船，耳上听得是无线电的歌曲，眼睛看到是洋装订本的书籍，……而说保持固有的“文化”，也犹如穿了道地的劣质衣服，在讲台上劝人抵制×货的一般惨淡可笑。向时间巨轮向前迈进的轨道上，要向右“建设文化”，恐是说不过去。

和那条路相反的，就是向左，主张全盘西化的人。这班人，大概镀金博士居多，以为“取法乎上，仅得乎中”，若是只采取西式的一半，是“取法乎中，仅得乎下”了。中国的“文化”，好像是黑色染缸里的布，没有一件是清洁的；西式的“文化”，好像是香水瓶里的水，没有一滴不是香的。这种崇拜西式文化，和咒诅中国文化的伟大精神，固然值得我们不镀金的人们所佩服。然而讲到西式文化，花样也是很多，还是全盘模仿法国式的浮动？还是全盘模仿英国式的保守？还是全盘模仿德国式的艰苦？还是全盘模仿俄国式的苦干？还是全盘模仿……？若是全部西化，虽是我国素称泱泱大国的中国，恐亦难以吃得消吧。而且“文化”非是一旦一夕之功，可以建设起来。法、英、德、俄、……都有他们自己不同的背景和环境，又经过几十百年的努力，建设各个不同的“文化”。中国怎能全盘西式“文化”呢？

向右既不可，向左又不通，那末，“中道而驰”吧。凡我国固有的“文化”，适宜于今日的，不妨保存；背时的，不妨弃掉。他国的“文化”有益于我国的，应该吸收；无益或有损于我国的，应该割爱。就是所谓“允执厥中”的老调。可是自李鸿章提倡“中学为体，西学为用”以来，将达一个世纪，而结果，一无所得，以致酿成一团糟的文化。这种象征，在大出丧时候，很有明了触人耳目的表示。以致把我国好的固有文化，抛弃着，他国的不完美的文化模仿着。犹如我国固有的“杀身成仁”、“舍生取义”、“仁义”、“廉洁”……这种等等，都是可以表现我国文化的一斑，而且也是我国文化优美部分。现在放眼一观，这些优美文化，不知道到那里了！我们只见“吞声忍辱”、“城失身荣”、“卑鄙”、“贪污”……种种的事情，至于学西化的，我们也少看到，如西人的肯负责，肯苦干的精神，而只见到着西服，跳跳舞，吃大菜，住洋房的人，好的不曾学会，歹的统统一学就会。虽然，我们不能一笔抹煞其中未始没有好人，把好的固有文化，依然保存，一方面又把他国的优美文化，吸收过来。这种情形好似四两糖和一斤黄莲相混合，我们尝起味来，只觉得苦，不觉得甜。因为甜的滋味太少了。这样说来，中国文化建设，左右二路，既然此路不通，中途大道，又犹如是阻碍，中国的文化究要怎样建设呢？

“文化”是一个国家，或一个民族精神之所系，中国的文化，旧的须要改革，新的建设又难，不免令人悲观！

太悲观，固毋庸悲观，太乐观，也是枉然。现在有许多人，把“建设文化”一件事，以为只要向左或向右，或中道而驰，就可马上成功，这是太乐观吧！我们不悲观，也不乐观，不怨天，也不尤人，大家耸起铁肩，来负担能力所及的责任。

所谓“建设”云者，必须先要组织一个巩固的基础。有了巩固的基础，才得建设灿烂的文化。“文化”是一个国家，或一个民族全体精神结晶的总表现。全体的精神就是“建设文化”的基础。这个全体的精神，从何处而来？

为容易说得明白起见，先从个人说起，我们知道读书能改变人的气质，愚的人，读了书会聪明，聪明的人，读了书格外聪明，暴悍的人，读了书能“折节下士”，不羁之人，读了书能恭敬忠恕，……这种例子，在历史上很多，恕不多述。——至于读了书，做不好的人，这不是书害他，乃是社会环境害他，犹如汽器电力的发明，发明人原为人类谋幸福起见，现在黩武者，利用它作为杀人之具，我们不能咒诅汽器电力的发明人，我们只可设法，去打倒利用汽器电力作杀人工具的黩武者，——改变了人的气质，就是改变了人的精神。一个国家或一个民族的“文化”，前面说过是全体精神的总结晶。可知“建设文化”，必先须使全体各个分子去读书。我们可以大胆说：读书是改造人的精神的宗源，也是建设文化的必要基础。

“文化”可分“先天”和“后天”，先天的文化，是由祖宗斩荆披棘，努力汗血着开荒出来，赐给我们的，它的寄托，都在书上。我们有了祖宗的努力，我们只要一面守成祖宗开荒的功绩，一面再努力向上去改进。一块荒地，没有先人的努力，我们必须从头开荒起，我们想栽植出一朵鲜花，想重量的收获，何等吃苦。先人既为我们努力开荒着，我们只要拔去萎草，勤加灌溉，或觉得地力渐已瘠瘦，我们须要加肥料进去，或觉得现在种子生产薄弱，我们须采用别种优良种子来换种。中国的文化，我们祖宗曾努力为我们开荒，我们先天的文化，不算不厚。可惜后来子孙，不知祖宗创业之艰难，任它荒芜，又不知采用改良耕种的办法，和利用他种换种的方法，到现在暴露出先天不足，后天又亏的“文化”，可怜状态。可知一个国家或一个民族的文化，先天固然重要，后天格外紧要。

中国文化，近来既在先天后天二亏之时，建设“文化”起来，很是不易，惟有民众大家快快读书来改良自己的精神一下。“读破万卷书，胸中自有奇气”，把读书得来的奇气，来改造我们的精神。我们各个分子的精神，能够向上欣荣，那末把各个分子，向上的精神所结合起来的文化，自然也向上前去。不鼓吹“建设文化”，而文化于不知不觉中，已日夜滋长，建设起来了。

有人说：中国人读了几千年的书，读书的时间，比较任何一国，来的久长，然文化反而退后，再叫人读书，真是不读书，还明白做人的道理，读了书愈读愈糟。所以陶知行先生有“读死书，死读书，读书死”的口号。中国读书界，何以会发生“三死”主义？推缘其故，还受那从前科举取士，以四书为敲门砖，那么读书的，不得不“读死书”。又因书中有黄金之屋，颜玉之妻，又不得不“死读书”，结果呢，产生不少“读书死”的人。兴学校，废科举，虽已有了将近六十年了，而科举的余毒，还没有扫除尽净。

一个人能为学问而学问，至少要有安裕的生活，而又有好奇的野心，此外读者的目的，大半为自己的生活，小半为应付社会之须要。以前几年，投考大学的人读文学，读法律的很多，到了现在，这班人物，供过于求。而土木、化学的出路，倒是很好。现在求学人的眼光，又一变，转向土木、化学……等科去了。书的“死”和“不死”，读的“死”和“不死”，和读了书“死”和“不死”，全是环境的关系，不是“书”、“读”、“人”的关系。读书界的“三死”主义，现已渐渐觉悟，转向“活”的方面去了。

又有人说：现在中国所受到的外患压迫，和金融农村，及其他一切社会事业，都在非常时期，那里还有给予我们从容不迫，安心读书；再由读书，来建设文化。我们只有急不及待，去模仿列强。在这种特殊情形之下，这种主张，自然不能去否认他为无理由。但是我们如要遵照先总理的“迎头赶去”的训词，我们不能不读书，再由读书，建设中国的文化。模仿他人是跟别人的后尘，永远不能和他们并驾齐驱。至于居领导地位，益发不用说了。为求近效起见，现在中国是比别人落后的国家，自然须要模仿，而一面也当自重，并不是一辈子跟别人马后去跑。同胞们呀！赶快大家来读书，用自己的力量去创设！

而且模仿他人，即模仿到一等一的地步，也不过只能模仿到他人的文明，不能模仿到他人的文化。“文明”和“文化”二个术语，粗讲起来有点相像，细别起来，却也不同。文明是属于物质的，文化是属于精神的。虽然，精神须要物质的表现，而后文化有所依托；物质须借文化的指示而后可以文明。由是而言，文明与文化，互相系维，不可分离。我们有了文明，就有了文化。我们能模仿他们的文明，那他们的文化，我们自然也能得到了。何必读书？

“文明”和“文化”，固然相生相因，如上所论。然而模仿则不然。为什么呢？去模仿他人文明的人，根本上谈不到有他人相等的文化。如有相等的文化，何庸去模仿他人的文明。在事实上模仿他人的物质文明容易，模仿他人的文化为难。文化是一件看而不见，听而不闻，食而无味，渺茫不测的一件东西，要想去模仿，也难去模仿着。如若我们头上戴着一顶拿破仑式的草帽，在物质上，我们的草帽已是拿破仑式了，可是我们的头，不曾具有拿破仑式的头脑；我们身上着了一身西装，我们的衣服已是西式化了，可是我们的身体，没有西式的健全；……可知模仿物质的文明，只要有钱，可以模仿的很像，而精神的文化非一旦一夕之功，可以模仿而得到的。

再申言之，文明犹如人的装饰，文化犹如人的学问。人要装饰到什么神气，手头有钱，就可装得活灵活现。买了一身西装，就可装饰成西式的人；买了一身马褂和长袍，就可装饰成为官僚式的人；买了一套武装，就可装饰成为一个武装同志，……一个小瘪三，衣服褴褛，别人白眼相视，一瞬不睬的人，有了钱，暂时可以装成阔少，可是一肚皮草包，丝毫没有改变，不过是一个绣花枕头而已。人的学问，非日积月累，数年埋首苦攻不可，不是金钱可以买得到的。一个国家，去模仿他国的物质文明，原是容易，要建设一个文化，非全体分子大家努力读书，不能成功的。

中道而驰的建设文化，是“舍己之短”、“取人之长”。一“舍”一“取”之中，大有区别。如全体分子，大家努力读书，培养一个建设文化的根本精神，自有眼光手段去舍己之短，取人之长的识辨力。否则，如无建设文化的精神，被欧风美雨多冲荡，取舍之间，适得其反，把自己固有文化的精华，渐渐失去，而所得到的全是别人的糟糠。这样的建设文化，倒不如保守旧的文化。就是全盘西式，也不过学了他人的皮相，使西人有“学找者死”的警告。

文化建设与读书，互相的关系，重大可知。

不过现在“校门八字开，无钱莫进出”贵族化的教育，要去念书，很是不易。又以我国现今各业凋疲，人民生计，非常困难，虽想购买几本书自修，也难负担。各地虽有图书馆设立，而以空间时间的限制，若干人能享受到读书的权利呢？现在作者来介绍一个真真平民化的浙江流通图书馆（馆址杭州鼓楼），给读者，他们以少许人的努力，经十年的经营，博集古今图书都二万三千余部，全国各地不拘男女老幼，不限程度高低，都可以向他们随时借书研读。每年除纳几毛钱的通信寄书邮费之外，别的一个钱都不要，如此机会，幸勿错过。

（载《中国出版月刊》1935年第5卷第1—2期）

谁愿读书？

陈从善

在这读书运动宣传得震天般响的时候，几乎全国民众都已家谕户晓，耳熟能详。读书运动照这般煞费苦心的宣传，和那样真诚恳切的劝进，全国人民，便应该不拘男女，不限老幼，不论穷富，大家都权且把民生问题摆一摆边上，来一致地从书本上求救国之道，识字的人果然要他读书，便是不识字的人，也要他学读书，从此万众一心，上下一德，莫不努力读书，读书之风气尚，读书之运动成，那末世事国事家事人事，都不愁没办法了，美哉读书运动，善哉读书运动，吾当馨香祷祝其即日普遍，早日成功！

在下对于这有意识，有价值的读书运动，除自身立誓终身读书，致死方休以外，并且极愿意劝人奉行，但惟恐人或有以下列二问题质我，势将使我无辞以对，今述之如下，还希主读书运动者有以教我！

第一个要解答的问题，便是“读”的问题。这问题又可以分为六小问题：

（1）读的能力。以举国之大，有几个人能够读？据教育家的统计，目下全国不识字的人，要占据百分之八十以上，其余要想读而不得钱，而不得学校进身的，又有多少人？（2）读过书的人有几个能感到读书的好处和效益，在放下他书包之后，肯再继续努力的读？（3）怎样使执有文凭而失业的中大学生不会感到读书的失望，和读书死的恐怖，从而再专心或发奋于“读”字上做工夫？（4）怎样使辛劳终日而不得饱暖的各级人士，甚而至于小学教员，以宁静进取的心思，致力于读？（5）怎样使感觉到读书兴趣与必要读书的农工商军警，工役，学徒，在执役之余读书，而不被雇主或上司所怨望，所催折？（6）怎样纠正为读书而读书，为文凭资格而读书，为吃饭升官发财而读书，为应付考试而读书的人，使他们都能感到为本分而读书，为求知而读书，为应付环境，发展作为而读书，从而真心诚意地去读书？

第二要解答的问答，便是“书”的问题。这问题又可分为二小问题：

（1）书的名实。现在全国的出版现象，委实太坏了，书店老板，一味把书做为赚钱的商品，只顾自己的发财，不管什么文化教育，只叫这本书能迎合民众下级的心理，名目好听，且有赚钱的可能，便不问他是否裁剪凑集，改头换面，诲淫诲盗，神鬼怪异，甚而至于有些书简直文不成文，语不成语，也都给它出版发行，因此在上海这样不景气的商业市面，独独只听见某书店今年赚几万，某书店今年赚几十万。咳！这几万或几十万赚头，决不是民众的读书与兴趣增高，和文化发达，老实说都是被广告宣传的力，所拐骗而来，可是他们今日的赚钱和发财，便是民众买书的失望，因了买书的失望，就减低或消失了民众阅读的兴趣，这层还希留教育当道能够切实注意审查，并且严密的防范才是，否则一面叫人读书，一面使人失望，这总不是办法。（2）书的代价。在这民众生活日趋死路的辰光，除了极少数领有上帝选民优生利益券的委员大人，衙门老爷，洋行买办和资本家，以及什么长，什么主席之外，谁不是在那里提饥号寒，嚷着生不如死的呼声，这种状况除了日出而作，午夜而息的劳苦各式人等之外，更其是卖不出力的文绉绉的大中小三级的毕业生，和小学教员为尤甚，他们在这生活没法解决的时候，能够安分做个良民顺民，已经是万分不容易了，从什么地方叫他们抽得出一举钱来买次于衣，缓于食的书本呢？况且以书为利的商贾，他们那有存着丝毫为文化的心思，为教育的宏愿，肯将本就利做生意，还不是一天一天在三十二档的盘算之中，打算这书如何赚钱？那书如何获利？怎样才得分红，那样才得盖起洋房，一本书被这般一层一层加上纯益，就不得不把薄薄不薄一百页的一本，加上一个洋装，请一位大老题一个词，就卖它一元二元，这次在下叨受了读书运动的大惠，在中国最著名的一家书馆里，拣了一些次要的，平装的教育书六十种，共计码洋六十四元九角，对折付现，也要三十二元四角五分，以我每月所入的纯余计算，这一举钱，至少要使我节省一年的零用费和购书费，才得能够把这笔账付之决算。我自问我的月入，比委员大人果然比不上，比之小学教书匠，和卖力的劳苦工人，要高上三倍到四倍，买了这区区的几部书，不容半年读，尚且要影响得如此田地。那大凡图书馆和多买书的人，无论他们怎样宽裕，也会感到无以应付，无能为力。这般情形，怎叫生活成问题的穷人，为了要读而解决买书的问题呢？虽然书中真个是有黄金屋，书中确实有个艳似玉，那也只有叹一声说："此生没修到，来世再说吧！"

不错中国是文化古国，图书馆各地都有，尽足以应付民众的予取予求。咳！要说这话，那当真天晓得了，中国的图书馆，除了绝少数的国立和省立以及大学图书馆，每月有几十几百元的指定添书费之外，其它市立县立和中小学校的图书馆，以及民教馆图书部，别说每月没有指定添书的款，简直说得干脆一点，能够不把旧书卖去，来维持门面，已经是难得极了，还怎生望它添书呢？应付民众的需求呢？其它私人创办的图书馆，那更不必说了，这种情形，要是督学大人良心摆在当中，他一定不会说我言之过火的吧！

以上所述“读”和“书”的二个问题，确确实实是读书运动中的中心问题，设使能把这二问题解答，才可以将运动变而为事实，否则运动终究是运动，与实际还是一无所补救，可是要解答这二个问题，第一在如何妥筹的款，切实普及教育，改善教育和谋教育的出路，这是承办教育者所应该注意和致力的一会事。第二在使商品化的书，变而为文化和教育化。要达到这目的设使单单用善意的忠告来促醒全国的出版界，叫他们觉悟，把书改善内容，减低售价，或照成本发售，那真无异与虎谋皮，求鬼医病，无论如何，决不会达到目的的，除非只有教育当道会同实业部令行各省市县政府，要各地出版界将它所要发行的书，第一先行送查内容，第二开具详细的估价单，包括 1. 该书字数若干；2. 版税比例；3. 收版权费用；4. 印刷成本；5. 广告费用；6. 官利若干；7. 预计滞销损失估计等，呈报当地政府，转详教育部，经核定标准售价，然后才许发行，否则终无以防制并杜绝书商的操纵和垄断，而解决了民众有书可读的问题。这些瞎话说得对不对，我自己一点不知道，希望读者能不稍客气的痛痛快快指正一下，那是十二万分所渴望的。

（载《中国出版月刊》1935 年第 4 卷第 2—3 期）

著作界·出版界·读书界

樊仲云

今日的出版界，像一切事业样，是在不景气的暴风中挣扎着。自世界经济恐慌的到来，差不多是整整的五年，然而前途还是混沌得很，尤其是产业落后的我国，所受不景气的打击，只有一年年的深刻。因为现状是这样，所以我们的出版界，也像其他事业一样，没有理想，没有计划，只求得过且过，维持现状。于是我们但见保守主义的横行，不见一点活泼新鲜的气分。

大书局的翻印古书，不消说是一种保守主义的表现，即是小书局的标点《袁中郎》及出版所谓《新文学大系》，也何尝不是乞灵于过去？归根结底无非贪图稿费的便宜，成本的低廉。这是一种苟且因循的手法，充分表示我们的出版界是何等的枯竭而无生气。不然，何以堂堂的现代人而反须求助于过去的骸骨？这不是表示现代创造能力的缺乏吗？

出版界是著作界与读书界的沟通者，因为这样，遂窒息了沟通彼此的机能，著作界、出版界、读书界三者之间，不仅失其连络运用之妙，结果反造成了出版界对于著作界与读书界的支配。著作者为了生活的压迫，不得不俯首听命于出版界，读书界则以根本缺乏新知的供给，只好凭陈腐的骸骨为聊快朵颐的资料。可是日复一日，国民思想却大受其毒害了。读经存文的腐朽的风气，虽不一定导源于世，然其来有自矣。

对于翻印古书，记者原不根本反对，且在某种条件下，还认为有其必要。这便是说古书的重印，必须第一，是一种鼓舞民族意识的历史教育；第二，是足以补助对于新知的获得。而以此故，我们对于古书，必须分门别类地系统地加以一番整理，始有重印的价值。我们必须如此，始能使过去的古籍具有现代的新生命，而诵读古籍，乃不致成为骸骨的崇拜。

然则当此之时，究竟有什么方法可以矫正这个风气呢？倘若以为物质的环境足以支配一切，那末除了等待经济的好转以外，似无其他办法。倘若以为不然，承认人力亦可以克服环境，那么这个保守主义的风气，可说决不是没有法子矫正的。第一，需要一般有思想的著作家，能对之取批评的态度，一方面指摘其错误，另一方面，尽可能的介绍新知，以开拓读书界的领域。读书界既一旦发见了新奇的境界，自然要使其再幽闭于古纸堆中，也一定不可能了。出版界既有赖读书界而维持其存在，至此，自亦惟有应读书界的要求，而编印新书。质言之，这个颓风的矫正是全赖我们著作界的努力。并且不仅如此，著作界要想脱离出版界的支配，而成为出版界的领导者，也只有努力于新局面的打开方才可能。

（载《申报·出版界》第六期1935年5月18日）

希望于著作与出版者

器 重

著作家作了一本书出版，前面大都有一篇序，述说他著作本书的经过和意见，并介绍本书的内容。序的方式各各不同，有的说“有几处不妥当的地方，只好待再版来修正了”。可是，实际上到了再版的时候，在再版的序上，却又说“因为急于再版，所以有几处要修正的地方也不及修正，只好请读者加以原谅”。这种著作家，他的所谓“修正”，不过是骗骗人而已。我们从他这两篇序中，对于他所作书的价值，在心中当然要减少不少的信仰。有一种著作家，在序中说了待再版修正的话，他是实行他的说话的，真的到了再版的时候，大修特改，与前书几乎成了另一本著作。这种对于著作的忠实，我们是值得敬仰的；可是，他既对于初版之书不满意，他何不好好修正了再行出版，何必把不满意的初版先行印行，使读者（购买初版的读者）必须再买他的再版，难道读者多化买一本书的钱是应该的吗？有的著作家，序中述说他著书的慎重，说是稿子已经发排了，在校对的时候，忽然得了新材料为之添入；有的发现旧材料之不妥当，大为修改，几乎是从新排过的。这种作者对于作品之负责，我们当然要五体投地的拜服，可是，反过来一想，他为什么不把他的著作酌定妥当了以后，再行发排呢？他现在不过是使排字工人多化一番心血，万一书排好印好了，他忽然觉有错误而且须增加新材料，是不是肯把已经印成之书完全销毁呢？他不销毁而在再版的时候大改特改几乎成了另一本书，读者再来买他一本，难道读者的金钱，真是天上掉下来的不成！

古人著书，有终其身而没有著成者，这虽然由于古代印刷术不进步的缘故，并且还可以说是古人头脑不及现代人之灵敏，然而古人对于著作之慎重，于此也可见一斑矣。今之学者费了几年时光，而成一部著作者实不多得，大都只有几个月而已。至于滑头书店将一件社会新闻费一二日而编成一书者更无论矣。著作人若是之急就，当然“错误只好待再版修正”、“排印后校对之时，觉得有不妥当处大为修改，并添入新材料而几等重排”了。这种单打算自己著作之急于出版，而不顾读者购书能力、阅读光阴之著作家，无论其再版时如何修正而忠于著作，似乎都不大值得加以钦敬！所以，总说一句，希望今后的著作家，必须把自己稿子斟酌妥善之后，然后再行出版，则除了因时代变迁而使其内容必须修改外，其他可以不必“留待再版修正”或是“几等重排”了。

现在再来谈谈出版界方面：出版界虽然面上挂起了“提倡文化”的金字招牌，但实际上还是七分赚钱，而仅三分提倡文化而已。这还是最上乘的出版界。至于十分完全赚钱的书伙，那更不必论了。出版界目的在赚钱，故一书之出，只望其速。速则校对不能精细，“鲁鱼亥豕”，页页都是。这一些，我们也不能去苛责出版界，好在几个错字，给与读者之影响并不甚大。所希望者，自然他再版时把错字一一为之改正。可是，出版界方面，真肯一一为之更正吗？甚至再版三版一直至十版二十版而并不更正，这是确切之事实。难道出版界自己不知有错字吗？著作者不将自己著作读一遍吗？或者读而发现错字而不告出版人吗？记得五六年前，各书店每在书后附一明片，请人录告错字以便更正，而竟也无一人录告吗？这我不大敢信。所以，我希望出版界，今后对于书中之错，终要想法一一更正，最好能达到一字不错之目的。如是，造福于读书界实属非浅！

（载《申报·出版界》第九期 1935 年 6 月 8 日）

著作家的揩油法种种

祖　舜

从前章克标写过《文坛登龙术》，公开了成名秘诀，但章先生终于失败到登分类广告求职业，可知戏法人人会变，各有巧妙不同，用之不得其法，还是不能成功的。现在我再来介绍几种随手的小戏法，玩起来或者比那大套的要容易些。

一、一举两得。一个未成名的作家辛苦地写成了或译成了一本书，当然想卖给书局去出版，然而百分之九十九，你不会找到买主，那么就得应用这个办法，请一位已成名的领衔，把你的名字放在他的后面，这样一来，他会替你找出版的地方，成功了，你分一半稿费给他就是。而且你当然不应该心痛，以为你只得到一半的酬劳，因为没有他，你连这一半也永远——永远得不到的。

二、过河拔桥。倘使你读到一本书，里面有甚么名著孤本上引来的章节，应该牢记在心，一有机会就该设法引用，但千万不可声明是从那一本书上转引来的，因为这样就太不经济了。你得只注出那原书的名字，须章节页数件件叙明，如果那本书是意大利文、拉丁文、印度文时，千万要把原文一字一字抄下，懂得也好，不懂得也好，这方法一方面既显出你博学多才，一方面又可以使读者敬重你是一个诚实的著作家。从英文、日文转译俄文、意文的著作而不注明译本的，也可算此法之一种。

三、避重就轻。这第三种揩油方法和第二种差不多，不过只限于洋文的。有许多名著因为篇幅太巨，或者因为原本不易觅得，没机会过目，好在外国有许多专门做摘要和详细的评论介绍的杂志，你每月定阅几份就赛如读原文一般，高兴的时候译下几段，只不注明是译的，还是自己写的，或者糊里糊涂注上“节译”二字，使得人家不明白究竟，你是从原文里节下来的还是从节文里节下来的。这方法的妙处，在你可以在心地纯洁的读者心里渐渐筑起博学的影象，而捉狭的人找不到你的把柄。

四、移花接木。你看到人家写的文章，引证详尽，哲理新颖，而有动于中时可以应用这一套法子，你可以自己写一篇接近这个题目的文章，把所有引证考据一个个都引用进去，这样你的大作后面便也可开列五六十条注解和参考书，谁能不佩服你学问渊博，又谁能知道原来你只读了一篇短文章，而且这个方法绝对没有危险，即使被人发现了，他也只能冷笑一会，决不能判你一个抄袭的罪名。

五、反客为主。胡适之博士说他做翻译工作每小时只能得三四百字，可知这工作实在不容易干，真是吃力不讨好，一方面你无论做得如何好，总有可以给人们批评的地方，另一方面化了这许气力，只做了一个介绍人，人家总说威尔斯的《世界史纲》不错，不会说某某等人译的《世界史纲》真好。这样，辛苦艰难的事情，有时碰到一句一字没有办法，吃饭走路的时候，你也要摇头摆脑的转念头，然而结果你得了几元一千的稿费就没有下文，岂不可怜。但是要自著一本书，实在也不容易，所以不如改译为编，找几本书来东一节西半章拼起来，译不过来的索性不要，岂不爽快。如果你胆子小，你可以在序文或跋里注上这么一句话“本书取材于××的、××一书为多”就一些危险也没有了。最近有一位先生翻出一本日本出版的工程上的手册，连印刷上的错误都一式一样，但序文里他却说这一类书中国人编的这还是第一册，他的勇敢，真使我们不能不佩服了。

揩油方法当然还很多，但是上面的几种只要应用的人心黑皮厚，决没有危险。读者如不能领悟，我还可以供给种种实例来给你做参考。

（载《申报·出版界》第十二期1935年6月29日）

肃清出版界的妖氛

——关于色情文字

正　义

最近一两年来，中国出版界有一种最显著的现象，就是画刊，杂志的“色情文字”膨胀的倾向。它的内容，就是拿名媛小姐，名流“雅”人，教授学生，以及歌女明星，野鸡优伶等等的“私生活”，做过分的描述。而且，在这儿有动人的题目，惑人的语调，炫目的笔法，华丽的文字；特别是对于女性，有更香艳的，肉感的，夸大的叙述。这现象，在出版界上颇呈活跃，而且比别的任何出版物都流行普遍。它吸引了无数青年读者。它成了书店老板最主要的买卖。假如你跑到福州路杂志书店，甚至是图书馆，或公共阅览室去一看，立刻你就会看到：被一群如苍蝇嘤蜜似的人重重围着看的，一定就是这类的出版物！然而这种东西的影响，是比各种小报上最肉麻，最无聊，成为罪恶之渊的社会新闻，堪相比美！这不仅意味着“鸳鸯蝴蝶派”精神的复活，而且实际上是一种具有更危险性的刊物！

第一，在读者方面，最初虽然不过是图一时的快感，然而，渐渐地就会使他把这种作品，视为精神生活之资料而摄取，最后，这变态的色情狂的刺激，简直成为日不可少的精神粮食，因而引起性欲的变态，其结果是弄成意志消沉，生活空虚，行动浪漫……种种的坏倾向，如果说“宗教是人民的鸦片”，那么这些作品便等于“人民的吗啡”，好像魔鬼把人带入迷宫，使他们惑于苟安，忘怀现实，失掉进取与反抗的精神。在历史上，此种风习之足以招亡的，如罗马帝国在崩溃时代中的风气，就是最具体的实例。这种颓废风气的扩大化，从国家民族立场说，实是一种毁灭的表征，而容许这种现象之存在与传播，在出版界实在是一种最危险现象，也是出版界的一种最大耻辱！

第二，就被描写的人物说，姑无论作品的描述是否真实，但当事人是哑子吃黄莲，有苦难说！不能更正，也无从申辩，这种卑鄙的风气之展开，无疑地会把最低限度的道德范围破坏，使中伤造谣流行，使一般的人们渐渐自动地，或被动地变成说谎者，阴谋家。

第三，再就作者与社会作用说，是因为作者生活的贫乏，把握不着客观的资料而写的呢？还是装聋作哑，看不见今日民族的危亡，正有不少有血有泪可歌可泣的事体作为描述的资料呢？为了社会的批判与纠正呢？还是以不正当的态度揭发隐私呢？我们认为这只是一种最愚蠢的最不正当的举动！此种倾向，不仅是精神的颓废，简直是社会的罪恶！

在这民族危亡的现在，一般作为大众文化生活之资料的杂志中，作为民族精神之表征的出版界中，竟有这种无耻的、下流的、没落的倾向，真是中华民族莫大的损害！于此，我们必须找出它发生的社会根据。

自从东北事件爆发以后，当时也曾在全国民众中掀起一个激荡时期，但这时期并不很长久，就渐渐分散，各自选择不同的方向去了：不是走向勇敢的前进，就是转到怯懦的退却。这些从一时的激荡中退了出来的人群，立刻就发生了两种情绪：

第一是对于民族前途的失望，他们是对于现状的不满，但又不能鼓起勇气踏上革命前线去，于是就开始苦闷。由于苦闷，这些曾享受过舒适生活的人们，对现实就发生了绝望的感觉，因此使他们失去支持自己的力量，使他们由追求而幻灭起来，于是，只好掉转方向追求目前的，暂时的享乐。这现象，正如19世纪末的颓废派（Decadence）。

第二是自身没落的感觉，这些中小阶级层，随时随地在日常生活中，早就知道了自身没落的命运，再以外力的侵略，益发加速了他们的没落，于是更苦闷，更绝望，由于这种民族出路的失望，和自身没落的预感的交织，使他们失掉了奋斗的力量，因而企图逃避现实，把精神和力量，尽可能的消耗在享乐上，结果，表现在生活上的便是醇酒，女人，泄愤的举动、色情的追求……一切新奇强烈的刺激，使他们钻进了好似欧战后的厌世主义坟墓中去。

针对着这一现象，于是手淫式的作品，色情狂的出版物便降生了。而这作品一经出现，它正迎合了社会上无数人群的心理，其中特别是智识份子，对于这类内容的小报、画刊、杂志等，更受到急切的欢迎，因而销路日增，书店老板不消说更认为这是勾引读者，增加销路的最好办法。于是精益求精，竭力提倡，文字更香艳，且加插极富于肉感的画片，极精美的装模，以吸引更多的读者。在稿费方面，这种东西比普通作品的稿费又特别高些，一般下流作者，于是榨尽脑汁以迎合社会心理，因而有目下色情文字膨胀的现象。

这类色情文字的害处，以及它的危险性，作者已详加论述了。为了把人们——特别是青年们——从粉红色的幻梦中唤醒过来，为了给民族以一些生力，为了使出版界不致流为低级趣味，为了压制鸳鸯蝴蝶派的蠕动，必须把这种妖氛克服下去！把这种倾向从出版界中清除出去！

（载《中华青年》1935年第1卷第3期）

我所希望于商务印书馆者

张素民

商务印书馆，是中国最大的出版家，这是人人知道的。其总经理王云五先生之道德学问，经理才能，和其内部职员之努力，以及组织之优良，也是大家所佩服的。从“一·二八”以来，商务印书馆更加努力，出版的新书，一天一天的多，这更是我们文化界好现象。

但是我们正因为敬爱商务印书馆，所以对它的希望更奢，对它的责备更严。本此动机，特来说点我个人对它的希望。

中国今日出版界程度之低，恰为我们社会知识教育程度之低的反照。编著的书，好的固少，翻译的书，更只是白纸上堆黑字，令人无法卒读。我因为平日对于商务印书馆的信仰，对于它出版的书籍，当然是“另眼相看”。平心而论，它的书籍，就大概而言，是比较的好一点。然把一本一本的仔细读起来，也觉得好的少，坏的多。即翻译的书，也有谬误很多的。推原其故，不出二端：

一、对“名人”太客气，太讲情面，而同时过于注重一时的利润。名人的著作，本来应该是好的。然而中国的名人，也有由“牛皮”造成的：牛皮虽大，学问文章仍浅。例如商务出版的某名人的最近某名著，若以外国大学教授看本科学生的毕业论文的眼光来讲，简直是“不及格”，至少是应“重写”。第一因为那书的标题与内容不符，第二因为那书所用的译名，前后不一致，第三因为那书内容的矛盾和谬误之处太多。然而商务竟将那书一字不改的出版了！书价须三四元，买来实后悔。从“内行”看来，不过冤枉花了几块钱；但“外行”买之，将视为“名著”，以之为“权威”。此“谬种流传”之害，远过于几块洋钱的损失。这不能不说是商务的编辑部对“名人”太讲情面。我希望商务以后审查稿件，不问作者姓名，须严格审查内容。

但天下事有出人意料之外，以那样不能及格的书，又在今日经济凋敝的中国，卖价在三四元以上，居然再版三版的畅销起来。若从谋利的观点讲，商务的眼光高，我的眼光低；那部书是于商务有利的。然这种销路是一时的，不能持久的。因为买书的人，大都和我一样，鉴于作者牛皮之大，买一部来领教领教。然读了之后，始知大上其当，不敢再介绍别人来买了。所以即为谋利计，商务的编者应该劝作者将题目与内容稍加修改，再予出版，则销路或可持久。何必重视一时的利润？

二、重量不重质，选稿不严。商务的新书，每天都有。在量的方面，就中国的情形讲，并不为少。但书籍这种东西，与普通商品有别，不是可以“大量生产”的。买书的人，是要把书拿来研究，以期取得知识学问的。若打开一看，即发现其内容肤浅，甚或条理不明，令人莫名其妙。甚或形式也不完备，如材料的来源，参考书籍等，一字不提。若是译本，则一页中有几句令人读不懂，甚或有整段的读不懂，则这种书籍有何用处？商务的书，因比较的好，然这类的书，亦复不少。我希望商务的编者，以后选稿，宜较严格。所谓严格，不一定是拒绝不受；即对于可受的稿子，详细批注应行删改之处，令作者或译者自加删改，再予出版，也是严格之一法。若是专门书，最好是由编辑部的专家审订，或偶请外面的专家审订，亦无不可。

上述两点希望，是可适于一般出版界的。然我特别对商务言之者，是因为以商务的资望能力，实行较易，可首先倡导，以求出版物的质的进步。

（载《申报·出版界》第十七期1935年8月3日）

上海出版界的拯救

胡　绳

在上海，看着许多书店的营业情形，有时真觉得可怜。号称文化之街的福州路上的书店除了商务中华外，现在是该算开明、生活营业最好了。开明的对象全是中学生，生活也自有他们从《生活周刊》、《新生周刊》一贯下来的许多读者为对象，所以尚能立得住脚，然而也还在叫苦。此外呢，光华早关了门，群众图书公司也在存书大拍卖，现代门市部冷静得可以整天没有顾客上门，而书籍都是标着对折。北新似乎最近有了振兴的企图，但也还没有什么成绩出来，却又在大廉价了。大廉价是普遍于整个市场中的现象。良友的精装文学丛书，四毛五分便可以买得，诸如此类在读者是便宜货，而却表现了书业的不景气。新的书籍是很少出版了读者们同声地说：“没有书读！”而出版家们却叹息着说：“没有法子出书。”

书销不出去固然因为普遍于读者中的穷，然而读者们总还是在渴求着智识的，只要真有好的书出版还是会忍痛去买的。但是真正配受千万人欢迎的书在最近，我们敢说，没有过几种，——或是因为不能出版，或者根本不曾产生过。

书价一般都定得太贵，也是个阻止书籍畅销的原因。固然我们不能拿市间流行的标点古书来此较，但日本的书籍就比中国的便宜到不知许多。生活出版的《创作文库》，在出版界中是颇具特点的，但太贵的定价使它不能畅销，因而现在已好久在停顿中了。

为了使定价低廉，丛书杂志化是一个好办法。实行的已有上海杂志公司。但他们出的是《珍本丛书》，其内容是不能普及到一般读者中去的。但是丛书杂志化这总是条可走的路，像生活的《世界文学》若一开始便以丛书的形式出版，销路或将更好点亦未可知。最近，巴金主编《文化生活》丛书，所出的书虽只几种，但质上都还可观，而定价也似乎比以往的各种丛书较低。倘然它好好地发展下去，或者能为穷途的出版界打开一条路。

为了使出版书籍较便当，而且不经过书店的一层剥削，使成本较轻，定价较廉，前几时上海的文化界中人曾组织了个"新知出版合作社"，其宗旨是"本合作原则，由社员共同投资，经营出版事业，冀于文化工作有所贡献"。社员是公开征集的，并且已经开过成立大会，理事也推出来了，第一期出版的书目也决定了，出版的方针是"就一般理论及国际国内政治经济中最重要最现实之问题，加以讨论，其文字以通俗流畅为主"。但现在尚未开始出书。

上海的出版界的景况真够萧条了。它在企待着拯救。生活书店的邹韬奋回国，又另辟了新生书店，在出版上面据说也有些新的计划待实施。在出版界中也自要有富企业精神的人来努力挽救亟亡的命运。读者们对于精神上的食粮的要求永是很迫切的，只要出版物果能完全配合着读者们的需求和经济上的能力，其出路并不全然是绝望的。

（载《大公报》1935年10月9日）

上海与内地

樊仲云

上海在一方面是个国际的都市，资本帝国主义的魔手，即由此而伸入我内地；同时，在其他方面，他却是我国政治经济及出版界的中心，居着领导的地位。因了这种上海的特性，于是造成上海在我国民经济政治及文化上的畸形的存在。即上海愈发展繁荣，内地愈衰落枯竭。然而上海到底有赖内地资源的营养以长成，因了内地农村经济的破产，上海卒来了空前的不景气。这是就上海与内地的经济关系言。

因为上海这种经济上的优势，再加帝国主义列强势力的保育，于是不仅经济上，甚至在政治上也隐隐支配了我国内地，外国洋行的买办这样由高等华人成为我们今日的政治家。从前是“学优而仕”，现在是由商而官。“学优而仕”不免“两袖清风”，由商而官遂一行作吏，便“腰缠万贯”。这是政治的商业化，也是中国内地的上海化，上海给与我国政治上的影响盖如此。

至于文化上，则就出版界言，其能免于洋泾浜型之讥者，实在几希。古书洋装，成了流行，这且不说，如在教科用书以及定期刊物中，究竟有百分之几是代表着中国的国民意识，我们实在难言。在上海，我们是“没有了中国”，在上海的出版界中，中国是也正在一天天的趋于消灭。然而这样的出版界，却为我国的领导者，正为内地的出版界所亦步亦趋的追随着。这是值得我们的注意的。

上海的洋泾浜文化，其所以能普及于内地，一种原因是由于戏剧与电影的教育，一种是由于交通的便利与接触的频繁；还有则由于出版物的宣传。于是欲言“摩登”，便非上海化不可了。

就出版界言，这种表面的模仿，莫过于蔑视空间的不同。因为上海是居于全国中心的地位，故其出版物之具有国际性或全国性，是当然的。反之，内地的出版物，因其性质为地方的，理应有所不同。然而事实，内地的出版物，言时事者莫不以《东方杂志》为模范，谈文艺者俱以《小说月报》为典型。结果，不仅丧失了内地刊物地方的特殊性，且就内容而论，亦刻鹄类鹜，不及远甚。在经济、时间及能力上，这是何等的浪费啊！

最近到杭州，看见了一种《浙江青年》的月刊，能够注意于浙江的历史、物产、经济等等的叙述，我觉得这个编辑方法是值得推荐于内地的出版界的。

（载《申报·出版界》第十期 1935 年 6 月 15 日）

讨论补救内地书局方法

朱翼云

余尝考察各县书业，近数年来，均呈不景气象。如上海苏州等县，营业范围较广，全年经理伙友，奔走接洽，努力推销，一逢春秋两季，其添配货物，忙碌状态，罄竹难书，进货员几无日不在舟车中过生活，其一种心苦营瘁，意无以言喻，而一询其年终结束之盈亏，即日甲店上年亏蚀数千金，乙店放去坏账万余元，均有岌岌难以维持之势，而欲求一勉强苦开销，不至亏蚀基金者，竟寥若晨星。推原其故，半由于同业之不能精诚团结，半由于各学校之包办贩售，一如投标式之相互倾销，暗中受亏，实非浅鲜。查近数年来，各地中小学校学生较多、范围较广之学校各学生之课业用品，大都由校中规定，一律令饬学生不得自由购置，统归校中包办贩售。在学校之向各书店批购，折扣方面，一再低落，且须欠账，而学校多以现款售给学生，且提高折扣。吾邑上年东张乡有某校长，向各书店以四二折欠账取到之教科书，贩售学生以实折之现款，一切利益多被其攫去。学校竟如贩卖市场，虽不能说各县各校，完全如此剥削，然类如此校者，亦几触目皆是。试问处此状态之下，凡吾同业，有无噉饭之余地耶？倘再昏瞶糊涂，不亟起而团结抵制，吾内地书业之失败，竟不堪设想矣。为今之补救良策，各地书店，联合呈请各地教育局令饬各中小学，嗣后各学生取用之课业用品，不得由学校贩卖，以免迹近营利，贻各家属之讥议，一方由上海书业总公会名义，呈请本省教育厅，通饬各县转饬各校一律禁止，以维书业命脉。还希各同业联袂而起，共图补救，不识诸公以为然否，有以教我为幸。

二十四，三，七。

（载《同行月刊》1935年第3卷第3期）

一年来山西之出版界

大 悲

一

在这一个题目之下，我的意思是要在可能的范围以内检阅一下这一年来山西的出版物，它们共有多少？并且以怎样的姿态出现在我们的面前，而且现在它们是进行到什么地步了，希望各处关心的人们，能够得到一个概括的印象，或者是一点零碎的片段，此外的贡献，我是捧献不出来的，这里预先道一声惭愧！

说到范围上，我是打算把它放宽一点，从日报起，以至期刊专著止，凡是我所见到的而且我以为多少有提述之必要的，我都将按照它们本身的繁简，还它们一个细微的或粗略的论述，这样，我觉得是较为方便一点的。

至于次序的排列，是这个样子的：日报、周刊、旬刊、半月刊、月刊、季刊，专著则列到最后。

说到中间的评论上，为了省事起见，我将采取多方的意见为意见，凡是我主观的见解，我将尽力的排斥不用，这因为第一，我自信还没有成为系统的见解，而第二，时间上也不允许。所以只好采用这种方法，但为了避免多费纸笔计，中间的引用语句，不再一一注明出处了，这又是应该预先请各方原谅的。

以上作为事先的交代，底下就归入正文吧：

二

（一）日晚报之类

山西现有之日晚报共有八种，其中日报六，晚报二，兹分述之如下：

一、《山西日报》。该报日出两开报一张半，共分六版，第二版及第三版之一角为国内外新闻，第五版的三分之二为本省新闻，第六版的三分之一为“余霞”——即报屁股也。其余则均为广告矣。

“余霞”除每日小言及章回小说之外，所余篇幅无几，取材极广，诗歌、掌故、杂感、论文均有，康佩霆君之《客中随笔》，与康衢君之《谈诗境》等篇，都还值得一称述，其余则殊少完善之作矣。

二、《晋阳日报》。该报印刷鲜洁，可为各报之冠，至张数版数及排列法，完全与《山西日报》相同，但副刊“新晋阳”的篇幅则普通占第六版的二分之一。

“新晋阳”之内包，除每日闲话及章回小说之外，所刊载之东西，则多为千字以内之杂感，间亦有一二可观者，但有时投稿者将许多无聊的旧东西——如笑话、故事之类抄袭上，编者亦予以刊登，则殊属减色。关于这一点，望双方以后多多留心为善。

三、《太原日报》。该报为省政府机关报，日出两大张，第二版为国内外新闻，第五版的三分之二为本省新闻。第六版之上部为报屁股，题名“唐风”，内容极平庸，除长篇小说而外，便是些旧诗、笔记和掌故之类而已。大体与《北平晨报》之“艺圃”相仿。

另外的半张两版，则为“山西法令公刊”，凡是省政府及各厅处之通告、训令、指令等，都在这两版上公布。

其余的地方，也都是被广告，以及恭颂某某德政之类的东西占去了。

本报之特长处，在能专用本省晋恒纸厂所出之纸料耳，在此外货充斥之时，这确是值得骄傲的一点。

四、《并州新报》。该报日出大张一张半，第二版及第三版之一部专载国内外新闻，第五版的二分之一登本省新闻，第六版的三分之二为副刊，上半为“春草”，下半为“报屁股”，其余均为广告。

“报屁股”多载短小的杂感以及较近幽默的小品，尚有可观，“春草”则多是些短的小说与诗文，但稿件极散漫，且多转载外省大报之稿件，因为没稿费不能收买本地之创作也。虽然有时也常出些这个专号，那个专号，但也抓不着重心，而尤其是文学专号，则完全是由外边各种报章杂志凑稿件凑合而成。关于这些，虽说有失其本报之身分，但对于读者也颇有些好处，因为有许多的消息可以不用再看外边的杂志也。

此外，应该提及的是，该报的“报屁股”，近来已有些社外的团体与个人，分别出版“儿童”、“农坛”等周刊了，但只出了一两期，而地方又是那样的狭小，所以也没有什么可说，我们只能希望他们将来发达起来而已。

五、《新中报》。《新中报》者即前此之《中报》也，每日出版一大张，二、三两版为国内外及本省新闻，四版之上半为副刊，余则均为广告矣。

副刊，其后又改名“新中艺圃”，内容尚新鲜，在这一年里边，曾刊出不少的值得一看的东西，如长篇小说则有青萍女士的《二十年代》很值得夸张，因为在山西几年以来，像这样的作品，不光是在女子手中见不到，即便是在男子手里也轻易拿不出来，即使在意识及技术方面还有什么问题，然而光是那辛苦，已经就很难得了。

在诗歌方面，有宋介夫君的《牧童》、《剩余的人们》等篇，在意识方面是很好的，在技术上也很灵活，但也有些松懈的地方，以及口号式的结论，不敢说是完璧。

在翻译方面，则有扬涛君翻译的《被驱逐的人们》等，也颇新鲜有味。

论评一方面的东西不多见，兹不俱述。

六、《山西党讯》。这是代表山西革命集团的“山西党员通讯处”的机关报，每天出版四开小张一张，在排版上，第一版是国内外新闻，第二版为本省新闻，第三版上半为“党务消息”，下半为“黑白”，第四版则为副刊，后来改名为“最后一叶”。

该报之出世，盖在去年十一月，其生命至为幼稚，然其成长则殊属可惊，除新闻因地方狭小，不如其他各报能广罗之外，而其副刊，则远凌驾于前述各报之上。当然这因为是革命的报纸，人们敢于说话的缘故，但编者的拉拢力量也远胜于其他各报编辑，因此它是吸收了不少读者的，其他的详细情况，该业编者在周年纪念号上《一年来的总检阅》一文中，叙述无遗。读者可以参看，这里恕不多说了。

第三版上的“黑白”，发刊时间虽短，但实质上有王妈妈的例话，与白丁等之打油诗等，亦颇轻松有味。

七、《华闻晚报》。该报每晚出刊四开一小张，一、二版刊登国内外及本省新闻，第三版则登载一些逸话及临时发生的趣闻。并有“读者顾问”一栏，给读者解答关于法律上、医药上的各种问题。第四版为报屁股“华闻舞场”，有章回小说《如此家庭》连载刊登，其余的东西则多为零碎的感想等类而已。

八、《太原晚报》。该报在形式上、内容上均与前述的《华闻晚报》相差不远，或竟可说是小异大同，但在印刷上却比校地干净的多，因为我并没有搜罗到多少，所以不能说到别的方面去。

（二）周刊之类

周刊的数目，或者很多，但我所见到的，却只有以下几种：

一、《学生周刊》。本刊是附设在《新中报》的副刊上的，现已出到二十几期，内容也是偏重于文学方面的，但是值得特别给注意的东西却没有。

此外，该刊有“教林琐录”一小栏，专门揭发各校的黑暗面，倒是很有意趣的，作为改进学校教育的参考资料是不无关系的。

大体上说来，这个刊物还不坏，只是关于学生切身问题的检讨之类的东西太少了，我很希望他们以后要向这方面多用一点功，因为我们觉得在山西是太的需要这种东西了，但不知该刊同人以为如何耳。

二、《建设周刊》。该刊为建设研究社所编，附设于《山西日报》

之“余霞”版，现已出至四十余期。

不光在山西，即使在全中国，关于建设之理论与实施的检讨的刊物也是急需要的，那末，在山西之有此刊出版，实在不失为一点荣耀，但是我们细检该刊之内容，却除了关于同蒲路之各方面的问题有一点论述以及设计外，其余关于建设各方面的实际问题，提述到的实在无几，恰巧相反，大部分都是专门学理的讲述，未免美中不足，要说是鉴于目下技术人材太少，须要先有一点学理方面的灌输，自然也是一种功德，然而这似乎也须有一点系统才行，决不是今天研究“电铃”，明天研究“印花”所能成功的。不知该刊同人以为如何？

三、《拓展周刊》。该刊陈设于《并州新报》之副刊版，是一个纯文学的刊物，主编者为雷特，略历不详。但只出刊过五六期（？），便不再见下文了，在这很少的几期里边，一方面有着理论上的建设，——如《文学上的遗产问题》等，一方面也有着现实罪恶的暴露，——如《罪恶的渊薮》等。文字也算不坏。

四、《村政周刊》。该刊亦系附设于《并州新报》之副刊版者，主编者为“村政周刊社”，本年双十节出版创刊号，

现在虽然还没有出到多少期，然而光就目下说，却是很能抓住实际问题。如罗隐君的《如何方能使好人当村长》，蘅君的《整顿村财政刍议》等，都是提出了很需要的问题，并且提供了相当的解决意见的，

其次，有许多关于农民常识的灌输，也是值得注意一下的。

五、《新教育》。该刊篇幅大小与前述之《华闻晚报》一般，也是普通报纸四开一小张。一、二、三版分登论述、评坛与各地消息，对象当然是全在教育上，第四版为副刊，偏重文学。主办者为山西教育学院里边的“教育学会”，创刊于本年五月，至现在已出至十余期（中间曾因故停过几次）。

论评方面，牵涉的方面是很有可观的，有着原理的阐述，有着方法的检讨，也有着实施的研究，除了稍嫌没有系统外，大部分的稿件都是可供教育界的先生们作为参考的，自然，特殊的成就是还谈不到的。

说到副刊方面，理论上有任之君的《片断的艺术论编》，雨亭君的《关于文学起原的研究》等，都不失为曾经用过一番思考之作，至于说

到创作与翻译上，则殊少值得特提者，不过也不见有什么十分说不过去的制作，自然，这因为他们都是学士也。

六、《山西商校周刊》。该刊主编者为山西省立商业专科学校周刊社，每期出刊十六开纸的八个派及，内分言论、文艺、校闻三大栏，以言论所占篇幅为最多，文艺次之，校闻最少。

言论方面，多于阐述商学原理以及贸易政策、经济制度等作，自然这都是本分，此外，对临时发生的事件，也有着相当的研究与批评，总算还能把握着实际，而不是专门以唱高调为能事者可比的。

文艺方面，以小诗为最多，散文很少。即便小诗是那样多，然而能够令人吟咏的却挑不出来，尚望作者多多努力也。

校闻也者，不是别的，是几个校内布告的转抄而已，故不足道。

七、《明贤周刊》。这是太谷明贤学校的出版物，形式与商专周刊相似，但页数无定，有时能出八面，有时且仅出四面，内除公文，校闻简报外，有时亦登一点校内外人的讲演词，学术之类的东西，占地极少，文艺则亦时一见之，但特别的是语体作品很少，差不多全是文言，而且还仅只限于诗歌词赋，散文绝少。

说到该刊所用的纸张上，也是山西的土货，这也是值得特别提明的。

八、《民众》。该刊为“山西民众教育实施运动会”所主办的创刊于本年八月，每周出版四开一小张（即普通大报之半张），分作四版，第一版为“时评”，国内外重要新闻。第二版为“教育消息”，专载各地有关教育之新闻等。第三版为“论述”，注重民众教育之理论与实施的探讨。第四版为“民园”，内容偏重于文学方面。

一二版的各种消息，刊登时很有鉴别，非泛泛者可比。

三版中之论述，理论方面很能站立得住，且多就事实立论，不以高谈阔论为能事，现已登载完了的，如杜太为君的《对于山西办理职业教育之建议》，马载君的《力的主义与民众教育》，力清君的《民众教育是什么》等，都是一时不可多得的有力之作。

说到第四版的“民园”栏，大体都无可厚非，而非尤以肖萍君之小品文为可观，且自第八期起又增辟了“民校学园”一栏，专门刊登该会所办之民众学校学生的作品，虽然现在所出无几，然而，我们却很能相信他们将来是会有好的成绩的，即使退一步说，光是给民众们辟了这一条说话之路，也是很值得夸奖的了。于此，我们很希望“民园”里的园丁能够将这一栏再增大些，以便给他们一个较多的学习与发展的机会，并且在可能的范围以内，我们也愿意他们能把校外的民众们的作品也酌量给登载一点，这样，我们以为是有着更大的功德的，但不知该园园丁以为如何耳。

（三）旬刊之类

所谓旬刊也者，比上是很少的，兹仅就我所见到的几种，分述于后：

一、《众生》。该刊为“众生学社”所主办，每期页数，在十二三之间，是普通报纸十六开的本子，创刊于本年二月间。

据该刊的发刊词说，是“以最大的热忱和毅力来拥护十年建设计划。积极参加十年建设，并监督政府完成十年建设计划。这就是我们所以要发行《众生》的目的，这就是《众生》的使命”。

我所搜罗到的该刊，共有十期，细检内容，倒也没有离开他们的本题，也有许多见得到，说得出的意见，但却少有有系统的成就，所以不再说下去了。

二、《山西国术体育旬刊》。该刊发行于本年八月间，每期出版一册，大小、页数，与《众生》同。

内容分插图，言论，温故探新，拳拳丛录，要闻汇载，武侠文艺等栏。

“言论”之范围，限于国术与体育，自是本分，但殊少特殊之作，“温故探新”者，乃专门介绍关于拳术之旧理论者也，其评价不在本文范围之内，故不论。“拳拳丛录”乃专门记述过去拳术界之特殊人物及事件者，相当于武侠杂谈，故事多有能动人者，文字亦清明可观，说到“武侠文艺”一栏，实在没有什么精彩，而尤以所登过的几篇语体诗为最糟。

该刊既将国术与体育同列，按之情理，固不应有畸轻畸重之别，但直至现在，关于体育的理论等尚不多见，不知道是什么原因，所以不免有名不符实之感。

三、《中国文化建设协会山西分会旬刊》。该刊内容，略分时评，论著，转载各栏，大小、页数，与前述两刊相等，纸张则用的是山西的土货，因为我只见到一期，所以不能说到什么，这里只是聊备一格而已。

（四）半月刊之类

这一类的刊物，比旬刊要多一点，现在分述如下：

一、《农铎》。该刊为山西农业专科学校推广部所发行，每期有十八个派及，内容除间有一二议论外，其余均为对于农作物之各种实质的研究，不切实用的东西，在这里是见不到的，这一点是值得特提一笔的。

除了印刷上尽用三号铅字似嫌不经济外，别的缺点是没有多少的。

二、《生生》。该刊为太原植社出刊委员会所编，每期页数较《农铎》少两个派及。

内容以关于教育各面之研讨为主，文艺亦占一点位置，此外并列各种珍闻，及新术语之解释各短栏，最后半页则简载半月以内各地新闻，在材料之分配以及空白之利用上，该刊是较其他均为聪明的，最近开辟了各地通讯一栏，用以沟通农村消息，也是很有意思的。

该刊虽以教育为主，而这方面的成就却很小，文艺方面亦甚幼稚，其余各方面，虽无值得特提者，但亦无甚可以指摘的地方。

三、《女师半月刊》。据说是太原女师学术研究会所编印，但可惜我竟没有搜罗到，所以什么也不能说。

四、《民众医药卫生》。该刊为民众医药卫生社编辑，每两周发刊一次，附设于《山西日报》之余霞版。

据报头上的标语说是要“改进中国医药，普及社会卫生”云云。可是实际上却没有这样做去，也许是目标太大了的缘故罢？

五、《醒农》半月刊。该刊为山西农民自强协会所办，每期出版二十多页的一个单本，大小如普通杂志，内容极复杂，除关于农村各项问题多有讨论外，并有农村通讯栏，描述农村凋落之实况，文艺作品亦有，惟所占篇幅不多，前季并出过两个“合作专号”，颇有可观，惟目下不知尚在继续出版否也。

（五）月刊之类

月刊之数虽较半月刊为多，然多中途夭折者，兹分述一下，看看如何：

一、《复生月刊》。这是定襄中学校裂痕社的出版物，我只见到第三四两期，内容分言论，文艺，杂俎，通讯等栏，在内容与形式上大体都还不错，惟因限于地域，故不十分充实，然其朝气之勃发，亦至可观，十六开报纸单本，每期除封面外，共占十五个派及。

二、《山西省立民众教育馆月刊》。该刊出版于本年四月十五，每期页数在十至十二三之间，十六开单本，纸张亦完全是本省造，每期并插图二幅，但仅限于该馆各种会社人员之纪念摄影而已。

内容除多半专登该馆各种消息外，开首为有关民教之理论的检讨，末后则为该馆公开演讲之讲词记录。

论著之中，没有值得特提的，而就记录下来的讲演词看下来，除了一二是对着普通民众发表外，其余大部是专为该馆职员，或知识分子而立论，因为我没有参加过，所以不大清楚，不知道是普通民众就不去听讲，也不知道是原来就不是为普通民众而讲演也。这也许是题外的话，所以我不再拉扯下去了。

三、《青年文化》月刊。该刊为山西青年文化运动会所主办，我见到一二两期，也是十六开的单本。

创刊号连封面共八个派及，第一篇发刊词看去就不大漂亮，例如开首的几句：“时代底醒钟，惊喊了许多沉醉的人们，这，大自然界中，竟暴露了些，颓废，无聊，嫩弱的不正确思想，……”云云，未免叫人感觉着“不知说甚”！论著有《职业教育是否为我国所需要》一篇，此外有蒋介石先生的新生活讲话一段，下来便是杂俎一栏，内有小论说二篇，小说一篇，均无足述。

第二期篇幅比第一期加一倍，并加了一个厚纸的外皮，比第一期好看得多，内容则仍旧贫淡，除了《世界形势之片面观》是曾用过一点辛苦外，其余便仅有三个小说和一首诗了。

据创刊号的编后语看下来，他们是“受青年的使命，应社会的要求，赤裸裸站在青年利益的立场上，无色无彩，本总理的革命理论，和我国固有的文化，努力发扬”以便救亡图存云云，这种态度是很好的，所以我很希望他们以后要多用些心，多吃些苦，本着前边的精神充实起自己来才好，不要光记住几个时髦的语句便算了事，实在的，山西对于这样的刊物是很需要的，愿编者好自为之，将来定有好的成就也。

四、《血花》月刊。这是教育学院附属中学的学生们主办的，共出两期便完了，每期是八个十六开的派及，内容完全是关于文艺的，论文、小说、诗歌都有，他们都有着勃勃的青年精神，都有着赤裸裸的心，就是经验上还欠缺着许多，所以他们不能制作出特出的东西来。

五、《微喊》月刊。这是和前一个刊物一样的，是附中的学生们所主办的，内容也是纯文艺，勃发的朝气与赤裸裸的心，和前边那一颗是同样的令人敬佩，可是那缺点也正复相同，自然这并不是可以勉强的。该刊的命运也是仅出刊过两期便不再见了。

六、《碧流》月刊。这是并州中学校出刊的，大小与前两种刊物同，就是加多了一倍的页数，内容极复杂，也谈读书，也谈国际政治，也有散文随笔，大体也算不坏，但我仅见到第一期，所以也无多话可说。

七、《山西佛教杂志》。本刊为山西佛教杂志社所出版，每期页数为四十上下，每期卷首有插图一篇，多为佛像，及僧伽造像等，内容分释经、论说、撰著、尺素、艺林、法令、公布、杂俎、演讲、要闻等栏，规模颇为不小。

释经栏现在所登的是《因明入正理论疏钞》，颇值参考。

论说方面多为历弘法师之作，对于世出法均有论列，行文广征博引，蔚为大观，说理亦至透辟，足发猛省。

撰著一栏，现所载者为有清尺木禅师之铜题语录，内多参禅之语，亦有诗文等作。

尺素栏专载各家来往尺牍，亦有味。

艺林一栏，诗文各占其半，时有佳作，堪供欣赏。

演坛一栏，现在专刊赵次陇先生之答问录存，演述佛法，比并儒学，对于初学佛法略有研究者不无相当之方便。该刊在对于佛法略有研究者不无相当之激厉，然对于普通人们没有多少效力，因为他们多不喜用通俗之文字以讲述佛学之法统也。

（六）季刊之类

在这一年里边，出版了的季刊共有三种，分述如下：

一、《中华实业季刊》。该刊为中华实业协会发行，每期页数在七八十之间，即一百六七十个派及也、十六开单本，山西纸印，内分论著、常识、实业新闻等栏、每期均有“有不若无”的插图及题辞之类，占篇幅五六页，但一卷三期中的“晋绥窄轨铁路及省路路线图”却是例外。

刊名虽为中华实业季刊，而实际上除了一般的学理与方法之介绍外，着眼点却偏重于山西一省的范围，且大部分之文字除关于各种实业之原理与方法之绍述，与夫常识栏之各种常识足供参考而外，其余则亦贫淡寡味，无所取材矣。

二、《教育季刊》。该刊与前述之《新教育周刊》均为山西教育学院教育学会所主编，每期页数亦在七八十之间，十六开报纸单本，内容全为关于教育各方面之论述，执笔者，除该院同学外，并有该校教授等，但至今只出到第二期，差不多是半年刊了。

在这两期里边的文字，虽然还不见有多少特出的，但大体上都还不错。只是在目下山西正要努力建设的期间，该刊对于教育的建设与改进上，几无一言道及，无论从主办者的本身上或者山西的全体上说，这不能不说是一个最大的缺点，好在亡羊补牢也不为晚，从今以后我们很希望他们在建设期中的教育上之各方面，多发表一点理论与方法，这样不光是他们本身的光荣，同样也未始不是山西人民的幸福，这并不说是我们的要求太过苛刻，而实际上这正是他们的责任呢。

三、《学术季刊》。该刊为“太原学术编译社”所出版，大小页数，与前述二种季刊略同。惟在印刷上比前二者稍为好看一点儿。我所见到的是五月十五的创刊号。

据卷首李庆芳君之引言而观，则该刊“发刊之旨趣，有荦荦者二端，整理中国旧文化，俾能成为近代科学，以资民族适切之用，一也；汲引外国新文化，俾国民真正了解，以恢宏我民族之知识，二也”云云。这样的旨趣，当然是再好也没有的，但细检本期之内容则我们便感到了一点失望，因为那多是太散漫了。既不曾用心地“整理”了“中国旧文化”，又不曾选择地“汲引”了“外国新文化”，自然我们也不能拿这一期而下断论，因为开首是很困难的，所以也只有再看以后如何耳。

（七）专著之类

在这一年之中，出版了的专著，我们见过的共有三种，即马君图氏之《马氏丛书（第一辑）》，《知非斋剧本》，与王净瑶氏之《天体歌》，是也。

一、《马氏丛书（第一辑）》。十六开大本，内容为“历朝史诗”八卷，末附“杂诗”一卷，“诸书索引”一卷，“封神传索引”一卷，“白蛇传索引”一卷，前有“插图”十一幅，“著者造象”一幅，阎锡山氏等序文五篇，全书共有三百多个派及，定价大洋两元。

“历朝史诗”者，乃将自盘古三皇至有清逊位前，中国历史上的有名人物，无论其为善为恶，均用五言诗一篇以纪评之，每题之下，并注明该人生前事迹等，极便检阅，凡得一千余首，每诗均有相当之见解，技术方面亦有相当之成功，可作读史时之参证资料也。

“杂诗”中均为即事感怀之作，五言之外，间有七言，三十余篇之中，几无一篇不可读者。

“读书索引”，大都关于历史、宗教、文化等一部分之探讨，至于“封神传索引”等，亦均为以书中人、例史上人者，均有较为新鲜的见解，至于是否都能成为定案，当然是谁也不能断定的。

二、《知非斋剧本》。本书中共有十个剧本，乃节取史事，演为皮簧脚本者，其细目为：《平蚩尤》、《夏庭忠谏》、《西周记》、《功臣泪》、《窃符救赵》、《鹦鹉洲》、《五将山》、《明皇梦》、《李龟年》、《伐闯墓》。每剧之前，述略该剧本事，剧中人物化装谱等。

《平蚩尤》，述黄帝平蚩尤事，题目是很有意思的，可惜里边的神道插穿太的减色了。

《夏庭忠谏》，述桀之沉迷酒色，不务国事，杀戳忠臣，其奸恶之状要踊跃纸上。

《西周记》，全为神话之演述，无足取。

《功臣泪》，述勾践灭吴后之骄横，致令各功臣走的走，散的散，单剩一个文种，还遗剑赐死。剧中对于勾践之负心，与文种等之无下场，表现的有声有色，实足发人猛省。

《窃符救赵》，述信陵君救赵故事，将信陵君之侠义清高，表现无遗。

《鹦鹉洲》，述祢衡被黄祖所杀事，在写衡骂当时之权贵的地方极精彩，衡之个性亦表现的淋漓尽致。

《五将山》，叙符坚为姚苌所叛，坚乃杀家殉国故事，其思想本不足道，但因人多不注意南北十六朝史事，此剧在引起这一点兴味上是很有见识的。

《明皇梦》，此剧由长生殿中之闻铃，觅魂等溶和而成，在技术上当然不能与洪昉思相抗，但在表演上却能使这香艳而悲凄的故事被一般人所了解，这倒是值得特别指出的。

《李龟年》一剧，乃由长生殿中之弹词，私祭二种变词而成，无新意，不能语于创作之林。

《伐闯墓》一剧，在历史上虽为有名的故事，而实际上却无甚可取也。

三、《天体歌》。这里边有两个部分，前边即是天体词，后边又附了一篇世界地理歌，据著者说道“鄙人忝执教鞭，担任地理的功课，已历五六年之久。每到研究天文的时候，当然先要说明，各个天体的位置运转以及它们和地球的距离等等事项。可是因为表示这些体积……简直和神话差不多，学生们亦就注意力大大减杀”，于是“鄙人有鉴于此，后来就想下一个方法，把关于天文的一切事项，用故事体裁编成一首俚歌。借后羿窃食不死之药奔入月宫，和唐明皇游月宫的传说，拉杂穿插，作为这首歌子的经，把天空中各个星体的体积距离做纬，嵌在这个故事里面，这种不但是对记忆上有些帮助，并且还能引起学生的注意力，能注意，能记忆，这当然就距离彻底了解不远了”云云。在这里我们清楚了著者的目的了。可是这“学生”究竟指的那些学生却没有明白的指出来，未免可惜。不过据我们想，中等以上的学生们用不着这些，一定是为小学生们而着的了，如果我们的猜想不错，那末我们觉着这种试验是不会成功的，因为他的方法虽好，而他的制作体裁，却弄错了，因为他虽谦名为歌，而实际上却是一篇古奥的五言长诗。不惟现在的小学生不能一目了然，便是中学生看去也得费费神思，而且退一步说，即使学生能懂得了，则大部分又非看后边那很长的注解不为功，结果还是不容易记忆，不过我们没有执过教鞭，不能实验，但我们想，与其用这五古的体制，远不如用语体写成；弹调说唱一类体裁，则不惟小学生们可以容易看，便是一般民众们也容易看得懂，这末一来，则其功德便真个无量了。因此我们希望著者在再版的时候能够改造一过才好，至于后边的世界地理歌，我们也有同样的希望，但不知作者以为如何耳？

三、结尾

从前边我所论到的总计一下，在这一年里边，山西的出版物有日报八，周刊八，旬刊三，半月刊五，月刊七，季刊三，专著三，其余没有见到的，尚不知多少，在小小的山西说来，这分量是很有可观的了。

从这许多的出版物上看来，我们很知道这一年以来，山西的人们是动起来了，不再像从前的自甘缄默了，这实在是一种很好的现象，此后深希社会上有心的人们更多的给出版者以实际上的帮忙，而出版者更虚心地多一点接受外界的建议，更充分地给读者多注入一些有用的知识，那末不光对山西的人民是幸福，即对全中国，全人类亦都是幸福也。

最后，关于前述对各刊物之评论，我自信是采取了多方的意见的，其中如有过甚苛求的话，我相信那也是善意的，因为人们爱它，所以希望它更好一点，否则谁也不去理它，那岂不是更大的嫌恶？所以深望各主持人对于那些论评不要认为恶意的攻击，如果有什么不甚委婉的地方，那是笔者的能力太过差池了，这一点尚望各方予以原谅。因为像这样的工作，在山西向来就不多见，深恐引起各方的误会来，所以不能不特别郑重声明一下，如果有什么不切实际的地方，尚望各位高明，予以指正！

二十三年十一月三十日。

（载《监政周刊》1935年第105期）

留东学界出版物小史

陈固廷

一

关于我国留日学生教育之沿革，本刊第一二期连载韩逋仙同学翻译，松本龟次郎先生所著之《中华民国留学生教育的沿革》一文，内容至为详尽，本文所述，仅为关于我国留学生过去在东京出版新闻杂志之略史，继承往日留东同学研究学术出版刊物之精神，亦为《留东学报》创刊原因之一，追溯先辈旅学东京出版之事迹。殊与吾人之感奋！惟因参考材料缺乏，错误未尽之处，在所难免，更略述梗概，尚祈读者有以教之。

二

松本氏于《中华民国留学生教育的沿革》一文中引载《宏文学院一览》谓："往年清国留学于我国者，仅清国公使馆，私聘教师以学日语，两三人而已，其所谓官派留学生者，实以明治二十九年（一八九六年）为嚆矢。"当时以教中国学生为目的之学校，计有：宏文书院、亦乐书院、大同学校、清华学校、成城学校、振武学校、东斌学堂、志成学校等。明治三十四年至明治三十九年间，清末变法图强，当时留学之风盛行，留学生人数达一万余人，后虽因政治上之变动时有增减，然至少亦在千人以上，当其留学此间，诵习之余，常编译书报，以研究学术，介绍文化于国内为己任，戊戌政变后，梁启超出走日本，于清光绪二十四年（一八九八年）十月，创刊《清议报》于横滨，每十日发刊一次，做立宪政治之宣传，每册约四十页，所载分论著、名家著述、新书译丛、文苑、外论汇译、纪事、群报精华等，至光绪二十七年（一九〇九年）改为《新民丛报》，每半月发行于横滨，出版至七十二期停刊；兹由一九〇一年起，按年略述当时留学界出版杂志新闻之概况如次。

（1）一九〇一年（清光绪二十七年）创刊者

《新民丛报》——（半月刊）原为《清议报》，于一九〇一年冬季改名，发行于横滨，主编人为梁启超，发行人为冯紫珊，每册约四十页，所载分论著、学说、时局、政治、杂评、小说、文苑等，鼓吹君主立宪，反对民主革命，出版至七十二册停刊。

《新小说月报》（一九〇一年）与《新民丛报》为姊妹报，同时出版，每月一册，页数较《新民丛报》多一倍，主编人梁启超，内容分章回小说、短篇小说、传奇，大体以鼓吹改良内政，外交为目的。著多译少，共出二十四册停刊。

《译书汇编》——月刊，在东京发行，每册约五十余页，主编者胡英敏，起初译载行政理财之专门论文，后易名《政法学报》，分社论、学术论文、研究资料等，出版至十一期停刊。

（2）一九〇三年（清光绪二十九年）创刊者

《游学译编》——月刊，在东京发行，主编者湖南同乡会，每册五十余页，分教育、学说、军事、时事、历史、传记、地理、外论等，出版至十二期停刊。

《江苏》——月刊，在东京发行，主编者，江苏同乡会，每册约三十余页，分社论、译篇、小说、时论、记言、记事等，出版至第八期停刊。

《直说》——月刊，在东京发行，内容分政治、社会、教育、军事外交、传记等，每册约六十余页，出版第五期停刊，主编者未详。

《湖北学生界》——月刊，在东京发行，编辑兼发行者，王景芳、尹援一，执笔者有蓝天蔚、李步青等，每册约五十余页，内容分论说、教育、实业、军事、历史、地理、科学、理科、时评、国闻、外事、留学记闻等。出版至第四期易名《汉声》，由资燕石主编，曾出《旧学增刊》一册，至第二册停刊。

《浙江潮》——月刊，在东京发行，主编者浙江同乡会，每册约六十余页，所载分社说、论文、政治、法律、经济、哲理、教育、军事、历史、传记、国内外大势、时评等出版至第十二期停刊。

（3）一九〇五年（光绪卅一年）

《复报》与《民报》——同刊于一九〇五年，每月发行于东京，《复报》由刘师培主编，《民报》由张继主编，执笔者有汪精卫、胡汉民等，是年中国革命同盟会成立的东京，选举孙中山先生为总理。《民报》为当时之革命党报，文字颇激烈，章炳麟出狱东渡由章主编，当时传诵人口，甚受社会欢迎云。

（4）一九〇六年（光绪三十二年）创刊者

《云南杂志》——月刊，在东京发行，主编人吴琨，每册约六十余页，内容分论著、艺术、记事、外交等，以英、法、越、缅为对象，论载关于西南之文字，最为动人。

《法政学交社月报》——月刊，发行于东京，主编者孟照常，每期约四十余页，所载多该社研究之材料，出版至第四期停刊。

《中国新报》——月刊，在东京发行，主编者杨度、薛大可等，每册约八十余页，内容分论著、时评、译载，以提倡经济的军国主义为目的，出版至第七期停刊。

《国风报》——（一九〇六年）《新民丛报》改编，半月刊，主编人梁启超，页数略等于《新民丛报》，出版约四年，因梁回国停刊。

（5）一九〇七年（光绪三十三年）创刊者

《政法学报》——月刊，发行于东京，由沈其昌等主编，每期约四十余页，分社论、宪法、行政法、民法、商法、刑法、国际法、财政等。

《四川杂志》——月刊，在东京发行，以“输入世界文明，研究地方自治，经营藏回领土，开拓路矿利源”为宗旨，分论著、译丛、时评、文苑、大事记等，出版至第三期停刊。

《科学一般》——创刊于一九〇七年六月，为留日学生组织之科学研究会主编，每册约七十余页，道林纸印，所载分教育、历史、地理、国文、博物、理化、音乐、体操、算术等，出版至第四期停刊。

《河南》——创刊于一九〇七年二月，每月发行于东京，主编者武人、朱宣等，以政治革命为目标，所载分论著译述、时评、小说、文苑等，出版至第三期停刊。

《学报》——月刊，在东京发行，主编者何天柱、梁德猷等，每册约百余页，所载分伦理、地理、数学、化学、博物、英语、法制、经济、生理卫生、传记等，停刊期末详。

《二十世纪之中国女子》——月刊，在东京发行，主编者为河南学生会，延请恨海女士为主笔，以纠正近世女子教育之谬妄，提倡社会学说，注重道德，恢复女权为宗旨，停刊期未详。

《牖报》——创刊于一九〇七年三月，主编者李庆芳，每月在东京发行，每册约六十页，所载分社论、政治、经济、教育、法律、实业、军事、文苑等，出版至第八期停刊。

(6) 一九〇八（光绪三十四年）创刊者

《学海》——月刊，在东京发行，主编者为北京大学留日学生，分甲乙两编，甲编专载文、法、政、商，论文；乙编专载理、工、农、医，论文，每册五十页，停刊期末详。

(7) 一九〇九年（宣统元年）创刊者

《宪法新志》——创刊于一九〇九年八月，在东京发行，为清咨议局事务调查会出版，编辑者吴冠英，每册约六十页，内容分论著时评、译述、记载、调查等，民国二年六月改名《宪法新闻》，至同年十一月停刊。

(8) 一九一〇年（宣统二年）创刊者

《中国蚕丝业会报》——每二月一回发行于东京，以振兴祖国丝业为宗旨，内容多为国内各省之蚕业情形，与海外之销行状况。

《南洋群岛商业研究会杂志》——月刊，在东京发行，主编者李文权，每册约四十页，所载分论者、译丛、文苑、传记、调查报告、侨音等，出版至第三期停刊。

《晋乘》——山西学生编，月刊，每月发行于东京。以发扬国粹，融化文明，提倡自治，奖励实业，收复路矿，经营蒙盟为宗旨，其余未详。

《关陇杂志》——陕甘学生主编，其余未详。

《洞庭波》——湖南学生编，其余未详。

以上系自一九〇一年至一九一〇年按年叙述，若依刊物之性质区别则可分五类。

A. 以改良桑梓促国人之醒觉者：《浙江潮》、《湖北学生界》、《江苏》、《云南杂志》、《四川杂志》、《河南》、《晋乘》、《关陇杂志》、《洞庭波》等。

B. 以介绍学术为务者：《直说》、《游学译编》、《译书汇编》、《中国新报》、《学海》、《科学一般》、《牖报》、《学报》等。

C. 以介绍法律研究宪法为务者——《政法学报》、《法政学交社月报》、《宪法新志》、《宪法新闻》等。

D. 以振兴祖国华侨教育等为务者——《中国蚕丝业会报》、《南洋群岛商业研究会杂志》、《中国商业研究会月报》等。

E. 以提倡子女教育为务者——《二十世纪之中国女子》等。

以上所举不下数十种，以地理言，除去边远省份广西、贵州、新疆等省外，几乎各省俱有杂志。顾所以不能持久者，当有以下各原因：

一、无基本金，既无本国政府提倡，又无大政党及大富豪之团体拥护，其资本来源，一部分由会员募集，一部分由游历绅士捐助，一部分由内地或海外同胞募集，既非营业性质，且亦无多数人购买，大体以提倡风气，输入智识，启发国民为目的，分赠会员及会外团体，每月干赔，赔完资本以后，便不能不停刊矣。

二、无基本会员，《清议报》、《新民报》、《国风报》、《小说报》之基本会员为梁任公等，故能支持十余年。刊行数百册，其余各杂志多系各省学生自办，学生本身功课既忙，以杂事志为副业，精神不能集中，其学问稍有成绩者，每届毕业之期即陆续回国，投稿既无报酬，编辑杂志之基本人物，完全依赖各个人之急公好义心，而各人之境遇又时常发生变化，故无持久之可能性。

此等零碎杂志，凑在一起，种类约数十，册数约数百，经历几近十年，销行范围遍及中国内地及海外华侨，当然发生相当效力，辛亥之政治革命，受其影响不小，愿民国成立以后，国运衰颓，文化中落，内忧外患，相迫而来，民族失其活泼进取之精神，社会陷于腐败恶劣之绝境，先总理、先烈、先哲创造及输入之学说，多未见诸实行，诚为憾事！吾人今日旅学此间，回顾留东诸先辈光荣之伟大遗迹，感奋无已！际此国家危急存亡之秋，我留东同学当如何淬励奋勉，以扶持此垂覆之国基耶!?

(编者按此文材料多取自《东京帝大明治新闻杂志文库》，并经王桐龄先生详为订正，附此鸣谢!)

(载《留东学报》1935 年第 1 卷第 2—3 期)

各书局印象记

李衡之

(一) 商务印书馆

书局是什么？商务印书馆——有二大部分人，都把 Cgwmon noun 的书局，同化于 Prober noun 的商务印书馆。在一九二五年以前，商务印书馆确是唯我独尊，以老大自居。

国民革命的怒潮推动了文化的巨轮，新书业随新文学与新社会科学以俱起，四马路上，书店蜂起，曾有一个时候，进步的青年，除买教本以外，足迹不到商务印书馆。而商务印书馆并不“随波逐流”，大家说：“哼，商务是没落了!”

但是，不久，情形转变，商务坐视着大批小书局的封门与倒闭，而其自己还是屹然。

“一·二八”日本的铁鸟啄毁了整个的商务。世界、开明的教本，在商务停业期中，莫不利市三倍，甚至有以商务的后补者自居的。大家以为，商务是很难恢复了。

然而，日本的铁鸟固然毁坏了商务许多物质，但同时也毁坏了商务过去根深蒂固的“生产关系”（恕我乱用了这个名辞）。复业后的商务，在一个新的基础上，更是飞跃的迈进。《东方杂志》、《教育杂志》，又在杂志销数上占了首席。

商务印书馆……每日新书……儿童文库……四库全书！王云五……商务又成为书业中的巨灵，且是各书店的最大威胁者。（载《申报》1935 年 5 月 4 日）

（二）中华书局

资格差不多和商务印书馆一般的老。但我们在直觉上看不见什么，除了仪器和字画。是的，中华的主要营利的东西是仪器用具，除了那块厂址地产以外。

在出版方面，我们很难看出中华有什么特色。在新文学盛极一时的时候，中华刊出了徐志摩主编的《中华文艺丛书》的广告。直到徐志摩死了，文学书的潮流过去了，我们才看见那几本丛书姗姗而来。《新中华教科书》，曾行销一时，但教部的暂行课程标准“过时”，这套书也随之黯然。

但，在许多定期刊物中，我们不能不推崇《新中华》是比较进步的。短小精悍，而且有时还有几篇非“名人题字式”的学术性文字，尤以过去第一卷为甚。

（三）世界书局

在数量上，规模之大，世界无疑的是老三，在以前，提起世界书局，我们就联想到《红房子》、《红玫瑰》、《江湖奇侠传》，什么艳史，哀史，等等。

不久，世界有个很快的进步，不但中小学教课书出版了很多（而且往往每种书二本，更是特色），就是二三十万言的大学教科书也出版了许多。有一时期，世界和商务一步一趋，竞争很烈，商务有《大学丛书》，世界亦有，商务有每日新书，世界亦然，有时，世界且超越商务，如世界小学教科书，某年秋季开学在某地由所谓教师联合会所批定的分数，比商务、中华的都高。

但是，世界有许多特色，还是令人莫测高深。如世界银行啦，大华书局啦，世界出版合作社啦，真如群星之环列，为其他书局所望尘莫及。

世界的出版方向转变，是由于“ABC”的利市三倍，然而也许即为此故吧，一般人对于世界的各书，即使是极高深的大学丛书，仍免不了“ABC”之感。

（四）开明书店

由《新女性》杂志社蜕化出来的开明书店，在后起的新书业中，算得是较成功的一家。

为了《妇女杂志》上发表了较激烈的妇女问题的论文，章锡琛脱离了商务。在一家一楼一底的住宅中，几个朋友计议出版一种妇女问题的刊物，为发行刊物的方便，自然又需要一家书店。《新女性》杂志即和开明书店同时产生。正和北新的初创推动了初期新文学运动的怒潮一样，开明的初创介绍了许多进步的妇女问题的学说。《新女性》上关于“自由恋爱”及“自由性交”问题的论争，掀起了一个大波，虽则因不满《妇女杂志》的保守而退出商务的“章老板”及其“社员”，在这次论争中，畏缩地维护着所谓性淫的“恋爱”，但柯仑泰的《恋爱论》等终于也在这个时候介绍了进来。

开明书店在另一方面，可说是中学教师的集团，在文化界中，他们有他们超然的一派。自《新女性》走到了无可发展的尽头，他们便很聪明的和《一般》一同结束，这对于开明是有益的，他们发现了他们的长处，这个转变，使开明推向另一条新的路上发展，那便是中学课本及一般中学生读物的辑编。在这一点上，开明奠定了它的基础，后来虽有什么“中学生书局”等来模仿，但没有一个能赶上开明的。

就性质来说，开明的几种中学课本不能不说是较优秀的，虽则他们想由中学课本而推进到小学课本，在去年，小学课本上曾受到一些亏折，然书的本质还是不错。

不过，不景气笼罩着新书业，开明没有这种魄力可以和商务一样，超然不受其影响。最近《二十五史》等大部旧书的印行，其意义并不是说，开明更进步了，而是恰恰相反，开明在新书出版上已感到枯竭，而为了吸收现金，更不得不以巨量的书来卖"预约"。其次，开明之兴，由于"章氏一家人"似的"家庭工业式"的经营，而现在，开明的范围日大，内部的关系日形复杂，必然的开支亦必大大地增加。这样，如在出版上不能另打出一条新出路，这也未免不是开明的危机。

（五）新生命书局

清党后，《新生命月刊》取得了以前《新青年》、《现代评论》、《向导》等最流行刊物的地位。差不多各方面的人，都在注视着《新生命》。新生命书局遂在《新生命月刊》的迅速发展中成立。

就实质言，当时新生命书局和民智书局等相类似的"党机关书局"。三民主义的读物，几为该局所包办。但在一般人的心目中，却并不以"机关书局"视之，新生命的许多新兴社会科学的书籍，颇为一般读者所欢迎，而且，也可说，在当时，只有新生命书局，尚能供给读者在进步的社会科学方面一些新书。其别一刊物《社会与教育》，更曾获得极广大的读者，这不是矛盾吗？这是新生命书局为他人不能及之处。

随新兴社会科学的衰落，新生命书局亦曾沉闷过一时，而现在又在恢复其原有的朝气了。对于中国社会史研究的专籍，新生命出版者大半。最近《食货》的发刊，以新的方法，来研究中国社会史的意义上，也不能说不是划了一个阶段。

（六）黎明书局

提起黎明，常有人把它和开明相并称，实则黎明的方向和开明不同，其相同的地方，只是：黎明也有个别的书局所没有的特点。

黎明在初创时，可以说是一个大学书店，所出版的书，均是篇幅浩繁的大学课本及社会科学名著，这是其他的书店所视为畏途，也是其他的书店所引为可惊的。接着黎明在农村复兴运动发生以前，出版了许多关于农村问题方面的书籍，不久又出版了许多乡村教育的著作，在事前，颇引起一般“追波逐流”者的不解，但事后，我们不能不说这是黎明的特别地方。

记得黎明以前发刊的一本刊物上，曾表白其自己的方针说：新书业的历史，只是追波逐流彼此仿效的历史，如文学书潮流之后是社会科学书，其后是儿童书及教课书，其后是翻印故书，各家并没有一定的方针。“但是黎明在出版方面并不是没有方针，反之，却有其一贯的方针。我们（黎明）认为新书业的重要使命，是以比较合理的智识，提供于一般的读者，提高本国一般的文化水平。……我们……并不因有什么诱人的波澜而动摇，不但以前如此，以后我们还是如此。”

那是对的。譬如现在吧，在大家正在提倡“幽默”的时候，黎明出版的《世界文学》，态度是那样的严肃。其另一刊物《中国农村》月刊的又是一般瞎吹农村复兴，农村建设的人们所看了即感头痛的。

（七）华通书局

一家由文化圈外的人所经营的书店，其命运，和大东一样。在创办时，何尝不大吹大擂，但现在，也颇有日暮之感。

华通的书籍有一个特色，就是：并不特别坏，如世界大东的什么“奇侠传”、“哀史”、“百日通”等“礼拜五六”派的著作是没有的。但同时，也没有切合需要或较有价值的著作。以前华通曾有过一种介绍出版品的刊物（名《中国出版月刊》），其中介绍的文字，都是些不痛不痒，使人说好不成，说坏也不能的文字，这种精神也充分表现在华通出版的书籍上。

在以前，华通门市部是很能吸引人的，其特色是收罗广，布置佳，但不久即为别家门市部所压倒，虽也曾应用什么“拉丁区”的咖啡馆为招徕，但就是这咖啡馆本身，也没有观察到读者的“需要”。

（八）大东书局

以印刷所起家，经理善于“营业”的，是大东书局。

四年前，在读者心目中地位不及“亚东”的大东书局，忽然来了一个突变。“大东书局大收稿子”，海上文人辗转相告，每日下午四五时，大东总厂二层楼上一间小小的会客室中，挤满了各式各样的“卖稿人”。等着，等着，“希望”而又“恐惧”的神色表现于每个客人面上。姗姗而来的见《好莱坞游记》作者，新由南京政界退休下来的总编辑孟先生。全室起了一阵骚动。孟先生的判断力实在惊人，不到一小时中，可以应付了全室的客人，并决定好几部稿子的取舍，这样轻易，大有令人想到：这好像是在买青菜咸鱼。在头二天，孟先生差不多使每个客人都带着笑容回去。

接着大东的新屋落成，建筑的宏伟，与商务及中华鼎足而三。接着是日报上巨幅的广告，篇幅之大，开书业广告之先河。

但是，曾几何时？大东在教科书上的竞争，遇到了阻碍，《现代学生》万难与《中学生》相竞走，接着又是什么家庭教育运动，教学游戏，加股添开分店……种种，其作用不过成为“盐水针”。现在，大东又回复了以印刷所为生命线的原状，孟先生虽为大东收买了许多名著，但我们读者走进大东，仍感到和未扩充前一样的寂寞。一个出国四年回来的朋友问我：“我的那本书已卖到几版了？”我想了一会，回答他说：“似乎很久以前，在大东图书目录中曾看见一次过。”

（九）北新书局

由北平移植到上海，北新书局在新书业的开创期中，颇著“开路”之功。

据说，北新的创办，出于“偶然”。鲁迅等几位，为想自己的书自己印方便些，于是有了这个集合。在初期，北新书局无异是“语丝社”的外壳，但出于意外的，《语丝》和现在的《论语》一样，造成了一时的风向，《呐喊》、《彷徨》、《华盖集》等莫不利市百倍。于是北新的基础稳固了，“李老板”遂也由之产生。

一般说来，北新所出版的书籍，即使除了前期的那几种著名的文学作品外，其他的书也很多是在水平线上，很能引起读者重视的。不过，自从新兴社会科学及新兴文学运动发生以后，语丝社在“巨浪”中解体，北新随之进入沉闷之路。接着《小猪八戒》事件等的打击，以及书业的一般不景气，北新即失掉以前的朝气。赵景深先生作了“北新”的“东床”，编辑方针在他主持之下，在出版方面划成了和以前不同的一个阶段。儿童书及中小学教科学之竞争，北新的活泼朝气一扫而空。现在，我们提到北新就想到“李家店”，但也许就为了这个缘故，在“书业恐慌”的今日，北新仍能“安步当车”地慢慢地走着。

（十）现代书局

这个摩登书局曾有一时确乎是很摩登的，五年以前，他因为迎合当时摩登风气，大出其共党的文艺作品，结果致遭了封禁。然而洪老板的本领，毕竟异人，他从这个巨大打击中，把书局复兴起来。他始终把握住摩登的意义。“一·二八”事变以后，商务的《小说月报》停刊了，他乘了这个机会，出版《现代》杂志，一时成为中国唯一的文艺刊物。这是现代书局的全盛时代。

以后，出现了《文学》、《现代》的作家去了太半，《现代》落伍了，加上施蛰存等的所谓第三种人与读庄子及文选的问题，引起了左翼全面的攻击，于是《现代》乃一落千丈。

与《现代》的活跃同时，现代在书业界有值得特笔记述的一事，便是洪老板对于杂志年的把握，现代书局实首创各种杂志的综合贩卖。当是时，现代书局确乎门庭如市，点缀着三五美丽女店员，真有一种说不尽的旎旖风光。然而好景不常，专门贩卖杂志的小公司，接二连三的起来，现代书局拿手的营业给打倒了。这时候，又来了意外的灾祸，洪老板去世了，于是一时飞跃的“现代”只好随着寿终正寝。

最近，现代经过了改组，《现代》杂志也复活了，但是没有把握摩登的意义，要想复兴可不容易呢。

（十一）生活书店

由《生活周刊》起家的生活书店，在后起的新书店中，可说是最奇特的一个。《生活周刊》，在前期，谁都知道是中华职业教育社的“职业教育家”们教导一般小市民们怎样穿衣、吃饭、谈恋爱、做生意……的代表刊物，在文化运动的高潮中，《生活周刊》不但为一般较进步的青年所忽视，甚且卑视，但，并不是真的由于这个刊物内容好，而是由于中国各地读者的程度一般落后，《生活周刊》居然获得了广大的读者。自经一九二七年的革命及一九三一年的国难，《生活周刊》遂崭然露其头角以后，由于代替读者代办书报的发展，生活书店于焉成立。

因《生活周刊》读者网的广大，生活书店代办书报的营业委实不恶，“一·二八”后“商务”被毁，无色彩的《小说月报》等文学刊物既多停刊，有色彩的刊物又不能立足，生活乘时发刊《文学》月刊，这个刊物的发行，增加了《生活周刊》以外的读者的重视。但这时生活所出版的书，还只是略胜于“星期×”派的什么“……一个女子结婚……”等类的东西。

不久，生活书店有个突变。谁也意想不到的“职业教育家”们所办的《生活周刊》，其内容会有激剧的转向：生活书店的出书方针也随着大不相同。《哲学讲话》、《社会主义讲话》等硬性的书籍接连出版，生活几成了当时一般青年注视的重心。然晴天霹雳，《生活周刊》被禁了，《文学》也是一发千钧，这个打击阻止了生活的锐进，同时，在营业方面说，这个打击却是生活的塞翁失马。

这个打击以后，大家以为生活的东山再起，也不会再有以前的锋芒。但不久，《生活》借《新生》的外壳而还魂，杂志年中，《译文》、《太白》、《世界知识》同时产生，生活书店又引起了同行侧目。

我们说，生活的奇特，并非指其出版，而是营业，在出版方面，尽管杂志如何众多，尽管《世界文库》的篇幅是如何巨大，但因书籍不多，对于读者未见有何贡献，惟在营业方法方面，实有为他家所望尘莫及的地方，这只要指出二点，即可代表一般：第一，我们当还记得，生活借口优待《中学生》的定户而使精明的开明书店大呼“上当”；其二，巨幅的联合广告中代理发行书之多，为他家所莫及。生活书店现在是走着与其他出版家不同的道路。他以出版杂志为号召经营书籍之代办事业，与近来的所谓杂志公司，可谓同曲异工。

（十二）儿童书局

由数百元钱起家，而现在资本增加到十余万的儿童书局，实是时代的幸运儿。在文学书、社会科学书、教科书等都已“无法可想”了的时候，出版家们遂转而向儿童做生意，这，恰巧给儿童书局着了先鞭，于是营业一日千里，即在总店所在地的上海，也成立了“支店”。

发展儿童书有个困难，便是儿童用书种类不广，未能尽量的增加。儿童书局也很知道这一点，所以，在纯粹儿童用的书籍出到相当的时候，即转而出版了一些幼稚教育及师范教育方面的书。

实在说，儿童书局的各书，在其同类的出版物中未必能胜于他人。在质量上既没有提供新材料，使儿童获得一些“旧的”以外的较清新的常识。在技术上，也未见得比初期儿童读物如商务、中华等所出的为高明，有的还觉得有些生硬。在质量上既没有什么特长，而是纯然由于时势所促进，故在商务、中华《儿童文库》等大规模的竞争之下，儿童书局的营业必然的要受打击。

再说到儿童书局的幼稚教育及师范教育方面的书，我们就想到这位由“知行”而“行知”的“陶”先生。在陶先生指示下的儿童书局这套书，比较所谓大华书局的“薄薄的一本”当然好得多，但陶先生，我们知道在实际工作之努力方面，是使我们佩服非常的，而在作为实践根据之“理论”方面，则有许多似尚待修正。这反映于他及他所指导的书籍上，于是儿童书局的这一套书，不及黎明、开明所出版的了。

（十三）神州国光社

神州国光社原先是等于有正书局，只卖书画碑帖的一家商店，出乎意外的，正当新书业衰落之秋，神州国光社突然的出版各种新书了，锋头之健，在出版界，无与相匹。如各种社会科学名著的翻译及中国社会研究专籍的出版，自《新生命》以后未之有也。《读书》杂志的出版，在文化界上确曾掀起一些波动，中国社会史论战的开展，虽没有什么结果，但其影响是不可磨灭的。

究竟这不是一家纯粹的商业性质的书店，所以其兴也速，其衰也快，“人亡政息”，神州国光社回复了他卖旧书的时代——虽则现在所有的旧书已非古画古书的古籍。

（十四）太平洋书店

这家书店是中落了，它在出版方面，是很平庸的，其前期的书是如此，其“中期”的几本“近三十年中国××史”，也未见有何特色，后者，也许是个挣扎，记得有个什么“文库”的计划，全是“免费”的选录一些杂志上的论文，幸而这计划只完成了几本样本，否则中落也许要更快。

该店在出版方面虽平庸，而在营业方面却曾有过一个创见。那时，新书籍还未见如何衰落，北新、开明等因纸张加价，新书价格正在“同业公议，照码加一成”的时候，而太平洋所出的书却在七折六折的出售。这不是它的先见之明吗：“定价高，折扣大？”现在，“一折八扣”、“全部对折”，这个风气，说句笑话，还是太平洋书店倡之于数年前呢。

正和“大东”一般，太平洋的生命线又回复到了印刷所方面。

（十五）辛垦书局

辛垦书店，如其名。

在一九二七年以后，上海新书店的蓬勃兴起，有甚于今日的跳舞场。大的书店固然也有，但大多数都如朝生夕死的蜉蝣，有许多书店，只为了出这么一二本书，就有了一个书店的名称。我们不知道这书店的负责人是谁，地址何在，究竟能支持多久。当然，这现象也不是偶然的，除了商人投机外，主要的原因是为了有色彩的书籍之出版与避人耳目。

辛垦书店，不知创立确期是何时，就我们记忆所及，大概也是在那个混乱的时候，而且最初给我们的印象也只是那种倏起倏灭的小书店之一。至多，也不过是当时“昆仑”、“南强”、“乐群”的一类，而事实上，还没有这几家煊赫。

但事有出人意外，在各小书店如群星之陨落以后，辛垦却经过了多次的风波，慢慢地改变了大家对它的认识。

辛垦的出版方面在新书业中独成一家，同时也是辛垦所自傲的，便是极硬性的科学及哲学方面纯理论的书籍之介绍。这条路，其他的新书店是很少走的，——其理由倒不是如叶青先生在本刊所说，出版界对于这种价值比较永久的书籍不愿出版，且为了各自的存在，这条路委实走不通。以前想走这条路的人家，也有过如黎明书局孙寒冰所编的那套《社会科学名著译丛》，其内容是够硬性了，但是，究因限于读者的程度，这类书籍的出版未能使读者的智力躐等飞跃，所以，实际的效力却有限。因此，辛垦的书籍读者不多，销路自也不大。

但就因为其销路不大，更显示其为“辛垦”了，虽则辛垦内部构成者的性质，有不得不如此的客观的原因存在，而它能不纯为“生意眼”着想，而数年来如一日地介绍这种硬性的名著，实有使人不得不敬佩其“辛垦”之努力的。

辛垦以前有一种杂志叫《二十世纪》，销路虽不普遍，但亦和其所出版的各书一样，为一部分人所注目，为大多数读者所称重，现在也许辛垦主持者明了了当前多数读者的理解力及维持营业与内容高深相冲突，现在改出的那《理论与批判》，已失却了《二十世纪》的严肃性，也和学时髦似的，好像朴实的乡下姑娘穿上了摩登的高跟鞋（不仅其付刊的文艺如此，即社会科学方面的理论文字，也有些流俗起来）。

（十六）良友图书公司

良友图书公司以《良友》图画杂志起家，在图画杂志中，《良友》

可称为资格最老的。在好多年以前，《良友》即以“图文并茂”（实则图胜于文）号称于时，读者之广大，在当时同性质的杂志尚还缺乏的时候，自然是可称“独步”了。

“良友”的成功得力于印刷技术的进步。在当时，良友的印刷是最考究的，因为技术的限制，使别家书店不敢在这上面设想，即有一二家同类的刊物，如《文华》，也均不及远甚。因之，《良友》独步天下，竟悬赏巨款，声言：谁能证明良友的销路不是最大的呢？

不过，好景不常，《良友》原先的主编者脱离，虽未蒙如何损失，而“时日”的变迁，终于给予了《良友》较大的打击。第一，印刷技术的一般进步，打破了《良友》在技术上独占的局面；第二，因一般读书空气的沉默，逼使多数出版界注视到“懒懒地睡在沙发上读的”那种图画杂志上面去。你看，在这杂志年中，一大堆杂志中是否以图画杂志为最多？在这许多图画杂志中，以印刷术来说，《万象》、《美术生活》等不是比《良友》更进步？以内容言，《时代》、《大众》等不是更尖锐、活泼吗！这样，《良友》怎能会不受打击？

不过，正如《东方杂志》“倚老卖老”之为同类杂志中销路最广大的一样，《良友》仍不失其销路最好的地位，虽则今与昔比，或非旧观。

因杂志的读者多，其他书的销路必可“带起”，《生活》周刊之于生活书店便是显例。所以，良友接着出版许多文学书，那是计之得的。良友所出的书，仍有一个特色，便是装钉印刷之精美，仍不失为“图画杂志”书局之作用，殊非他家所能及。

在一般读者目光中，提起良友图书公司，便想到那红的绿的美丽的一大堆。在这方面，良友是风气的始创者，也是最成功者。也许就是这个缘故，良友除了软性的读物外，其他较硬性的读物即无把握，如其所出版的《中国问题丛书》，便是一例。现在，良友所最重视的是文学大系的营业，这书虽仍是“文学”，但以史实为主，软中未免带硬，除了治文学的外，“坐在沙发上的人们”恐少光顾，故我们暂在这里预言一下，这书不但不能和其《良友文学丛书》一样，销路上万，恐还不及生活的《世界文库》。

（十七）亚东书局

以考证及标点旧小说而起家的亚东书局，在过去几年中委实发了一点财。亚东的成功（自然只指发财一点）实属侥幸。因为，《新青年》时代以后，胡适之正在“走红”，几本《胡适文存》是归亚东出的。同时，旧的白话小说因白话文运动而更受一般的重视，何况又加上白话运动的“发起人”（?）胡博士的考证标点，自必更为纸贵洛阳（这种旧小说，在当时有许多，较顽固的中小学中，学生是只能偷看的，自从胡博士提倡后，很多被采作课外读物或补充读本）。而这些书又都是亚东书局出版的，因鲁迅一人的成功，而产生了现在的“北新”，何况当时的胡博士，亚东那有不发财之理?

每家范围较小的书局，因主持者或编辑部负责人的主观决定，在出版方面往往会无形中形成一个系统，或特性。然亚东除标点旧小说外，这种系统或特性是没有的。亚东的新书不算少，也有数十种，而其中，有的是辩证法一类的社会科学方面专著，有的是莫明其妙的“星期×”派的文学，只要去翻一下亚东的图书目录，即可知道该局编辑部的无能，或是主持者根本是对出版无理解的书贾。

不久，粗制滥造的新文化书社等标点书，竞卖于前，一折八扣七扣的标点书潮涌于后，一个在出版上没有方针的书局自必无所措手了。

（十八）女子书店

上海的书店照例是聚集在福州路棋盘街一带，但是也有例外，女子书店便是开设在霞飞路许多鳞次栉比的按摩院中间的。这是女子书店给与我们读者一个最深的印象。次之，则要算是“女子书店”这个名称，但是亦只此名称而止，如其所出版的《女子文库》、《女子月刊》等等，则与从前商务的《妇女杂志》、开明的《新女性》等，似相去远甚。然而如《妇女杂志》、《新女性》等，不仅编辑撰著者多是男子，且其阅读的分子，亦多为男子，故以女子知识程度之落后，《女子月刊》正足表示其为女子的读物。而如现今时露头角于报纸广告上的《女声》，也正如此，与《女子月刊》堪称为一对姊妹花。可是最近自《女子月刊》、《女子文库》的编辑者黄心勉女士以病去世，女子书店的主持者，已不是女子，而为男子姚名达先生，以后的女子书店及其所出版的书籍，或者会有相当的改革罢。

（十九）新中国书店

“新中国”历史不久，现已在沉默中了。新中国在过去并不曾给予我们多少可注意的地方，但自开明迁移新址，新中国移入开明旧址的时候，可也曾稍稍引起大家的注意，而那知自成立门市部以后，新中国反而日趋沉默下来了。

新中国出版的书籍，第一是文艺丛书，接着是儿童读物，此外就少见新书出版，这二种书都是很“适应潮流”的，因为这时候别家书局正在出这一类的书。就因其如此，新中国不得不沉默下来，因为，先入为主，新中国的文艺书与儿童读物是落了人家的后面，而其本身又少有特色，可以抢上前去。对于这样的书店，是很可惋惜的，因为于“营利”及“推动文化”上两者均无所获。

（二十）群众图书公司

这个书店的历史是相当长的，而且颇有老当益壮，虽是风烛残年，仍不畏长途跋涉，跟着别人赛跑之慨。

稍留意一些书业情形的，提起群众，就会想到是“跟着人家跑”。在初期，群众的一些“党义”方面书籍，确曾获了相当利益，但大部是由杂凑而成，经不起别家后起的竞争。不久，随新兴文学的发达，群众也曾出了不少文学书，而这些文学书又是去“礼拜×”不远的东西，现在自无立足地了。再后，来了一些“××甲选”之类的编集，这可说是群众出版物中较有意义的。

群众的门市部在现代、时代（以前新月）等之间，只有这样小小的半间，因夹在别家漂亮的门面之间，益显出群众的门面狭小了。但群众的门面并不因狭小，而失其顾客，不过其顾客大部非自己的而已。以前，因“黎明”的门市附设在群众，使群众的现购生意带起不少，后来，又因上海杂志公司设立在群众，竟至“门庭若市”，但自“黎明”、“上海”先后成立自己的门市以后，群众的营业自然受到打击，但群众的“跟着人家跑”是素有把握的，接着自己也改为“杂志公司”，并且还出版了几种画报等定期刊物，可是跟着人家跑以“落后”为多，何况其所出版的刊物，不论是内容与形式，都是同样的穷乏，要说群众有可引人注意的话，那只有以前的《涛声》和现在的《芒种》了。

（二十一）广益书局

广益书局主要的是旧书，不过也曾出版了几本新书。据说广益在旧书（古书）方面的营业，每年很可观的，其所出版的旧书性质如何，且不具论，而就新书而言，委实过于投机了。试看所出版的如“×××作法”之类的东西，形式上固很时髦，而内容上则其本身还是大部须研究一下“作法”的。本来，一元或数角一千字稿费的文章，欲不粗制滥造，又岂能得哉？

广益的新书出版现在似乎减少（甚或没有）了，这，我们不能说不是广益的“得”策。

（二十二）光明，乐华，文艺

这三家联合门市部在四马路上，以前曾引起读者的注意，因为，在各书局的书籍还均照实价发售的时候，三家的门市部即标出“本版例七折，外版八折”的长年廉价办法了，自然有许多读者，跑到他们那里去。不过，不久，四马路上有门市部的各家，因营业影响，纷纷不再发书，同时，“新书对折”也随之成为普遍的风气。

这三家书店可说是“家庭书店”的典型，他们小规模的做着，即在编辑上与营业上也很少分工，静观时机，看中了机会，即出这样一二本适应时机的书，有时候，也正中鹄的，如《国联调查团报告书》及《墨索里尼自传》等书，都是营业还不错，不过，在究极上说，他们还不能说是出版家，而是贩卖家。

（二十三）作者书社

在北平，有个“著者书店”，在上海有个作者书社。二者的性质是有些不同的。平津一带有几个“教员作家”（因并非全是大学教授，故未能称为教授作家），或是为了自己的书没有地方印，或是为了受书店剥削，或是以为自己用作课本的一定销路好，所以组织了一个著者书店，自己出钱印书，交给自己的书店发卖。作者书社也是根据“作者自己出书”的需要而产生的，其与著者书店不同的地方，是社的本身全系中间经售商性质，非若著者书店即是著者组织，略近出版合作社的情形。

在外国，出版者与发售者已颇多分工的组织，而在中国，作者书社还是创举。据说，作者书社的主人，就是以前商务印书馆代售部的主任。商务利用其分馆多，声誉大，寄售书籍销路自有把握，而且又因为有许多书贩，全靠商务书籍为业之故，对于商务账务自必不敢不理，故给商务代售书籍，不会有“收不回账”之虞。现在世界书局之外，何以会有世界出版合作社与大华书局，也就是这个缘故。自从“一·二八”以后，商务的代售部取销，也许当事者鉴于商务代售部营业的发达，因而自组作者书社。若然，则在营业方面实有考虑的必要。

第一，作者书社不能与商务代售部相比。商务代售者所恃的有众多的分馆，内地以商务书籍的生命线的各书商不敢拖欠账款，所以对于（一）如何把书推销到各地去；（二）如何把账款收回来，这二点毫无问题。而现在作者书社所恃的是什么呢？

第二，作者书社如把代售书籍分寄于内地各经售者，必然的会发生折扣上与付款上的困难，在著作者自己，以为把自己的书对折交作者书社发售，已是廉到无可再廉，然复交于内地经售者，对折收款算是最高价格，而且内地经售者即使把书售出，未必即将款交来，而大部作者，却不会谅解这点的，这是一个严重的矛盾，而首当其冲的就是作者书社。

第三，中国一般文化水准未发达到较高程度，私人及“非出版界的”团体出版书籍数量不多，作者书社似很难即以之为营业主源，如仍以经售“书业中人”的出版物为主要营业商品，则以普通一般代售书店无异，——事实上，作者书社渐有走上此路的倾向。

第四，近来各书店代售营业日趋发达，因其出版物之宣传广告，自易招致读者，如生活、开明等家，代售的范围，似有凌驾作者书社之势，这未始不是作者书社的一个很大打击。

在这种情形下，作者书社的路线似难走得通，作者书社成立已有二三年，其未能充分发展，想亦就是这种客观原因所限制。

作者书社自身不是一个出版者，本无印象可言，不过其营业的方法是新颖的，有足引起吾人注意。常闻有人提议上海各书店成立联合贩卖方法，这方法很可参酌作者书社的情形。

（李衡之启事——各书局大概均以六月底为会计年度终了，本人拟调查一年来各书局营业情形，以为出版界今后之参考。至恳各书局将一年来：（一）出书数量及种类，（二）营业数额，（三）所有因难，（四）今后计划等各点，详为示知，待略加整理，即于本刊发表，事关出版事业之前途，想荷各书局鼎力玉成。）

（二十四）上海杂志公司

上海杂志公司，是杂志年中应时的聪明的创造。它的主人张君本是有经验的书业界前辈，而且以前也是“动笔头”的人。资格最老，而现已倒闭的光华书局与他有关，“社会科学年”（仿杂志年名）中以社会科学专门书店相标榜的联合书店，也是他所创办，以前想做文艺书托辣斯的现代书局，他也曾主持其事。以这样书业的前辈，来经营杂志年中第一家杂志公司，其成功自在意中。

我们认为，杂志的普遍是出版界衰落的一种畸形发展。因为第一，一般读者购买力的衰落；第二，“专门智识需要”的常识化，这样，便造成了杂志的空前发达，——然这还有些夸张，事实上，中国今日杂志的发达，仅是图画杂志及幽默小品的发达，与专门的学术毫无关系。

正和文艺书之后是社会科学书，其后是教科书，其后是杂志一样，杂志在今日已快近强弩之末了。第一，有了地位的杂志不能永久维持其地位，新出的杂志太“粗滥”，均可减少读者的信仰，如《论语》，总算是顶红的刊物之一，而现在已慢慢地使读者厌倦。而且，大部分人看杂志，本是为了一些趣味或刺激，这种成分是很难持久的，杂志营业衰落，自在意中。第二，就杂志本身来说，实不是最好的营业，因为杂志的定价廉，常不到成本，以致很少杂志是不亏本的。上海杂志公司本来自己出版好几种杂志，现在都改为经售了，就是为了这个原因。但仅靠经售取佣，其利至薄，上海杂志公司主持者虽干练，恐也难胜过客观的困难。

现在，其他的杂志公司接连兴起，如中华，如群众，固是“上海”的打击，然打击最大的还是各书局杂志经售部的日趋完备，如生活，如开明，其号召力自必更甚于单纯经售杂志者。

因此，我们对于杂志年的前途，实难乐观。

（载《申报·出版界》1935年5月4日、11日、18日、25日，6月8日、22日、29日，7月6日、13日）

书店杂景

李衡之

（一）开书店

老先生说：“哼！开书店，现在才有的事！”这意思，表示老先生看不惯所出的书既非“经史”，又非“子集”的那些新书店，其次，那也是实在的，“开书店”这个“风气”，确是一九二七年左右才开展起来的。以前不是没有书店，但不是今日的那种新书店，以前不是没有人开书店，但“开书店”并没有成为智识份子，一种“风气”。

在以前，所谓书店，主要的无非是那些什么“山房”、“书屋”之类，专印旧籍的书店（在上海还很著名的如校经山房、扫叶山房、有正书局等），自维新运动以后，外国的新学制输入，中国的“学堂”也稍稍变了质，新的教科书的印行，有了需要，新的书店随之产生与发展，但直至“五四”以后，新文化运动澎湃以起，但所有的“新”书店不过还只是商务印书馆、中华书局、文明书局等几家而已。后因商务印书馆的发展特别庞大，除了一般讲究版本的先生们，向北平旧书摊及各地藏书楼去收买“明版”、“宋版”以外，一般小学生、中学生（甚至大学生）心目中，所谓书店，不过就商务印书馆而已。于此，可见“书店”的“寥落”。

且不论是文化的进展推动书店的发达，还是书店的发达引起文化的进展，总之，那个时间，在文化圈里，实在是太寂寞了。除了些教课书，不痛不痒的所谓社会科学书，以及半新不旧的小说（如林译小说，《小说世界》所代表的《野人记》等译本，也是此类）以外，去翻一下当时所谓大书店如商务、中华、文明等几家的书目，究有一些什么对于文化推动有关的东西？

我们得赞美国民革命所引发的出版界之新的动力！一九二五年左右，就以上海来说吧，出版界方面发生了新的刺激！泰东在当时还不见引起大家注意，光华书局成立，创造社出版部的创设，北新书局的南迁，对于上海遂称为“出版界中心”的出版界，无异是在静沼中投下了几颗石子，接着春潮、南强、乐群、新生命、开明、黎明等几家接着兴起，遂造成了盛极一时的“开书店”的风气，当时一般青年对于出版界的认识为之一变：不但不认商务为唯一的书店的代表，而且认商务等于是以前的“山房”、“书屋”，古书书店，旧书业，新书店，成为三种性质不能调和的东西。

（二）书店的种类

造成当时开书店的风气的原因，起先最主要的是一种抑压已久的文化界的突变，随后，由于这种需要的增加，新书店纷纷兴起，惟其性质，略有不同，这种不同是基于“开书店者”的动机不同而来。根据开书店者的动机不同，当时的新书店可分为几类：

第一，作为政治斗争之工具的书店——这是一种进步，各党派已知道了除了军事的斗争以外，文化上或宣传上的斗争也是必要的。于是仅次于报馆，有甚于学校，同为文化斗争之地盘或根据的，当是书店了，因之为了政治上的野心，很多掏出钱来开书店或争夺书店的。当时长江、江南、创造、复旦等以及各倏现倏灭的书店，都是属于此类。

第二，作为文人地盘的书店——文人，望文生义，自然是会写文章的人，虽则也有不文的文人，也有文而非文的文人，不过总是“例外”。文人的文章，有的见为了没有出版的地方，有的不满意出版的书店，于是，好的，自己来办一家吧。新月、金屋、春潮等等，都是文人书店之例。但是，你得知道，文人也是有“种类”不同的，这种说受人家剥削，不满别人家的出版，即自己开书店的文人，无疑的是有钱的文人。如非“我的朋友”胡适之先生所题：“愿金屋中人不忘，天边新月”，优哉游哉，有如此者！

第三，“文人市侩”用以牟利的书店——这种书店性质与第二种虽似相近，而实有别的。第二种书店的文人，虽则不能说完全没有牟利观念，但比较上，还是以“自己出书”的成份为多，但这第三种就不然了，开书店者也是能动动笔杆的人，他们看见开书店是好卖买，于是摇身一变，由文人而“专心一志”地为市侩，去经营书店了。怎叫做“文人市侩”呢？这是新名词辞典中所找不出，而是根据上海四马路上一位大“书店企业家”所口谈，“老实说，虽则我们也是文人，但我们已成了商人，不客气说，就是市侩，市侩自然是重利的，所以对于作者的稿费版税自然省一些好一些”。于是乎产生了文人市侩。

以文人而一变为书商而开的书店，如张松涛、沈松泉两先生之于光华，张静庐先生之于联合、现代、上海杂志公司等，都是因开书店而放弃了笔墨生涯的例子。开明书店的章锡琛先生，在《妇女杂志》及《新女性》时候，虽不敢称之为中国男性“柯仑泰”，但笔力千钧，也曾有过不少青年读者，现在已成为谁都知道的我们的章老板了。

第四，纯粹书商的书店——也就是全为市侩牟利性质的书店，他们看见书店能赚钱（这当然成为历史上的陈迹了），至少是一大部分，于是也忙着开书店，有的是小规模经营，好像看中了青龙白虎，偶然的下他一注，老板就是伙计，一身兼有全部的职务，这种书店因开支省，发展困难，而倒闭也较不易。如四马路上的光明、文艺等几家，便是其例。也惟自己一窍不通，以为开书店也是和开杂货店似的，谁都可干，于是开手就大做，到底一场无结果，如新宇宙、南华等几家，都是因此闭门大吉。

第五——由办杂志而扩充开来的书店——办了一种刊物，觉得生意不错，读者也很广，于是进而办书店了，如《新女性》之于开明，《新生命》月刊之于新生命，《生活周刊》之于生活，《黎明》月刊之于黎明，都是其例。最近，据说中国农村经济研究会与中国经济情报社因出版《中国农村》与《经济情报》，得了好评，也扩充而成立了新知书店，《新生》周刊不幸夭折，闻邹先生回来又在筹划新生书店，《经济常识》因《新闻报》的广告效力而营销较广，随之也就产生了经济书店，这些书店，也都可归并于此类的。

第六——由旧店新扩充的书店——随着开书店的风气的推动，有许多旧书店也纷纷扩充起来，旧躯壳中灌注进了新生命。如大东，出一些武术、法律等书，不是很好吗？突然的大收其稿，成立了今日这样很漂亮的门面。神州国光社的碑帖字画是很赚钱的，可见突然又来了《读书杂志》，以及什么蒲列哈诺夫之类的一大批新书，民智书局以出售党义书籍出名，在杨幼炯先生主持下也出了许多国际政治及法律等新书。世界书局的特征是《红玫瑰》与《江湖奇侠》，那知突然来了许多ABC，不足，又是大批的大学丛书、中学丛书之类的许许多多的新书。

第七——不，没有了。并不是没有了，若再加上去，未免要重复了。如不嫌繁琐，还可以分的，至少，还可以分出一种“莫名其妙的书店”。在过去不久的现在，大家盲目的争开电影公司，由莫名其妙的成立，结果也莫名其妙的关门。当时也有许多这种的新书店。阔老板听了人家的怂恿，拿出几万来开一家书店，结果，没有好久就倒闭了。再其次，这看新近的事，党国要人开书店，甚或“半官”性质的书店也发生了。

还有，是的，还有那些“以宣扬文化为职责的书店”还没有提到呢！但是，究是那几家呢？亚门，我们只能说：所有书店都是的！

（三）书店的资本

书店的资本在实质上和其他各业的资本并没有二样，不过在资本的征集上，因出资人的性质不同，遂也有了分别。依照普通的集资方法，不外乎：一，独资，二，合伙，及三，公司组织三种，书店也近是。但是你要知道，“开书店”这个买卖，也许是在“百业”之外，并不是谁都知道做，谁都会做，以及谁都愿意做。因此，公开招股，以公司方式来组织的，除了商务、中华等几家所谓大书店外，委实不多，有之，似乎只见年前开明书店于报端公开的招了一次股，其他各新书店，虽则也有公司组织的，但公开招股的却不多见，原因非各书店不愿招股，而是即招股也不曾有人来应招故。

要知道新书店资本的来源，当先知道新书店须要多少资本，如不嫌过大的话，那末，我们可说，少至数十元，多至数百万，都是一样。这话怎样说呢？你不见，只印簿簿数十页一本书，而创立一个书店名称的，不是很多吗，这样的书店，不是数十元已够了吗？至于数百万呢？那话固有些过大，但实际上，新书店对于资本的需要，确是无限制的。

新书店最好的应用资本的策略，是把所有资本，除开一部分必须的开支外，全用在出版新书上，书店营业的发达，以售书的多少为定，要书售出的多，非种类多不可，这样，就使书店对于资本的需要，没有止境了。因为，譬如出版一本书，成本是二百元，待书一出版，这二百元是非全付不可的（书店有意使印刷所及著作者“吃倒账”，自当别论），但书不能立即售完，即使售完，又不一定能收回全部账款，于是，出版新书愈多，垫下去的“死资本”也愈多，存货也愈多，账底也愈多，一切都“愈多”，而活动资本则愈少了。因此，除了几家发展到了顶点（?）的大书店以外，新兴的书店，尤其是在发展的过程中，随时随地在渴求新的资本。今日上海四马路上各书店没有一家不感到流动资本的缺乏，这是不能完全归罪于新书业不景气的，一部分还是由于书店的“资本构成机能”使然。

于是，各书店的资本来源以及取得的方法，不得不出之于下列几途：

第一，独资。所谓独资有好几种，有的是书店老板自己经营书店，而自己出资的，这种书店，大半全是市侩书店，规模也不大的。还有是非经营者出资，在过去数年中，颇有些军政要人、党国先进，听了一般文士的包围怂恿，拿出几万几十万，来开一爿书店的，这种书店，在今日已有很多倒闭，但还有一二家，到没有钱了的时候，由出资者开一张支票，这样一张一张地在继续着。以前，有几家书店，营业部根本没有账目，有一家，经理死了，往来的客账即无从查起，不知道的人以为是笑话，如知道了这种书店集资的内幕，自然不足为奇。

第二，合伙。这种合伙多见之于文人自己所开的书店，几个写作的朋友，集合在一起，大家拿出些钱来，书店是成立了，但不知道新书店是不时需要新的资本去滋养的，文人根本没有这末多的钱，因为无以为继，以致中途夭折的，这种书店真是太多。

各种有趣的拉资本的方法，也多发生于这种书店中。如侵吞作家稿费，作为新股，即其一。因为文人所开的书店，对于著作者大多有些认识，如有人在他们那里出书，他们便对你说："你的稿费一半作为股款，加入我们的书店吧！"这样，在名义上是增加了新资本了。其次，于熟人，"老朋友，请你也来加入一股吧"，钱拿到，先付了房租，甚至是先作了拉股者本身这一月的薪金，直到闭门大吉，出资者还不见发来股票的，也是很多。

第三，公司组织，但真正的依照公司法办理的，在上海新书店中，很不多见。除了一二家大书店外，有许多新书店，虽名为股份公司，事实上不但没有官红利，而每年的营业报告也是不见的。

还有一种吸收资本的方法，且是一种不很好的方法，即书店吸取存款。其中佼佼者，当推世界。此外，即如开明、儿童等，也都有同人存款。银行存款，长年利息不过七厘，书店存款则在八厘至一分之间，在书店方面说，这比向银行出九厘去透支好些，但在书业一般衰落中，营业结算很难有一分的纯利，所以，所谓存款，实是饮鸩止渴。

（四）总经理

在各书店中，总经理的职权和地位各不相同，这是由于书店组织的性质所决定。在名义上，总经理的职权和地位是在书店中至高无上的，而在实际上，虽有的书店是如此，但也有和一般小伙计无异者。其所以如此的缘故，是由于总经理的产生方式所决定。如总经理就是这书店的老板，那末总经理的职权不但至高无上，而且也和其书店的寿命相始终。如北新的李氏兄弟，上海杂志公司的张老板，以及开明的章老板等，都是老板或是创办人而兼总经理的。另方面，完全由于雇佣——不，完全由于聘请而来的总经理，有权的固不少，而无所为的也很多。如以前世界的沈知方先生，已去世的现代的洪雪帆先生，他们在其书店中，都是很有权威的，几和那些"独资老板兼任总经理"无异。此外，我们知道的，商务的王云五先生，差不多可说是"狄克推多"，现在生活的邹总理，职权也极大，据说邹氏回国时，生活同人的欢迎会上，一片"我们的总理"之歌颂声，盛况为出版界空前所未有，而同时，来无所为，去无所由的总经理，也所在多是，如以前新月的总经理，差不多隔多少天换一个，现在华通的总经理究是谁，也常使人捉摸不定。

每个新书店的工作，有二大部分，一部分是出书，别一部分是营业，如何推进营业，自然是总经理分内之事，而于出版方面，则未免有些问题。除了那些无所谓的总经理，根本上无权过问出版情形外，重要的原因还是每个总经理，对于出版未必和对于营业同样的有经验。试问，在各书店的总经理中，都能如王云五先生似的，在国外一个月中能遍阅数千本科学管理法的究有几个？所以，在总经理与总编辑之间，未免常有龃龉，不是总经理想去过问出版事宜而总编辑不愿，就是总经理与总编辑之间对于出版意见的不合。因为，总经理是偏于"生意眼"上面，而总编辑对于"生意眼"未必有什么经验，这是冲突的主要点。

其次，新书店大部经济情形较为支绌，不得不量入为出，这与总编辑的出书计划，也相违背，因而常有总编辑决定了稿件，甚或发出了稿费单，而总经理属下的会计，坚持不发的。以前，书店总经理因此与著作人或编辑打架的事件，时有所闻。不过，总经理与出版统一起来的也很多，在那些老板兼总经理的书店，自然是无问题的了。

实在说吧，新书业到现在还在垦荒时期，尤其是现在，更当风雨飘摇之际，总经理的责任是极大的，有许多书店的盛衰，都以总经理为转移。总经理大部兼任营业主任，有的甚至不设营业主任，所有营业事务，全由总经理独揽。这于书店的营业极有影响，纵有好书，而没有好的推销，书是不能不胫而走的。但可惜在新书店中，总经理官僚化与恶化的也还是有。有的总经理“做小货”，即把易销的书，多印一版作为自己的收入，或是自设纸行或印刷所，与自己所担任的书店相交易，决不命其书店“不吃亏”。有的书店总经理吞公款，有的总经理腐化，仿佛一做书店总经理，即踏上了做官的云梯，天天去官场鬼混，甚至有的以为自己已是了不得的大亨，于是天天开房间打麻将叫堂差。这表面上虽属于个人的私事，但其影响所及，对于出版界文化界的损失是多少大？

（五）店员

新书店的组织，规模大小各有不同，所以店员的情形，也很差异。书店规模大的，分工自必较繁，店员的种类自必也较多，如商务、中华等几家大书店，各部分工颇细，同为店员，自分部主任，以至小伙计，其性质是截然不同的。但同时，大部分的新书店，如四马路上林立的，都是规模不大，因之，所谓店员，其职务大都是差不多的，有的甚至老板、经理、店员，都是同一人（当然也有几个别的伙计），这种家庭作坊式的书店，店员所处的地位自与大书铺不同。

大概，在规模不太大、也不太小的新书店中，店员是有相当重要性的，因为在这种书店中，除了经理等二三高级人员外，支撑营业全部的，便是这种店员，因为其分工不大，所以性质也差不多。而且，今日新书店中，正是这类书店为多，所以我们这里可即之为对象，来谈谈其中比较有趣的情形。

先说店员的来源。因为新书店的历史还不久，所以完全为适应新书店的需要而产生的店员，并不很多，有许多书店的店员，大部还是旧式书店中的伙计，这种人，他们称之曰内行，此外，即称为外行。在这里，也可看出新书店经营方式的非现代性。不过，这不过就多数而说，并不是说新书店没有新式店员，反之，现在即在逐渐发展起来，那些从旧式书店店员所转变过来的店员，很有被淘汰之势。

店员的雇佣，权在总经理或经理手中，所以总经理或经理对于店员决定的作用颇大。就因为新书店大部分还没有走上现代组织之路，“封建的”因素还很大，反映于店员雇佣上的，便是同乡及亲戚的援引。你看，就是开明，那里的店员不多是绍兴人吗？洪雪帆时代的现代，所有店员不多是宁波人吗？再如北新，大部分店员，据说也是与李氏有关的，其次，规模更小一些的新书店，自更不必说了。

比较这种情形更落后的，还有学徒制度的存在。有许多书店大部分的店员都是学徒，有的甚且全部都是学徒。这是新书店经营者很大的一个认识错误，他们以为书业也是和其他旧式商业一样，可以利用“价廉而又便于控制的”学徒来负担一切职务，以致新书店的店员大多一知半解，甚且连字都识不了多少，你走进这种书店去，不但那些店员不知道来怎样招待你，而且，有时你问他有没有那一类的书，他会拿出绝对相反的书来给你，你指名问他要那一本书，即使这本书就放在他面前，他也会瞠目不知所对，甚而竟至说没有。要这样的人来发展新书业，真的，不亦难哉？

好像为适应时好，各书店也曾有过一时，大家竞用女店员。在日本，丸善、三省堂等几家大书店，所有店员几全是女店员（男店员大多在较高级的指挥地位），而其能力大部比中国的男店员还强。譬如你问她要《托尔斯泰全集》，她会进而介绍你《杜伊托夫斯基全集》等，她们店中有的书决不会不知道放在那里，有时，这书是她们那里所没有的，她还会告诉你可到什么地方去买。而在中国，女职员一般的还免不了花瓶的尊称，就是在作为文化事业的书店上，也还是一样。最早，雇佣女店员的是张竞生博士所创立的美的书店，那里的女店员好像只懂得张博士的几本大著，使一般书痴子，一进美的书店，反弄得像是乡下人进了跳舞场。后来，上海各业对于雇佣女职员的风气比较开通了一些，大家对于书店的女店员比较没有以前好奇了，但是，据个人的“私见”，好像一般书店女店员的能力还是不很高明，而且，仍免不了“点缀”之嫌。大东书局在门市部新屋落成的时候，各部有许多女店员，这些女店员，对于顾客的应酬似乎有些勉强。随着大东景气的消逝，女店员也真和瓶花一样，不久即消失。现代在扩充门市部的时候，也有一批“美丽”的女店员，有几个本想到里面去揩油翻阅文学书的穷朋友，因之却步，有时有顾客对她们作卖买，很有几个女店员表示出一种羞怯的样儿。和大东一样，现代的女店员不久也消失，这更表示出女店员，好像是书店在有钱时候的一种装饰品。现在书店雇佣女店员的已不多，女店员的能力也不见增加。

经过现代式训练的店员不是没有，商务等大书店且不说，如生活，对于店员的训练便是很严的（这大概就是职业教育的效果吧），店员的效率似乎也比别家为佳。据说，他们所收的店员大多受过相当的现代教育，也没有学徒的制度，有之，那不过是现代式的练习生，不过，我们知道，在工业组织中，资本主义经营中的职工，有时的待遇反比家庭作坊为劣，据说，在书业中也有同样的情形。

书店的店员每月所得不过一二十元，就是女店员，虽则还有一笔装饰上的额外支出，而所得报酬，也不过一二十元而已。在此米珠薪桂的时期，自然是仰不足养父母，下不能养妻子的，于是，书店店员很少安心于其业，这使各书店的经理很感没有好店员可用之苦。书店店员的出路是什么呢？如不改行，那末，他们看到书籍成本与价格之间的差额之巨，便想侥幸自作“老板”。有时我们看到只印一二本书的书店，那便是店员想做老板的尝试，也有幸而成功的，其成绩或收获便是那些现有的家庭作坊式的小书店。至于如“创造社小伙计”周全平等似的，由店员一跃而为作家的，实在不很多见。

（六）总编辑

我们说过总经理在新书店中地位的重要，但如和总编辑相比较的话，那末，总编辑更是新书店的灵魂。本来，在名义上说，每家新书店大多是分作营业部与编辑部二大部分，总编辑是编辑部的主持者，其地位已够重要。何况更有甚于此者，即，一，有许多书店的开设，最初的目的是在出版书籍，尤其是用以达到某种目的的书籍，营业如何，倒还其次，在这种场合，总编辑便是这书店的唯一灵魂，如总编辑的意向与开书店原来的目的不合，则此书店便是有等于无。二，有许多书店，名义上虽有编辑部，虽有几个编辑，但在实际上，所谓编辑部是徒有其名的，几个编辑的工作无异于校对员，自然一切的出版方针全由总编辑一人的意向来决定。

明了了总编辑在新书店中的作用，对于各书店的出版趋向，即有线索可寻，大概，各书店出书方针的决定，固有许多因素，但总编辑的意向，总是最大的决定势力之一。譬如开明，在其初期，章先生由《妇女杂志》的主编而为《新女性》的主干，对于妇女问题，自必较有兴趣。因而关于这方面书籍的出版，也特别的多，稍后，夏先生主持编辑部，因他是个有历史有经验的中学教师，于是造成了开明为中学生的书店。新生命书店由陶樊先生等主持，所以关于中国问题及国际政治经济的书籍出版得最多。黎明书店始终由孙伍先生主持编辑部，所以政治经济的书籍，尤其大学教本，与英文文学书，出版了不少。北新在语丝社诸君未脱离以前，是一个有名的文学书籍出版机关，后来，自赵先生主持以后，作风即为一变。再如本来与商务对峙的中华，近年来虽有新书出版，虽不太坏，但也没有特色，在出版的种类中，好像教育方面的书籍成分较多，这与舒先生自然不无关系。也有本身一无所偏，亦即一无所长的总编辑，他对于出版的决定，自然是莫明其妙。大东在扩充时收下大量稿件，结果不是没有出版，便是出版了也少有人要，那当然要由编辑负责的。

关于书的出版，由编辑部分工审查计划的不是没有，不过大多的新书店规模都不很大，除总编辑外，有三个以上的编辑（校对员及“事实上”的校对员除外）的书店，实不很多。即以编辑部略具规模的书店来说，如开明，虽有多位编辑，而职权总是有所偏的，编辑部分工最细的是商务，但是书籍的最后决定取舍，还是在于王先生。所以，即使我们说：在新书店中，总编辑（总经理兼任的自也在内）无例外的是书店的灵魂，也不为过。

因为总编辑的地位是这样的重要，所以各书店对于总编辑的人选特别重视——不，事实上各书店的总编辑无所谓其“选”的。为出书而开办的书店，其总编辑自然即是书店的开办人，否则，各书店的总编辑也必是与书店关系最密的人，如大股东、董事，或创办人的亲信之类。所以，有许多新书店，总经理颇有常换的，而总编辑掉换的却不多见。

自然，我们不能不提那些纯粹商业性的书店。在这种书店中，老板或创办人对于总编辑的职务多是外行，他们的关系人也很少是内行，于是遂不得不去请教外人。因为有这种书店的存在，曾有一个时候，总编辑也成为文人逐鹿的目的物之一。角逐总编辑，也和官僚逐鹿禄位一样，很多是用尽卑陋的手段，甚且利用政治的力量，来对这种书店的老板压迫。当时，有几个书店中，很有几个“钦差”编辑的存在。就为了这样，有几家书店遂不得不常换总编辑，有几家，就在总编辑的几次掉换中，闭门大吉。如新宇宙等，便是这种情形下的牺牲者。

如纯粹站在新书业的立场，来论断总编辑的好坏，则总编辑究应具备那几种资格呢，我们以为，总编辑因需要较高深的学术基础，但不能有过深的偏见，而且应该对于各部门的学术，都应有多少认识。一个书店与其请一位学术特别高深而无一般常识的专家，还不如请一位对于各方面都有相当常识的文人。此外，总编辑对于出书，不但要顾到市场关系，而且，还要顾到学术的价值，并以学术的影响，去改变市场关系——即读书空气。

（七）校对员

在新书店的编辑中，除了总编辑以外，我们不提其他人员，而即说校对员的缘故，是因为校对这一件工作比较不为人注意，而事实上却很有趣而重要。书业中人当然知道校对是怎样的一回事，但业外人也许知道得不多。所以，我得先告诉你，所谓校对，简单的说，便是在书籍排印的过程中，根据原稿，改正印刷所送来、已排好而尚未印好的未定稿。这工作不是很简单吗？于是在新书业发生的初期，各书店中由校对而发生的趣事，真是太多了。

“校对”可以说比“剪报”还难的一件工作。剪报，不是很容易的吗，有什么难呢？但根据有过剪报经验的人的报告，最初是没有不失败的。譬如，第一你得知道材料的取舍，第二又得知道材料的分类，这种工作要是由没有经验的人来做，就是你告诉他那段新闻要剪他也会只剪前一段，把刊在另版或另行的下半段忘了，校对的情形固然不同，但其困难，在原则上实是一样。

没有经验的书店老板（或总经理，总编辑，总之，是负责人），以为校对是易事，起初大多不肯出较高的钱去请校对员，有的甚至即命学徒担任，以致新书中错误百出，一般著作家，有的不满意别人的校对，又以为校对是易事，常要求书店把稿件自校，结果比较书店中学徒所校对的还糟。校对似乎多少有些神秘的事，学力欠缺，文字程度欠佳的人，以为校对只须一字一字地对照就得，自然会错得不堪设想，反之，就是由原著者来校对，在其校对的时候，觉得很满意了，但待书出版后，也会错得连自己都不能相信，有的甚至以为是印刷所改错了。

这并不是给书店的校对员故意吹嘘，事实上校对确是须受相当熟练的工作。校对员固然不需要学者专家来充任，但中等以上的学力、清顺的文字能力，是必须具备的。最好，校对那种书籍的校对员，对于这一门学术有相当的认识，这可对于校对工作更有帮助些。一个尽职的校对员，不但能看清楚原稿，使校稿与原稿无异，而且还要知道原稿上笔误地方，在相当范围内，予以校正。

现在各书店中校对员的情形怎样，因为校对员不及总编辑的有名，所以我们不能个别的申述。不过就一般而言，校对员的地位是很低下的，仅略高于普通店员而已。有的书店甚至不雇佣校对，即由上至总编辑，下至学徒，大家分担校对的责任，因之，一般小编辑与校对员之间，更不容易分别。有的自称为编辑，事实上不过是个校对员。一般人以为校对接近学术工作，校对的学力容易进步，殊不知即使把某本书校阅了二三次，结果书中说些什么，校对员也是很难了解的（主要原因是工作断续不定），不过比较普通的店员，校对员的向上机会，自然要多些。

(八) 生意经

有许多人（尤其是自己写一些文字的所谓作家之流）以为只要书的内容好，人家自然会来买，所以经营书店的主要问题，不在于销路而在于出书。有的比较精明些，顶多也不过知道书出版了后，还需要广告的宣传而已。就为了这种认识不足，有许多的书店闭门大吉，有许多作家因之和书店老板吵架。

一切商品的决定条件在于市场，书亦是一样。国际资本主义的商品倾销，必须中国的买办，才能深入内地各处，决不能因其价廉物美，即可不胫而走。新书店所出版的新书，欲达到读者之手，也真是谈何容易。除了一二大书店在各地有分行外，其他各书店的新书欲侵入各地销售，正和国际资本主义国家的商品需要买办一样，非经过内地书贾的贩卖不可。中国因统一市场机能的衰弱，各种行业仍有基尔特的残存，这种内地书贾，也是同样的有帮助。中国旧式商贾的腐败，是尽人皆知，这并不因为新书业是属于文化事业范围，而有所例外。

书贾亦可称为内地的书店，他们的来源有两种不同，一种是由前贩卖石印《神童诗》、《百家姓》等旧书的书贾蜕化，另一种则随新书业的发展而发生，到现在，他们之间已没有分别，其惟一营业便是把上海等埠各新书店的新书，贩卖到他们的所在地去。他们的规模各有不同，有的很大，如华北的佩文斋、豫郁文等，都还有他们自己的支店，布置等严密的销货网，但大部都是规模小的。他们惟一营业方法，是与当地的学校联络，以推广他们的卖买——自然，这也只有少数，大多数亦仅是一个门市，做些广告，引诱读者自动来购而已。但就是这样对于新书业影响已不少，如没有他们，你的新书即无法到达他们那里，你即少去了那里的市场。自然，这也是由于中国教育水平一般低落使然，否则需要书的读者，大可以来函购，根本用不着他们的中介。但事实上，中国新书读者，能随时留意自己所需要的书籍出版情行，用各种方法来购买的，还是不多，除教科书外，一般书的销行，都无非：“呀，有那样一本书吗，买一本吧”，书如不能放到读者眼前，即不会有销路。

就好了这样，上海新书店的经理及跑街们，即非拉拢那些内地的书贾不可。但是那些内地的书贾，他们之经营书业，与经营洋布杂货并没有分别，不过把书也当作商品之一来贩卖，对于文化、学术，甚至书的内容，并没有一些意见——根本莫名其妙。他们所最重视的是：一，这书有没有销路？二，这书的定价与折扣如何，是否有利？三，这书是否有政治上的问题，即，是否会因贩卖这书而被公安局封门（过去，这种事情太多了）？他们的利润，全在书的多量售出，这样，必然使他们倾向于几家大书店，因此，他们的营业主因，都是依赖几家大书店的书为基础，对于新开的小书店，因不知道那种书是否稳健，可以数量不多，根本无甚出入，故多不愿代为经售，以之，常有这样的趣事：

“不要，这种书没有销路的，往来记账多麻烦！”内地书贾对新开的书店的经理说，虽则那些书是最有价值，亦最有销路的。

“朋友帮帮忙，就求你带去试试看，送给你也可，销不去可不必寄回。”精明的经理这样的哀恳。待书贾把书带到内地，一售而空，读者又纷纷往购的时候，利之所在，书贾自必不得不问那新书店要求添配，那时新书店经理现的计划即成功了，不是借此问书贾索款，即甚至款不来，书亦不发。

小的新书店，如发展其推销网，固不得不拉拢内地书贾，而内地书贾因商品根本来源所在，却又去奉承那些大的新书店。他们的方法最重要的是订特约。所谓特约，即某一区域范围内的营业独占。各处我们所见到的，除“某某书局某地特约经售处”以外，还有什么“某某书店某地分店”，这种所谓支店分店，大都均是与本店不相干的，不过特约经售而已。新书店利用特约经售的关系，可以接受若干保证金，又可规定特约经售处，每年至少作若干的营业。如那书店出的书确实好销，那末，经售对于该店自必惟命是听，否则，如新书一经停发，只有闭门大吉。以故，新书店中规模愈大，收账亦较易。有人说，在新书店大多吃倒账，或收不到账的今日，商务经售处的账是不会收不到的，即由于此。

为要推广销售网，对内地书贾，小书店尽力拉拢，即大书店亦多加青睐。内地书贾，或是老板，或是经理，大多每节或每年来上海一次，以便就近结账及配货。中国新书业同业公会的组织，固不见得有多少重要的作用，而上海四马路上却有一种自然的团结。每逢有内地的书贾到了上海，各书店的经理跑街等，彼此间有些感情的，即辗转相告，好像是来了个活财神似的，请客，拉拢，各尽其能。如那书贾，带了一些现金来付账或办货，则其旅馆中一定是门庭如市，同业之间，往往还会因此发生龉龃。那家的账付了，那家的货配了少，大家会角逐起来。

中国旧式的商业往来，建筑在所谓“交情”之上，“我和你有交情，你得多付我一些款，多添我一些货”，制造“交情”的方法，是花酒、鸦片、麻雀、看戏等等，以前如此，现在也还多是如此。我们虽不敢说新书业的卖买全是这样的，但谁也不能否认这一套还是有的。因此，时常有来上海办结账的书商，结果是满身梅毒，归不得也哥哥。这当然大部要归咎于自己的意志不强，而亦不能说与那种不正当的应酬无关。有人说，中国商业的衰败，由于交易制度的不良，我们如借用这话于新书业上，则新书业做“生意经”的方法，委实需要加以改良。

(九) 书的价格

书的价格也是生意经中问题之一部分。书的定价本是没有一定标准的，但各新书店出版的书，其价格水平好像相差无几。决定书定价多少的因素，主要的是成本，内容如何，好像新书店的经理们尚少注意。不过，自知不需要者，即奉送也不受欢迎，需要者即高价亦购，因而定价较高外，其他的书仿佛都是以篇幅多少作为定价高低标准似的（装帧纸张自然也有关系）。

据一般的情形来说，书的定价大部均在成本的四倍至五倍之间。如这本书的稿费、印刷费、纸费等总和，第一版以二千本计算，每本成本若是二角，则定价多在一元上下，如书的销路好，售价又不打折扣，则书业这买卖，真是不坏。在新书业发生的初期，各新书店纷纷开张，就是为了这个缘故。记得当时很少有打折扣的事，廉价的机会也不很多。有一个时候，因纸张涨了价，各新书店还来过一套什么“同业公议，照码加一”，其盛况可知，现在的“全部新书，一例对折”、“一折八扣”等廉价，在当时读者心目中，从没有想到会有这样好的机会的。

固然，当时书的定价高，书业颇为景气，但即以现售没有折扣来说，书店所得的纯利，亦并没有吾人所想象的那末多。例如，定价一元的书，除了少数定在门市部现售的外，批发给同行，至少七折，等收款时，又复来一个回佣及折扣，复加上资本的利息，所得恐已只有五六角之间，再加开支消耗，倒账损失，以及前“书店的资本”节中所述，生财账目的无限制增加，常使初版新书，无利可图，如抽版税，甚至还要赔本。又出新书，近于投机，未必全有销路，如有呆销的书存在，影响更大。新书店所期望的是再版书，但因中国读者数量之根本不多，欲思一般的参考书，有万本以上的销路，实非易易。因此，新书店能发展成功的，遂也少见。

还有一种情形，影响于定价很大的，便是做“生意经”的方法，新书店如了要推广其销售网，尽量讨好于内地书贾，这种书贾对于书是什么都不知道的，只知道代理折扣大，回佣高。但如依从他们的要求，新书店必然亏本，否则书又无法推销。于是新书店中聪明的经理们，想到了两全共美的方法，即学马路上的洋货店，明中大喊廉价，暗中抬高码洋。因之，近年来，书业并没有发展，而书的定价则日高。

因之，就发生了一个奇怪的现象，即读者购书，到上海本店去购，其价格往往比在外埠代售处要高，在上海本店售实价的书，在外埠七折八折，都可购到。上海的各代售别家书的书店，对于某大书局的书，往往并不就近向其直接配购，而反向外埠的代售处辗转购来，其代价比向其本店直接购买者为廉。代售者不增加手续等费，而其价反较本店为贱，岂非怪事？但如我们知道了上述的原因，即可无所惊奇。新书店本店也何尝不想跌价以广招徕，但这是与内地代售处的利益相冲突的。如本店现售实价，同行批发七折，内地书贾满意了，但若本店也以七折出售，而不予同行以七折的七折，则各地的代理者均将会把书退回。所以，精明的读者，常多不向本店购书，而转向于代售者。

一九二九年后，因文化运动的衰落，读书空气一般的消沉，新书业已感受打击，自世界经济恐慌发生以后，读者的购买力更形枯竭，于是“全部新书半价”，这种空前的惨象即被逼发生。这并不见读者的福音，而是新书业破产的征兆。除了一二家大书店为排措别人倾销外，大部分都见亏折血本、以相挣扎。你不见不是有许多在过去有历史的新书店，现在都入于停顿状态？他们的营业衰落了，开支是一样的，不把存货尽量售出，也许即可被逼关门。自最近币制改革以后，纸价及其他成本显然增加了不少。但你还能和以前似的，因成本增加，来一下“同业公议，照码加一”不能？新书业的全部崩溃，恐怕就在不久的将来罢。

至于那些“一折八扣”的无版权书的翻印，虽云是一种畸形的现象，并不是直属于新书业范围内事，但也可反映出今日的中国出版界与文化界，已走上了怎样一个阶段了。

（十）收稿

回过头来，再来谈谈新书店出版方面的情形。其中最重要的自然是收稿是出书了。

各书店的收稿态度，颇有不同，大概的说，在新书业发生的初期，各新书店大多是接受外稿的，有几家，在开办或扩充的时候，甚至像惟恐没有稿件付印似的，收稿很滥。如华通及大东、神州等，曾有一时期，大收稿件。所以这时，曾产生了大批以卖文为生的“作家阶级”，据说，当时还有人组织译书著书的“托辣斯”，一本书，一个人译十页，二天便可缴卷，海上著名某“学者”，据说还组织过什么学社，招请了一批失业的动笔杆朋友，给他私人译书大量生产的某三角恋爱小说家，其作品是否完全亲出其手，也普为大家讨论的有趣题目。有几个作家，不但不怕稿子没有出路，而且书店还须出钱预约，如郭沫若的稿费，千字均在十元以上，张资平也说，他的稿子非千字七元不售，懿欤盛哉，大量的“天书”即随之出现。有许多社会科学名著都译得使不懂原文的人，比读原文还难懂，如《史的一元论》、《经验批判论》等，即以中文的文字来说，有那一段是可以读得下去的？但也因为当时各书店收稿容易，乃有大量的卖文阶级产生。时至今日，还有许多人互问：“在上海，单靠卖文可以生活吗？”告诉你，朋友，这是历史上的陈迹了。

这个景气时代并不长。过后，各书局虽不如以前样的盲目收稿，但收外稿的书店还是很多。卖文的朋友最感到兴趣的问题是：一，这个书店是欢迎那类的稿件的；二，那个书店里我有熟人以为解决了这二个问题，收稿即有百分之九十的把握。因为自己，亦曾在书店中当过小编辑，知道实际情形并不是这样单纯。关于第一个问题，如我们以前说过，因书店主持者观念不同，各书店出书的方针固各有所偏，但这并不是说，你的书与他们性质相合，送去即可收下。反之，往往愈是方向相同的书送去，更会被退回。这不是奇怪吗？因是：譬如某一书店比较，以中学生书籍出版为多，则该书局对中学生书籍的出版必先有了较详细的计划，而且主持者亦必长于此道，你的稿子送去，未必适如他们计划中所预定，而又感到缺少者，往往不是与他们已收或已约之稿相抵触，即是与他们的观念相冲突，你的稿件内容的好坏，还是第二问题。不信，你看，各书局中比较有系统的书籍，不是特约有关系者的译著，而是外面偶然的投入者，共有多少？

关于第二个问题更是愚蠢。据说中国只有一家最大的出版家，在过去，接受外稿，对于投稿者的“面子”是很有作用的。有时，这部稿子根本无用，但是你有“来头”，他们也会把你接受下来，接受了后，可改的，他们的小编辑给你重改一遍出版，实在太糟了，付了稿费，束之高阁。但自受了“一·二八”的炮火以后，这种情形已很少见。其他规模小的书局，除了那个盲目收稿时代外，因有熟人而接受你的稿子，这根本是梦想。因为，那些小规模的新书店，决定稿子取舍的总编辑，大部是与书店有切身关系的股东之类，出版一本书，所费成本至少也得数百元，如你的书，在他们的观念中，是不能赚钱的，人们肯单单为了“熟人”的关系，而给你牺牲数百元吗？

除了书业鼎盛的时期以外，各书店虽接受稿件，但都经过严密的选择（大都站在生意眼上），接受稿件的方针，主要的不外两种：第一，在他们预定的计划之中者；第二，是书店主持者本身的稿件，普通的股东还是没用。——不过，话又得说回来了，如你的稿件能适合该书店的出版方针，而又有熟人介绍，比较是好一点，这好处是他们至少要考虑一下，并且给你一个较快的答覆。

上述情形，还仅适用于新书业尚能维持的时期，至若新书业趋于崩溃的今日，这话又需加以若干的修正，你看，除了商务、中华，等三数家之外，谁还在继续出新书？终算比较成功的新书店，如开明、新生命、生活、黎明等家，虽仍还有新书出版，但其数量较之以前为何如？在这种情形下，自然卖文阶级没有了市场，必然趋于没落了。

不过，这种打击主要的只是以卖文为生的所谓文人或著作家而已，真正有研究，研究并有新的发现与成绩的学问家，影响并不多。这话怎说？很明显，在中国前者与后者虽则同样写稿，而是有很清楚的区别的，那些卖文的著作家们，对于他所写的东西，不一定有什么研究，甚且他写的什么，自己也不能十分了解，不过为了“卖”的关系，不得不抄一些英文、日文之类的外国文，或东拼西凑的拉拢一些统计数字，组成一篇文或书样的东西而已。中国今日现有的作家，大都是这样的人，否则，在出版业相当热闹的过去数年中，何以像比较化了一些功夫，有一些新的发现的著作（内容正确性如何自当别论），如梁氏的《先秦学术思想》，胡氏的《中国哲学大纲》等的书，还是这末少呢？至于真有价值，及新的发现的学术专著，因为数量根本不多，出路似亦不会因之断绝的。

不过，就是那种卖文阶级的文稿出路减少，站在出版界的立场说，自然也是出版界衰落的可悲现象。

（十一）出版新书

自新书店的出版新书的潮流来看，除了一二家有其他特定的方针外，全部的新书业差不多是一部投机史。自然，书店的出书，在相当的范围内，必得适应客观的需要，并且有时还得去发明，并进而去创造那种与文化有关的需要。但是，只是一味的随波逐流，追随人后，粗制滥造，则虽有新书店，还不如无之。

如以形式的阶段来分，则新书业的发展，可说是由于文学书所引起。在军阀政治重压之下，智识份子的苦闷，最好的自必只有向文学上去求发泄。因之，前期创造社的浪漫文学，大受青年的欢迎，北平语丝社的讽刺文字，亦受大家的崇拜。创造社门市部成立，北新书局南迁，光华、泰东生意利市，于是一哄而起，有许多新书店产生。这个潮流，可称为文学的时期。

但是新文学还没有建立若何基础，一般粗制滥造的文学作品已充斥了市场，有许多不过是中学生校作文簿上的文章，印行起来，也可成为很好的文学专集。如当时所有的刊物，像泰东，只见一些狂喊，如真美善，除了曾氏父子的译作外，也不见有什么真美善的地方。此外，等而下之，更不用说。这样，所谓新文学，自必慢慢儿为人厌弃起来。

同时，经过了国民革命的怒潮，大家对于现社会的认识，需要理论的解释，已非单纯的文学的申诉，所能满足，于是继之而起的第二个潮流，即入于社会科学的时期。新兴社会科学的绍介，自有其客观的需要，但在这个潮流一开始，即为新书业中的市侩所破坏。他们无选择的出版社会科学的书，把许多名著译成天书，致使许多青年对于新兴社会科学见而生畏。如现已归并于现代成立不久后，即继出文学书及儿童书的联合书店。且以“专门社会科学书店”相标榜。则当时社会科学书籍之为书业市侩的利薮，可以想见。但是好景不常，这潮流因政党煽动作用，及市侩投机，终于不久即告消灭。有许多社会科学书籍无从出版了，有的又不受读者欢迎，这个时期，即告终结。

继之而起的，又是文学书的潮流，但与初期不同。这时因经过了理论的涵养，又因读者对于文学书内容的进一步的要求，遂发生了所谓革命文学的运动。一般新书店，以为终究还是文学书的销路好，又开始了文学书的竞争。结果，这运动又因种种关系消沉下来。

这个时期很使新书店的编辑先生们彷徨，文学书与社会科学书都没有办法，还有什么书好出呢？彷徨中听说儿童书局赚了钱，商务、中华的儿童书也很好销，于是大家又转而向儿童及小学生方面进攻。但不久，商务、中华两家大书局，来了个《儿童文库》、《小学生文库》等大规模的倾销，各规模小的书店，只有屈服于大资本排挤小资本的铁则之下。

儿童书失败，大家想，教课书是学生不得不买的，或者有办法吧。来，出版教课书吧。要知道，教课书根本是大量生产，或大资本独占的卖买，岂容小书店染指其间。中学课本一律八折，小学课本一律六折，商务、中华、世界、大东等主力战开始，实力差者只有败北，其他小书店殷鉴不远，自然只有避走他路。

出演至此，因国内一般购买力衰落，新书业已走上了崩溃的阶段，其回光反照的表现，便是古书及杂志年的同时出现。出版古书，便是说只有图书馆、收藏家还有一些购买能力。出版杂志，便是说大众对于智识的要求，已不是专书，而是短篇杂志，而杂志中，尤其是幽默刊物及图画杂志。——最近，更由杂志而走到小型报纸，是新书店将慢慢地被排斥于文化圈外。(对于小型报纸，据本人的观察，以为在教育未能普及于大众的今日中国，其发展不过是文化更趋衰落的表示，因小型报纸并不能创造新的读者，其读者仍不过是那些读大报及杂志的人)

试看，近一二年来，各书店有什么书出版，不论是质的方面或量的方面？今日出版新书最努力的要推商务了，每日都在二本及二本以上。但是一部分因中国客观的条件决定，不易产生研究高深的学者，遂也很少有价值较多的书写作。观乎商务每日新书，少见有价值有意义的新书，便可推见一般。其他各书局，大都出书的数量已很少，更无论书的质量。有些书店仍在出书，但时代仿佛（彷彿）逆转。出书的水准只有倒退。有的，虽还不至于与“一折八扣”的市侩争利，但无聊的投机书之出版，已占了主要地位。如“××百日通”、“实用××法”等颇见流行。有时，因与他们书店的名誉有关，不敢公然出版，便假造一个书店的名称，表面上只见寄售关系，实则全是他们自己的东西。在出书上，新书店蓬勃的朝气，早已没有了。

（十二）广告术

在本刊数期前，曾有人提出书报评论的问题，希望有严正的书报评论，来指示读者选择新书，实则在今日，除少数例外，所谓书报评论，也只是书店的广告术之一种。所以来谈谈书店的广告术。

每个书店，大部均有广告部，聘有专人设计。我们大家周知的书店广告，是：一，登报，二，发目录及单页广告，三，出杂志（大部杂志的作用全在广告上面），但是这仅是公开的，书店的广告术还多！有的虽不似广告，但事实上仍是宣传，有的不过是不公开的而已。约略的说，至少有下面几种：

一，卖预约——有的倒不是为了收集现金，而是在使读者知道，这书是这末重要，内容自然可靠，而又是这末便宜，可不要放过了机会。

二，名人题字或介绍——这在过去是数见不鲜的，如出版一本书，请所谓名人学者也者，写上几句，即可大登广告，什么先生评语如何，某某教授先生怎样等等。现在商务的星期标准书，亦可视作本方法之别一种形式应用。

三，优待方法——优待方法很多，最巧妙的无过于去年生活与开明所玩的把戏，开明优待生活各杂志的定户，生活优待开明因《中学生》的定户，其目的无非各为自己的书作广告，拉生意，结果，竟至在报上吵起架来。

四，送新闻——日报新闻栏中，所谓某书店某书已几版，如何如何受欢迎等情，均不过是各书店自己送去的广告。

五，书评或书报介绍——除了以前刘英士编的《图书评论》月刊及少数的杂志如《文化建设》、《中国农村月刊》等外，所有的所谓书评，大多都是广告。致送这种广告的方法各有不同，有作者自己假用笔名，写了一篇送去的，有请别人写了送去的，也有自己写了，请编者或其他名人加上一个名字刊出的。据说，甚至有书局出钱包下杂志的书报评论栏，自行送稿刊出的。这种情形实际上并不足怪，你不见各报上什么学校的特刊，什么公司的新闻，形式上好像是第三者的报告，实则是化了广告费的别一形式的广告。同样作为商业组织的书店，自然也有其用广告欺骗读者的权利。

六，作序——尤其所谓名人学者的序，千篇一例的是互相吹捧，广告而已。

七，名人文章——这主要的限用于杂志为多。

八，奖学金，读书会——只要你看，这如由某一书店发起，有没有不读其本店书籍的？即使不是由书店直接发起，书店也颇有利用这种机会的。

此外，尚有许多方法，惟视各书店运用的手段如何，如官厅嘉奖，某某机关推荐等，也多是书店运动而来。

（载《申报·出版界》1935年10月5日、12日、19日，11月14日、21日、28日，12月5日、19日、26日，1936年1月16日，2月6日、13日、20日、27日，3月19日，4月2日）

从著书到出书

器　重

前　言

走进书铺里买几本书，回家展诵之后，能够感到“十分满意”的不大有，大都不是内容不充实，便是印刷不精良，或是装订不讲究，将书在桌上一丢，脱口而骂书商只知道赚钱，不肯在文化方面努力：这很普通的事情，读者中如是者想必不乏其人吧！

书商爱赚钱，这是无可讳言的；因为他不赚钱，叫他那里来吃饭呢？所以书商而能七分赚钱而三分提倡文化，已经是有良心的书商了。他既目的在赚钱，则一书之出，求其成书之速，存本之微，这是当然的。这样，要求其一本书而完全无疵，自然不可能。读者其亦知一书成功之麻烦乎？一书之能到读者手中，中间已不知耗去了多少人的脑浆和心血，我现在敬将一书成功之经过，略略叙述于后：

著　书

写稿是成书的第一步工作，而且也是比较最难的工作。因为著书的人，必须要有充分的才学，精密的头脑，诚恳的态度，然后能够写成好稿子。所以一个学者写成功一部著作，常常是穷年累月，弄得目近身丧，甚至爬进了棺材而还没有把他的著作写成，这是很普通的事。（滑头著作家在一两个月甚至数天内写成一部著作者，那当作别论。）

著书的工作既这么的不容易，然而书著成之后，未必就能到读者的眼睛里，因为还须经过一个出版的手续。如果著书的人自己有钱出版印行，那当然行世要比较容易。然而，你自己有钱印书，而自己并不开着书店，那发售还成了问题。因为你请书店代售，书店每因他自己也有和你类似的著作，恐怕代售你的书抢去了他的生意，所以每每要与你拒绝的。或者，就是为你代售，把你的书堆之高阁，读者根本不知道有你这样的著作，自然一本也卖不掉，使你对于著书起了极度的灰心。

大概著作家大都是穷人，有了著作，就去请书店出版。可是，书商接到你的稿子后，他就要放出商人的眼光来，审察你的著作是否可以帮他赚钱。要是不能帮他赚钱的话，那虽是你穷了毕生之力写成的著作，他也要加以拒绝的；反过来，假使稿子能够给他赚钱，那即使费几个黄昏东剪西抄而成的著作，他还是很欢迎的。所以，著作家纵有了名贵的作品，未必就能出版。

现在，我们且不去谈这种问题，我们假定著作家所著作，已经由书商接收而预备出版了。

设　计

出版界接收了著作人的一份稿件，当然，他就预备排印出版。可是，他在排印之先，就得先行来一个设计，规定这本书印成多少大小，每页排几行，每行排几字，用几号字排印，如何排法，将来如何装订。一切都预先设计好了，排几号字也一一批明了，然后再送到印刷局去排印。假使你的设计不周到，将来排印校对的时候，就有很多的麻烦；假使你的设计不妥当，将来出书后，可以使读者对于这本书失掉了不少的信仰。所以，出版界接到了著作，设计出版，也是一桩极困难的问题。

发　排

一本稿子设计好了，就可以发到印刷局去排印了。假使书商自己有印刷局的，这问题当然不困难，可是资本不大的书商，自己不能设立印刷所，那便有问题了。他踌躇着给那家印刷局排呢？规模不大的印刷局，不仅材料不完备，而且机器不灵巧，工人的技术不高明，决不能印出一本精美的书籍来；规模大的印刷局，大半又是别家书店所自设，他们印行自己的书，无暇来接受你的生意；就是接受了，把你的稿子一直搁置着，搁置了一年半年，他算不了一回事，这你拿他怎么办呢？读者，你读到这里，你一定要插口说一句“那找个规模不大不小的印刷局就得啦”！啊，可是谈何容易！不大不小的印刷局，往往也因材料不充足，排出来的成绩不会好，而且每因缺了一个字或是一个符号，一时买不来，可以延搁好几天。再有，他们排印零碎的杂件比较容易赚钱，排整本的书不容易赚钱，他们所以接你的生意，不过预备生意清淡时来弄弄的，他们来了零碎的生意，就得把你的生意搁置起来，你急也没有用的。

现在，我们假定书商找到了家很好的印刷局，他把稿子送了去，实行排版了。

排　版

走进排字房，但见一座一座的字架，像小学生排队似的排列着，里面有一号字、二号字、三号字、四号字、五号字、六号字，正如小学校的由一年级以至六年级。其中用途最大的是五号字和六号字。这一座座的字架，上面的排列，都是依照字典的部首略有更变。我们局外人走上去，想要找一个需要的字，费了半天的光阴还是不能得到，他们工人熟的，跑东跑西的取字，一点钟可以取到八百个左右，你看了不免要使你惊异。

除了这字架之外，还有一盘一盘的“标点”、“符号”、“空铅”、“铅条”、“铅线”等，排列桌上，熟练工人也不必用眼睛看，只是用手取着。这是预备拼版时用的。

排版的第一步工作是“检字”（他们工场中叫做“撤毛坯”），由一种专门检字的工人，依照了原稿上批明的几号字，将所需的字从字架上取下来，照预定每行的字数一个个放在字匣里。假使这一个字恰好字架上没有，或是一时找不到，那就用一个空铅或是墨片放在那里，或是用别的字倒放或是侧放着，以备校对后再行改正。检字的工人把字检好了，于是由另一个工人将所检之字一一加起标点符号来，把铅条、铅线嵌进去，使其成为预定的版口一样大。这是叫做拼版。版拼好后，于是送上打样架打出一张样子，送交校对的人去依了原稿校对。

在这里，我再说一下机器的排字：前面我所说的是中文的排字，至于排西文，因为西文只是少数的字母，所以用手工排的，不要像排中文样检字工人东奔西跑，他们是可以坐了工作的。至于用机器排，是像打字机样打的，你一面把原文打字机样打着，一面就有一个个铸成的新的铅字跳出来为你排好在字盒中了。所以这种排字的机器，他们不要预先铸铅字，一个个都是临时铸成的。有人想用这方法发明一架排中文字的机器，毕竟因中国字不是拼音字，字数太多而没法发明，可见中国的汉字，却有改良之必要了。

校　对

第一步的校对叫做“毛校”，通常是由排字房里担任的。这毛校，不过是将样子上缺着的字校出来，使样子上不要成为满是黑点。至于式样等等，那是他们不管的。这种毛校的工作，他们叫做“拔丁子”。

读者，你将说校对不过是改正错字，这工作是很容易的罢。然而，读者，你若如是想，那可错了；因为校样是不大清楚的，每易使人头昏眼花，我们看印得很清楚的书，常常会内中有一个错字随眼看过而不觉得，那看着满纸错字的校样，怎不要令人头昏眼花！如果一个印刷局中，并没有“拔丁子”的毛校先生，那校对者当然更苦痛不堪了！

普通校稿大都校三次，第一次叫做初校，校对者展开校样，照了原稿一个一个字看下去，有错的字为之改正，有多的字为之删去，有脱漏的再为之补上。同时，还要注意到格式和版口。这一次的校对最为痛苦，因为错字很多，每易头昏眼花。校对好了，将校样再送印刷局去，印刷局为之一一更正，再打一份样子送来校对，这叫个二校。二校比较要清爽多了，虽然中间还不免有“丁子”和错字，但不像初校时那样一团糟，所以校对也比较容易。不过校对者不谙校对技术，所用改正的符号，不能使工人懂得，那你校你的，他改他的，结果弄得还是一团糟，仍与初校未校时一样，仍旧令人要头昏脑胀。二校校好了再送印刷局去，改正了送来再校的叫做三校。校得好的，三校大都没有什么错字，就可以签字了。不过，在二校时失眼而未校出者，仍不妨加以改正。所以三校的人员的责任很大。可是，三校失眼而还没有看出的错字，你已签字而打纸版了，那就没法校正，只好待纸版打出之后，在纸版上挖改了。然而，纸版上偶改一字还不打紧，多改了就麻烦了；因为改纸版，有一个字算一个字的改费的。至于格式，那是纸版上没法改的。所以三校之人，责任真是重大！

制　型

稿子已经校好，于是就以铅字去打纸版。这叫做“制型”。制型是预备印书以前的一件重要工作，因为用活字排成的版子，大批送上机器去印刷，是很不方便的；而且这许多铅字放在机器上印行，排字房里要感到周转不灵，工作不免要发生影响；再有，铅字因印书而受机器重压，铅字自然也要损坏，不久就字面模糊，不能再用，成了一堆废铅，须得回炉镕化，重铸新字，岂不损失很大！还有，化了不少的心血，排成的版子，印成了初版新书，将来要再版了，如果没有纸型，必须从新再行排了，再行校对，这不仅费时，而且也费钱，所以打成纸型，到再版时只须把纸型检出来浇成铅版就得，岂不一举数得！所以，把排成之版打纸型，是必不可少的一种步骤。

制型是怎么制法呢？就是将排好，而校改好的活字版交给制型工人，他们就用浆糊把纸糊成了一张几重的纸，放上活字版，然后用大毛刷在上面敲打。你不要以为这工作也是谁都会做的，假如你是外行，你去打几下，把纸打破了，那就必须换纸，打得不当心，纸移动了，字的笔划就成了双划；打得不均匀，有的很清楚而有的地方不清楚，浇版印成之书，模糊不清，势必无人购读。

纸型打好了，就要送到火炉上压了烘干；如果压得不好，或是烘的火力不足，那纸版就不行，烘得火力太足了，说不定纸型要烧毁，那排成活字版的铅字也要烧毁的，所以烘的时候也得十分注意的。

现在各家大报馆，他们的打纸型是用机器的，那不仅打得好，而且费时也少。比方，人工的纸型，打一张须费一小时，而机器则用不到两分钟。他们做那种纸型的纸是种精厚的外国纸，只要放上活字在机器压一下，就得了。可见机器工业要比手工业优良得多。

浇 版

纸型打出了，于是送给浇版的工人，他把这纸型用机器压住了，将熔化的铅液浇入纸型，揭开来，便成了一块与活字版一式一样的铅版。这铅版拿上机器去印刷，要比活字版方便得许多。但是，浇铅版，也是要熟练工人才能浇得好；因为铅太热或是不很热，或是纸版潮湿，浇出来都有毛病，不能印书的。熟手工人，浇一块有用一块，难得有一块不好用而须重浇的，生手工人，往往连浇数块，一块也不适用的。一张纸版，普通可以浇到十多次，不大好的纸版，浇了六七次就没有用了。

浇好的铅版，如果排版时中间用有锌版的，那锌版的地方还得由工人修过；因为锌版的字脚浅，不修过，印的时候旁边要染墨的。而修铅版也不容易的，修得不当心，把字修坏了。他们熟手工人是不会修坏的，就是修坏了，会得镀上一些铅，修得和原来一样的。

如果打成了纸版，纸版上发现没有校出的错字，可以改纸版；如果已浇好铅版而才发现，那在铅版上他们工人可以为你挖改；但是，如果印了书，书上就无法挖改了。

印 刷

浇好的铅版，送上机器，就可印书。但书是小小的一本，而纸是大大的一张，所以一张大的纸，要印成好几张的书。书本的大小不一定，有八开的，十二开的，十六开的，二十开的，二十三开的，二十四开的，二十五开的，三十二开的，三十六开的，四十开的，四十六开的，五十开的，六十开的，六十四开的，甚至，还有一百二十八开的。每一种开数，铅版排列的方式不同，排错一块，装订时就要页次倒误，所以不但要细心，简直是一种不大好干的工作。如果你排错了一块，将来发现错误，这一个赔账你吃下来可不得了！

还有，要注意到的是美观，假使有一块版排得太高一些或是太低一些或是歪了，失掉了全书的统一性，书就失掉美观了；还有，统一固统一了，而天地头之太高太低，以及版口之太进太出，都是失掉美观，并且说不定装订时把字订着了，或是把字切去了，那不仅不美观，简直成了一堆废纸，所以你看来好像机器在印书，工人不过在旁着移动纸张，很省力，但你看到这一些，你就知道工作大家都是不易的。

我再告诉你一些印书时的事件，那就是纸张和油墨了。纸张有光有毛，有厚有薄，光的好印而毛的不好印；厚薄适度的好印而太厚太薄的不好印；并且，纸的名目，种类繁多，各种纸有种不同的纸性，有坚，有松，有靭，有脆，而性质不同，受墨各异，故必须懂得纸的性质，须用何种油墨，那才印刷时可减少困难。

书是印好了，于是，送进装订作（即制本所）去装订成书。

装　订

装订是成书的最后一种手续。当书在机器上印好后，送交装订作，他们先把大张的纸切成小张，然后送交工人一帖一帖折起来。这折书的工人，大都是女人充任的，折好了由装订工人拿去依了页次的先后，一帖一帖放在桌上，整理起来成为一本本的书坯，然后再行装订。

装订的方法有几种，如用线在每帖中折处穿订的叫做“线装”，如在书脊近处打三个眼，用线穿订的叫做“平装”，如用铁丝代线的叫做“铁丝订”。前两种是用手工的，后一种是机器的，这是指小规模的装订作而言的。如果大的装订作，则各种装订，概用机器代替人工。不过“铁线订”是用于装订杂志等薄的刊物，那是因其快的缘故，至于厚的书，则因铁锈而易损坏，故普通大都不用。

装订的形式，有布面的西洋装，有平脊的日本装，有毛边的法国装，有细订的中国装。书蕊装好了，才后再装封面。说到封面，也是麻烦得很的，精装，要烫金，平装的要用彩印，而这装帧书面，又化了装帧先生不少的心血；盖其设计不美观，使读者对于是书之购买要减掉不少影响也。装好了，然后再一包包包好了，送出去发卖。

结　束

书发卖时橱窗的布置，广告之设计，也要废去不少人的心血，但我们且不去谈他，我们单看从著书到成书的手续，已感到不少麻烦耗人不少心血了。以上所述是出书的常识，想读者不会以我说得太简略而以为不值一读吧！

（载《申报·出版界》1935年7月20日、27日，8月3日）

关于书的定价

冷　峰

买书真是买不起，虽然竭力的省吃俭用，打算每月买上三五本书，可是，收入无多，终感极大的困难。翻开报纸，看着新书旧籍的广告，心里馋得很，但是看看价目，再摸摸自己的钱囊，只好叹一口气了事。读者们有此同感的，想来一定不乏其人吧！

确实的，书的定价是太贵了，一本薄薄的书，定价就得八毛或一元，买一本书的钱，足够穷人吃几天的饭，咱们不是有钱朋友，看了这样高贵的书价，除了叹气之外，还有什么办法。

因为书价高贵，大家不约而同的责骂书店老板，说其只知赚钱，不管人家书买得起买不起，仿佛人家的钱是偷来的抢来的或是拾来的，多多送给他是应该的，他的心真是黑如煤炭！大家应该揭去他“提倡文化”的假面具！

明白一些出版界实情的朋友，他们并不这么的火气重，对于书店老板，有了相当的原谅。他们说，一本书的成本二角五分，书店老板所以要定价一元，理由是著作人要抽百分之十至二十的版税，就去了一二角；代售的书店来批发，打一个七折，就得去三角，这样，两角五分的成本，已经变为七角五分了。再加上代售书店欠账的利息，自己在报纸上所登广告的费用算他去了一角五分，那他成本两角五分，卖你一元钱，他也不过赚了你一角。再加上旧书之损失，一角钱还赚不到。说书店老板心黑如煤炭，真是怨枉煞人！像现在不景气的年头，生意做不多，外面的欠账收不到，就是收到还得来一个折扣，书店老板那里还有钱好赚，弄得不好，连自己的“血本”都赔蚀了上去，所以有不少的书铺，吃不起赔累而关门倒闭。我们不但不应该骂书店老板心黑如煤炭，我们应该可怜他，给他一点同情才对呢！

（载《申报·出版界》1935 年 7 月 13 日）

替书店老板着想

徐日洪

在普遍的读书运动开始时，我觉得先决问题，还是请书店老板把书价定得便宜一点。往往很薄薄的一本书，定价一块八毛，这竹杠敲得太厉害了！本来书店老板只知道塞满钱包，脑筋中根本没有“提倡文化”四个字。

但是就为老板的钱包着想，老板也应该把书价定得低廉些，这叫做“薄利多卖”主义。如果老板再不放弃他的高度剥削政策，政府应该出来干涉出版界。像现在书店老板专在竞印古书，出版软性刊物上赚钱，实在不是一个健全的现象！

（载《大公报》1935 年 3 月 29 日）

书籍广告与作者姓名

金俊仁

上海报纸，广告特别多，尤其是一班书店，存书太多，销路停滞，于无可如何时，便来一次大廉价。平常要一两元一部的书，这时只须几角大洋，便可买得。他们的广告，一登出来，非常阔绰，差不多要占半页报纸的二分之一，所以最易入人眼帘，一翻便得。

这类广告，大概都是一式的；先列书名，次列原价，再次便是折扣以后的价目了。我是个喜欢买书的人，见了这类广告，免不得要细看一遍。不过话虽如此，却又最怕上当；因为我所要买的书，当然是不曾见过的书。不曾见过的书如广告上所列的，那一部是好书？那一部不是好书？那部书合着自己胃口？那部书不合自己胃口？这些疑问，不但我个人免不了，就是多数读者，怕也一样地免不了罢。

我们要解除上面种种疑问，最好是请书店老板，将作者的姓名，分别列出。其间有两个理由，须得如此。其一：平时一班相信得过的作者，所作的东西，自然不致粗制滥造，使人读之生厌。可是现在有许多人，一知半解，居然也在著书立说，滥竽惑世。我们化去可贵的金钱，买来不值一读的东西，问谁愿意。我曾买过一两册单行本《福尔摩斯》、《亚森罗苹》，可是竟没法读到终卷。和那大东书局、世界书局所出的全集，自然相差太远！这不难明白，我是不曾注意译者姓名，受了书名的欺骗！

其二：读者对于作者，还有一种偏见，一种信仰心。这偏见与信仰心，任谁也不能打破，比如你爱某甲的文字，不爱某乙的文字，广告上又没有某甲与某乙的姓名，你有心去买某甲的作品，或许反买来某乙的东西，那你要多么地懊丧。

在这里，我还得说明。这种主张，也有一个限度，不能一概而论。比如《文选》、《古文观止》，是没法标明作者姓名，不必标明作者姓名的。又如《三国志》、《水浒》、《红楼梦》、《西厢记》、《聊斋志》、

《今古奇观》，诸类的书，大概已无人不知，无人不晓，所以也不必标明作者姓名。其余那些新版书籍，声名未著，不曾大行于世，就须加上作者姓名，以便读者选择，免致上当了。

（载《申报》1935年6月6日）

一个出版界的自救计划：统一贩卖机关

樊仲云

目前我国的出版界，其最感困难之点：（一）是同业间的竞争；（二）是中间商人的操纵；（三）是账款之不易收回；（四）是书籍推销的困难。而如营业之不振与资金之难以周转，我以为尚是其次，因前四者若能解决，后面的困难亦可随以消除也。

要解决这四个困难之点，那末经营出版业者，不可不有一种根本的觉悟，从今起，专事出版，不要兼营贩卖。而这种觉悟，在小资本的出版家，我以为尤有必要，因为资本巨大的出版业者，他可以一方面从事有计划的生产，另一方面并可广设贩卖机关于各地，使书籍之分配普及于全国。但在小资本的出版家，则俱力有所未能。反之，他在一方面要受到大出版家的压迫，另一方面还要受同业间的倾轧。故为对抗大出版家的压迫，而求自力更生之道，今日的小出版家，殊不可不有一致的联合，将出版与贩卖二者，分别开来，成为独立的经营。由这个生产与分配分工的原则，我主张联合各出版业者设一统一的贩卖机关。其理由与办法有如次：

现在的小书店，为了要销售其书籍，势不得不各设一门市贩卖部，而此门市又须设在地价甚昂的福州路。福州路一带原为商业中心区，小书店之所以必须群聚于此者，一是因为大书铺如商务、中华都在那里，二则因为上海无文化的中心区域，所谓大学者多分散于东西南北四郊，并不集中于一处。所以小书店之独力开设门市于福州路，实在是件极不经济的事。倘能彼此合作，成立一个总的贩卖机关，那末，在各家的经济上必有很多的补益，且小商店之不足与大规模的百货店相敌，是很明白的事，故如统一的贩卖机关之设立，必然的比小书铺的单独门市更能得到购买者的注意。这是出版业者经济上的节省，其利一。

次之，因为有统一的贩卖机关，于是如中间商人的剥削操纵及欠款不还等弊病，便可完全打破。上海的小书铺所最无可如何的，便是各地的贩卖，不得不委托一般书商。因为这种书商在中间的盘剥，上海经营出版业者，于其所出书籍，定价不得不高，然而其所收入，仍是七折八扣，甚至连血本也不容易收回。而读者购书则例须依照定价十足，或竟外加邮费。故中间书商的存在，于出版业者为不利，于读者亦只有愈到高抬价格的苦痛，实为文化发展前途的障碍。倘有统一的贩卖机关，于上海设总局，于各地设分局，如此，那些中间书商不仅无从乘机取利，并且，像今日那样欠款不还的弊病，也可完全消除。因如今日的书商，常利用小书局之各自为政对于甲书局之款项，简直置之不理，甲书局方面因其远在外埠，不便往索，于是只得自己吃亏，决定以后不再批书与彼，在甲书局，以为这样当可置书商于绝境，然而事实不然，他因为与乙书局的往来，仍旧可以批到甲书局的书。所以除非甲乙丙丁等书局能一致联合，外埠欠款不还的书商，仍旧有法子可以批到各书局的书籍。这样的事情实在很多，实为小书铺所最感苦痛者，倘若统一的贩卖机关能够成立，外埠书商欲批售甲乙丙丁等各书铺的出版物，必须经由这个机关，那末他就无所施其狡展之技。并且，以各地分机关的存在，可以直接索取，他就更无任意拖欠的余地了。这是统一的贩卖机关给与出版业者经营上的便利，其利二。

再因上海有统一的总贩卖机关，内地有分设的机关，于是一书出版之后，便可立即分送至全国，与读者相接触，不致如今日那样，出版家出书，苦于找不到读者，而读者则虽见到广告，要想购买，却苦找不到书店，或者深苦汇款买来之后，而内容不佳，受广告宣传欺骗的损失。这种出版界与读书界相隔绝的现象，有了统一的贩卖机关，便可得到联络，并且，还可免除大出版家的压迫。盖大出版家之所利，即因有雄厚之资本，故能在各地俱设分店，而小出版家则不能，现在若有统一的贩卖机关，那末小出版家便与大出版家同其利，可无虞大出版家之独占的压迫了。这是其利三。

还有贩卖机关若与出版机关分离而单独经营，那末从事出版业者，便可专心出版，不必顾到贩卖，在组织上只要有一个编辑部便可一切措置裕如了。（如印刷等，可由专门的印刷机关办理。）这样，不仅资本可以集中，在经济上为有利，且人力集中，在经营上也可收专门之功。这种生产与分配的分工，即现代资本主义生产最进步之点。出版事业既为现代产业之一种，当然也非采取进步的方法不可，否则，就难免于落伍而为所淘汰。这是其利四。

至于这个统一的贩卖机关，要怎样才能建立成功，则我以为首须有巨大的资本，至少得有三数十万，才能遍全国各地的把贩卖机关建立起来，盖非如此，贩卖之网不能普遍，于书籍之推销将大有影响。次之，这个机关的组织，必须是与出版业无关的第三者，始能维持居中的地位，但是同时，亦有待于出版家的参加，始能保有联系。并使参加组织之出版家，立即放弃其贩卖上的业务。

抑出版业之在我国各种事业中，实为最有希望者。盖以教育之普及，文化之进步，识字读书者必日益增多，即其营业市场只有日趋扩大。又以出版业为文化事业故，如邮费关税等等，都较其他商业享有特殊利益，这是为任何事业所无的便利。且如我国今日的产业，几无一不能免于帝国主义者的压迫，如烟草、棉纱、面粉等等，都以外货的倾销与外厂的竞争，陷于困难的境地，只有出版业无此现象，其在中国，简直是独占的天下，故若能经营得法，实尽多发展的余地。而如目前经济的不景气，究不过一时的现象，倘能力图改革，那末决不是没有办法的。

（载《申报·出版界》1935 年 6 月 29 日）

从光华书局关门说起

晋　豪

光华书局关门了，据说将盘给上海杂志公司的老板张静庐，换名新光华书局，改组内部，另行开张；又说因为旧老板拖债太多，无从清偿，所以一般债主，不容许把它出盘。结果如何，我们这时还不能断然决定，不过，牵入整个经济恐慌之一环的书业前途的暗影，却像闪电一般地在我们底面前晃了一晃。

书业的不景气，到今年随着一般的市面衰落而越益越深刻化了。在近年来，那一家百货公司，绸缎商店，以及其他许多小本经营，不是在天天大廉价，大牺牲，大拍卖；其中虽然有许多是商人们招揽顾客的一种营业秘诀，可是关门大吉的，实在也并不少。就是在市面比较繁盛的大马路，四马路，以及北四川路一带，也有几个门面老是关着在招租。书业也一样，因为金融不能周转，急于吸收现款，于是首先有素少廉价时机的书店，借了赞助文化协会全国读书运动的美名，而举行了半价廉价。接着因为文化协会的请求，而各书局都把图书发售半价一月；有的，据说因为读者的申请，还把半价时期延长了几天。他们这种举动，在对于书业商情比较热息的人，谁都知道实际是为救济现款枯竭，而实行的急于吸收现金的薄利多卖主义。

虽然如此，可是小资本的书业应用这种救急的办法，还是不能起死回生；因为他们没有资本做巨大广告吸引读者，因为他们没有资本运动名人介绍推荐，运动机关勒令采用，复加以不能与托拉斯化的大资本的书业相竞争，于是乎至于遭遇了衰落倒闭的惨运。

推究这个不景气的原因，谁都知道是因为雇主购买力的缩减，是因为中国整个经济的破产，是因为帝国注意的经济侵略。在这条件之下，我们虽然看见有几位在提倡什么中国本位文化运动，青年读书竞进会，以及什么识字运动等等，好像今年的中国文化必能借此振兴起来。因此，今日中国的文化繁荣现象，恐怕只是在报纸上多几次消息，多几个广告罢了。否则，在文化界的历史并不浅短的光华书局，如何会忽然关了门呢？

曾经有几位文艺家从去年的杂志年，而预想到今年是翻译年，好像今年中国的文坛上，翻译文字必将盛行一时。然而事实上，中国今年的文坛，虽然几经挣扎，也终显露不出一点生气来。翻译年的预想，因为恐慌的深刻化而一半将成幻觉。我们现在目前所能预见的，将是各书业从事于孤注一掷的出版或投机书籍的营业之后，因为读者购买力的衰疲而随即消沉下来。

这绝不是读者的不需要精神粮食，可是维持生存的物质粮食都无力购备，那如何还能购什么文化知识呢！

光华书局的关门，是给了我们从书业不景气推究到中国文化运动之基本问题的觉醒。

（载《芒种》1935 年第 7 期）

出版法之检讨及其修正之商榷

刘杰材

思想发表之自由，为现今各国宪法上一般之原则。出版为传播文化之工具，盖一民族一国家之文化，所以益趋于发展，其最大之策动力，即为传播，是传播实为发达文化之唯一利器；故各国对于出版自由，大抵竞相承认矣。惟其自由，若漫无限制，适足以淆乱人心，扰乱社会秩序而有余。因之列国为调济个人之过量自由，与维持公共之秩序起见，遂不得不另制定一种法规，以为限制出版自由之准绳，此各国出版法之所尚也。

考各国出版法关于限制出版自由之立法主义，不外为二，即“预防制”与“追惩制”是耳。前者之取缔重在事前，故其出版，较为不自由，而“追惩制”则偏重于事后，则其出版，较为自由。再“预防制”中，尚有“检查制”、“特许制”、“保押金制”，及“报告制”等之分，在此四制之中，以“检查制”为最严酷，“报告制”为最宽容，前制在十九世纪之际，列国不乏采用，今则一般国家宪法或法律率皆明令废止。其在美国则因宪法条文词义之束缚，虽在战时，亦无法采用检查之制矣。后制在现今列国关于新闻纸或杂志之规定，几为一致采用之共同原则，按此所称之“报告制”其与“特许制”有别，盖“特许制”不独科发行人于出版前有报告警察官署之义务，且须得其特别之允许而后可。反之如行“报告制”之国家，仅科出版者于出版物发行前，担负报告警察官署之义务而已。在警察官署却无拒绝其出版之权；是报告之目的，无非在使警察官署，预知有某种刊物行将出现，而予以注意而已。论其性质，仍不失为预防之手段，惟此预防之手段，较之“特许制”，几有霄壤之别，然此“预防制”以之适用于一切出版物，则其束缚出版自由，要亦未可轻视。其次则为“保押金制”。此制在列国过去立法例亦多适用于新闻纸之类。大凡在此制度之下，凡开办新闻纸者，事先不仅先得警察官署之允许，并须预缴若干保证金。故称此制为“保押金制”。此制创于法国，在十九世纪期内，列国采用者不乏，即现今日本所行之新闻纸法，仍存有此“保押金制”。其规定之标准有三，即在东京市或大阪市及其市外三里以内之地为二千元，次则在人口七万以上之市区及市区外一里以内之地为一千元；此外在其他地方为五百元；惟其出版物每月发行三次以下者仅纳付半额。观其最高额，究达二千元日金之多；是其限制新闻纸之发行，不为不苛。再就列国采用“保押金制”之实例而言，其结果不独足以遏制新闻纸之成立，且足以影响已成立新闻纸之言论。盖在政府之一方面而言，其对于新闻纸，既经据有保押金，自属有持而不恐；但在主办新闻纸之一方面论之，则其恐惧政府惑于其言论，而没收保押金之事，乃为必具之戒心。故此制一行，在政府往往于无形中，而取得钳人民言论之实，无如与言论自由之旨，不无大相径庭耳。故今日除日本外，列国对于此制，群相禁止而不复采用，比国且于宪法中，定有明文之废止，故此制在今日已与“检查制”、“特许制”同成为历史上之陈迹矣。而我国近今究有主张爱用此制者，愚以在此贫乏出版界之中国，殊非所宜，吾人未敢赞同。至“追惩制”因其重于事后之惩治，故对于出版物在事前毫不加以任何之干预，仅于其出版法上揭示一般限制出版自由之准则，凡发见出版物有不适法者，即予以相当之制裁是也。按英美两国，久已采用此制，而在大陆国家，对于“预防制”，习用较久，故今日尤有采用者，而未全部摒弃。

按我国之具有出版法乃创于有清之报律，该律之内容，大体上仿自日本之旧新闻纸条例，其对于报纸之成立，一面设有报告官厅及缴纳保押金之条件，一面对于报纸之发行，又均设有检查之手续，实甚严酷。

此律至民国成立时，始而废止。至民国三年袁世凯为钳制一般人民言论自由起见，颁布有报纸条例，与出版法之二种法规，以为其限制人民言论自由之工具。前者采“保押金制”兼“特许制”，如该条例第三条规定“呈请警察官署认可”及第六中规定之“保押费”等即为兼用两制之明文；其实报纸之发行，无日不在遭受检查之中，是又兼采“检查制”矣。后者据其规定，乃纯系采用“报告制”之原旨；如该法第四条中规定之“禀报”即为“报告”，故称为“报告制”。至民国五年黎元洪复职后，恢复临时约法，废止前颁之报纸条例，此后关于报纸之发行，均适用于出版法。而此出版法，迨至民国十五年又为段政府废止矣。自此以后，全国出版界，刊行之自由，在法律上，只受暂行刑律所支配，而无任何特别法令之限制。又于民国十四年时，京师警察厅曾颁有“管理新闻营业规则”，其限制新闻纸及通讯社之成立，较诸报纸条例尤酷。嗣北政府已倒，而我国民政府继以奠立，其关于出版之取缔，则依党部职权之行使，或依戒严法令处决之。大抵当革命进展期中，出版物之取缔，每为必要之手段。至新闻纸上之言论，尤不能听其完全之自由。但在此时期中，凡无违反党义及其他反革命言论之出版物，大抵可以任其自由发行。延至民国十九年，我国民政府感于国内出版物之勃兴，且非制定出版法不足以收统制之效，仍有出版法之颁布，此即现行之出版法也。

至我国现行出版法之内容如何，其限制出版物如何，以及其处分出版者又如何，此皆关系于出版事业之前途至巨，且近日复有修改出版法之议，而其修改之如何，更关重要。作者仅将现行出版法，所关重要者，略为举述，并以管见所及，以为当道陈之。

1. 出版品之种类。现行出版法所定出版品之种类，以出版物之本身而言，约而为三即“新闻纸”、“杂志”、“书籍及其他出版品”等是。所称“新闻纸”乃指以一定之名称，每日或隔六日以下之期间继续发行之定期刊物而言；所称“杂志”乃指以一定之名称，每星期或每隔三月以下之期间继续发行之定期刊物而言；所称“书籍及其他出版品”乃指不属于“新闻纸”或“杂志”，而系发表思想之出版物而言，愚意其中关于“新闻纸”及“杂志”之规定，颇嫌含混。盖不问其性质之如何，而仅以出版期间之长短而为此二者区别之标准，在适用上，不无其穷。试一检阅现今发行周刊以上之定期刊物，其内容类似新闻纸者其情不乏；反之，在六日以下继续出版之定期刊物，而其性质，颇似一般之杂志者，又岂可免。故欲为严格之划分，必须以其“形式”、“期间”、“内容”三者，同为区分之标准而后可。此所谓“形式”以其是否装订成册，及其编辑之形式而言；新闻纸多属单张片页，杂志又多装订成册，此于普通人而不深究者，往往仅以此而目为“杂志”或“新闻纸”之界限；次则所谓“期间”，即现行出版法所采用区分之标准者，但不以此为唯一区别之标准。盖“新闻纸”类皆属于日刊，杂志多在周刊以上。再就“内容”而言，即指出版物之内容是否以记载时事为主要之一点而别之。此所谓时事，即指报告当日或近数日之社会政治等之新闻为原则；而以登载评论或其他学术上之论文为偶然间事，即非构成该刊物之必具成分；是作者主以“形式”、“期间”、“内容”三者，同为区别“新闻纸”、“杂志”两者不可或缺之要件。惟虽有类似新闻纸而未装订成册之杂志，然其编辑之方式，究有不同，详考此种刊物，类属为研究学术或每一定会社以为报告社务之主体而出；并非为新闻纸而为普遍消息之传布，故在此场合，自应视为例外，而不能指为属于新闻纸之一类。倘如以上所述区别之标准，而适用之，则某为新闻纸，某为杂志，实不难发见其原有之归属。尤有言者，在作者之本意，以新闻纸与杂志之区分，在于出版法上既无重要，究其责任，亦无轩轾。今于区分上，既感纷繁，不如不分。故作者主张在出版法上对于出版物统分为二：一为“期刊”，一为“图书”，前者指以一定之名称在一定之期间内继续发行者而言（包括新闻纸与杂志二种）；后者指不以一定名称继续发行之刊物而言（包括书籍及其他出版物等），而置新闻纸与杂志之区分，留诸事实上去判决之。且杂志明定于三月以下之一语，又与事实未符，然于实际上三月以上之定期刊物，如半年刊或年刊等发行之刊物，为数颇多，依其性质，考其内容其与杂志无异，故对于此种刊物自亦应认为杂志之一种。故作者对于此点，亦望加以删除，而便适用。又现行出版法上，所称之“新闻纸”与前颁之“报律”及“报纸条例”中所称之报纸相同，亦即今日一般人俗称之报纸，而我国今日之出版法，又独用采“新闻纸”之一名词，愚以为立法上对此名词，既无其他用意，不如从俗，恢复旧规，复称“报纸”为愈。再就出版者而言，又有“官书”与“普通图书”之别；前者指由官署发行者而言；后者指由普通会社发行者而言，如由官署直接署名发行者，固无疑义；无如由官署间接所设立之会社，或与出版团体有间接之关系者（即半官性质之团体）所发行之期刊或图书，究为官书抑为私著，颇难说明。作者尚抱严格区分之观念，即凡由官署直接发行，而且冠有官署之名称者即为官书。此外则不问其背景之如何，间接之主持者如何，均不过问，一律视为会社之出版物。盖不如此，而欲对于各该出版物，一一查问其背景，考究其关系，则不但不胜其烦，且有界限不清无法追问之苦。故实不如不分，严定官书之范围，似较妥善。

2. 出版之手续。关于出版限制之立法例，以及列国过去对于出版物所采用之方针，前已论及，不复赘言。兹仅就我国现行出版法上之规定述之，凡“新闻纸”及“杂志”之发行，须在第一次发行前十五日，依据出版法上之规定，呈由所在地之省或市政府转内政部为声请登记；是现时之出版法，已采“报告制”矣。然按诸事实，新闻纸之发行，近年以来，因受时局之影响，无日不在接受检查之中，此虽为时势使然，要亦不失其为严酷。且中央党部前又经颁有图书杂志审查之标准，去年又复有在中央宣传委员会之下，另设有中央图书杂志审查会，专司图书杂志审查事宜；依据该会组织规程之规定，凡在中华民国境内之书局社团或著作人所出版之图书杂志应于付印前将稿本送请审查，其审查之范围，为杂志及图书中之文艺及社会科学。至其审查之职权，（一）凡送请审查之图书杂志稿本其内容有不妥者饬令删改；（二）如全部文字有违犯宣传品审查标准及抵触出版法所定出版品内容之限制者，即将原件扣呈中央宣传委员会核办；（三）如图书杂志出版后有与审查之稿本不符时即转内政部予以处分，此外又经规定凡图书杂志出版后并应另寄三份于该会，以便核对转存。嗣中央常会，以兹事体大，并决议在上海先为试办，同时另有规定颁给免审证之情形有二：（一）当地党政机关出版之图书杂志；（二）凡出版一年以上，平日思想正确绝无违背中央颁布宣传品审查标准及出版法之杂志是也。此项免审证之颁给，系由各该出版团体呈请该会审定之。凡经核发免审证者其后发现其内容有不合法者，除撤销免审证外，并依法予以处分。此在出版法上颇占有重要之位置，亦为出版法制度上之一大改变。此种规程，据其规定，虽为预防制中之检查制度。但其范围，仅以杂志与一般图书中之文艺及社会科学书籍为限。其所以如此特别限制者，实由于近年以来，目击出版物违法之多，且又尽属此类。因之中央为减损出版界营业上之损失及为出版行政上取缔之便利起见，爰有此种权宜办法之颁布。观中央所定该规程第一条之规定中称，一以审慎取缔出版刊物增进审查效能，并减除书局与作家之损失起见，而为本规程之制定，及其第五条第二项之规定云"凡出版一年以上思想纯正者可请核发免审证"等语，作者寻释条意，实足以观察中央取缔出版物之苦心；而与往昔所采用之检查制之旨有别，亦可谓检查制中较为进步之调剂制度。故作者主张将此制之精神，参用于出版法上，而作固定之法典。作者所以如此主张者，实鉴诸国内往日出版业遭受损害之情形，殊为可惜。此中固多由著作者或出版者，甘冒不韪。而其由于出版法上所定限制出版物内容标准之空阔，亦为事实上所恒有。盖目前出版物遭受取缔者，实不外乎社会科学及文艺等出版物，盖此等刊物，在著作者或编辑者偶一不慎，每易发生违禁之情事，而政府为贯彻其固有之政策计，不能不加以取缔；但若一一加以检查，又感取缔不胜其烦；反之在出版界营业上而言，往往因此不仅遭受事业上之损失，且常因之而影响其出版上之信誉。况在此政治社会正行政革之中国，其不遭受敌党或顽固之时代论者之煽动或为一己之活动者，实不仅见。故不如略采上述中央现行之调剂制度。纵或不然亦须对于一切出版物，不论其为新闻纸杂志书籍及其他出版物，一律采用事前之报告制度。作者所主此制之采行，即于出版法上，对于一切图书，尤其关于社会科学之书籍，在事前科以出版者于其付印以前，备具说明书详细说明，著作之性质及其内容以及著作人等项，并须先月呈报（即本月将下月准备付印之图书具报），新闻纸与杂志则呈由当地出版物审委员会审查之。图书等出版物，则径呈中央图书杂志审查委员会审查之。惟遇必要时，均得责以将稿本送请审查。且严定其中往返之期间，以免搁误。庶政府可收统制出版之实效，在出版者，亦无遭受营业上取缔之苦；在作者以为采用此制为妥。又作者并主张关于图书审查事宜，在中央应由内政部主持，但由中央党部与教育部派员会同组设，其最后之决定亦须经过内政部发布之。盖出版行政本为内政之一，责以重任，亦所应尔，且可避责难党部直接干涉之嫌。其在各省市亦主设立，各该省市出版物审查委员会，由民政教育厅或社会教育等局，会同当地最高党部组设之。其审查之范围，仅以新闻纸及杂志等出版物为限。此种审查，凡不服各该省市所组织之出版物审查委员会之决定者，得申诉于中央出版物审查委员请求覆议之。故此制一行，实可使现行新闻检查所及中央图书杂志审查委员会，予以取销。则不仅在行政上甚觉便利，且可集各方面之精力于一团，而不致于往返咨询，徒劳时间之苦。

3. 出版物之呈缴。出版物之呈缴，在各国出版法上，均有类件之规定。盖不责付出版者予以呈缴之义务，则官署无由顷悉出版物之内容，既不知悉其内容，在官署自无法而行使其监督之职权，是呈缴亦为辅助出版行政上之必要手段。在日本更有出版物纳付法之颁布，其性质颇似于我国现行之新出图书呈缴规程。兹先就我国现行出版法中，关于呈缴图书之规定述之。约分为二，其一为新闻纸或杂志于发行时应寄送二份于内政部，一份于所在地之省或市政府，一份于所在地之检查署；其有关于党义党务事项之记载者，应以一份寄送于省或等于省之党部，一份寄送于中央党部宣传部；其一为书籍及其他出版物于发行时，须以二份寄送内政部，其有涉及党义成党务者并应以一份寄送于中央党部宣传部。据上所述，普通新闻纸或杂志，计为四份；其有关于党义或党务之记载者则多二份，共为六份；其次普通书籍及其他出版物，仅须二份，其有涉及党义或党务者亦多一份，共为三份。但于事实上，出版者呈缴之数量，实不仅此数。如依新出图书呈缴规程（教育部公布者）之规定内又定为四份，其中以一份留存各该省市教育机关，其余送教育部一份，中央教育馆一份，中央图书馆一份。此外中央于去年（二十三年七月）复经颁有图书杂志审查委员会规程，其中又经规定应另呈缴二份于中央图书杂志审查委员会。新闻纸或杂志及书籍等出版物于发行时，其应呈缴之数量，竟达十余份之多；揆诸情理，颇嫌过多。因之作者主张对于图书之呈缴，应有严格之限制。凡不基于行政上或事实之必要者，均应删除，并希望在出版法上，明令限制以后不得任意颁布法令增加图书呈缴之份量。此于政府之威信计，更不得不如此表示之。至于出版法上关于图书之呈缴，究应如何规定，并应如何支配，实亦足资讨论之问题。愚意无论其为新闻纸或杂志或书籍或其他出版物，一律以缴纳三份为限，其中以一份缴于各该地主管官署（以供各该地所组织之出版物审查委员会之审查），一份缴于内政部（以供中央所组织之中央出版物审查委员会之审查）；一份呈缴于国立中央图书馆，盖国立中央图书馆为中央唯一之图书馆，负有集中全国文献之责，所有官书私著，均有搜集收藏之职务；而此在出版界，谅亦踊跃输将乐于辅助。因此之中央图书馆，殊足为一代文化之表彰。观日本出版物纳付法中，亦定有纳付一份于帝国图书馆之规定更明矣。此外为体恤出版界事业计，主张一律删除。至有关于党义党务之记载者，在党部方面，本为监督上之必要，似不应删除，但如依作者前面之主张在内政部定有中央与地方出版物审查委员会之设置，则中央暨各该省市党部，既派有干员参与此项审查工作，则凡有关党义或党务之出版物，自可尽其监督之能事。故亦主张随同删除者此也。又作者更有主张对于现行出版法上所称之“寄送出版物”之“寄送”二字，似未妥洽。第以“寄送”二字之本义，似含有“赠与”之性质，而乏义务之深旨，是不如将“寄送”二字，改为“呈缴”；庶其名符其实，而全立法之本旨。

4. 出版物内容之限制。出版物虽为传播思想增进文化之要具，然若流于滥用，则不独侵害个人之利益，并且足以影响一国之治安；故各国对于出版物之内容，大都定有相当之限制。其限制之原则有二：一则系为社会全体之利益而设；一则系为保障人民之利益而设，吾人以为其无论社会或为人民之利益而所设定之限制；在理论上，必以其记载之本身，已构成妨害社会或人民利益之事实为准，始得认为非法。此外凡以空阔而无边际之名词，而易入人于罪者，在理论上，纯难成立；然就各国之立法例而言，关于所谓意见罪之认定，实数见不鲜。如各国承认意图攻击国体之言论视为犯罪等规定，即其一例也。兹就我国现行出版法上，关于出版物内容之限制，约而为七：（A）意图破坏中国国民党或三民主义者；（B）意图颠覆国民政府或损害中华民国利益者；（C）意图破坏公共秩序者；（D）妨害善良风俗者；（E）禁止公开诉讼事件之评论者；（F）国民政府命令所禁止登载之军事或外交之事职者；（G）攻讦他人隐私损害其名誉者，此皆在禁止或限制之列，凡有违者，均定有相当之制裁。换言之，以上所举，即国家对于一切出版物所标示之消极限制，亦为主管出版事项之官署，据为审查出版物内容之准则。此种准则，颇嫌空阔，又无边际。尤以“善良风俗”、“公共秩序”之二语，在法学上迄无一定之标准。因之此项标准，往往任诸行政官署，依据己意任意解释，其危险更甚。凡此各点，均有希望于此次修正时，深加考虑，酌为具体为愈。

5. 关于违法出版之处分。出版物违反出版法，自应定有相当之处分。其处分应由何机关，采用如何之手续，以及依据如何之原则等问题，此皆必须讨论之者也。所称应由如何机关处分云者，即对于违反出版事项由警察官署抑由行政官署主持之，如由警察官署主持，则凡出版违法等事，任诸警察官署直接处决，且有不必经过法庭之审判。此于行政效率上，固甚便利；然于理论上，似难成立，故为各国所摒弃而不复采用。至由行政官署主持云者，系指由主管行政官署，掌理行政处分之职权，其关于刑罚，则由司法官署处决之。此制在理论上原极符合，而于职权上，亦较妥协。其次即为处分之手续问题；此问题之最要者，即于出版物之诉讼，而由司法机关依据通常之程序处理，抑由普通人民采用陪审制之形式，参与此项诉讼。在前者以司法机关之官吏，系由政府所任命，且此项诉讼之关系人，多属政府与人民间之争端而起，故对于此项审判之官吏，不无承受政府意旨，而为压迫人民言论之处。后者虽无前制之弊，但其产生之手续，颇感繁难。考此制之本旨，在使此项诉讼令一般人干预其间。则政府纵欲压迫人民言论自由，亦无所施。再就处分之原则而言，此所谓处分之原则，即不外违法出版之责任问题耳。按此问题之解决尚有比英二种制度。“比制”则凡出版物之违法，只认出版物之负责者为一人，而不科及一切出版之关系人；即有著作人负责，其他皆不置问。如著作人不明，则问编辑人，依次类推，而至发行人为止。至“英制”则认著作人编辑人印刷人发行人甚至代卖人，对于出版物之违法记载，均须担负连带责任；而与比制之依次追问者有异。考比制之规定在使著作人之言论，不致遭受编辑人发行人或印刷人之遏制。倘如英制科发行人等之责任与著作人同，因之著作人之言论，实际上，便不免遭受各关系人相当之检查。揆诸事实，如对于书籍等出版物，采用“比制”实较英制为善。但对于新闻纸或杂志，又以采用英制为妥。此因新闻纸之经理人或编辑人在实际上，对于新闻纸上之言论，大都经过其审定而后发表；如科其与著作人担负同一之责任，亦为情理所许，故可采用英制。如法国现行之出版法，规定新闻纸经理人关于新闻纸之违法记载者认为主犯，而对于著作人反视如从犯，但对于一般图书则否；此实混用英比二制而出之折衷制也。更就我国现行出版法上之所载，关于处分之手段有五：（1）“停止发行”，此种处分，大都对于新闻纸或杂志之声请登记等手续，未及履行或不完备者适用之；（2）“禁止发行”，此种处分较前制为厉，大凡出版品之内容有违反出版法上消极之限制者始用之；（3）“禁止进口”，此种规定，系对于在外国发行之新闻纸或杂志，而其内容有不适法者，而所施之处分也；（4）“扣押出版物及其底版”，此项处分，系对于已受禁止之出版物，而尚有事实上之必要时，始将该出版物及其底版施以扣押之处分是也。其次于罚则中，对于出版关系人尚有罚金与徒刑之惩治，但此种处分多随行政处分而出；盖不如此，仅持行政处分对于出版之取缔，固属有效，但对于出版关系人不予以相当之制裁，则此违法之事，仍见日多，故另设有罚则，而对于出版关系人，定有相当惩治之处分也。惟其性质，已涉及刑罚范围，故关于此项处，而归于司法官署职掌之中，且必须经过其判决后，始得认为适法。依上所述据我国现行出版法关于惩治出版关系人之规定，其所采之原则，关于处分之主体者，已由警察官署，而转入于普通行政官署之职掌矣。此种规定，自觉妥善。至其处分之手续，亦系依据各国立法例之所定，惟其对于出版物停止禁止扣押等处分，虽有若干条责由地方行政官署处理，然详考之，地方之权限，究嫌不足。申言之，现行出版上法之权限，过于偏重中央之集权，其关于出版品之处分或监督，动辄由中央直接处理，作者以此制适用于地域辽阔及交通不便之中国，实为出版行政上，显感窒难；其因此而影响于出版界者尤巨。

故作者主张亦于此次修正出版法时，悉将中央直接所有初步处理或监督之权限，移归于地方行政官署处理或监督之。其不服地方行政官署之处决者，得向中央行政官署申诉之；庶中央行政官署对于各种纷争，取得从容处理之地位，而不致令其首当其冲，在手续上，亦较周详；其次则为出版关系人之惩治问题；其惩治之原则，据现行出版法之规定似采英制，如出版法第三十六条称：凡违反本法前所规定关于出版品内容之限制或禁止者，对发行人编辑人著作人及印刷人，均设有处分之明文可知矣。惟违反战时或遇有变乱及其他特殊必要时国民政府所定之禁止或限制出版品，关于军事或外交事项之登载者，其出版品如系新闻纸或杂志时，著作人所受之处罚以其对于该事项之登载署名负责者为限；观此规定其所科之责任，又似兼用比制；惜此制适用之范围，颇嫌大狭。故作者认为最好仿用法国现行之衷折制：即对于新闻纸或杂志采用比制（即科发行人等之责任与著作人同），对于书籍或其他出版品，则用英制；庶于情理符合，且于行政处分上之措置，亦称便利。是作者对于此点更希望于此次修正时，予以慎重之考虑，择用比英二制之所长而用之，但不必拘泥于一制之适用；此外在现行出版法上，其体例倒置者有之，其失轻重者有之，均有切望更正之，此皆关于立法上之技术问题，吾人不愿奢谈。

综上所述，我国出版法由“预防制”而进于“追惩制”，近复有回归“预防制”之趋势；又出版物之取缔，已由警察官署之职掌，而入普通行政之范围；前者之趋势，在学理上，固不应尔，然而事实上，实有不得已之苦衷，吾人自亦未便深责。后者关于出版物取缔之职权，竟已脱离警察官署而入于普通行政范围，此实堪以庆幸之事！总之，倘以现行出版法之本身而论，大体上之精神，实未可厚非；作者甚望于此次之修正，统一其有关之出版法规，而臻于尽美尽善之境，此为作者引领而翘望者也。

（载《中央时事周报》1935 年第 4 卷第 12 期）

新出版法与杂志年

楚　士

近两年来一谈到中国出版界，大家都不免同声叹气，只拏图书方面说，因为书店受不住社会的萧条，内地的不静以及说话的不容易等等打击，已弄得无书可出。我们知道，现在几家略具资本的书店，也只能印点古书，或标点的章回小说混混门面，其他小书店就连新文艺书都不敢出了，只能在一年内出一两本像《蝴蝶欧游》什么的投机书在那里苟延它的残喘，否则就是关门大吉。

点缀这萧条的气象，像脂粉一般的涂在麻脸上的虚假的荣繁是杂志。书店老板，目下真是可怜，他不能不用这花花绿绿的东西去装饰门面，来获得那百分之十的微利。

于是，市场上喊出杂志年了。不错，什么图书都不能印出的辰光，而竟印出了七八百种定期杂志，这不能不显出是一种神奇。其实，这也没大了不起，这不过说明作家满肚子乌气无处发泄，大家饿着肚子来弄一点小玩意，书店就利用了这些牢骚虫可以少要或不要稿费，把它印出，借以取得几个余利，去开销门市。于是，在文化市场上这虚假的荣繁就出现了。四马路各家书店，居然有一两家挤破了门，其他各家也不致“门可罗雀”的寂寞了。

这荣繁已日趋衰老了。一方面是读者购买力可惊的减退，四五万万人的中国，要找两三万个读者的杂志已没有几个了。一方面是苦于说话的不容易，大家都不过在那里“今天天气哈哈哈”，也觉得乏味了。

我们看见一个刊物出了一期或两期就寿终正寝了，但是可喜的还有新的又诞生出来，虽然这时代的产况不免有短命鬼之嫌，到底比没有一个活人的世界要热闹。不过，目下又有人在那里喊节制生育，连这种短命的孩子也许就要在娘肚内归天，世界恐怕再要寂寞些罢！

这就是新出版法对于新闻杂志由“呈报主义变为核准主义”这一变法。依现行法，发行杂志，仅可一面先行出版，慢慢呈请登记。依新法则须先填具登记声请书，呈由发行所所在地之地方主管官署（在省为县市政府，在行政院直辖市为社会局）于十五日内核定准许之后方许发行，违者要罚两百块大洋。关于呈请登记手续也比旧法严格，对于社务组织，经费来源，收支预算及编辑发行计划，都要列入，我们不问现在县市政府的组织与人才是否能够胜任这审核的任务，即令胜任愉快，我们也不知道中国今日发行杂志人有几个够格，新出版法已于七月十二日在立法院三读通过了，这真是这杂志年当头的一声霹雳！

我很敬佩立法院讨论该法时，程中行委员的意见，他说“过去如刑法，破产法等重要法规，为慎重起见都是先期公布征求意见，不只求国人的意见，而且连外国人的意见都征集到了，出版法实行后，它的影响一定不小，何妨先规定一个时间，征集意见，再付讨论，免得将来走不通时再修改”。可惜这意见没见采纳，就由三读过了。

现在是只剩下办杂志的人的说话了，程委员是稍有远见的，我们要维持文化市场上这虚假的荣繁，似乎不能不起来争取生育自由，现在新出版法既然没有经过“征求意见”，要求从缓公布。

（载《读书生活》1935 年第 2 卷第 7 期）

出版自由与书刊检查

周毓英

一、出版自由的真义

自由，自由，这年头是越是自由的人越会高叫要自由，而那些饥寒交迫穷困得要死的人，因为求生不暇，反而不像那些多闲的人跷起脚要自由了。自由原是穿不得吃不得的一个抽象的东西，用得适当，可以帮助社会的进化，用得不适当，反会使社会组织解体，发生空前的大骚乱。

自由与社会进化的关系，好像水蒸气与机器一样，汽锅和汽柜中的水蒸气必须保持适当的度数，不可太过亦不可不及，不及则机器拖不动，太过则汽锅会爆炸。自由的运用，正和水蒸气的运用一样，用得适当，可以帮助社会进化，用得不适当，社会反而给破坏了。

对自由的范围，可以分两方面说：一是法律以外无自由，一是革命以外无自由。在法律之内，我们自己的房子，有居住自由；自己的器物，有使用自由；自己的身体，有行动自由；自己的喉舌，有言论自由；自己的思想，有信仰自由；可是这些自由，都须遵守法律。如果你把法律忘记了，人家的房子你也要居住自由，人家的器物你也要使用自由，人家的身体喉舌也要你来行动自由、言论自由，甚至为了你的信仰自由致使人家的思想无从发展。自由超出了法律的范围，那末社会秩序便要丧失，组织便要解体，使人类的生活反而退化了。

革命要从旧社会的怀抱中，产生新社会，但所谓新社会旧社会并不像旧房子新房子那样，可以折掉旧房子，再造一座新房子；也不像鸡卵与小鸡那样，等到小鸡长成的时候，鸡卵使自然消失了。革命是同一社会中两种力量的斗争，在斗争的过程中，自由的因素便最重要。社会到了陈旧而凝固的时候，每个份子都会像奴隶，思想和石头一样，没有自由思想的灌输，革命势力无从成长，新社会便根本无从产生了。革命要靠着自由的因素养成势力，但等到与旧社会肉搏争最后的存亡的时候，则又非要求所属的份子完全放弃自由不可。革命要团结，要组织，个人不放弃自由观念，组织与团结便根本无从说起啊。

我国自十五年北伐胜利，十六年国民政府定都南京，北洋军阀及其他封建势力纷纷溃散，次殖民地的中国革命的第一个敌人——国内的敌人——虽已扑灭，其余的敌人——国外的——则仍健在。国难爆发，国外的敌人还有着根本危害中国革命的野心，那末对革命所属份子的严密组织与团结愈益急切，国民对于自由的认识自然也更加重要了。

行动自由，居住自由，器物的使用自由，法律不厌求详，民法商法刑法等等规定得详详细细，惟其因为规定得详详细细所以不致越出规范，人民能够适当的有所遵守，能够得到自由的保障。可是还有一个与言论自由、思想自由发生最密切关系的出版自由，现在还在无法遵守的状态中。因为出版品中所包括的言论和思想等等都是意识方面的事情，意识方面的事情法律不能详细规定，民众无从遵循，取缔封禁等等常出自意料之外，于是就竟有人出版不自由了。

出版自由的话头，民国以来，早已成为国人所特别爱好的名词。一个稍稍研究过社会思想的人，甚至只学到了一些社会思想的皮毛的人，便开口闭口高叫出版自由出版自由！其实出版自由，和其他的各种自由一样，应该严格的受着法律和社会的限制，否则所谓出版自由便会失掉他原来的真意义。一切新闻杂志及书籍等类的出版品的需要出版自由权，只是在进步的有助于社会进化的观点上才有意义，也惟有这样的自由才会受政府的保护，受社会的重视。此外带上个人主义或自私自利色彩的自由，这样的自由社会不会重视它，政府为了自己的责任，也要加以取缔。

进步的有助于社会进化的出版自由，分析起来，约略可以得到下列几种：

一是在科学方面。科学是人类认识宇宙，驾驭自然利用自然的唯一的工具，但科学决不是任何个人所能单独创立单独求得进步。科学的产生须有历史的及社会共同的努力，要绘成图样撰成说明写成长篇大章的论文，印成出版品，流传下去，散播出去，供大众参考研究，精益求精，这才可以得到更新的进步与成功。在有些教会势力强大的国家，禁止说人类是从猿猴进化出来的，书上印了这种话便要干涉，因为犯了教会的禁律，得罪了上帝。人类在科学方面的活动，无非对自然的认识驾驭与利用，照理应该绝对自由，教会的妄加干涉，这就是妨害了出版自由，妨害了人类对宇宙认识的进步。

二是在社会方面。进步到现在的人类，他们的活动范围不单限于自然界，更重要的乃是对于自己的各种组织与布置。社会的一切组织制度，并不是自然生长来的，而是人类自己造成的。这些由人类自己所造成的组织与制度，也不会永久的一成不变，而常常进化着，这些进化，不是任何个人的，而是社会共同的，于是出版品便成沟通个人与社会的工具，把一种新思想新主张传播出去之后，经过社会的共同赞同才能实行进步。这种使社会的组织与制度得到进步的思想和主张，在出版品中，当然有自由。不过人事的关系与自然的关系不同，自然利害关系少，人事则利害冲突多，很小的疏忽便足以引起巨大的骚乱，所有关于这方面的出版品，便受了很多的限制。在苏俄，反对共产主义的著作不许出版；在德国，宣传共产主义及反对国家社会主义的著作不许出版；在意大利，日本，英美等国，凡是对社会秩序社会安宁有妨碍的著作也都不许出版，这等等的禁例，我们不能就此说俄、德、意、日、英、美等国都没有出版自由，而是在社会的进步与安宁以外，毫无节制的自由是没有了。

三在艺术方面。艺术是宗教精神的一种进步，关于人类性情的熏陶，道德的养成，古代的宗教有这种功效，现代的艺术也常常有这种功效，艺术既有这样的功效，那末讲到出版上面来，当然应该有自由的了。不过所谓艺术，也不一定完全都是好的，有不少变态心理的艺术者，好新好奇，便产生所谓“诲淫诲盗”的艺术。这样的艺术对社会绝对无益而反有害，这就应该禁止了。出版自由，这在自由的诠释上是一句很自然的话，但仔细研究起来，就不免有那许多的问题和限制。中国的出版自由问题，平常只听见有人很机械地要求出版自由，对出版自由如何处置则似乎很少。中国对出版品的限制，除刑法中略有涉及外，十九年十二月十六日公布的出版法中有“出版品登载事项之限制”，这限制其有三条：

> 第十九条　出版品不得为左列各款之记载：一意图破坏中国国民党或三民主义者，二意图颠覆国民政府或损害中华民国利益者，三意图破坏公共秩序者，四妨害善良风俗者。
>
> 第二十条　出版品不得登载禁止公开诉讼事件之辩论。
>
> 第二十一条　战时或遇有变乱及其他特殊必要时，得依国民政府命令之所定，禁止或限制出版品关于军事或外交事项之登载。

出版法的公布成立，当然和其他各种法律的成立同样，是为了人民的真正自由，用之以指示出一条大路，给人民享受真正的自由，以免落入假自由的泥坑中去。但因为出版品中所登载的，大都是意识的表现，法律的规定不能十分明白详尽，不是对文字著述很有经验的人便不容易明白了解，不能明白了解便不能遵守出版法所赋予的自由，往往因为一时的疏忽超越了自由的范围，遭受政府的干涉禁止，作家成年累月的心血等于白费，而出版家的投资也完全牺牲了。所以为了出版的自由与保障，步欧美国家之后设立出版检查机关，等于普遍的设立法院一样，是非常合理的。

人民因为不容易明白了解出版法所规定的限制，不能遵守出版法，别的法规中所定的限制尚可求教律师，出版法中的限制，则连律师亦未必能负责解答。为了这一点困难，国家便只得设立出版检查机关，人民如遇着有与出版法冲突而不能决定的问题，出版检查机关正好为之负责解答。我国的出版检查机关，有新闻检查处，有图书杂志审查委员会，前者专查新闻纸，后者则检查书籍杂志等出版品。可惜图书杂志审查委员会，因受外力的打击，现在还在停顿中呢。

二、文化统制的两条路

出版检查机关的设立，一方面固然给人民在出版自由上的一个保障，指示出版自由的正道。另一方面，却也是国家实行文化统制的一个执行机关。凡是革命后的新国家，文化统制政策的采取和实行都是很自然的。文化统制政策的施行，出版事业的统制又居第一位。共产主义的苏俄，出版事业完全归国家经营，人民经营出版事业则绝对禁止，此外的文化事业也都完全由国家经营管理，所以苏俄的文化统制政策要算实行得最彻底的了。其次意大利和德意志两国，他们的文化统制政策，虽没有苏俄那样彻底，但他们党的宣传机关的完备，以及对民间文化事业管理制度的严密，也不亚于苏俄。如我们的东邻日本，他们的文化事业的发达和进步，我们固有望尘莫及之势，就在民间文化管理的方面，也相差很远呢。

革命以后，中国正在大转变的时期中，旧的都已崩溃，新的急须缔创，在万般皆新的缔创之中，文化自然也是重要项目之一。何况文化又是一切社会现象的最高基础，一国的社会建设，都须根据文化的基础。中国在革命之后，现在当然毫无问题的要建设最新型的进步的国家了。

现代的进步国家，除了政治机构的严密活泼外，多数国民第一要有进步的齐一的社会思想，这样的思想可以充实全体国民的社会生活，换句话说就是可以都能够过那规律的集团生活组织生活。一个国家的国民不在乎数量的多少，但若全体的国民能够形成一个集团，形成一个组织，那国民不一定要像中国那样在五万万上下，就像英国日本那样只有三千万上下的人民，也可以为世界最进步的强大国家了。多数国民第二要有现代的完全科学知识，这样的知识可以刺激国民的物质生活。现在的中国国民，因为科学知识欠缺物质生活不单贫薄得像野蛮人一样，不懂娱乐，还不懂医药，你叫他娱乐吗，他们宁可抬几个土木偶人，来一次迎神赛会，你叫他医药吗，他们宁可在泥菩萨面前磕个头，揸一勺香灰吞一下，此外的衣食住行，更都因陋就简，好在中国人的“随遇而安”、“知足常乐”，这些宝贵的“穷人哲学”，使中国人成为全世界克勤克俭的模范人。所以中国人民的物质生活，不单物质上缺少供养，就在精神上也还缺少一种刺激。

要使多数国民有社会思想和科学知识，便须普遍的把社会思想和科学知识灌输到国民的头脑中去，来一个猛烈的文化运动。谈到中国的文化运动，首先便有三个大魔障：

第一是那些守缺抱残的人，他们一开口便要想到那五千年文明古国的历史，五千年的历史好像是光荣的，是应该宝贵的。于是什么什么都把历史捧出来，人家有什么创见，他会说历史上不曾有过，不宜实行；人家说到外国者什么进步现象，中国应该找来作参考，他们又会找出一点影子，说中国历史上早就有过了，毫不足奇，于是提倡读经，提倡读史，提倡读子书文集，但是我们平心想想，经、史、子、集各书之中有多少是合于现代所需的社会思想和科学知识呢？建国的工作最长不过是十年二十年的事情，我们搬了经、史、子、集去教全体的国民，恐怕五十年也不能普遍。这些过时货色在大学里教学生也就有些头痛，更何况去教平常的国民。所以这第一个大魔障，我们首先就得认清楚。

第二是那些诲淫诲盗的小说图画。中国没有真正的文化运动，有的就只是在那些书贾奸商利欲熏心之下的惰性文化，他们投合着民众的心理，由张竞生的《性史》转化出来的《性艺》可以出到几十集，“私定终身后花园，落难公子中状元”的小说每月都要出上十几大部，而此外借侠以诲盗，借情以诲淫的小说唱本图画则更满坑满谷。中国民众在这环境之下谈文化，谈灌输社会思想，灌输科学知识，那简直是缘木求鱼了。

第三是那些抱着成见，怀着空想，甚至藏着个人阴谋的先生们。他们要想利用一个思想造成一种势力，为自己个人的地位打算，不惜荒谬绝伦，违背现实，杜造了种种空想，旁敲侧击的来反对现状，破坏现状，他们没有方法提出自己的理论，但却有那种诡辩的本领来攻击现政府，挑剔现政府的措施。结果道高一尺，魔高一丈，革命的各种文化建设，刚刚给各种反革命的文化破坏无余了。

中国文化落后到了极点，同时这样落后文化还存在着三个魔障，在这样环境中谈文化建设运动，谈多数民众的思想与知识的灌输运动恐怕离了有组织的文化统制政策便无办法。有组织的文化统制政策，可分两条路，一条是政府自己积极的从事建设，另一条则是消极的对民间文化的干涉，出版检查机关的设立，便是对民间文化干涉的一种。出版检查机关之中，书籍杂志则更为重要，因为新闻检查是临时的，今天的工作明天就过去了，书刊的检查则有永久性，它的功效可以长久保留下去。并且出版检查机关的设立，不单可以实行政府对民间文化的干涉，还可对民间真正从事文化事业的人与以一种保障，达到真正出版自由的目的。否则政府平时不去检查，临时发生事变，雷厉风动的去封书店烧书籍，正当商人受牺牲，怀有文化阴谋的主动人反而置身事外，那就太不平了。

三、检查书刊应注意的几点

为了保障真正的出版自由，为了达到迅速的完成文化建设的目的，实行出版检查是必不可免的。不过检查制度的成立，在中国终究还是草创时期，既毫无成法供参考，而民间出版事业忽然要受检查，也会觉得怪不舒适。这里我想单把书刊检查方面应该注意的几点，提出来说一说。

书刊检查机关，我们觉得应该注意的，大约可以分为两方面，第一方面是人的问题，第二方面是事的问题。书刊检查工作与一般的呆板工作机械工作不同，完全靠着检查员在学术上发挥一种判断力，人的问题尤为重要。

关于人的问题，可以分检查员的能力和志趣两点来讲。照出版品的性质看来出版品须受检查的，大概有社会科学、文艺等两类，检察员要检查这两类的书籍杂志，首先检查员的本身便应该具有足够的能力。如果一个对社会科学毫无成就的人，叫他来检查社会科学的书籍，一个对文艺毫无成就的人，叫他来检查文艺的书籍，这样的检查结果，一定要发生错误的。这等于叫一个毫无机械学识的人去管理机器，一定要发生大乱子。即使对社会科学或者文艺能够一知半解，略有一二皮毛，这样也未必够做书刊的检查工作，不透彻的知识等于无知识，对机械组织了解不透彻的人去管理机械，发生弊病的时候和毫无机械学识的人不会有两样啊。

在文化上干事情的人，都要有点儿“硬工夫”，何况更在做文化的检查工作。把能力单薄的人来备员充数，自己不懂什么是社会科学，不懂什么是文艺，但又不得不装出颇为博学的神态，像煞有介事的做检查工作。结果受检查的人倒霉，内容没有妨碍的书籍杂志，他看出妨碍来了。同时公家也倒霉，内容的确有妨碍的，他却看不出来。所以出版检查机关宁可没有，否则上上下下的工作人员，在能力方面应该特别注意，工作人先要有了能力，才能够做得起工作来啊。

检查人员的能力问题解决了，其次还要看他的志趣。本来干文化工作的人，都要有点“硬工夫”，真本领，可是反过来那份工作却又是最清苦最淡薄不过的。中国的传统习惯，一提到上什么机关做事，便是做“官”，能够做到一个机关的主持人，便是“独当一面”的官。做到官，便有官的脾气和架子，官的架子是辣火火，盛气凌人，官的脾气总是爱钱。革命后“官”的风气总算改革得很快，但终究难免没有遗留下来的。

把书刊的检查工作当“官”做，走到出版检查机关里面去，他的志趣不是革命而是做官，那不问他是这机关的属员抑是主持人，总之他这一份工作是做不好了。一切的文化都是刻苦的清淡的，刻苦则无架子可搭，清淡则无钱财可贪，出版检查机关难说是官的或半官的机关，但要经常与社会的文化层接触，也就逃不了刻苦清淡的味儿。如一定过不下刻苦清淡的日子，要过官瘾，要打小算盘，那末整个机关的检查工作便一定念七颠八倒，歪斜不正。

历史上有治人无治法，人的问题总是很重要的。即如前次“图书杂志审查委员会”的失败，使党在上海遭受空前未有的打击，便多少是由于人的问题。纵不说该委员会的工作人的能力和志趣差到如何程度，然而事情的发生，决没有凭空落下来的。

关于事的问题，我们觉得书刊的检查，似乎应该做到下列各点：

第一是普遍的检查。所谓普遍的检查，并不是说要把一切的书籍杂志图书等等，通通都收来检查，而是说除了各种自然科学和教育部已经审查过，或与党政机关有直接关系的书籍杂志以外，都应该普遍的予以检查。原来出版检查机关的设立，目的决不单只是保障人民的出版自由，另一个目的则在于帮助政府的文化统制作用，后者的目的虽不比前者更重要，但这一点如疏忽过去就不免减少检查的价值。我们的目的如单单只为了保障人民的出版自由，允许人民自由将出版品送请检查，他们爱送检查就送检查，不爱送就不送，这在道理上也未必说得通。要保障出版自由便普遍地保障，若允许一部分送检查一部分不送检查，那末送检查的可以有保障，不送检查的还是得不到保障啊。并且出版检查机关的设立，政府为了巩固建国基础及社会安宁，绝对不会放弃文化统制的目的，否则检查的事情仅可交给人民自己去办理，政府何必多劳？要检查，就得完全都送检查，出版者不能有送不送的自由，这是第一个原则。其次，新旧小说也应该同等的受检查，过去在“图书杂志审查委员会”时代，似乎单只检查新小说，旧小说的部分竟就视同化外，不受审查，这个见解也很奇怪。事实上，讲出版品对文化的腐蚀作用，旧小说比新小说要利害得多，封建思想，诲淫诲盗的描写，在新小说中比较少，在旧小说中则很多很多，过去放任着不加检查，这是一个莫大的疏忽。此后如要办书刊检查的话，这旧小说的部分当然也应该普遍地施以检查。

第二是积极的检查。成立出版检查机关，目的在保障人民的出版自由和帮助国家的文化统制作用，检查的态度就应做得很积极，不能有一点消极观念存在。譬如在检查的时候检查员抱着一个消极观念，以为自己的工作只在检查，检查以外便毫无责任，于是“做一日和尚撞一日钟”，查一本书，为了要减去自己的责任，拿出不合理的严格态度，宁可冤死三千，不肯错放一个，此外，便什么都不顾了。可是这种为检查而检查的态度，实在是消极的。检查员应该明白知道自己负着的两种使命，保障出版自由和助成文化统制。那种宁可冤死三千的检查方法，本身就是破坏出版自由的主体，还谈什么保障。为完成检查的使命，尤其国家文化统制的使命，检查员应该明白了解并且执行国家整个的文化政策，在书刊检查机关方面，则应与各文化建设机关及其他出版检查机关等，取得横的联络关系，因为这样，书刊检查不但有文化的干涉作用，并且进一步还能发生文化建设作用呢。如果检查机关的主持人，只知道有直属上级的纵的关系，横的关系丝毫不知道，那只好做“吃肉的”官，做文化统制的出版检查工作就太不合适了。

（载《社会新闻》1935年第13卷第4期）

言论自由的要求

行　安

国难后的中国，言论的不自由，简直已变成一个无声的中国。不但真正的民意，未能充分表现，即各种内政外交的状况，也不敢尽量披载。这结果，一般国民都给蒙在鼓里，等待着亡国！

言论自由，本为国法所容许。迩来当局之所以对言论取监视的态度，当有其不得已的苦衷。但取缔言论，应有明白办法，规定一定的范围，许人民以发表所见的机会，若言论果有越轨的地方，则加以禁止，自无不可。若一味箝制，连正确的评论也不许发，真实的消息也不准载，便算过分的压迫。这不惟有剥夺人民的言论自由，抑且于国家不利！

今日的中国，已临于生死存亡的关头。要救亡图存，自非全国人一致奋起，共赴国难不可。但要人民救国，至少也应让他们明白一点国事，及对国事发表一点意见。这便非开放言论不成。盖自言论为一种有力的无形武器，政府的外交，没有言论作后盾，是容易失败的！

这次五全大会，一部分中委提出一开放新闻恢复言论案，这是极切要的。最近南京《中央日报》也有请当局变更新闻政策之论，可见言论自由，已为国人迫切的要求。该报社评结论云："时局严重到今天，我们想到的初步根本补救办法，是政府赶快改变新闻政策，党部或政府主管新闻的机关，赶快应该与言论界商量一个简明的办法，明确的规定几条严格的限制外，凡是关于危害国家的阴谋举动及人物，毒害政治毁坏纲纪的各种事实及行为，人民爱国行为的表示及行动，尤其外国报纸的各种批评，及确为事实的记载，应请一律准许本国的报纸登载，这个办法能够施行，我们相信三个月以后，我们内政及外交上的形势，必能气象一新，到那时候政府必能直接间接得着意想不到的力量，来辅助他推行各种政策刷新政治上的阵容，这决不是空谈，更不是书生之见，十二万分真诚祈祷当局即时采纳这个意见，更希望全国言论界共同努力实现这个理想来报国。"这些话说得非常透澈！

我们在这里向当局担保，人民争取言论自由，只有好意，决没有恶意。人民要求言论自由，志在救国，绝不想害国。故我们希望政府能言念时艰，俯纳民意，开放言论，使人民得到一个报国的机会。更愿全国言论界起来努力，以期达到实现言论自由的目的！

（载《申报·出版界》第三十四期 1935 年 12 月 5 日）

保障舆论与出版自由

曾建屏

自从第五届一中全会周佛海等五十六中委提出函请国府通令全国切实保障正当舆论，切实改善检查新闻办法以后，根据十一日中央社电讯，国府已于十日训令直辖各机关，一体遵照，切实保障正当舆论。

自然，这次周佛海等五十六中委之提出保障正当舆论以及国府之执行这一提议并命令恢复《大公报》之发行，很明显的，是政府实践其历来诺言之重要表现。在这种表现之下，我们希望在不久之后，新闻记者之具体的保障和新闻检查办法之改善，能够切实的实行，不再发生“各地执行，尚欠完善”之弊病，而增加民众之失望！

虽然，时至今日，保障舆论固是全国一致之要求，但是出版自由这一原则，在目前显然也是必须兑现的支票。

数年以来，出版界之薄弱无力，以及一般士大夫青年学生之萎顿不振，处处均足以表现出中国之未老先衰。这种未老先衰的现象，固然是由于中国一般新旧知识分子之缺乏正确的科学知识，没有科学的宇宙观、社会观及人生观，但其最主要的一点，确实在于政府之没有兑现其保障舆论出版界之自由所致。

因为没有科学的知识，就不能充分认识帝国主义之内部斗争以及侵略殖民地之因果关系；没有认识这种因果关系，就不能获得一般战争形势之具体的了解；没有这种具体的了解，所以就不能沉着迎战，临危不惧。最近以前一般士大夫之搬家运动，就足以证明这班份子之没有科学知识。

同时，因为他们之没有正确的宇宙观、社会观及人生观，所以，遂不能抱着大无畏之精神，抱着与国家民族共同奋斗的决心。数年以来，一般新旧才子谈蛇说鬼，读经念佛之结果，使大多数青年只知逃避现实，自私自利，无力无用，而不知道如何领导大众，组织大众及教育大众，以为中华民族之生存争胜负。

现代一般智识份子和学者名流，既然已经完全暴露其清谈误国的现象，而政府当局以及一般地方的武人，又再不能给予出版界以充分的自由，那么，一般青年思想之被禁锢在黑暗时代，自然更加重了谈蛇谈鬼之作用以及科学知识之危机。所以，在今日保障舆论善导国民思想之条件下，充分地给予出版界的自由和研究现实知识之自由，实为转变当前国民思想之主要因素。

因为假使最有影响于一般人民思想之出版界、读书界，在我们面前这种落后不振的危机中，又不能充分地获得出版及研究的自由，则其影响所及，将使主持出版界之出版家，只好更在“避凶就吉”的条件下，来大批出版违反时代的御用书籍；而一般以研究力学为我志的青年也只好趋于幽灵的空谈，玩物丧志的境地。何况许多落伍的士大夫，又在各地方借“明德”、“讲经”以为进身之阶；而新式文人又在盲目摸索，把酒玩菊，更造成中国思想界、文化界之黑暗时代！在这种文化思想的黑暗时代之前，谁又有力起来抗敌御侮呢！

所以，站在整个民族再生的立场上，站在中国文化运动复活的立场上，我们以为要恢复我们民族的自信力之途径，莫过于充分给予出版界及读书界以绝对的自由；莫过于禁绝之一切的复古运动及读经运动之“招摇撞骗”。几年来提倡保存道德、保存国粹以及崇拜偶像之结果，不仅没有产生出什么伟大的文化导师及民族英雄，反之，却反而产生了殷汝耕这班出卖祖国的小丑，产生了上海这班未见敌人先行走路的文化流氓。伟大的岳武穆在那里？可歌可泣的文天祥又在那里？假使没有这次北平各校学生之首先发起反对自治运动，恐怕过去中华民族的光荣，“五四”以来文化运动之光荣，已经完全为上海这班望风而逃的失败份子所丢尽了！

所以，今日振刷国家保障舆论之另一工作，是开放出版界及读书界之自由。假如这时候各地方的军人政客又要继续禁锢人民的思想，阻止人民之研究自由，那我们相信在目前这一学生运动之再生的浪潮下，不单执政的当局，又要增多一种被要挟的对象；而未来文化的生机，又将连根斫丧。故我们希望在今日保障舆论的政策下，出版界以及读书界之自由，也能获得充分的解放！

（载《申报·出版界》第三十六期 1935 年 12 月 19 日）

审查出版物应注意的几件事

张素民

我们对于出版物不仅希望其多，而且希望其好。出版物之好坏，就以审查出版物之方式为转移。所以从出版家的观点言，审查出版物，是一件极重要的事。据我所知，出版家审查出版物，至少应注意下列几件事：

一、注意文字。将要排印在纸上的文字，是不可“苟且”的。中国在白话文未通行之前，一切书报的文字，均颇可观。无论其内容如何，文字总是通顺的。即拿杂志讲，梁启超主编的《庸言》、《国风》，和《大中华》，章行严主编的《甲寅》，文章固好，即刘师复宣传无政府主义的《民声周刊》，文字亦佳。自从白话文通行以来，仿佛人人可以写书做文章，于是书报虽加多，而文字好的极少。我并不是推崇文言，反对白话，也不是提倡文学。乃是说印在书报上的文字，无论为文言或白话，至少必须通顺流畅，可使读者了解。今日流行的英文，固为白话，然英美书籍杂志上的文字，是很慎重的。英美出版家对于文字稍有毛病的稿件，立即退回。投稿者因此养成习惯，若明知自己的文字不甚佳，必先请人修改然后投稿。中国今日之文字最坏的出版物，即是翻译的书籍或论文。其原因，是译者未深通所译的那国文字，和未精研所译的书籍或论文所讨论的那门科学。出版家只见其书名或论文题目时髦，没有做逐字逐句的审查校订功夫，就把那种稿件印出来。读者不信，试任意抽一本翻译的书或一本杂志上所载的译文，把它细读，必发现许多费解之处。若把它和原文对阅，即可发现许多错误。译文固也有好的，然中国今日翻译的专门高深书籍，如某书店出版的马雪耳的《经济学原理》之类，我敢说是不可读的。因为马雪耳的书，原文已不易读，译为中文，不是一件容易事。要动手译这种书，必对于马雪耳有特别的研究，好比英人 William Smart 译奥国学者 Bobm Bawerk 的《资本积极论》一样。那书店随便承印这种译本，不仅缺乏常识，而且对于稿件上文字的审查，太不注意了。总之，出版家审查稿件，无论其为创作或编著或翻译，应首先注重文字的简洁通顺。

二、注重内容。出版家审查稿件，觉其文字通顺之后，就应考察其内容。所谓内容，包括甚多。如材料之是否丰富及其来源若何，分析之是否精密及其方法若何，结论之是否正确及其逻辑若何。他如章节段落之分配是否得宜，引证之事实有无根据，参考之书籍是否列出，前后之议论是否联贯，所用之术语及私有名词是否一致等皆是。我国近年来的出版物，内容好的固有，然内容不完善的居最多。内容坏得不堪的，也不少。因此，我希望出版家今后切实注重出版物之内容。

三、注重校对。中国以前出版的线装书，校对仔细，错字极少。今日西洋各国的书籍，也是一样，以无错误为原则，以一二错字为例外。但中国近来出版的，大都错误颇多，足见校对之疏忽。我以为这种错误之原因，不全在排字者，也不全在校对者，乃在底稿之潦草。我们以前的旧书错字少，是因为从前讲究正楷和书法。一部付印的稿纸，从没有潦草的。西文书籍错字之少，也是因为付印的稿纸，已由打字机打印得很清楚的。试拿一部手写的英文稿纸，交给任何外国印刷店，他是不会替你印刷的。为免除排印错误过多起见，我想出版家可要求作者将底稿誊正，再行付印。如再有错误，当由校对者负责。

我想：一部出版物，文字通顺，内容完善，误字毫无。从出版家看来，精力不枉费，从读者看来，也自然心满意得。区区平淡之词，不知出版家以为何如。

（载《申报·出版界》第二十一期 1935 年 8 月 31 日）

著作权之保护及其限制

刘杰材

一、著作权之性质

著作权为一种智能权；著作权之保护，乃是对于个人智能之出产物，基于奖励文艺学术或美术之目的，而加以保护之者也。故为著作权者，乃指关于文艺学术或美术上之著作物，依法定程序注册，专有重制作之利益为是；观著作权法得享有著作权之著作物，为书籍、论著，及说部、乐谱、剧本、字帖、照片、雕刻、模型及其他相关于学艺或美术之各种著作物等规定，至为明显。其范围，固有确定，且著作物之至要权利，则在重制之一点，所谓重制者，以同一之著作物，而仿造之谓也。例如文书图画等之印刷或摄影等是，此不问其形体若何，方法若何，要不失为重制。惟就他人之著作物阐发新理，或以与原著作物不同之技术，制成之美术品，皆得独享有其著作权，而不得目为重制，如就他人所著之小说编制电影剧本及仿他人图画，以为雕刻模型或仿他人雕刻模型以为图画等，因彼此所需之技艺各异，故亦不发生著作权侵害之问题。又著作权之权利为专占之权利，故著作权之重制，除著作人或其权利之继承人外，不得享有之。而著作权之成立，考各国立法例，颇不一致，有以认为自著作物完成之日，而即发生者，有以必须以经过注册之程序后，而始认为发生者，在我国著作权法第一条称“就左列著作物，依本法注册专有重制之利益者，为有著作权”；足见著作权之享有，采用依法注册，为其成立之要件；因此著作权须在注册以后，始得发生侵害与否之问题；反之著作物，如未经过注册之程序后，如有侵害则为通常之利益，即不得享受著作权法之保护。又计算发生权利之期间，依法亦自注册之日为始。关于著作权之享有，而为著作人，固无疑义；惟间有著作人之承继人或他人，亦得为著作权之主体；所谓他人如（1）让受人，（2）出资人。盖著作权颇似个人之私产，通例可以转让于他人享有，我著作权法，亦复如是规定；至出资人系其以资金聘请他人所成之著作物，其著作权除当事人间，另有特约以外，原则上应归出资人享有；再著作物如非出于一人之手，而由数人共同著作者，此际之著作权，乃属于各著作人所共有；又有搜多数之著作而编为一种著作者，苟不违法，则所编成之著作，亦得享有著作权；其次如以官署学校公司寺院会所等名义，发行之著作，则此等机关或团体，一律得视为著作权之主体，均得享受法律上保护之利益也。

二、著作物之范围

著作物范围至广，或为固有之学理，得其阐发而彰著之，或为一己之心得，创始而发明之，故著作物无论巨细，其关系社会进化，至为重要。而著作者，必须劳精竭思，或经年累月，始克表现其成绩，设非明定规程，以为标准，既无凭从事审核，复不足以促一般之信守，而保障著作者之利益，此著作权法，关于著作物，首先必须有明确之规定也。依现行著作权法之规定，关于著作物之范围，乃系采用列举主义，而未设一概括之条文，故其适用之结果，不免稍有遗漏之嫌，如前次沪上发生唱片播音奏演权之问题，结果因著作权法并未规定及此，而置于著作权法保护之外，似欠周密。此点于将来修正著作权法时，除明白增入唱片影片等外，并须设一概括之条文，以救列举规定适用之穷，而括无遗。兹仅就著作权法所设保护之著作物，分述于下：(1)"书籍论著及说部"此所谓书籍论著乃包括诗赋文词，而以一己之意思，自行撰述，或将前人之传本，加以注疏笺释之类皆属之。至于说部者，乃对于已往之事实，或未来之推测之论断者也。(2)"乐谱剧本"此所谓乐谱剧本者，大凡以其一己之心得，而有所发明别树一帜者，皆得承认其为著作物并享有公开演奏或排演之权。(3)"图画字帖"此所谓图画字帖者，凡非剿袭雷同，而且深造有得，自成家数者，自应认其同为著作之物。(4)"照片雕刻模型"此所谓照片雕刻模型者，乃以照片雕刻模型，事关艺术，非悉心研究自出机杼者，不能有独到之技能，故亦许其列于著作之一。(5)"其他关于文艺学术或美术之著作物"此所谓文艺学术或美术之著作物，其类至繁，举凡上述各款所未列入，而能开辟新颖，有所表现者，均以著作物论。(6)"译文"所谓译文者从此文字之著作，而译成他种文字者，依我著作权法亦视为著作物；以上所举各款之著作物，均得享有重复之利益，故其著作苟属适法，皆得依法注册，而取得著作之权利。此外关于各种事业或科学之发明，政府另有保护之法规，而不得遂认为得享有著作权法之著作权，此无待深论，极为显然也。

三、著作权之保护

以保护文艺之学术或美术之发达为目的，而保护各人智能所生之产物者，为著作权之保护；盖著作之物，必需相当之劳力，若对于著作者无保护之设置，则有益之著作，不能续出；而有益之著作，既不能续出，自有阻害文运之进步；故各国对于著作物，无不设有相当保护之制度，惟其保护之手段，各异其是耳。盖著作物各个著作人享有之权利，界限极为明了，不容稍有紊乱，此为法理上一定不易之原则；今若以他人已成立之著作物，而未能臻于完善之境者，遂以一已之心理，为之推阐尽致，发挥无遗，是其著作行为，系就他人之原有著作物，推而广之，与其他侵害原有著作人之权利者，截然不同；至或以原著作物不同之技术制成之美术品，虽美术之结果，无所差别；但其所制成之美术品之技术，果门类互殊，是其技术，各有专长，不过殊途而同归耳。故关于此种情形，均各认得享有著作权，而不得指为有著作权之侵害，而妨文艺学术本身之发达。考我著作权法，关于著作权侵害之保护，规定有五：（1）凡经注册后之著作物，他人不得擅自翻印仿制，或以其他方法侵害他人著作物之利益。（2）对于原著著作物之改窜割裂变匿姓名或更换名目而发行者，其情形有二：（A）凡接受或承继他人之著作权，除得原著作人同意或受有遗嘱者外；不得将原著作物，改窜割裂变匿姓名或更换名目而发行。（B）著作权年限已满之著作物视为公共之物，不论何人，不得将其改窜割裂，变匿姓名，或更换名目而发行。（3）凡冒用他人姓名，发行自己之著作物，以侵害他人著作权论。（4）未发行著作物之原本及其著作物，除经本人允诺者外，不得因债务之执行，而受强制处分。（5）节选众人著作成书，以供普通教科书及参考书之用；及节录引用他人著作，以供自己著作之参证注译者；如经注明原著作之出处时，则不得以侵害他人著作权论。大凡著作权，一经依法成立，皆得排除一切侵害，以达保护著作权之深旨。故凡有违反上述各款之规定者，在著作权法上，均设相当之处分，以资救济；此于各国之立法例，亦无不尽然。第我著作权法，关于保护著作物之规定，系采列举主义，前已述及，凡于法文未及举者，例不保护，且于事实上，间有著作物有于公益上不得与以著作权者；或有由于本人之自由意思，而抛弃应有之著作权者；法律于此，自不加以任何之保护也。详究我著作权法，关于此情形，约而为八：（1）法令约章及文书案牍；（2）各种劝戒文字；（3）公开演说及宣传，而非纯属学术性质者；（4）显违党义者；（5）依出版法之规定，禁止出版之著作物；（6）久经通行之著作；（7）著作人自愿任人翻印之著作；（8）新闻纸或杂志记载之时事或报告。此皆为概括之规定，如所谓显违党义之著作物，则颇难立为界说，大凡非含有煽动之意义，而系研究其他主义理论之参考者，例不所限。及所谓久经通行者，依法指为已通行二十年以上著作物而言也。

四、著作权之限制

著作权为专占之权利，其所以为专占之权利者，无非给示著作者权利之优异，并借以提高著作者于著述上之专心，但此等专占之权利每因时代之不同，或缘学术之变迁，假若听其永久享有，则不免反于社会之公益，故法律于此，斟酌情形，各定有相当期间之限制。惟因各种著作物之性质不同，而其权利存续之期间，亦自不能期其一律；依我著作权法之规定，其情形如：（1）一般著作物之著作人为终身，并其死后三十年间，享有之；但著作人之故后，若无承继人，其著作权，视为消灭。（2）著作人死亡后，由其承继人发行之遗著，或不署姓名或以别号发行之著作，及以官署学校公司寺院会所等名义发行之著作，其著作权均为三十年。（3）照片之著作物，除附属于他著作物，随同其期间存续而外，其著作权为十年。（4）数人共同享有著作物之著作权，以其最终死亡者后仍存续三十年。（5）如从一种文字著作以他种文字翻译成书者，其著作权之期限为二十年；且不得禁止他人就原著另译，倘其译文无甚差别，而近剿袭者，自应予以限制也。其次著作权发生之年限，不以著作事实完成之日为始，而概以自注册后最初发行或排演之日起算，如系编号逐次发行或分数次发行者，则均以首次呈请注册时予以声明之义务，并于每次发行时，仍应践行呈报之程序；如属定期刊物，得由内政部准其省略各次发行呈报之手续。至此种著作物之著作权，如系编号逐次发行者，其年限之起算自每号最初发行之日为始；如系分为数次发行者，其著作权之年限，自其最后部分，最初发行之日为起算之日。但该著作物，虽未完成其应行著作之部分，而已逾三年尚未发行者，以已发行之末一部分，视为最后部分，而杜权利之始期与终期之争端也。至在著作权法施行前已发行之著作物，自最初发行之日起，未满二十年者仍得依法承认之，惟其著作物之通行已满二十年以上者，自不得享受著作权法之保证矣。再如著作权法之法定存续期间，果已届满，则其权利常然消灭，此所谓著作权之消灭者，以专有权之主体丧失，而属于社会上公共物之谓耳。又著作权消灭之原因，固以期间届满为原则，然使著作人死亡，而无承继人时，则权利之主体，既已失其存在，若拘泥于期间之未届，不以之视为公共之物，转使其著作湮没不传，微特反于公益，恐亦非本人之用意，故当此之际，法律特认其著作权亦归于消灭耳。

（载《中央时事周报》1935 年第 4 卷第 33、34 期）

翻版书之溯源及其概况

月　波

吾国因学术落后，不得不采取西方文化之长，以补其阙，从而辅导社会之演进，就教育一端而言：国内深湛之论著，未臻完备，在本馆未曾编印《大学丛书》之前，举凡专门学科之教本以及参考用书，胥以原本为尚，当十八年外汇最高之际（以美金一元约合国币五元），社会经济受极度激荡，读书界莫不彷徨歧途，顿呈杌陧不安之象，翻版问题，遂成为解决此项关键之中心，按翻印之术，发创于北方，其盛流于上海者以斯时为滥觞，初甚秘密继乃公开，浸而遍及各地。

统计美国因翻印所遭受之损失，每年约计十九万金元，英国所损失者，虽未达此程度，其数额几亦相埒。

数年来因世界经济之演变，如英国放弃金本位制，美国提高银价之结果，以国币折合原币汇兑率之差额，几已恢复旧观，英美于已失之市场，亦复引起注视。

据西报载称，英国出版业联合会，已进行筹设对策，美国或亦将有施以类似之压制之可能，并引论本埠翻版书，扩展之日趋普及，侵夺之程度日见严重，一书传诵未久，版权即有被剽窃之虞，更有甚于商业之损失者，为著作人以竭其终身之精力，从事于著述，应获全世界之维护。

最近此间因翻版西书，而受惩处者，已有两起。

其一，为本埠某书局，因违背中国法，而受工部局之检举，其结果被搜书籍一千余册。

另一案则为苏州某书店，因贩卖曾在中国政府内政部注册之《高等物理》一书，被某西商之控诉，而科罚金一百元。

据一般之观察，翻版西书，今后纵不至完全没落于市场，殆将有进于另一阶段之动向。

（载《同舟》1935年第3卷第9期）

翻印书在北平

曼　因

近来在北平的书业中，翻印原版书是一种秘密的公开。咱们喜欢读书人，虽然常常因为无钱而不能买书，但幸而有一班人是专在翻印原版书的。这种书的纸质和装订当然不及原版书讲究，而内容却是一样。凡是翻印的书，价格都很便宜，大概要比原价打了许多折扣。例如原版书卖一元的价钱，翻版的是要一二毛钱就可买到。

干这样秘密的公开的人，不消说他们是满有投机本领的。他们打听得市上什么书的销路好就偷偷地去翻印什么书。新近鲁迅的《准风月谈》在北平也有翻印版的，价钱每本一二毛。《袁中郎全集》这里也多着，一二毛就可买得一部。你说便宜不便宜？

前些时，干这种生意的人曾受原出版家的交涉，闹了风波，但过后也就平静无事，直到现在。

说良心话，翻印书对于咱们又穷又想读点书的人是“拜赐无穷”！因为咱们根本衣袋是干瘪的，哪有许多钱去买不折不扣的原版书？另一方面，翻印书的流行确是可使不景气的出版界更加不景气。

我提出这件事，并不是居心要揭发任何面的秘密。我以为这也是可注意的“社会相”之一，所以看到就写。

（载《读书生活》1935 年第 1 卷第 10 期）

翻印古书与画刊流行

晓　岑

这是最近盛行的事，但并不是突然发生的，似乎也有其必然的原因在，我们现在来看看。

古书据说是我们先民遗留下来的文化宝藏，其中尽是精金美玉（?），我们原应当重视的。现在古书之翻印，正是使古书普遍的提倡，使每个人都有一窥我皇皇（?）先民文化的可能，这也是有心人的事。不过我总以为提倡并翻印古书，不是不可以的，可是古书中是否都是含有养料的，合乎现代需要的精炼食粮，最低限度，我们能从其中得到有益的历史的参考，这到成一问题。如果那里面含有毒质，是以伤损我们精神思想方面的毒质，那不是画虎反类犬了吗？事实上这种情形是可能的，原因古书中的文化事迹以及种种，都是过去社会的反映，与现代人的生活及思想当然多少是难以符合，或者不矛盾的，这，我对于翻书就有点疑问了。除此，还有两点我们必须要注意的。第一，书店老板左一部右一部不约而同的翻印古书，我觉得大多数不是为了什么提倡文化，到是他们因为年头儿不好，营业恐慌，新书作者无人，并且在某种意义上新书也难出版，于是就捡起这买卖作了。但是无意中就给一般提倡读经、恢复国故的“曲辫子”们利用了，给他们作了不花钱的义务宣传，同时新文化的进步也受了相当的阻碍。第二，古书应当提倡，但不应这样倾其全力的提倡，因为今天比提倡古书还重要的事多着哩！我们与其费这样的时间金钱在翻印古书上，还不如多翻译几部近代名著或者多创作一点有时代意识的作品来得有意义呢！总之，我们要看清时代的需要，积极地来建设我们的新文化，不要随声附和的把这早已陈腐违反时代的牢什子的古书搬弄了出来。

画刊就是以图片来代替文字表示意义的，这本是一种最好的教育大众的东西，尤其在文盲占多数的环境里，一时使得此众多的文盲都有识字的能力既然不可能，同时又急迫要给予灌输一般大众以必要的时代知识，图刊是最能负这种不用文字传播知识的使命的。但是我们反观现在市面上书肆中所流行的画刊呢，数量方面到不少，是否能尽了这种责任，我们到要来检讨一番。《良友》的妇人画报，内容不是什么名闺明星们的倩影，就是女人的时装用品的摄照，这除了供给一般小资产少爷小姐们的消遣还有什么。《良友》、《文华画报》虽然比较上刊登些时事用新闻图片，可是有的不必要的什么开会什么要人起居注的照片，有的则是名闺倩影，古物字画等的拓片充斥着，新的东西仍然一点见不到。《美术生活画报》刊登的尽是些呆版没用的装饰图案画及一些怎样建筑怎样装饰的图片，这与现代一般大众有什么关系。至于最近出版的《健美画刊》及《女神》，表面上他们提倡言什么健康美，其实是低级趣味的传播性的刺激性的变相满足的东西。只有《漫画生活》一种是我们大众唯一的画刊，在它里面开拓了一个新的境地给大众。这种画刊的源源出现正足表示出小市民阶级末日的低级趣味，但是它们充斥一天，我们新的画刊就不能开拓，同时一般大众间或也许受到它们的麻醉作用，所以我们要起来夺回这种教育工具，应用给大众！

最后，我们要知道翻印古书是“死鬼炸尸”，不良画刊的流行则是魑魍作祟，都是新文化进步的障碍石；我们都要打倒的！

（载《北调》1935 年第 2 卷第 1 期）

书评与批评

萧　乾

中国的批评界似活跃着两种人物：批评学者和批评者。前者的文章常见于杂志的首端“论文”栏里，介绍着晚近东西洋的文艺观念和方法，但很少人屑于将那些精确的方法应用到本国流行文艺的品评上。后者的文字多登在杂志尾部“书评”栏里，用一种熟习的行话，一种固定的格式，论断着近刊的书籍，而对于新兴的文艺理论又不屑顾及。这两种人在工作上虽是一贯的，而实际上却常漠不相干。

批评的刊物我们是有的。我们甚至有过专载书评的刊物，争论着“我们的沙宁译本比他们的好”。夸说着名家的装帧，夸说着纸张的洁白，序文的名贵，对于作品却像总是那几句行话在如扑克牌地变换着。

不久以前，国内夭亡了一个流传颇广，权威极大的批评杂志。但那停刊消息在读者大众脸上并未画出多少哀悼的神色，因为大众对于那些教科书，原文专家名著及古典文学翻译的兴趣实在太薄了些。对于党派的争辩他们更不摸头绪。

于是他们返过身来自语地说：书还是让我碰着运气读，凭着高兴买吧。横竖你们那些高深书我不懂。浅的又不在你们眼里。

谁那么愚蠢，悍然反对新的文艺理论的介绍呢？但我们似还应进一步把那些抽象的公式消化了，用来诠释指点自己的生产品。漠视专家研究和主张拆掉中央大学一样胡闹。但一个忽视普及教育的国，即批评也不把大众打在算盘里。是的，伟大的批评家对着过去负着整理，对着将来负着预卜的神圣使命。但如果同时代的一般读者不能由他的工作得到好处，他的工作至少在目前近于浪费。批评作用失却了广远的发展，仅有那深邃，恐反将成为时代的累赘。

但是，有人说，研究营养成分和测量月球距离同是不可漠视的呢！而且，测量的人是走向深处的，因而也是人类文化的推进者。好，姑算我们这角世界的情势，准许我们中间一些人去探求哈姆列德悲剧的统一性，浮士德哲学的遡源，所准许的也必是极少数——我们便尊这些人为批评学者。

一切文艺法则似乎都由这少数特别有学问的人制定，司法的人呢，该是批评家了。但这里却有了纠纷，因为有了两种批评家出现了，那受着排斥遭着怨骂的叫做书评家。

爱律叶特，诗人和批评家，在他的《传统与尝试》里说：“这年头批评不景气。一半也是为了生计所迫，多数批评家都沦为‘书评家’，成为草率疏忽的工资奴隶了。”这语锋是说：批评家和书评家截然不同种类。书评家是低贱的，批评家是尊贵的；书评是市侩的勾当，批评是神圣的职务。

另一位当代有名望的英国批评家，曼殊斐尔的丈夫，穆雷却说过相反的话：“书评家和批评家中间是不该有差别的——书评家的职务是评判面前的一本书。但实际上，为了许多拙笨读者的便利，他也得涉及原书以外的事。反之，目前经济的情况强迫着批评家们改业书评。”显然地穆雷这里并不曾否认，这两位似是同行中间的差别。反之他实在具体地提出了这差别之所在。只是他感到这差别将为今日社会现状所消减，而且这消减并不是一件可悲伤的事。

在中国，批评家和书评家的分野还不明显。一面由于真正大众尚未成为读者，同时，修养厚见解深的批评家也还不多见，贵贱高低仍混沌不明。批评只有作者及作品之分。作品的批评常统之为书评。

那么，在工作的性质上，书评家和批评家果然不同吗？我们禁不住要这样问。设若是，差别在那里？更要紧的，这种差别是无从或不必消除的吗？

许多美国的书评家骄傲地说：“书中有新闻。”区别和攻击书评的人常把这点做为主要论据。一个美国领袖的书评杂志在社论里曾说：“一篇爽直的书籍新闻总比那些不三不四的批评强。书评可以侧重评价，但所评的既是新书，就必须含有充分的新闻性，就得是新闻才成。本志将对评价的工作加以重视，但一篇书评须有三分之二，至少一半是新闻。我们提倡这种报纸书评。我们提倡用写凶杀案的本事来写书籍新闻。”

无疑地这种提倡要遭到同行的否认，批评家的藐视，和读者的不信任，因为这办法蕴藏着无限危险。匆忙的记者先生抓到了一本书，随手翻出一段“新闻”，坐下便写了出来，不问该书的全部价值，不问读者客观的需要。虽然不少书评家否认这传统，但现状却在证明着事实的存在。这条路没有一个批评家肯走的。所以，在这点上，两位同行中间像是有了极明显的差别。但这差别是由于书评家走了歧途，轻视了批评的尊严。

有的人视书评为介绍，因为它扼要简短，极少指摘。但这实不是一个可靠的差别，因为责贬的书评也是常见的。如果介绍是为作者及作品有所申述，那是无论书评或批评都应包括的成分。但仅有这点介绍性的申述既不成为书评，更算不得批评，因为它缺乏客观的判断。不幸在中国许多批评好友著作的人实际上却只做了介绍的工作。

另外有的人认为差别是在对象的不同。批评家的对象是作者，所以要侧重一本书在文学史流里的地位。书评家的对象是读者大众，因而必须多做内容介绍的工作，并负有代替决定“买不买”的义务。一个批评家才有权力指摘毛病，纠正错误。书评家充其量只是个“报告者”，在一个未读过原书人的面前。所以，今日书评大部篇幅是用在原书的大纲上，在尾端放上“人手一编”一类的推销话。书的页数，算得很准确，自己的见解却忘记放进去了。而批评家呢，则可以忘记那七八页逐句的斟误表将如何令读者头疼，那些专门的考察，如何使一本浅显的书被学究的道袍掩起，那种口气，那种目空无人的态度，使读者连原书一并怕了起来。不，书评家与批评家不应在这点上分手。一个不顾读者的批评家和一个无视作者的书评家一样不中用：因为他们同有着解释和判断的双重义务。两个同须做一个“精细读者”的结论，那结论也同是个人的、试验的。没有批评家能做最终的判断，没有书评家在书评里可以把评价完全摒除。

类似上面的，是一些人把差别放到深广度上，这似乎便是穆雷所提出的。一个书评家的领域是手边那本书。他无须顾及那书与原作者其他著作的关系，更用不着问，它在文学史上的地位。批评家呢，自然就该忘记读者对原书内容了解的程度。他只须证明在这本书里作者创作能力已经如何退步，或竟破产，说着这本书远逊于法国的象征派某某大师，但第三章又颇有南欧作风一类的话。指天画地，把读者说得茫然，把作者气病。如果这种差别已经存在着，我们应鼓励它存在下去吗？一个对文学史潮无清晰概念的人不应充文艺书评家。对某某作者一向作品毫无夤缘的人，永不能对那人零星的文章说极公平的话；因为了解是一切评价的基础。文艺是积续的工作，是和作者生活分不开的。缺乏了那种透彻，一切皆易成为陌生。所以，如果这种差别存在时，也只是程度的，量的，却绝不是种类的。

如果世界总刮顺风，我们想像二十年五十年后的中国将如何了呢。

盲了若干世纪的大众将睁开了眼；一本应时的书动辄销到数十万；报纸成了忙碌人的经卷，供给着百万读者以一切的知识。那时，必有一些嗜书的青年坐在报馆里，做着每周新书评论。机轮飞似地旋转着，旋转着，等着这青年的书评稿。那时，情形或将促成了同路的分野，不幸的分野。

在那马达时代未临到以前，如果从事批评的人建下坚固的壁垒，避免工业生活袭入隔分也是可能的事。在实质上，这两位同行不应有差别。批评家多往深处走一些，但书评家还须在广遍上着力。书评是为非专家的一般大众所做的批评。在形式上，它似浅近些，但同批评家一样，做书评的人应清晰的史的概念，对于作家有亲切的认识，对于文章有透彻的见解。书评家的工作实在更艰难一些：他不但要有正确的议论，并须能以活泼明显的言语传达给大众；他不但注意内容和意识，同时也不漠视装帧的美观。在主观的理想的评价的成分之外，他还要顾及物质的功利的部分。像个小学教员，他懂得的很多，却能用忍耐和机智管住自己，解释而不命令，陈述而不说教。既要保持自己主观的见解，又要时刻顾到客观需要。这不是件轻而易举的事！

更艰难的，书评家接触的多是新书且常是新进作家的书。批评家可以由书柜底层抽出一本十八世纪末叶的杰作，在百余年内多少聪明人的评论上，再伸述自己更聪明的意见。但这种风雅的事书评家是没分的。五千本书已摆到书店里了。他的读者立待他说几句干脆的负责的话。他不能忍心任他们等着，自己坐在沙发上翻看心爱的迭更生。他得放下一切心爱的，倾心而迅速地读完那本书，提笔写出简扼负责的意见；不但述出本书的梗概，还须判明它的价值；仅自己主观的欣赏不够，还得指出它的用途。

遇到新进作家呢，面前直是犯罪的网，书评家随时可以陷落的。过分的奖誉将鼓励起这新人的浮躁，而常常一本太不成熟的书几乎糟到不容人说一句好话。若是老实指出了毛病呢，至少两夜不能安眠：一个酷爱文艺的青年，绞着脑汁写出这本书，苦苦地讨得了出版家的恩典才使这处女作得见太阳。他是多么需要鼓励呵！他直像求着：你说句好话我就写下去了。如果我努力，我将能写得比这好许多。不错，每个大作家的初期作品都不是成熟的。站在面前的就许是个未来的大作家。但这种预支，这种通融却最易丧失批评的尊严。

这些问题却不常难住批评家，因为“流行”的书是“流行”书评家的领域。但支配着大众思想的却正是这些流行书。我们需要两个批评学者，六个批评家，五十个书评家。

（载《大公报》1935年3月10日）

谈书报介绍

冷　峰

每种的刊物上，大都附有“书报介绍”的一栏，将出版界之出版物，一一为之评价，使读者依着这评定之价值，作为购买书籍之参考，这是再好也没有的事。因为，出版界的出版物，大批的增加，商务日出新书二三种，其他的书店，每月所出也有三四种、十数种不等，一个月之新出版物，真可以汗牛而充栋，而这汗牛充栋的出版物中，自然良莠不齐，设非有人来为之立出标准，一一评价，则购买的读者，免不掉买了不少的莠书，耗费着有用的金钱，宝贵的光阴，实在太不合算。所以，“书报介绍”，虽然在每种刊物上所处的地位是附属的地位，然而要紧，也就不言可知了。

书报介绍的作者，他所负使命很大，他站在批评家的地位，指导着著作家应走的途径；他握住了出版界赚钱蚀本的枢纽，做着文化列车的司机者，指示着出版界应走的方向。所以，书报介绍的作者，不是张三李四任何人能够胜任的工作。因为他必须明白社会的情形，时代的趋势，出版物详细的内容，更用不偏的忠诚的客观的态度，作恳切的介绍，使读者读了他的文字，能够知道一本书的确切的好坏；使著作家读了他的文字，明白自己著作的缺点而有所改进；使出版界读了他的文字，明白出版界自己对于文化是否有贡献。一个书报介绍的作者，他所写的文字，如果能够完全达到这一个地步，那可以说他所写的文字，真是字字珠玑了。然而现在一般书报介绍的作者怎么样，不是去着这一个期望很远吗?

现在书报介绍的作者，不是和著作家有着亲戚友谊的关系，便是和出版界有着金钱的关系，所以他所作的介绍文字，大都说了些滑头的敷衍话，对于出版物毫无痛痒之关系。他做介绍文章之先，也不化一些精力把出版物从头到底详细地看一下，最多看看目录，看看序文，把出版物的头尾大略地看了一下。因为他们不是忠诚地写介绍文章，所以对出版物无细看之必要；因为他们对出版物并不细看，所以所写的文字，不痛不痒滑头的敷衍了一回算了。这种的介绍文字，有等于无，徒然弄污了几张白纸，对于文化界是根本没有利益的。所以现在一般书报介绍的文章，弄得没有人过目，虽然内中也有一二篇是有价值的文章，但因金砂混入砂土之中，也就不为一般人所注意了。

每一种出版物，要说其完全无缺，似乎很少很少，这等于绝世美人，面上不免有一个疤痕或是有一粒黑痣。现在，我们翻翻书报介绍的文章，十有九是称述该出版物是良好的。明明是译者错误百出，而介绍文字，总是说其“译笔忠实”；明明作者的文字艰涩得很，而介绍文字总是说其“文笔流利”。这样的书报介绍的作者，无异为人介绍婚姻的旧式的媒婆，凭其三寸不烂之舌，花言巧语，把一个黑皮麻姑娘，形容得如天人再世，令人目迷神眩。人家信了他的介绍，上了一两次的当，以后再也不会上当，所以现在书业不景气之中，而书报介绍的文字由你把一本书吹嘘得怎么的优良，因为读者对于介绍文字失去了信仰，再也引不起购买的热忱。有许多出版商人，明白到这一点，所以新书出版，广告文字只说该书大概的内容，不把该书加以过分的褒奖。是的，今后书报介绍的文字，把一本出版物一味恭维是不对的，必须要改革一下，不要抱了为著作人和出版界谋销路之广宽而做介绍文字，必须为读者购买书籍不上当而做介绍文字；换句话说，介绍文字之作者，要站立在读者方面才对，不要站立到著作家和出版界方面去。我很希望执笔写书报介绍的文字的先生们，能够有悟于这一点，这不仅是单纯的读者之幸，乃是整个文化前途之幸!

(载《申报·出版界》第二十九期 1935 年 10 月 26 日)

谈书评

叶公超

现代式的书评在西洋究竟始于何时似乎不容易断定。前几年英国散文家毕瑞尔（Augustine Birrell）在*Living Age*上曾发表过《评书者职权的规定》一文。内中对于这问题曾有简略的讨论。他搬了许多史实来证明，曾被推为书评的始祖的佛西亚斯（Photius）绝对不能与我们今日的book-reviewer相提并论。这位九世纪君士坦丁堡的教主不但做过军官、法官、参谋、大使，而且还是位博闻强记的通儒。从他自己的笔记里我们知道，他收藏的书籍颇多，在当时流行的抄本之外，似乎还有不少的稿本。他闲时又好读书，遇着精彩的文字，必逐字录下，间或加以注释品藻。他那部传名于后世的Bibliotheca便是他出使波斯时一路上的读书笔记。读书笔记与现代式的书评根本不能并论，乃是很显然的，而在精神上佛西亚斯之读书与笔记和现今评书者之读书与作评更无相似之处。二十多年前诗人亨雷（W. E. Henley）在他给斯蒂芬生（R. I. Stevenson）的一封信里已说过："我们应该为现在，这般写书评的人找个比较体面的出路才好。他们有的饿着肚子在写书评，为了字数拖长几句滥调；有的为发泄自己的怨恨，为嫉妒，为求名往往忘记了自己所写的却是书评……"虽然以书评为生活的人未必个个这样，但看英美一般的书评尤其是登载于一般Popular杂志上面的难免不发生同样的感觉。所以毕瑞尔说得实在不错：以他们来继承佛西亚斯之后，在人情上似乎有些对不起佛西亚斯，在事实上简直是牵强附会。

按毕瑞尔考据所得，书评是报纸时代的产物，最早见于一七四九年出版于伦敦的《每月评论》（*Monthly Review*）和六年后在巴黎出版的《学者评报》（*Journal des Savants*）。据我所查到的，每月评论确是一九四九年出版的，但学者评报却于一六六五年一月已经出世了，竟先于《每月评论》八十四年，毕瑞尔的年份不知有何根据。学者评报初出时是周刊，后来不久就改为月刊，编者与创办人同是一位很有地位的政客文人——名德·萨罗（Danis de Sallo），刊物的内容与从前我们的《图书评论》颇相似，专载书评，不拘种类。德·萨罗的目的实在是想借此操纵法国文坛，虽然在创刊的小序里他很和平地说："本报是专为懒人，忙人而出的。"据毕瑞尔说，这刊物出版不久，编者就得罪了不少著者与权贵（因为当时维持文人的多是权贵），后来弄到处处都是冤家对头，竟影响到生活的安宁，他不得已声明退出《学者评报》，另请一位德·乌当微尔（de Hondonrille）者继任编辑，其实这位先生不是别人，就是他的一个男仆。这事颇有笑剧的意味吗，至于是事实，还是传说，我就不敢说了。我曾在巴黎国家图书馆翻看过早年的《学者评报》，觉得多半的书评与现在的稍有差别。现在英美的书评似乎有短评（Short notice），简报（Literary intelligence，即现在中国之文坛消息）与长评（Fuller review）的分别。谈到书评，我们当然是指 Fuller review。这样说起来，《学者评报》早年的书评，大致在一七〇一年以前的，多半只是短评一类的东西，长评实在很少。大致长评的出现在《每月评论》与《批评报》（*Critical Review*）出版以后才渐渐地增多了，到了《爱丁堡评论》（*Edinburgh Review*）与季刊（*Quarterly Review*）的时代乃成为普遍的格式。

当约翰生坐镇伦敦文坛之时，鲍斯卫尔问他对于《每月评论》与《批评报》所登载的书评有什么意见，博士答曰："批评上的评者，我相信，常常有未读完全书，就执笔写评的，他们抓住一个题目从他们自己的思想里写出来。每月的评者较为愚钝，他们倒情愿老老实实地读完一部书。"博士的批评在今日似乎还可以引用。作评之难，难在先宾后主；换句话说，就是先以著书人的思想为主，以自己的思想为宾。但有人家，没有自己，至多可以写出一篇较完全的介绍或提要式的文章；只有自己，没有人家，有何必作评呢！既作评，便得先去周到地，平心静气地伺候完了人家的意思，再来说自己的。这不但是礼貌，也可以说是道德。与人较量，最低限度的条件是彼此都能有同等的机会进展。但当你评书的时候，被评者就等于是个哑子；你不替他说话，不为他申诉辩护，事实上已失掉平等的与公平的精神；假使你更进一步用暗箭先中伤他，你非但违背了写书评的原则，而且在人格上也难免不受人非难。所以，大致胸襟狭隘的人是不能写书评的，勉强为之也只有下乘的结局。能容人家说话，不，先替人家说话，然后自己能有几句话说便说几句，这似乎是评书者最重要的法规。

既然评书者要先替著者说话，那末他自己所能说的话当然也必为著者的所限制。至少评者的出发点应与原书的相同；换言之，评者应先认定著者的目的是什么，然后看他成功或失败到什么程度，至于著者应否做这部书，这书的组织应当如何地不同，著者的范围应当再包括什么，删除什么，这些都是评者次要的责任。有固然更好，没有也不能算评者的过失。但我们想现在中国的书评，有多少是合乎这个条件的！我看比较对得起著者的，也不过是根据了几点，自己稍有意见的那几点，来断定全书的价值，至于这几点是否书中最重要的往往还成问题。但这种手笔已算是上品了，还有不少的竟是借题发挥，或从自己出发而终于归到自己身上的。借题发挥本是极通常的事，生活里每有非它不可的情形，但用于书评未免对不起原书的著者，因为评者对于著者是有相当义务，相当责任的。不承认这义务，不接受这责任者根本就不应当作评。

近来有人发现一种剽窃行为的评书者。这种人的知识原不如他所评的书。他为什么要作评，我们不知道；不过我们相信他读完这书，假使他曾用心读完的话，于他的知识必有相当的长进。但他以为我既要批评这书，总得有与它不同的意见才好，于是他就把他从书里得来的知识作为他自己原有的学问，甚至于作为他超出著者的知识，同时抓住书里无关紧要的几点大发议论，故作批评的姿态。没有看到原书的读者读了这种书评往往就被它欺骗了。

理想的书评应当是，可以表现著者与评者两个人的思想与知识的较量，所以严格说起来，一篇书评的好坏非读过原书的人不能断定，因读了原书我们才能知道他们彼此的长短和评者的了解程度。但是现在我们却不这样。我们都是先读评，后读书，甚至于只读评而不读书。这样，不但不能知道书评的好坏，更无从知道原书的内容；我们所能知道的至多是一篇文章写得如何而已。至此，书评的功用已不复存在。评书者原不是替代我们读书的人，更不是为我们“摘由”的秘书们，他是实际的批评家，他最高的供献就是把一部新出版的著作，放在以前所有同类的名著中评衡它的价值，他的工作的性质是历史的，比较的，评价的。他的标准读者应当是读过原书的人，甚至于是著者本人。

在西洋，尤其是在英美，多半的短评与简报都不过是一般编辑敷衍出版家的东西，当然谈不到批评。但长评之中够得上称为批评的，也实在是寥如晨星，多数的只能当作一般未名的青年作家领取稿费的根据而已。有人说，这是出版事业过于发达的流弊。不过，在今日中国情形之下，书评似乎还没有十分受着商业的支配，写书评的人也未必能赖此维持生活，何以书评的质量往往还不如他们的，这又是什么原因呢？我们写书评的人想想！

（载《大公报》1935年9月29日）

中国杂志界概论

诸　君

一

著者近来从事于国难三周年中（二十年九月至二十三年九月）杂志之搜求统计及研究，迄今已大体就绪，除将其详细之结果，另撰专文外（注），谨将我国杂志界之基本特质，简单介绍于国人之前。至于详细资料，及各种统计表格因限于篇幅，均从略。而本文所收之范围则纯以统计所得之结果为限。

于本文之开篇，吾人所应明了者，即杂志究与其它出版物有何等之区别。依《出版法》第二条二项之规定杂志乃“得用一定名称，每星期或隔三月以下之期间继续发行者之出版品”。

然依吾人推之，杂志之特质有五：一为以一定之名称出版，而其内容所刊载之文字，或图画复有撰述、编译，或绘制者之署名。一为间隔一定期间继续发行。一为以刊载多篇之图画或有评述时事、研究学术、抒发思想情感性质之文章为内容。一为刊载之文章范围包括多方面，内容并不固定。一为以成册之装帧发行。依此标准则书籍、汇刊、公报、日报定期出版之丛书，以及各种章程等出版品，均非杂志。

世界各国杂志业之属达，莫不始于最近数十年，其原因约有三端。一为印刷之进步及出版事业之发达，一为国民教育程度之提高，一为资本主义经济生活之普遍。国民一方求知欲增高，一方又疲于职业生活而无暇为专门之研究。由是为适应于短促期间可期把握多方面之智识之需要，杂志乃应之而生。杂志之性质盖介乎书籍及报纸之间也。

（注）见《汗血月刊》出版专号

二

依著者之分类法杂志共可分为二十类，其在杂志界中之分布情形有如下表。

国难三周年中出版杂志类别一览表

类别	种数	类别	种数
综合	一四二	工业电业	二八
学术史地语学	一〇七	图书出版	二六
艺术文学	八六	美术摄影	二五
经济金融商业	八三	军事警察	二一
政治社会	八二	国际外交	一九
教育体育	六九	儿童	一八
自然科学	三五	青年	一四
医药卫生	三四	妇女	一二
交通工程建设	三二	法律	一一
农业	二九	宗教	三
共计	八七六		

（注）国难三周年中出版杂志包括在三周年继续出版杂志及创刊之杂志

由此表观察，则综合类杂志数目最多，约占杂志总数六分之一，可知纯杂志性之杂志在杂志界中实居主要之位置。学术史地语学类，如除去学校校刊性刊物，则其数目实与学术文学类、经济金融商业类及政治社会类杂志相埒。此四类合计约占全数八分之三。再次则为教育体育类，如并此六种合计，其数目约占总数三分之二，其它十四类合计之，不过三分之一耳。此种情况一方足以表示读者趣味之所在，一方亦足以表示杂志界之集中倾向也。

三

我国杂志界之发展，于最近数年中极为迅速，文化界中至称之为“杂志年”，可以想见其兴盛之情况矣。吾人如对此兴盛时期之三年，杂志界发展情形加以分析，实有数方面堪加注意者。

首为国难之周年中杂志创刊情况。吾人应明了者即创刊之数逐年有所增加，如以各年月日份数目证之，二十一年一月为一八，二十二年一月为三三，二十三年一月为五六，其间几为加倍的增加。如更就各年份综括计之，又如下表。

二十年度（二十年九月至二十一年九月）	七一
二十一年度（二十一年十月至二十二年九月）	一一四
二十二年度（二十二年十月至二十三年九月）	一六四

是则由二十年度至二十一年度增加四三，由二十一年度至二十二年度增加五三，其杂志发达之情况，显然可见，文化界中谓本年为“杂志年”，实非过甚其辞也。

其次吾人应加注意之问题，即杂志创刊之季节性。就统计之结果观察则一年之中杂志创刊数目最多之月份为一月，次为六月，再次为十一月、七月、四月。

复次吾人对于杂志创刊数目之增加，为类别之观察，则数目增加最为显著者为经济金融商业类，次为教育体育类、学术史地语学类、政治社会，而在杂志界中给重要地位综合类及艺术文学类，迥不若上述各类之迅速，此则为殊可注意之事实。

最后可加注意之问题，乃创刊与刊期之关系。依统计结果，知半月刊发展最速，而月刊、季刊、周刊、旬刊等则陷于滞进状态中。

四

大体论之，我国杂志界缺乏固定性，其具悠久历史之杂志为数颇少，此则为一般人平时所共同体验者。然其真实情形究为何如，则不能不待详细之讨论。

依统计所知，在此国难三周年中创刊杂志总数为三五二，在国难发生前创刊杂志总数为一一八。其比为三与一。

在此国难三周年中停刊数目为九二，而以二十二年三月至九月之间较多。

关于杂志之历史，吾人有下列统计。

国难三周年中出版杂志历史一览表（组距在前组）

时间	数目	时间	数目	时间	数目
即停~一年	二四一	五年~六年	一八	十年~十一年	四
一年~二年	一三四	六年~七年	一二	十一年~十二年	二
二年~三年	八一	七年~八年	七	十二年~十三年	二
三年~四年	四三	八年~九年	七	十三年~十四年	二
四年~五年	三二	九年~十年	三	十四年~十五年	五
十五年~十六年	○	二十年~二十一年	二	二十五年~二十六年	二
十六年~十七年	二	二十一年~二十二年	二	二十六年~三十年	○
十七年~十八年	二	二十二年~二十三年	○	三十年~三十一年	一
十八年~十九年	二	二十三年~二十四年	二		
十九年~二十年	一	二十四年~二十五年	○		
总计	六一○				

就此表观察，则杂志之历史在一年以下者，占总数八分之三强，二年以下一年以上者占总数五分之一强，二者合计占总数三分之二强。因之杂志界中之大部分仅有二年以下之历史或寿命，应为吾人获得之结论。

其次如对杂志之历史与其性质之关系加以研究。则以法律类、交通工程建设类、农业类、自然科学类，历史较为悠久，而综合类、经济金融商业类、学术史地语学类历史较为短促。

五

杂志之刊期，即杂志出版其每两期所间隔之一定时期也。凡以半月以上定期出版之杂志为长期杂志，主要者如月刊、季刊及之以半月以下定期出版之杂志为短期杂志，主要者如周刊、月刊、半月刊。我国于此三年中杂志刊期之分布情形，可由下表考之。

国难三周年中出版杂志刊期一览表

刊期	种数	刊期	种数	刊期	种数
三日	一	旬刊	四一	两月	一六
半周	三	半月	一一七	季刊	七四
五日	一	月刊	四〇四	半年	一六
周刊	一〇六	月半	二	年刊	四
总计	七八五				

就此表观察，可知杂志之出版，实以月刊为最多，其数目占杂志总数二分之一有奇。月刊以外半月刊、周刊次之，其数目各居总数八分之一强，与月刊合计共居总数四分之三。故概括言之，即谓杂志乃以周、半月、月之刊期而出版，固无不可。

其次吾人再就杂志之刊期与类别之关系加以考查，则杂志应分五大类。（一）以月刊以上居多数而月刊次之者，有自然科学、法律两类为最富长期性之杂志。（二）以月刊居多数而月刊以上之数目次之者，有经济金融商业类、农业类、医药卫生类、图书出版类、交通建设工程类、教育体育类、工业电业类、学术史地语学类为较富长期性杂志。（三）以月刊居多数而半月刊次之者，有政治社会类、宗教类、美术摄影类、艺术文学类、妇女类、青年类为中期性杂志。（四）以月刊居多数而周刊次之者，有国际外交类、军事警察类、综合类为富短期性之杂志。

六

依一般常识推断，因谋印刷及推销之便利，杂志自然于都市乃当然之结果。然如细加观察，杂志集中都市之情况究为若何；各大都市间彼此分配之情况若何；各类杂志地理上之分布情况又为何如；凡此莫非重要之问题，而不能概括推断者也。

依吾人所搜材料统计之结果，可得结论如下。（一）全国杂志六分之五集中各大都市（上海、南京、北平、天津、武汉、广州、杭州七地）而六分之一散各地。（二）大都市中上海一地发行或出版之杂志即占全国杂志总数之半，故上海实为全国杂志界之中心。（三）上海以外南京次之，约占五分之一，北平更次之，约占十之一。（四）各省份如浙江包括杭州，广东包括广州，河北包括天津，山东包括青岛，则主要省份中发行或出版杂志数目多寡之次序应为浙江、江苏、河北、广东、山西、山东、河南。

其次再就杂志之性质与地理之关系，加以研究则其结果如次（一）分配各地较为均匀而以上海最多、南京次之者有综合类、经济金融商业类、交通工程建设类。（二）分地各地较为均匀而以上海最多、北平次之者有图书出版类、学术史地语学类。（三）以南京最多、上海次之者有政治社会类、自然科学类。（四）大部分集中上海者有美术、摄影、妇女类、儿童类、艺术文学类。（五）国际外交法律以南京最多，上海、北平数目相埒而他地无之。（六）军事警察类以南京最多，杭州次之。（七）工业电业类大部集中上海、南京次之。（八）医药卫生类以上海最多，杭州次之。（九）农业类以南京较多，其余散布各地。（十）教育体育类以江苏较多，其他各地次之。

七

杂志之价格，亦为吾人应行注意之问题。就统计结果吾人知每册定价二角以下之杂志共计四五三种，实占统计总数三分之一强，故二角以下实为杂志之一般价格。如就全数平均之，则六三五种杂志共值一百二十五元七角七分二厘，故其年均价格为一角九分八厘。又各别加以观察时则，每册定价二角之杂志有一一一种，定价一角之杂志有九九种，定价三角之杂志有八〇种，定价五分之杂志有六〇种，定价一角五分有五五种，定价三分有三九种。

其次吾人再就杂志之种类与定价之关系加以研究，则有两种观察法。一为中位数观察法，就各类杂志中求出中位数作为代表之价格。斯依其价格之大小顺序列表于下。(宗教类略)

儿童类	六分	综合类	七分
教育体育类	七分	农业类	八分
政治社会类	九分	妇女类	一角
青年类	一角二分	医药卫生类	一角五分
工业电业类	一角五分	艺术文学类	一角五分
国际外交类	一角六分	军事警察类	一角八分
美术摄影类	一角八分	学术史地语学类	二角
图书出版类	二角	法律类	二角
经济金融商业类	二角五分	交通工程建设类	三角
自然科学类	三角		

一为限界观察法。就各类杂志中调查其最低最高价格。兹录列表于下借以清楚眉目。

综合类	二分至四角	国际外交类	五分至四角
政治社会类	二分至八角	法律类	四分至七角
军事警察类	四分至四角	经济金融商业类	三分至一元

续表

交通工程建设类	二分至一元	工业电业类	二分至四角
农业类	二分至三角	医药卫生类	四分至五角
学术史地语学类	一分至七角	自然科学类	五分至二元
教育体育类	一分至五角	宗教类	一角至二角
图书出版类	二分至一元	艺术文学类	二分至五角
美术摄影类	一角至五角	妇女类	五分至二角
青年类	一分至二角五分	儿童类	一分至一角

最后关系杂志价格之问题，为吾人所应研究者为价格与刊期之关系。吾人由统计所得之结论为（一）周刊之代表价格（注一）为三分，在一分至五分间之数目最多，价格限界（注二）由一分至一角五。（二）旬刊之代表价格为五分。在一分至五分间数目最多，价格限界由一分至二角。（三）半月刊之代表价格为六分，在一分至五分间数目最多，价格之限界由一分至三角。（四）月刊之代表价格为一角七分，在一角五分至二角间数目最多，价格之限界由一分至七角。（五）季刊之代表价格为四角，在四角五分至五角间数目最多，价格之限界为一角至二元。

（注一）代表价格取其中位数

（注二）价格限界除去若干例外

八

杂志之经营有五个重要问题可以批评。一为人材问题。我国杂志界之经济源泉大都操之书贾，因过重营利之目的，乃易投读者有低级趣味之需要，而不克搭当文化上应有之使命。一为方法问题。现有最恶劣之趋势，为对于内容文字则乞怜于名人学者之门，对于推销则利用卑劣之商业手段，折扣优待、大廉价、大减价、赠书报、赠书券甚至赠奖券等等方法不一而足。一为资本问题。因成立时无固定可靠之资本，而冒昧从事经营以至出刊未几，即行停刊，影响读者，为害实大。一为设备问题。经营杂志而无特定之社址，东迁西移，因简就陋，亦通有之情形。一为组织问题。临时凑合几个人便出版一种杂志，一旦人物分散，杂志便烟消云散，此种无充实固定之组织，亦非适宜之状态。

杂志之编辑又有九个重要问题，可以批评。一为人材问题。我国之编辑人材易犯三种毛病，即自满、自私与自利。自满则故步自封不事进取；自私则划分范围，特约编辑，不收外稿；自利则薄给外稿稿费，克扣取得酬金。一为选稿问题。编辑常有两种标准，即亲与疏，厚于熟人而薄于陌生，即名与卑，宁登名流之浅浮之文字，不载无名作家精心佳制。著者此言虽稍偏激，然事实又往往如是也？此外长篇短篇，翻译创作，文言白话，往往编者自有标准而不可一概论之也。一为校勘问题。较有地位杂志，校勘尚知努力，而一般杂志往往舛错字连篇皆是，殊为轻忽之至。一为编次问题。我国之年中之杂志界有一特殊之现象即所谓“专号热”，此种每期捉得一个中心问题之专号方法，纯由编辑者之“将性质相近之文字搜集于一期”，性癖发达而成。其结果在使杂志书籍化，发展至极端则杂志将成专志矣。一为总目录索引问题。关于此种工作现在杂志界中虽仍然大部缺乏，然已逐渐普遍，便利读者，诚非浅鲜。一为广告问题。杂志中广告之侵占正文地位为极普通之现象，亦为极不良之现象。依吾人之见解，宜将所有广告摈之于正文之后，既不扰乱读者之心思，又便于装订，殊为合理之处置。一为分期问题。杂志每卷之分为若干期，其原意无非便于出版之计算及杂志之装订保存，然吾国杂志界，关于此问题从未为致密之考虑，其分期之复杂不一，或失之过多，或失之过少，于读者装订之时，常有踌躇之苦。一为排字及封面问题。若干杂志从事外形及美观，反失其应有之本意，亦非相宜。一为印刷问题。若干杂志徒知注意纸张之高贵，字体之变换，及装璜之华丽，金钱之浪费，亦属不合正规。一为邮寄问题。我国杂志社以前对此最不讲求，徒知封寄之便利，而不顾读者拆阅之烦苦，层层包裹之纸张益以坚固之胶黏，既有剪刀在傍亦非数分钟不能启，而只空手，有时竟无办法。差幸近来许多杂志之邮寄已改用书袋式之寄法，其有利于读者，诚多多矣。

（载《学生生活》1935 年第 4 卷第 8 期）

所谓“杂志年”

钟

如果你愿意到任何一个书店里去浏览一下的时候，包你会感觉得眩眼心迷的，绝不是什么初出版的书籍，而都是些簇新的杂志的样本。这也绝不是说这是任何一个人的触觉关系或是我故意扩大其辞，就是那些鼎鼎大名的一些文学家，也都到处拿这一问题在做他们发挥高见的材料。真的，这一年来，我们时常听到或看到许多印刷厂里出版的杂志，是比任何出版品都要多得好多！并且这些种类花样，都使人记不清楚。的确不愧称之为“杂志年”！

可是，这对我们有什么影响呢？

前天听到几位同学说：“现在的杂志，没事时买几本来看看到可开开心，如果订它论年或几期，那你一定会上当。”诚然！你看，杂志是这么多种类，有几种有过半年历史的呀？还有奇怪的，拿几种不同的杂志来，能看出里面的主要作者都有相同的，这固然因为作者有其才能的关系，可是为什么不继续努力呢？这虽不使我想到他们会故意布此骗局，有时会连想到完全由环境所造成。——读者迎新弃旧的心理，书店商人迎合读者的赢利心理与作者的生活关系，然而有时也会想到作者的虚荣心，或者是仅有此而已！为着能力的关系，只好再从新干一个花样。

不，才能并不是胎生带来的，我相信有才能的作者一定会骂我“胡说”，可是事实是这样，要我不来“胡说”也只有希望作者们不要朝三暮四，日新月异，一味不自主的随着环境去东歪西跑，应该自己拿出一些研究的精神，真正苦心孤诣地去努力创造。再说到杂志，虽然可以搜罗古今中外，无奇不有的东西来刊载，也应该注意到读者心理，但是，在它里面也还应找出系统来，怎样去注意和提高读者的兴趣和研究的心理，须知文化运动决不是满追读者的心理，而是要提高读者的兴趣来共同创造，尤其中国的现况下，迫切需要的是建设心理，绝不是要养成堕落的颓废心理。

同样我们觉得要想文化建设能够真正得到完成，不仅需要努力文化运动的人去切实做去，当局者也必须有更大的决心，来实行文化建设的统一战线。所谓“杂志年”的现象，就应贡献给以相当的估计，和严格的清算，并给以各种帮助和保障。庶几不至变成如资本主义的货物膨胀的所谓“杂志年”的现象，再在文化脆弱的中国出现。救国家于民众亦有莫大裨益！

（载《学生生活》1935年第3卷第5期）

杂志年的改造

孔水村

每到年岁的转换期，各种事业，总是一方结束过去，一方计划将来。在文化界，也是这样。

人们都说，今年是杂志年。是的，不要一种一种检视，只要看到有杂志公司的设立，大部分专卖各种的刊物，就可知道杂志年的名副其实了。

有人主张结束这杂志年。但虽主张结束，却没有另外提出将来的计划。

这究竟是少数人的主张，并不是一般的。

为什么呢？

杂志年的名称，还是起于杂志，而杂志又占了出版界的优势。从杂志中提出结束杂志年的主张，那是一个矛盾。杂志不提出，提出也无力。

杂志年的名称，起因与别的什么年不同。别的什么年的名称，是因鉴于某种需要，而规定的，有提倡的意思。杂志年则是由于既成的事实，而起名的，是说明的意思。提倡有效，可以更进一步，进步可以结束过去。提倡无效，便索兴结束了，另觅蹊径。说明只是说明，事实不变，就不结束，不能歪曲事实瞎说；歪曲事实瞎说，事实还是事实。

事实，看十二月二十四日《申报》“市声”栏内的消息：

四马路上海杂志公司，为全国杂志之总汇。……自一月一日起，最少每月有一种新刊出版。其已与接洽妥善而尚在编印中者，尚有十余种。于斯可知明年杂志年之盛况，更将超过于今年。现闻该公司新出有杂志日历一种，将各种杂志之出版，每日订明于日历中。……并闻一月份新刊之出现者，有《文艺电影》半月刊、《大众知识》半月刊、《大众漫画》月刊、《生生图书杂志》、《俱乐部》月刊、《中华印刷杂志》、《电影漫画》月刊、《妇女书报》、《文饭小品》月刊、《诗趣》月刊、《人体美》月刊等。

虽说明的地方，不免言之过甚，如“最少每日有一种新刊出版”，但杂志年的趋势，确是方兴未艾的。

杂志兴盛的原因，大约有五种。

一、读者的购买力低弱；

二、读者的知识欲炽烈；

三、读者的苟安取巧；

四、办杂志的人多；

五、书店的投机。

这些事实，过一过年，就能改变了么？不能，杂志年也便不过去。

杂志不一定不能办，不一定不需要兴盛。症结是在它的单独兴盛，畸形发展，至形成了一个杂志年的怪名。但这单独的兴盛，畸形的发展，不是杂志本身具巨大的力量，逸出了轨道，而是“相形见巧”的。且不说结束杂志年的结束不了，就是这种希图，也还是因噎废食的办法，——虽然这是零食。不办杂志，不见得单行本的大著就能产生，就能畅销的。

杂志年既结束不了，杂志也既不能不办，而且，现有的杂志，读者的动机，也不见得全坏，如读者的知识欲炽烈与适应这种欲望的杂志。不过，杂志对于读者的知识欲，是不能完全满足的。这样的杂志，又还是少数。

所以，与其说结束杂志年，不如说改造杂志年。这改造的路径，应从空虚到充实，从消闲到求知：一方面满足读者的知识欲，一方面又引起读者的知识欲。

那么，杂志对于单行本的大著，不但不相冲突，还是有裨益的吧。

（载《文化建设》1935年第1卷第4期）

杂志年与文化动向

明

革新号的《现代》杂志有一篇傅逸生的《中国出版界到何处去?》。“因为出版事业，不仅在他底内容，就在他底发行及读者需求的情况上，都正是一个国家文化动向之忠实的记录，——因此，我们提出‘中国出版界到何处去’这个问题来讨论，在了解中国文化动向这一点上，并不是没有意义的。”（傅文中语）

傅先生把最近几十年来中国出版事业的发展分为三个时期：“第一，由萌芽到启蒙时代的时期”，这包括了中国自有新书业以来直到“五卅”和“三一八”前后；“第二，一九二七年以后书业的发展时期；第三，一九三二年以后的萧条时期”。

最后一时期，即现时期，傅先生指出它和前一时期不同的现象，第一是“一般系统的社会科学和哲学书籍之锐减”，但“文学书占百分之十七，仍保持相当的数量，大多数的书店都竞出教科书、儿童读物、妇女书籍及青年修养等书”；第二“便是所谓杂志年，——据《人文月刊》统计，一九三二年收到全国杂志为八七七册，一九三三年为一，二七四册，一九三四年为二，〇八六册”，定期刊总数约为二百八十到三百（政府公报除外）；第三是“幽默小品的流行”；第四“是大部古书的出版”；第五“是迷信书籍与淫书之活跃”。

傅先生的结论是：“随着时代的进展，以后出版品的内容方面，不成问题的，我们可以断言：难于阅读的旧文字（学?）与洋八股将与读者更加远离；大众语与手头字必然更加普遍流行。迎合侥幸心理的迷信书籍与消解苦闷的淫荡离奇小说，仍可相当的发展，但富于科学常识的精明书籍杂志及意义深刻的漫画、画报、木刻，将有更进步的供给着前进的读者。迎合个人牢骚及悲观思想的幽默品，将愈趋于颓废堕落，富于前进性而有社会意义的讽刺品与写实小说，将有更进步的成绩供给读者。”

“我们可以断言，读书的大众，将要为了解决个人与社会的幸福问题，必然在生活紧张的余暇，加紧找寻指示自己与社会前途的简明读物。”——这是傅先生的结论所由产生的理论根据。

我们对于傅先生的意见，十分之九是同意的。剩下来的一分不同意，就是对于杂志年的估量。

我们以为“杂志年的研究”就足够包括了现在出版界大部分而且主要的现象。傅先生把“杂志年”列为最近出版界动态的一项，但是我们最好更进一步，把“杂志年”看作我们现时“文化动向之忠实的记录”——最忠实的记录。因为大多数书店之竞出教科书、儿童读物和青年修养书籍，不过表示了“生意虽难”时的趋避，并且为的这类书不大受潮流变迁的影响；即如大部古书的翻印也不外此种想头（自然复古的潮流使得古书有销路也是客观上一部分的原因），所以这两方面的成因，还是书店老板“生意经”的意味较多。然而“杂志年”的造因，却比较复杂得多了。据说销数在一万以下的杂志，出版者没有多大好处，但现今杂志销数在一万以上者却也寥寥可数，可知杂志的多产并不为有利可图。

本刊的论坛栏，曾经屡次论到杂志所以多产的原因（看本刊三卷六号《一年的回顾》）。过去一年既由那许多原因而造成了杂志的多产，眼前的一年亦将仍由那许多原因而造成了杂志的更多产。后代人如果要知道我们这时的文化动向——要知道有多少不同的“思潮”在那里交流决荡而形成变幻多色的大漩涡，那他研究了这“杂志年”总可以明白一大半的。

在这“杂志年”的大杂剧中，大花脸和小花脸的裸体跳舞固然层出不穷，但是好的倾向也针锋在相对发展着。我们觉得“杂志年”有它重大的文化意义，就是为此；同样的，我们同意于傅先生的结论，也是为此。不过大小花脸们是一相情愿地只想把“杂志年”成为“他们的杂志年”的，现在的情形真出乎他们意料之外了。

（载《文学》1935年第4卷第5期）

从杂志年谈到书店

王　晦

在这年头谈“书店”，似乎不大起劲。据说今年是杂志年，不但书店拼命出杂志，就是私家刊行杂志的也异常的多，阿猫阿狗都在办杂志了，实在从“生意眼”看来，能够赚钱的杂志能有几种？不过绷绷场面而已，一副露骨的“外强中干”的窘状而已。

但是，天下傻子没有这么多，这种明明蚀本的勾当，为什么一定要去干呢？此中亦大有故，其故安在？事实摆在面前的是“蚀本”，拿着少数资本在手里，有人要出种把杂志玩玩，最大的原动力乃在“登龙”，“蚀本”的代价是“登龙”，就是“蚀本”，然而已“登龙了”，打打肚里算盘，仍然是合算的，于是杂志就一种种的印出来了。

谈起“登龙”来，又何尝容易？上百种杂志陈列在报纸上或杂志公司里，每一种新出杂志的主编者以及新出头的执笔为文之士很容易被人忽略过去。所以，常常有多种的杂志，在这“杂志年”中，自生复自灭了。

自从“幽默”的末路变成了“笑话”，漫画的趣味趋过了低级，如所谓《王先生》、《小陈》等等的风行，这是显示“杂志年”已经快要过了。虽后模仿者接踵而起，那自然只有愈趋愈下。——这是关于一般杂志的风尚。

无疑地，“杂志年”已日趋于没落，一九三六年转眼就到了，明年是出版界的什么年呢？仍然是“杂志年”？还是“小报年”？“古书年”？“一折八扣廉价书年？”“××年”？谁猜得准呢，我们也用不着管它，好在事实不久就会告诉我们的。

我们且不尚空谈，只要看看出版界的现况吧，为什么各书店都在拼命出版杂志呢？其中最大的原因当然是购买力的衰退，书店无资本出“单行本”，就是出版也无人买，杂志是一二角钱的买卖，凡是智识阶级都买得起，看得懂，虽然本重利薄，有时简直无利可图，眼见要蚀本的，因为“慰情聊胜于无”，只得姑且干一下。

在此情形之下，也只有“一下”好干，这种局面绝不会是长久的。加之，纸价的飞涨，杂志的成本愈高，定价已跌入成本之内；恐怕到明年，定如秋风卷残叶般的；淘汰大批的杂志，只剩硕果仅存的几种了。

我所指的“硕果”，大多是由几家有雄厚资本的书店经营的，他们用大资本者威胁小资本，自然很容易得着最后的胜利。

有一爿由××周刊社而变为书店的某书店，可说是上述书店中的一家最具有新资本主义形态的书店，这是不能不大书特书的。

大凡一个商人阶级，都是用资本去搏利润，人家用这种眼光看他们，他们自己也不否认，他们看不起穷苦的大众；因为穷苦的大众没有钱去购买他们的商品，一股十足的愚头的商人气！

然而，某书店就聪明了，他是一般脑满肠肥的自命“前进”的作家们所主持的，整天在那儿喊“前哨”、“前进”、“劳动”、“大众”，麻醉得一般“穷同胞”乐得心痒难抓，将口袋里最后的一块钱去填满“前进”作家们的银箱。我们只要看看某书店的“生意经”，那是比任何书店都高明的，他的计算是异常的精明，如何博利润，如何麻醉读者，如何剥削“大众”，仍然要“大众”去供养他；什么中国书业的“托辣斯”，如商务中华之类，他们营业的方法，较之某书店乃噬乎其后的！

实在，拆穿来也没有什么稀奇，苏联的大官大府们就是如此，站在“穷苦的大众”头上享乐，还要麻醉民众道：“十年后，大家都有新裤子穿了。”试问苏联的大官大府们现在穿的是破裤子，还是住的高楼大厦，乘的最新式的汽车呢？

我们还要看看某书店的后台老板吧，有的是昔日勾结军阀的土劣，有的是众人唾弃的官僚，而编辑们有的是昔日轮盘赌今日回力球，跑狗场的豪客，他们过的是大都市中最糜烂的生活，于呼卢喝雉，恒歌甜舞之余，醉意熏熏，提起笔来写的“大众”呐喊的文章，王荆公曰：“凡不近人情者，鲜不为大奸贼！”“大众”是盲目的，受了他们的欺骗，原无足怪！而一般明达之士，也“熟观无睹”，他们还是欣赏这个把戏？这是“怕管闲事”？要知道目前的中国，已是不容我们“自扫门前雪”的时候了。

话也得声明，我是一个青年，我有热血，我有头脑也有拳头，自问能力并不后于某书店的衮衮诸公们，我的思想是前进的，我也不满意于中国的现状，然而，我之所谓“前进”，是如何求中华民族的解放，如何改良大众的生活，如何准备与帝国主义者作殊死战；然我痛恨“以暴易暴”的盲动主义……此而曰“前进”，吾只见其日杀，未见其“前进”，只见其“后退”也！

…………

话扯得太远了吧！然而又何尝远呢？我现在是“就事论事”，痛心于出版界的盲动，一切“脚踏两只船”的聪敏透顶之士，不知他们也一念及垂危的中国否？

据观中国的智识阶级都是能辨别是非的，我希望一般老板们、编辑与作家们，不要太聪敏了，你们是“中国人”，就应该爱中国，你们也知道殷汝耕该骂该杀。然也知道任何方面破坏中国的皆为“汉奸”乎？

开书店赚钱，本为天经地义，未可厚非，由介绍智识得点报酬本不过份的，然又何必要煽动一般正在“埋头苦干”的群众呢？

这是我的“忠言”，自然有点“逆耳”，然而，这有什么办法呢？抑制不了的情感，“若鲠在喉，不吐不快”，翻印古书是“民死主义”，煽惑大众乃是“民狂主义”呀！

拉杂写来，话已不少，就此带住，如有得罪的话，尚望所谓“前进”的作家们包涵是幸。

（载《社会新闻》1935 年第 13 卷第 6 期）

旧书年

卫　术

读者诸君！去年读者阶级公认为杂志年。今年将成为什么年呢？着眼于出版界的三个月的过程，我试为诸君杜造一个名字——

"旧书年"。

书商一面秉承着杂志年的意绪，盲目底地竞争着市场，专门凭借杂志的销售的中间商也就出现了。一面是停止出新书，仅以旧书的贩卖与翻印，用以粉饰门面。整批被置于真实的、历史底的评价而放置的典籍图书，目下于是正在猖獗着。这正因为"书"是企业的一部门，受周期性的恐慌的自然律所支配的缘故。

"旧书年"顾名思义，是破旧的书。目下，有一半以上专出新书的书店举行减价，把稍有污渍的破损的书，以最低廉的价钱出售。书商眼瞪瞪地看在好市况期间，因竞争而疯狂地出版的"书"这商品大量地堆积着，不得不忍痛削价，使它周转成为货币。

而"旧书年"的另一对象，就质上说，是古老陈腐的书的竞争。一书店出版《袁中郎文集》，别一书店便印行《袁中郎全集》。因《二十五史》与《二十六史》的翻印竞争，以致涉讼等等，是随手摭拾的最好的例子。最近某书店，以编印初期十年的新文学动态的文学大系来号召，这举动是比较聪明的。因为翻印旧书，成本的负担一定较为轻微，至少稿费是无庸出了的。并且可以将书价任意抬高，再有是不致遭受什么危险。然而却因篇幅浩瀚，定价昂贵的缘故颇使书业脱离了一般的读者阶级，有成为一种装饰风雅的趋向。总之旧书的抬头，一面是从事"书"的工作人的没落；一面是因为购书能力薄弱，同时更无从得书，闹着智识荒芜而促使读者阶级没落了。这事实足以招致文化的停顿与衰微，是最明显不过的事。

（载《申报·自由谈》1935年4月10日）

古书翻印热之探讨

逸 穆

今年的出版界，在我人眼前展开的，又是一种新的局面。这就是古书的翻印热，这种形象的好坏，是颇得来探讨一下的。

今年的古书翻印热，其原因最大，可说是出版家们的生意眼问题。我们很明了，出版界在这二三年来，是被社会一般不景气影响得有如江河日下之概。在一九二六年以至一九三〇年的新文艺书及社会科学书的风行一时，使出版家们的确抓进不少的利润，因为这一类成本是没有多少，而价值又很昂，出版商人自然是乐得高呼“促进新文化运动”的口号，而借以谋利。可是近年来，却一变而今非昔比了，在百业萧条的情况之下，出版商人只有另行别图了。于是去年造成了什么“杂志年”，各色各样的杂志，不管是哪一种内容，都从出版商人的手里拥将出来，因此出版界就造成了相当热闹的风波。可是归根结底，有如昙花一现，出版商人见势不妙，又只好另寻出路了。结果弄出了今年这古书新刊的花样来，造成空前的古书翻印热。而《警世通鉴》、《金瓶梅》之类的书又充满了整个的出版界。

这种形象的出现，我们明了了它的原因以后，是必须进一步而来检讨它的有无意义和价值的。

去年闹了一次接受文学遗产的问题，有很多人提出了中国过去文学有无接受的价值，这也就是说，古书有无从新搬出来估订它的价值的必要。自然，这种理由的提出是对的，我们要谈接受遗产，是绝对不能完全以为去接受外国的，对于我们自己的古代文学也是必须顾到，而是必须先行着手的。可是当时讨论的结果，是没有得到一个结论，原因在于这问题并不是简单的。就笔者的意见，以为中国过去的一些文学遗产，的确有些是值得我们从新估价而接受下来的，不过是如何去选择的问题。而今年突然的古书翻印盛行，这却使我们觉到惊异，也许有人认为这正可借此机会而给一些老古董再加以批价，这种观察是错误的。要知研究中国过去的文学，是非有很深的修养的人不可，而今年出版界这样的丛出不穷，而且不管其好坏只为了生意而刊出，这就谈不到意义和价值了。所以，我认为目前的这种古书翻印热，根本上是没有一点意义和价值可言的。

更进一步，我们有谈到它的影响于文化运动的问题了。

在这外侮日迫的现在，我们青年们已是不如从前的能够专心去研究那些与时代没有密切联系的东西了，我们所处的地位，是在必须日夕图强的环境之下而努力的，摆在我们眼前的，是如何利用文学以及戏剧、绘画、诗歌去告诉民族去鼓起民族的复兴精神，这才是我们所以研究文学的唯一当前任务。古书，这不过是供一般落伍者去作“苦茶庵”之无聊消遣，有为的青年，是不应该受它的妨害的。而出版界，处于如此情势之下，本也应该努力为民族复兴运动而工作。可是事出意外，商人们只为谋利而不顾民族的利益，反而出版大批古书，这未免是丧心病狂了。而古书之踊跃出版，对于青年不但不能得益，反而有害。所以我们可以说，其影响于民族文化运动之前途，诚非浅鲜，我人如不急速起而这一恶倾向加以纠正，其为害之深，当比于今更甚也。

（载《文化生活》1935年第1卷第9期）

再论古书翻印问题

骥

我们对于翻印古书的问题的讨论，似曾给出版界以很大的注意。从开明书店的《二十五史》到商务印书馆的《十通》，那些比较有用的“原料书”，都已被他们用很经济很便用的方法重印了出来。虽然仍不无几许的缺憾存在，但至少是为读者们解决两个问题：（一）册数减少，易于携带；（二）附有索引，便于检查。

最近中华书局似乎也“从善如流”的把他们的重印本《四部备要》加上句读，这确是便利读者们不浅的。

我们似乎对于这个问题不必再说什么话了。出版业的当事者们似已知道，怎样改善他们的印刷和怎样为读者们着想了——当然也还是不免要顾虑到他们的营业。

但有一个愉快的附带的事件，却不能不在此揭发出来，作为这个问题的结束。

首先得声明态度的，是我们这里发表的意见，绝对不受任何方面的影响，我们不怕威胁，更不受利诱。谁企图用什么恫吓的言语来阻止我们发言，那就更是梦想！

我们只知为文化的前途，为大多数读者的利益而努力。我们的话自己决无偏袒，也没有扭曲与隐匿。

当我们在三卷二号上讨论到这个问题的时候，曾附带的提及开明版的《二十五史》，和书报合作社（那一次曾将这个店名误作出版合作社）出版的《二十六史》。我们本来没有什么徇私，好的还他一个好，坏的也不能勉强说他好。所以，对于《二十六史》的那样印刷方法，我们只好说直话，就是对于开明版二十五史的缺点，我们也同样的一一指出，未尝给以特别的宽恕。

但我们到底存心忠厚，对于《二十六史》编者所犯的可笑的错误，实在还不曾尽情的揭发，因为我们认为那是很小的问题，有识力的读者们自会发见的。然而至今还不见有人揭发，所以我们为“文化”及出版事业的前途计，就不能不再说几句话了。

要说开“书店”是铲除牟利观念，那简直是大笑话，除非那“书店”是政府的或文化机关的出版处，经费有确定的来源的。

且就《二十六史》的本身来说吧。

我们不知道，读者们曾发见过他们的“第一本”《史记》里的可笑的错误没有。现在姑且不说将正文和批注，用同样的字体印出以及“表”的排列法的如何离奇等等可指摘处。我们知道，《史记》共一百三十卷，殿版《史记》的页数是每卷各为起讫的。《二十六史》本的《史记》如果认为不便照原样每卷各为起讫，那末最近情理的办法，应该是页数连续而下。这至少在做“索引”的时候，及为读者便检起见，是应该如此的。

不料《二十六史》本的《史记》却将全书分作二十“段”，其页数则或分或合，体例不一，或数“段”为一组，或一“段”而又分为数组。且让我们来做一回义务校对吧：

第一段到第三段成为一组（页一—九十六）

第四段（三代世表起）到第五段成为一组（页一—六十六）

第六段（汉兴以来诸侯年表起）到第七段成为一组（页一—八十八）

第八段体书起到第九段成为一组（页一—五十四）

第九段（1）（又是第九段）（《吴太伯世家》起）到第十三段成为

一组（页一——一九）

第十三（1）（又是第十三段）《伯夷列传》只有二页

第十三段（《管晏列传》起）成为一组（一——五页）

又第十三段（《司马穰苴列传》起）成为一组（一——五页）

又第十三段《仲尼弟子列传》成为一组（一——七页）

又第十三段《商君列传》成为一组（页一——三）

第十四段《苏秦列传》起成为一组（页一——十八）

又第十四段《孟子荀卿列传》凡二页（页一——二）

不再引了，不知编者谭天自己也觉得汗颜否？不知他曾经想到过广告上的“人名地名索引”的编法否？请问：这样错乱不堪的页码，如何可以编索引？我们相信，他在印刷这本《史记》的时候，根本上是不曾想到如何做索引的——虽然广告上有所谓“索引”的字样。

谭天根据什么本子将《史记》分成了二十“段”呢？我们好久都猜不透这个谜。后来有一个朋友说道：“这有什么难猜的！商务印书馆的《万有文库》本的《史记》不是恰分作二十册的么？”

这不能不拍案叫绝了！原来《二十六史》的编者谭天连句读都懒得自己去圈，便借用《万有文库》本的史记，连句读带“册数”都借用了过去！天下有这样可笑的事么？

有一个确实的证据。第十五“册”——不是“段”！——《李斯列传》，《万有文库》本将——更克画平斗斛度量文章布之天下以树秦之名圈作——更克画，平斗斛，度量文章，以树秦之名。不知“平斗斛度量”应作为一句，“文章布之天下”应作为一句。《二十六史》本《史记》竟完全照《万有文库》本的句读。错断处，也照样的错。

我们能够信任这样的一个出版者所印刷的东西么？

这部《史记》除了毁板重印之外，还有什么办法？

假如从《汉书》起能够“改头换面”好好的校对圈点一下，也未始不是“补过”之道。在去年十一月十八日的《申报》第四版上，果然登出“补过”的广告来了，说是“但经发觉殿本讹误甚多”，故“汉书已决计用宋景佑本对校”。为什么到这时候方“发觉殿本讹误甚多”呢？

到底是谁“发觉殿本讹误甚多”的呢？在那广告上，谭天共举了二十多条的“殿本之脱缺正文与注文者”和“殿本之错误正文与注文者”。辉辉煌煌，明目张胆的布告于诸读者们之前。这把戏到底是欺谁呢？欺天么？欺读者们之尽为盲目么？这把戏至今日还不曾有人揭发过，我们的读者们实在是太过忠厚，容易受欺了！

谭天且说出来：这“发觉殿本讹误甚多”的到底是谁？是谭天他自己么？不不。

且揭破了他吧：这“发觉”二十多条的殿本讹误脱缺之处的，乃是商务印书馆在民国十九年三月发售百衲本《二十四史》预约时所印的样本，不料事隔多年谭天竟代为再登义务广告一次。

以这样的一种面目和姿态出现，竟还煌煌的宣传着道“谋文化发展”。出版界诚暗无天日矣！

“牟利”是商人的本色，但至少得忠实。读者们必须有一种监督的机关，随时对不忠实的出版加以制裁！

我们的读者们实在是太忠厚了。商务印书馆百衲本《二十四史》告成有待，谭天的《二十六史》在很短的时候必须出齐，未印出的宋本或元本他将如何得到作为校殿本的根据呢？

我们以为忠实的出版家，对于这部浩瀚的“史料”书，倒有一个工作可做。而且现在还留着等待有识力的人去做，那便是做一部忠实的《二十四史校勘记》，把宋元以来诸本，及明南北监本、汲古阁本、清殿本等的异文错简处，都列举出来，或单行出版，或像日本人之校印《大藏经》般的即将附于本文之下。这倒不失为一个弘伟的重要的工作。好书难得，且时有被毁灭的危险——函芬楼的被焚毁，即其一例——及今不为，后将益感困难。不知出版家们有意于此否？但这却非所语谭天辈也！

（载《文学》1935 年第 4 卷第 3 期）

论竞出古书与民族自杀

——请四万万同胞来照一照镜子

李麦麦

书籍是国民生活的一面镜子，我们如果要明白，近三四年间中国的国民生活有否进步和新生气象，最好先一考察近三四年中国的出版事业。

翻开各书局，特别是商务印书馆和中华书局的书目录一看，最先而且最强烈的呈现到我们眼帘里的当然是古书出版的目录。甚么《四库全书珍本》啰，《四部丛刊初编》和《续编》啰，百衲本《二十四史》啰，《资治通鉴》啰，《四部备要》啰，《十三经注疏》啰，《经史子集》啰，《古今图书集成》啰，《国学丛书》，名目繁多，简直举不胜数。

最近商务印书馆更以其雄厚的资本来一个压倒一切的古书出版计划：出什么《丛书集成》，这计划之大到让人吐舌。照商务的缘起说，这《集成》的内容有六千种，数量达二万七千余卷。我们知道，商务在未出这部《丛书集成》以前已经出过两集《万有文库》。第一集《万有文库》古书占一百多种，而第二集古书几占半数，可以说是为卖古书而出版第二集的。这样看来，我们不用详细的统计就可以知道，古书的出版是霸占了我们的出版界。

上述各书，有值数十元者，有值数百元者，至有至数千元者。而在这国民经济日渐破产，国民购买力日渐枯竭的今日，居然容许这样空前的大规模的来出版古书，这不是一个令人不能解的现象吗？其实并不奇怪。笔者在本刊九期《论商务印书馆与文化建设事业》一文已经指出过：大书店和次大书店之竞出古书风气是与近几年的复古读经运动呈同一速度而生长的。

我所最奇怪的，倒是我们的著作界和读书界，对于这种反进化反潮流的现象没有任何积极的反抗和批评！

这般竞出古书的反动的出版家，他们在他们的广告上、营业旨趣书上都是大吹大擂的说甚么“发扬文化”、“古书救国”，然而实际上他们不过是图利而已。

古书真可以救国？那么编纂了《四库全书》的满清是怎样使中国走上灭亡之途呢？

不管就那一方面说，中国现在都还是一个落后的民族。从历史发展的阶段说，假如说今日欧洲或美洲所生的国际纠纷，其根本原因是在他们的生产力欲突破民族国家表示，那么中国现在还在把一个统一的民族国家之形成当作目前中心任务。从教育上说，假如说今日的欧洲和美洲已无不识字的国民，我们今日能认得字的国民几乎百不得一。

虽然我们的物质文化教育这样落后，这样不如人，但如我们的精神文化特别是思想文化能前进不息，日新月异，则我们的精神文化之发展，也可以保证或促进我们的物质文化之发展吧。十九世纪的德意志民族和二十世纪俄国民族，都是借了他们的精神文化之突进桥梁而达于伟大的物质文化建设之阶段的。十九世纪的德国民族和二十世纪的俄国民族，他们的精神文化突进，不仅使这两民族文化发展达于经常一般水平，而且使这两民族一在十九世纪、一在二十世纪短时间内立于世界文化发展的顶点而超出一般民族发展之上。反之，自己本来是文化落后的民族，而在与文化较高的民族发生接触时，复不知师他人之长，且安于固陋，安于抱残守缺。如埃及如小亚细亚各古老民族又焉得不日趋灭亡！

今日之中国出版界排斥西洋哲学、科学、文学和社会科学，而大出其古书，即是中国民族顽固性之复活，即是趋于灭亡的象征。那般提倡读经提倡出版古书的士大夫们，他们恰是一群被追击的鸵鸟，而在不可逃避的社会压力之前，只想把自己的头放在一个不见外来危险的地方罢了。但其影响所及，简直等于向民众施送鸦片！

我们是廿世纪的中国人，我们如果要图奋斗，我们须有近代精神武装和物质武装，这是尽人皆知的。然而我们的士大夫们以及一般遗老遗少们却不如此，他们却要在几十年以前旧书库藏中去拾取旧烂器，他们想要人相信《孟子》的废话：以木梃而挞秦楚之坚甲利兵。这不是要全国民在精神信仰上再演一次义和团故事么？呜呼，非丧心病狂者孰能出此？

古书真可以救国，则曾左的“洋务”救国运动，康梁的“变法”救国运动，孙中山的“革命”救国运动，“五四”的“新文化”救国运动，民十五年以来的“社会科学”救国运动岂非是多事？岂非是心理错乱的表现？

三十多年以前，谭嗣同抨击当时诋毁“洋务运动”的人说道：“试问诋洋务者，能不衣洋布用洋物乎？独于伦常（即人生哲学）窃窃然疑其偏绝。”今日之提倡古书救国者，没有一个是脱却此种故套的。他们可以坐洋船，买洋货，用洋钱，甚至可以做洋奴，但对于西洋哲学、科学和文学以及社会科学独加排斥。

近几年来，国民自杀现象已和崩溃时期的罗马一样，已经成为通常的习惯了。自然一些自杀的同胞大部分是因经济困难而出此，但假如这些同胞都是有点科学头脑或是处在一种进步精神风气中，他们即使是怎样的受经济压迫，也不至于这样无结果的自杀吧。自杀之所以成为流行病，只是因为各大书局竞出古书和一般无出息的士大夫只知师法阮籍、袁中郎，遂不免使一般受生活困难的同胞，在身未死以前已经收到“心死”的传染病，才有这许多的自杀事件发生吧。

我们是二十世纪的中国人，我们并不和秦始皇一样主张对一切古书都加以焚烧。我们认为：一切书籍都是特定时代、特定社会而且是为了应给特定需要的产物。同时我们又认为：历史的进化总是按着真理的他方消灭之后，即确定此方的真理这原则的。因此，过去一切之于现在，只有历史的价值，而没有现实的价值。既然过去一切对于现在只有历史的价值，则一切古书，只有对于特种专门学者和历史学家才是有意义的，而对于一般国民大众是完全没有意义的。你能说在文学上，韩愈比福禄贝尔或托尔斯太对我们更有意义么？倒是相反：恰同陈腐的食物足以损害国民的健康一样，那种陈腐的精神食粮，也是最能损害国民精神生活的。

我们的国民的Q精神，并没有改变过来，我们是用不着现在就回到Q面前去的。因此，我愿今日之提倡出版古书的须从良心上面考虑一下你们“古书救国”的口号。

（载《文化建设》1935 年第 1 卷第 11 期）

谈读旧书

陈炼青

欧洲有一句老话儿：“当你听到新书出版，同时读旧书。”我引用这句来谈读旧书，也自有一点意思。旧书，不一定是先秦的著作，荷马的史诗；也许明人的小品，清人的小说；也许伊里沙白朝的戏剧，维多利亚朝的创作，——只要没有这二十世纪热烘烘的气氛，皆可统称曰旧书。

我这里所要谈的旧书，鸿沟先分，是单指文艺一类的。

旧书经过时代淘汰，其能长久吐出光芒，遗留于人间而不会消灭者，自然有它难以消灭的成份在。你若问我：它不会消灭的原因在那里？具体的答复我可答不来，仅能说，单在它能经得起人们一读，读了还想读，这一点想去，就足证明它有存在的价值。不像新出版的书，没有经过时代淘汰，好坏不一，盘根错节的充满于市场，教人眼花缭乱，不知要看那一本好，看后是否虚费金钱与光阴，也够煞费一般读书人选择了。然而新书也并不一定尽坏，须知旧书在若干年以前也就是新书。目下的新书，过了若干年后，我敢肯定，平庸者的命运，决长埋于泥土中，没有人肯向它一顾；被时代的筛子一筛，便剩那些佳作，留传世间，长给人们拭摩与欣赏，永远读之不倦。这些新书，后我之人，披览之下，也称之曰旧书。

旧书的好处在不厌重读。对于心所爱好的旧书，不是仅读一二过便满意，有时需要读二三十过也不一定。有人说读沙士比亚的著作，年年读了，年年都有新的见解，次次都可以发见新的宝藏。这或者是真的，虽则我不是一个沙翁剧本的内行家。但我知道大杰作之所以伟大处，是在于百读不厌，非仅看了一过就能够透视其内心，常常要看了许多过，念了又念，读了再读，才能咀嚼出它的味道来。并且有时因学业和年龄的关系，同是一个人，同是读一本书，往往前后会生出了殊异的味品。读了一篇杰作，你大前年读后不觉得怎样，轻轻地把它放过去，没有深切的引起共鸣；而今年读了，却字里行间像有一种魔力，打动你的心弦，不由你不一读一击节。盖青春时代与中年晚年，环境之变迁，情绪之推移，学业之精进，在在不同，故赏鉴力也就显出高下之分。这仿佛记得小泉八云也曾说过：一大杰作不必就会感动青年，单在说话的表面，也不会就明白的。要到积聚了许多经验，再把这种读起来，才会生出新的趣味。十八岁所感到的趣味，和二十五岁所感到的趣味不同；三十、四十、五十、六十岁到了，愈读愈生新的趣味。沙士比亚、但丁、哥德的伟大，全在于这一点上……我以为这话很不错。然而也有些旧书，有时青春时代读后以为了不得的杰作，到了中年就没有这样感觉，那也是有的。譬如我，在十八九岁时候读英译本大仲马的 *The Count of Monte-cristo* 给书中的情节和许多漂亮的会话迷住了，读得津津有味，几乎连吃饭的时候也拿这部小说放在桌上，一边吃，一边看，一心一意，想要探究主人翁 Danteg 出狱得了宝藏后，到了巴黎如何痛快的复仇。那时的心理，确视是书为天地间许多好书之一部，够称为伟大的杰作，接连的读了二三过。但是隔了十年八年而后，现在偶尔把它从头至尾再翻看一遍，倒也不觉得如何伟大；虽然并不感到讨厌，但赏鉴之味品已异于畴昔了。可见少年时读书的评断，即以时代淘汰下来的名著论，也不甚可靠；赏鉴力之高低，往往会颠倒一部作品的评价了的。

所以读书——这可不分新书或旧书，孩提之童有他感到趣味的童话，青年人多好那些热血奔腾的作品，中年而后大概都喜欢读点隐逸而冲和的，胃口各自不同，不过读书操断作品之好坏，也要有高尚的味品，才能真正的谈到赏鉴上去。而高尚味品之获得，却由学识与经验修养而成。一本书爱读者之多，不一定那本书便是大杰作，这应看读者是那样性质的人。如以读者之多寡就断定一本书的价值，那么市场上的武侠小说之类普遍于一般大众，其销路之广，决十倍于时下负盛名的新文艺作品，那可谓之为伟大的著作么？——不能的。大众虽则是占多数，但味品之低能，合其胃口即消化，伟大的作品，大众教育程度未高，学识修养未富，压根儿就难以领略。实际上，愈是大杰作，愈得不到多数之爱读。比方说，爱读福尔摩斯侦探小说的人，决较爱读司各德的传奇多；爱读司各德的传奇，决较爱读沙翁的乐府多。《楚辞》在中国文学史上确是一部伟大的杰作，然后《楚辞》的爱读者毕竟有几人？真正能赏鉴其讬辞寄意之妙处者也寥寥无几了。以故大杰作不能以读者多寡论。

有高尚的味品者，对于平庸的作品，只泛泛地看了一过便不想再看它，总不及大杰作之耐人寻味，百读不厌。一个新式的商人，或者是一个时髦的留学生，于业余之暇，一星期读完了几部 Classics，就洋洋得意，以为他在研究文艺，那决不是善于读书者。譬如你觉得迭更斯的小说好，文笔很幽默，打算一个月的光阴来读完《迭更斯全集》，看后永远让它贮在玻璃橱内，摩洛哥皮订装着的外套，又年年依旧精美，这敢断定你对于迭更斯没有深刻的爱好；如其爱好，也不是一个真正的欣赏文艺的人。昔年在新嘉坡的时候，曾听说老舍君的身边老是带着一部《迭更斯全集》，不时翻阅（那时他在新嘉坡作数月之勾留）。像他那样，才堪称为迭更斯的爱好者呢！无怪他写出来的文章，有意或无意地带多少迭更斯味。在我自己，觉得心爱的书籍，应常在身边，翻阅久了，册页封面必破而且旧，不是看了一下便齐整的摆在书架上，用以点缀你的书斋。读大杰作更加不能走马般的看去，须字字精读，读后又应常常回顾它，抚摩它；读完了一章，必须掩卷细细地咀嚼，吞到肚里，才会消化，有如培根所说一样。我们的《红楼梦》也算是一部好的旧书，然而它之伟大处，却在于二百余年间，禁得起人们一读，再读，以至读了十几遍隔了若干年后还不厌重读。读旧书往往有这种不厌重读的勇气，你读中国时下的创作有这种勇气么？单在我，勇气却鼓不出来。

有时读一本书，在某一种环境披读则适合，在另一种环境便不宜。于车上、马上、厕上看《影梅庵忆语》，岂不唐突了董小宛？但在书斋里，俗客不至，用宣窑的茶盏，喝杯奇种茶，遥看玻璃窗外江村雨后的景色，这种心绪，来披读一点明人的小品，是再好没有了。阑姆在他一篇《读者杂记》里，说他喜欢于冬夜读沙翁的《暴风雨》；我却喜欢在秋天桂花树下读雪莱或者是姜白石的小诗。冬夜，我觉得，最好窗户关起，卧于被窝里读一本传奇（比方说，司各德的），至不然就看一二册想入非非的《野叟曝言》，来引你到另一个境界去，突然忘却了北风的凛冽，殊不无趣味。若时下出版的新书，在你的书斋里，我以为无论什么时候都可以读，因为只把眼睛一页一页地溜过便好了，委实无须选择时兴地，反正书斋的环境每天都冷静得如古庙。

溷于乡村一个古旧的别墅里，时时听到新书出版的消息，偶尔也托人到汕头买些来看，有许多看后只搁在书架最后一排，让美丽的册面涂满尘秽。隔了一年半载，忽动"新生活"之兴，书房里来一次清洁运动时，始把这些一捆一捆的放在别的房子里，使它永不见天日。不如许多爱读的旧书，常常由书架拿下来，轮流放在我的枕边，书案头，沙发旁的小桌上，得到我的拭摩，把玩；破旧的册页，一页一页地满印着指味，嗅之含些油味，与之相对，更觉有无穷的妙致。可是新书虽然多半不能使我满意，但我看后却不想悔，没有发过阑姆似的脾气，为这类"穿着旧的外衣的东西一而气愤"。无可消遣时，也常选些比较好的近人短篇小说和散文，命弟侄辈逐字逐句念出声来，我合眼躺于椅上谛听，也不感到厌倦；更没有像他那样对古代总怀着多么浓厚的憧憬，老是憎恶着新书，一听人念那些比较好的近代小说，也免不了觉得万分的不耐烦。阑姆思古之幽情，也太怪癖了。新书我也想读，无聊时披览也是无妨，闲里光阴尽可看看消遣，其与旧书差异者，只不过仅看一遍便没兴致再看加一两过而已。

书长无事，偶在报上看到新书又有一批出版时，复把心所爱好的旧书，随便拿一本躺在沙发上再精读一遍。

二十四年春天写于韩江隄畔。

（载《人间世》1935年第28期）

北平旧书肆

商鸿逵

我记得在《人间世》某期上读过一篇《书店》觉得写的很好，很在行，只是所写多偏于上海新式书店，这截止到现在还不失为中国旧文化中心的北平城里那些“旧书肆”，却也蕴藏有不少“奥妙”，趁今日闲暇也写它一写。

北平的旧书肆区，在老年，就我所知，有一厂二寺，厂即琉璃厂，它是具有几百年历史的，迄今未衰，“厂肆”二字在中国藏书史上至少是免不了要提提的一个名词吧。二寺即慈仁寺与隆福寺，慈仁寺（今名报国寺，在宣武门外）在清初颇兴旺，顺康间人笔记中常见述及，如今却是连一些书影儿也没有的了；隆福寺起初只是些书摊，每逢会期，赶来摊卖，现在发展的也不下二十家店肆了，其中还有几家规模够大的。记得去年南方某书店来北平采购旧书，先到隆福寺，进入一家，骤睹琳琅满目，便拣选了些，又进一家，又买了些，顷刻用去数千元，后来又到琉璃厂，见藏书之多且十倍于隆福寺，未见大买，囊资已尽，遂赞欢叫绝而返。

过去书中谈及厂肆等地方的很多，专记的有李文藻《琉璃厂书肆记》，缪荃孙《后记》，叶德辉《买书行》等，以繁不引，只叶氏《书林清话》上有几句话：“吾官京曹时，士大夫犹有乾嘉余韵，每于退值或休务日，群集于厂肆，至日斜多挟数破帙驱车而归。”这种余韵，今日犹有，什么考究版本的鉴赏家、爱往旧书堆里钻的大学教授，附庸风雅的买书者，侨居我邦研究所谓“汉学”的洋人等等，都算是厂肆的常期主顾。

书肆主人，已往都是江西金溪籍，兼有江浙籍，盖皆南人也。到现在却多换了别地方人了。这里面怎样一个衍递，不甚了了，或谓，在先之南人，多为进京会试，名落孙山的举子，赧颜归里，便思做生意，旁的生意不会做，只好卖书，念书人卖书算最接近的一行了。可是，虽然做生意，究系“由儒而贾”，难免要带点“酸狂气”，对于奉承自然差忒。偏巧一般买书的达官贵人又好“奉承”这个调调，纯生意人于是便大得手了，主顾一到，装烟倒茶，躬出揖入，一味周旋，再加上他们的“负苦耐劳”精神，渐渐便夺去江西人之席。就我所知，某书肆主人背包袱时，每串大宅第，常当人面从袋中取食黄粱窝，询以故，则诉曰：“卖书能有多大赚头？不得不吃这个！”如是，人怜其苦，便不与他争值了。这套把戏，酸狂举子，怎末能扮得来！

说到作生意方法，旧书肆与新书出版家又大不相同。新书是要拉些有名作家作后台，旧书却全靠采访所得，大一些的书肆，差不多常年要派人到各省各县去收买，性质颇近古董商，有时虽一无所得，有时可获利无算，像那部哄传一时的《金瓶梅词话》，在山西买来时才数十圆，一转手便卖了数百圆，再转到购主便千数百圆了。

近年的刻板书价总都算涨，原刻或刻得精一点的都贵的了不得，宋元板不谈，即小说戏曲之类，一部《贯华堂水浒》就要五六十圆，《清晖阁牡丹亭还魂记》非百元莫办。去冬我见着一部《十二律昆腔谱及京腔谱》想买，开口便索价四百，近年更有人搜罗淫词小说，两本《旧刊肉蒲团》也值二十元了。

书价的涨落也看风头，胡适之先生谈了谈“传记文学”，谈到汪辉祖的《病榻梦痕录》，《梦痕录》立刻涨价，林语堂先生表表袁中郎，《中郎集》又涨起。

县志近年价也大涨，大概是先有某国欲考索中国风土地理而采买，随着我们也感觉这个重要而争买，一部偏僻不经见的县志，论本头也须一二十元。前天一书贾向我说，要有一部《香河县志》（属河北）能卖八十元。

“禁书”也了不得，载在禁书目录的书，不消说是卖大价了，即现在还在禁的那部《清史稿》，原定价百圆，现售至四五百圆。书是不管好坏，一禁便贵。

传钞作假，更是旧书肆的拿手活，遇到罕见的书，不管刻本抄本，他们能用染制好了的旧样丝栏纸誊写上几部，有时会当“传抄未刻本”卖，一捆子烂卷残稿，他们能描改挖补，装帧什袭，杜撰个名目，充“稿本”去骗卖。前年有书贾持一旧纸影印《玉台新咏》，冒称明刊到某图书馆求售，结果，居然被欺，用重价收下。

卖书还须有一种手腕，是攀交名流，要名流作甚呢，名流能替介绍主顾，凭他一言，书既可留，价且多给，名流也乐得接近他们，一来能借着多见些好书，长长见识；二来，高明些的书贾，他那点“横通”工夫，却真也“颇有可以补博雅名流所不及者”（章实斋语）。原来旧书主顾，尤其好讲究点“版片”的，常离不开这些：规模大些的图书馆、中或外或中外组织的学术团体、少数有力的收藏家，这些，非是名流在那儿主持，也和他有关连有友谊。

这般书贾的记忆力也特好，谁已有何书，谁尚阙何书，谁欲觅何书，谁不收何书，胸中都有个大概，他在收买时固早在留意，拿来时你也定会十九中肯。

截至今日止，旧书肆生意，总算不恶，不过，今而后，便不敢说了，图书馆以连续的收买，普通些的都有了，外邦人因金价跌落，搜罗之勇，也大不似从前，私人收藏家又越来越少——最欢迎的自然是私人收藏，因私人资财的持有无把握，子弟的优劣无把握，无论到那个无把握时，书便会“流通”出来。图书馆藏书却是“一入侯门深似海”，永远不得再与“市”见，图书馆拍卖藏书，机会总少吧！这么一来，所谓“珍籍”，能经过书肆人之手者日稀，生意也便日稀了。

一般新出版家的影印旧书，也给打击非小，有了影印精版的，谁还肯买劣刻的，商务印书馆印了各省通志，通志只好落价，中华书局影印了铜活字本《古今图书集成》，谁还肯化五百圆买那《集成》局两层纸的匾字本？

以我看来，旧书肆今后若想发展，还须另寻途径。

（载《人间世》1935 年第 29 期）

略谈画报

玉 辉

中国画报的材料十有六八，是从国外的画报剪来的，但中国的画报在世界的画报中却是别具一型的。

当你走进一家书店的时候，在许多书籍与杂志中，最先吸引你的眼光的，必定是那些有着鲜丽的色彩的画报。这些画报的封面，大都是印着时下某些影星与名媛的倩影，或者是富有肉感性的裸体画（请读者注意最近某画报的广告，他们最着重的，就是一幅裸体画的封面），这好像是一种规定，同时亦足为现在出版界某种倾向的代表。

我们并不否认，画报比较上是属于消闲一类的出版物，但我们亦不能否认画报是富于宣传与报导的功能。画报是以具象的材料报导一切，训示一切的，所以较抽象的文章来得分外明了而且切实。就因为他不需要读者深思，就因为他是易触知的，具象的，所以他能够深入社会的各阶层，能够发生最伟大的作用。他在无形之间，在读者不知不觉之间，负起了潜移默化的任务。总之，画报是一种重要的出版物。

世界最著名的画报，在英国是 *Illustrated London News*（星期刊），看到他那富有古典风度的朴素的封面，就可以晓得他与中国的画报有着多么不同的面貌。这里你找不时美人的倩影，看不见大脚与乳峰，而每一期却有一篇考古的文章，刚出土的古物在这里留下了他的姿影，皇家学院声、光、电等的发明，各地风俗生活的介绍。次外，你还可以看见一些内容是充实的，但笔调又是那样轻松的文章，跟那些图画十分相称。自然，国内外的大事的写真，他们亦绝不吝啬地化去许多篇幅。美国的 *New York Times Midweek Pictorial*（星期刊）亦有着特别的地方，像美国人的个性一样。这里五色纷陈，亦注意新式的服装与家庭的陈设，或是某州某后的倩影，但占去最大篇幅的，还是国内外时事的报导同科学发明等的介绍。法国的 *Illustation*（星期刊）跟英国的《伦敦画报》一样，没有大腿之类，大多数的插图都有详尽的说明，登出的文章亦富于时间性同趣味。此外德国的 *Berliner Illiutrierte Zeiting*（星期刊）在希特拉握政之后；每期都是大炮、轰炸机、新式潜艇、勇敢的纳粹党员的写真。大会操的照相用大张的纸复印出来。上面这些都是非常著名的画报，他们相同的地方，就是对于国内外的时事的注意。他们每一期都很新鲜，南斯拉夫国王亚历山大同法外长巴尔都在马赛被杀时，一星期后，美国、英国的画报就有当时的写真，甚至是临杀前的一瞥。他们时常以极大的代价去买得照相。而他们大半是星期刊（全世界著名的画报可说全是星期刊）的原因，我想亦无非着重写真的时间性的原故。

但中国的画报呢，相形之下，是颇使我们失望的。只稍注意到他们以最引动读者的封面让给一些美人，就可见出画报编者的态度与用意了。有些甚至利用他本身的特点，来登载一些猪肺与人之屁股之比较，某校高材生的肖影（此外还有一些无聊的文学作品）等等，以肉麻为有趣，以无聊作正经，而倾重裸体画与明星名媛的影家，虽说是适应读者的要求，但我们却不能不承认，读者层这种兴趣的养成是与这些杂志有着密切的关系的。今日，你走进一个青年人的房间里，十人中有九人的案头上必贴有、挂有某些影星或美人鱼的影片，中国青年在这种苦难的环境中还有这种问题，还有这种心情，今日的画报编者是不能辞其咎的。至于画报应当采取什么样的态度，我上面已约略提到了。总之，假使不偏重启发与报导这两方面，我宁可中国出版界没有画报。

（载《申报·出版界》第三十五期 1935 年 12 月 12 日）

中国漫画谈

刘凌沧

漫画在中国，还是一种新兴的艺术，它在这一切畸形的社会和不健全组织之下，居然能够逐步地往前走着，而立定了今日的规模。

漫画原是一个日本的名词，是 Caricature 的译文，因为有一个漫字，所以时常使人联想到“胡涂”上去。同时在中国我们把 Caricature 译为“讽刺画”，所以这一种幽默的艺术，在中国始终没有人完全了解。要解释这幽默的艺术，正像去解释幽默的文章一般，是一件很难的事情。他不是讽刺，也不是游戏，他对于他的对象始终没有恶意，始终没有表示绝望，他是澈底的了解及同情的观察后的一种温情的表示，他有时也对于他对象开玩笑，但正像和你最相熟的朋友调皮一般，目的在调弄，或挖苦，而在引起你自己会心的微笑。他有时也会指摘出他对象弱点，假使他的对象见了有动于中，则他竟会感激零涕，假使对象无动于中，则他也决不会过度的兴奋。

我上面的解释，虽则未足形容漫画真义，但我深信漫画的“本能”不出这范围，今日我国的漫画，虽说比不上欧美各国，然而他终于由雏形的状态而进到立了一个轮廓，未来的兴盛，自然可以预期，在他已往的过程中，很有一谈的价值，据笔者的见解，中国漫画的进化，不出下面的三个阶段：

A. 初期：民国初年至七八年间。国人对于西洋画渐渐注意，上海北京石印画报大兴，画家的思想感受了新潮的激荡，由传统的国画，也渐渐图写“时事新闻”，漫画于是发端。

B. 中期：民七八至十五六年间印刷术日见进步，国外的日报、杂志相继流入，中国画家受了西报漫画作风的浸润，手法日见改变，铜版画报大兴，为应时的需要，漫画逐渐增多。

C. 民十五六年至现在：中国出版业日趋发展，各地图画杂志勃兴，借进步的印刷，漫画的表现方法更加精美，独立漫画刊物出世，作家日盛。漫画在这三个阶段中间经过好多变化，才立定了今日的轮廓，笔者把经过大略，记之如下：

一

当清末民初到民国七八年间，北京（今日的北平）上海两地石印画报大兴，多到五六十种，著名的如：《图画日报》、《图画演说报》、《新铭画报》、《浅说日日新闻画报》等。常有一种漫画刊载，用国画的笔法，描写当时的事实，作者用意本想把目前不满的现状用画笔加以讽刺，所惜见闻不广，思想单简，而且受了传统的国画手法所限囿，表现力量不足，形成一种“似是而非”的漫画，含义既浅，使命更谈不到，在当时人们除了嘲笑之外并不视为艺术。如潘小山、李菊侪、顾祝筠辈，都是一时的作家。

不久，独立的日报附刊上，也增添了漫画，上海的《民立》、《时事》、《太平洋》，北方如《晨报》、《京报》等间有漫画。杂志期刊对漫画也很注重，如民元高奇峰主办的《真象画报》，七年上海孙雪泥的《世界画报》，刊载漫画之外，且有时装仕女，在“服装史”上留一痕迹。若和今日画报上高跟鞋烫发的女人，比对展观，发生一种“显然的趣味”。此后《东方杂志》的时事论文栏，开始译载国外漫画，漫画界的眼光，从此开拓更多，描写的范围也因之扩大，由狭义的人生批评推及整个的社会，闭塞的国内讽刺扩到世界展望，京（北平）沪两地的漫画家也随着刊物慢慢的多起来，当时作家如：张聿光，张光宇，陈抱一，孙雪泥，丁悚，谢之光，丁云先，梁鼎铭……等都是有力的战士，纷纷攘攘，直到铜版画报兴起，作风才为之一变。（按沈泊尘办的《泼克》，在漫画史上，也很有相当的地位。）

二

漫画借着新闻出版的力量而增进，这是不可否认的事实，我国自民国十五六年到二十年，这五年的期间，画报出版最多，平津粤沪对开的铜版画报，竟多到百几十种，漫画在那时是画报需要的原素；因为供不应求的缘故，漫画家自然也就多起来，在表面上看来好像蓬蓬勃勃，但在漫画本身说：实在没有收获可言，每每使人有量多于质之感，但在这期间，有几种刊物在漫画史上留下显明的痕迹，是值得追忆的就是：《上海漫画》、《星期画报》、《世界画报》、《安琪儿》、《北洋画报》；作家集团则有：上海漫画会和北平五三漫画会。

上海漫画会的基本会员如：张光宇、张振宇、叶浅予、鲁少飞、郑光汉和已故的黄文农，都是在各报投稿的作家，以后感到漫画艺术有提倡的必要，这才组织了上海漫画会，他们在十七年春季创刊了《上海漫画》，做为发表作品的基本园地，那刊物的印刷编制，给人一种新的感觉。外面且用彩色套印，全部刊载漫画，给漫画辟一新局面，他们用烈的情绪把社会的弱点，作有力的抨击，用着幽默的意识，流畅的笔调，对人生加以严肃的暗示与评判，尤其是叶浅予那篇连续滑稽画《王先生》，不但轰动中国漫画坛，几乎妇孺皆知，单行册销行很广，而且已摄成影片了。

其次就是北平五三漫画会发起人为王石之、蒋汉澄、王君异、审维赓……等，当时北京《晨报》附刊《星期画报》、《世界画报》，时常发表他们的作品，尤其是《世界画报》的“雪里红”，可以说是培植五三漫画会生长的园地，每星期第四版的地盘完全由他们漫画占领，直到五三漫画会成立，“雪里红”这才取销。后来该会会员都因职业的关系分道扬镳，五三漫画会也就无形解散，但他们为漫画努力的过程，不能说没有代价的，上述各报的漫画虽说是过去的陈迹，但那敏澈的观察，热烈的情绪，仍然在纸上跃动着。

《北洋画报》和《安琪儿》都是北方画刊资格较老的，《安琪儿》为蒋汉澄创办，在北方是画最多的刊物，且有一时期译载美国漫画《简先生与简太太》，深受学界的欢迎，因此引起人们对于漫画的兴趣，朝气勃勃，风靡一时。

五三漫画会和上海漫画会，在那时俨然成为中国漫画坛的盟主，总算给中国的漫画打开一条路境，接连着国内南北各大日报，副刊或正张，常有漫画发表，“含蓄”、“作风”，都比过去的进步，直到上海订册的画报风行，漫画一门，特辟专版刊载，借着进步的印刷术，更能把原作的神髓表出。在这期间漫画的基础，更加稳固了。

三

漫画经过上面的几个奋斗时期，渐被文艺界艺术界所重视，虽则谈不到普遍，而大有兴盛的姿态，明显的表现，就是去年出版的两种专门漫画刊物——《时代漫画》和《漫画生活》。尤其《时代漫画》编制内容称得起立在中国漫画前线的刊物。他能网罗国内富有素养的漫画作家，对于国内的，世界的，以及人类社会各层弱点，用清晰的头脑，尖锐的观察，尽量发挥，批评。其次的《漫画生活》质量似比《时代漫画》为软，排编印刷都不差，将来自能发展的。

两年来的图画杂志逐渐增加，都有漫画专栏，借着精良的印刷，更足表现画笔原神。其他如《论语》、《人言》、《世界知识》、《十日谈》……等小型刊物，每期都有四版至八版的漫画介绍。

漫画在这大量刊物增加之下，虽说未到全盛时期，确已立定一个健全的轮廓，目前上海漫画人才的鼎盛，足以推进漫画普遍。此外如广州羊城半角社，天津漫画会，以及最近成立的北平漫画会，这些集团里容纳着许多优秀漫画作家，正在努力于“漫画运动”，展望前途，蓬蓬勃勃，大有“滋荣发长”的气象。

后 感

上面列举三个时期，总算我国漫画的一段小小史料，我们今后的希望；除去静观现状之外，便是期待着和欧美一样的发达。不过希望终是希望而已。下面的三个问题，未始不是漫画进展的阻碍。

1. 教育不普及影响漫画的普遍；
2. 漫画家的路境；
3. 漫画家的出路问题。

关于（一）虽然大都会的人们对于漫画稍稍了解，那广大农村的庄民，都不知漫画为何物，所谓“影响”和“效果”自然谈不到，如欧美本日教育普遍，日报的星期增刊漫画竟多至八页至六页，就是极偏僻的角落人们对于漫画的兴趣非常浓厚，每当国际发生重要事件，漫画家运用如椽之笔，把事件的观察描写出来，借着广大日报的力量，传到人民的脑海，使他们知道和本国的利害，很容易激动爱国的思想。

关于（二）时常留意国内日报杂志上的漫画，百分之六十是：“两性之间”“性的诱惑”，虽然描写人生不出漫画的界限，然而在我国这落伍的社会里，各层，各面，各角落，该讽刺的题材多着哩！当“九一八”、“一·二八”事变之时，日本的漫画家，借着漫画的力量，给政府好大的帮助，在我们看来他们的主义自不免偏激，但未却尽了漫画家的责任。又如欧战时期，荷兰漫画家刘易·莱麦卞斯，用他辛辣的画笔，把德皇攻击得体为完肤，协约国的士气陡增无已。若和我国的“金钱女人”、“两性的诱惑”比较起来，不免相形见绌。所以漫画家的路境应该讨论。

关于（三）今日的漫画作家，虽不必喻为“多如过江之鲫”，其数量也很可观。但纯以漫画为职业的，可说百不一见，依赖“漫画每幅自五角至三元”的稿酬，前途是很难说的。虽不必如欧美各国出版机关的“漫画记者”、“漫画主任”那样报酬优厚，但无论那种事业没有丰富的经济力量衬托，前途总很难乐观，所以漫画家的出路仍是问题？关于这一点，希望出版机关加以维护。

（连载《大公报》1935年1月13日、14日、15日）

谈连环图画

瘦 秋

在现在，连环图画的小书，真是盛行到极点，只要我们走到街上，就可以看见不少的小书店和书摊上，陈列着各种的连环图画，而这小书店和书摊的旁边，一定会有几个成人或是孩子们在翻看着。

这种连环图画，是用薄薄的油光纸印成的，下面是一大幅图画，上面是简短的说明，他们的材料，都是采取旧时的说部，如《西游记》、《封神榜》、《镜花缘》、《彭公案》、《施公案》等等，里面不是充满着神怪的意味，就是属于剑仙侠客之类的，所以内政部曾经通令取缔过，但是日久玩生，到现在这种连环的图画，依然充斥市面，这实在是值得我们注意的。因为现在有不少的成人和儿童们，都染有连环图画的瘾，只要有一点功夫，就急忙的去翻看，而且这种连环图画都是出租的，只要几个铜元，就可以看二三十本，在经济方面也不生问题。有些家长们，以为看书总是好事，并不加以阻止，而儿童和识字不多的人，就受害不浅了！因为这些连环图画，不但内容荒谬，而且图画粗陋，上面的说明，更是别字百出，至于词句的颠倒，当然更用不着说，识字不多的人和儿童们看了以后，怎能不发生重大的影响？内政部的取缔，自然是不错的。不过我以为一方面应该禁止这种神怪的连环图画；一方面却也应该编辑些爱国故事，以及提倡国货实行新生活运动等等的故事，制成连环图画，借那识字不多的人和儿童们租阅，那对于普及民众教育，发扬民族精神等，深信是很有利益的。而且于修词、作文诸方面，也有不少的补助呢。

（载《中央日报》1935年11月5日）

通俗读物与民众教育

吴世昌

中国的民众恐怕全世界最可怜最没有人理睬的民众。他们物质生活的穷困挣扎，政府不曾理会，——不但不理会，事实上苛捐杂税的负担直接的压在他们肩上，他们精神生活的苦闷无聊，号称知识分子的士大夫也毫不理会。他们终日勤劳，终年勤劳，有的仅免，有的还不免转乎沟壑。在精神生活方面，他们假使能认几个字的，所读的总不外乎些神怪，武侠或猥亵的小说，所最爱看的电影戏剧是《十八本火烧红莲寺》、《三十二本狸猫换太子》之类。在小报上他们最注意的是《燕子李三》、《女招待》一类的消息，而一些小报的编者也不惜用大号字标出这些题材。但是他们虽然在这样可怜的物质和精神生活之下，却仍旧很能服从严格的传统道德，忠孝节义永远是他们生活的信条。但是忠孝节义并不能当衣服穿当饭吃，在生活逼梭之下他们也可以出关做工，也可以做绑匪，也可以做汉奸，虽然到那时候他们还是讲他们的忠孝节义。同时，因为这些旧道德旧礼教以及一切迷信神怪的熏陶，养成愚妄，夸大，依赖，信运命，盲从，对政治冷漠种种积习，使他们最不适于做现代式国家的国民。有着这样人民的国家，处在飞跃猛进的列强中间，即使在承平的日子，也已经有覆亡的危险，何况在这个大家都剑拔弩张，人为刀俎，我为鱼肉的时候！中山先生垂死时犹念念不忘的“唤起民众”的遗言，虽然在每星期照例要被各级党政要人背诵一次，事实上却已经变成老太太口中的“阿弥陀佛”，我们很怀疑背诵的人从来有没有想到这四字的含义。

“唤起民众”是多方面的事，文字的教育是最慢的一种，但也许是最基本的。很不幸的，新文化运动的结果，只是推进了社会上层的知识阶级，而对于一般民众的思想和习惯，很少影响。因为新文化运动最大的成功是白话文运动，而一般民众事实上根本也只会读白话文，“五四”以前他们读的小说是《今古奇观》、《彭公案》、《施公案》、《济公活佛》，现在他们读的也还是那一套。所以新文化运动于他们并不发生关系。“五四”以后的收获，如新小说，新诗，剧本一类读物，不但与一般民众绝缘，连许多中学生都不能欣赏。而许多不脱旧小说气味的作品如《啼笑因缘》之类，反而可以一续再续，风靡一时。此外如各地小报上的章回小说，也是一般民众最爱的读物，北平许多小报的销路远在大报之上，就靠这些章回小说来维持的。也许这是文化发展上不可免的现象，但是一般民众为我们所忽视，不给他们健全正确的读物，使他们永远沉溺于神怪迷妄的娱乐品和读物中，却是一种不可讳言的错误，从事于文化事业所应当承认的。

新文艺作品和一般民众绝缘，最大的关键是文体不“通俗”。因为一般写文艺作品的，都要用特殊的作风和技术来有所标见。作者有他理想的读者，我们未可厚非，可是去他理想十万八千里的可怜的民众却苦了：你们在朱门绣帘内盛赞某一个厨师技术高妙，他们在墙脚下永远只能啃啃又霉又烂窝窝头！健全美好的通俗读物不能产生，还有一个原因：“通俗”的东西是不登大雅之堂的，写出来不会受大人先生名公要人的器重，不会成名，所以一般作家大都不愿写，不屑写。我们相信文艺创作是不能勉强的，但我们也相信它是多方面的；可以作纯粹艺术品的创造，也可作民众教育的工具，后者的客观价值也不一定就在前者之下。我们看欧美各国一般民众读物的发达，就可知道他们国民程度一般的高，并未偶然。最流行的《三十轶事》、《五十轶事》、《伊索寓言》之类，都是每篇暗示一个高尚的理想或信条，用最浅显明畅的文字写出来，不但可作一般民众的读物，同时也是国民学校最好的教本。即在印度，这类意存教育的寓言故事也非常流行，例如《大藏经》中的许多譬喻经便是这类材料，那些故事在现在的印度也还很流行。我国历史悠久，各时代积聚下来可泣可歌的故事，先民的嘉言懿行，壮烈伟举，在在都可作民众最好的教材。把这些材料委弃在蛛网尘封的故纸堆中，也正如把矿产弃在地下不知采用，同是国家民族的损失。我们此时不但缺乏民众的读物，连中小学的历史课本和故事读本，都不曾达到应有的标准。（我见过一册商务出版的《高中本国史》教本把《汉书》中的“和亲”译成“结婚”，于是闹了一个“汉武帝和匈奴单于结婚”的笑话。）所以通俗读物的编制，不但可以提高一般民众的程度，同时也可以补学校教育之不足。但是通俗读物的材料，我以为也不一定要尽限于中国的历史题材。凡是现代国民所应当有的各种常识，也不妨采入。最好仍用故事的方式写出来，免得枯燥乏味。为要使一般民众有一点正确的世界的智识，欧美的历史故事也不妨酌量采用。

但最重要的关键，还是在文字本身。我们的目的，既是要把健全正确的思想和常识教育一般民众，我们就必须考虑他们的兴趣和读书能力，因此，我们以为通俗读物的写作至少要具备下列几种条件：（1）要文字浅显流畅，不用深奥冷僻的典故辞藻。（2）要用中国通顺的口语，避免西文语法，避免组织复杂的长句，尽量采用民众口头的成语。（3）描写要亲切，避免滥套，避免笼统敷衍的写法。（如“战不数合”之类。）（4）描写要生动，多用对话，少用叙述。我们看一部红楼梦几乎没有一页没有对话，便可知对话在故事中怎样重要。（5）多写具体事实，少写或不写抽象的理论。

我们知道这类工作，看来轻而易举，事实上要做到上述的标准是并不容易的，不仅很难，而且站在某种立场上看也许并无多少出息，因为，上文已说过，这是不能见重于当世士大夫，因而得到名利的工作。但我想如果这类工作能做得好，我们不愁没有广大的读者。把作品寄托给广大贫乏的民众，同时完成一种教育上的目的，也许比较只为少数人的欣赏而创作更有一点意义。

（载《大公报》1935 年 4 月 26 日）

关于民众读物

贾愚公

“提倡民众教育”，是当今朝野疾呼的口号，从事实际工作的，亦不乏其人，这真是救中国目前的上策，也就是中国前途的好音。

…………（原文件缺失）

……千字课本，到底是适合于何种民众呢？其内容程度是不是适合于民众的心理、环境，和需要呢？一般民众学校，均感到民众需要应用文，而现在有何处可寻到适合于民众的应用文教本呢，民众教育给以不适合而相违反的材料，当然是徒耗其时间而不能得到效果，这在教育也只是一笔无意的牺牲。所以民众读物的材料须适合社会的需要及环境。

（五）须适合国家民众教育的目标。一种教育，当然各国皆各有其目标，以求教育之演进而达到其目标。民众教育也莫不是一样。所以我们选材的时候，须注意到国家民众教育的目标，而使之适合而不相违背。然后民众教育之目标，方可达到。

三、民众读物书本之讨论

（一）形式方面。在儿童读物的书本，其形式大小等，皆有相当的条件，而民众读物的书本，也同样的须注意到这点。这于民众的学习，实一样的大有关系。现代一般书店里，为求单方面的利益，多有将书本弄成不切实用的东西，这是他们一种错误的地方。兹将所见到的几点，列举于后：

A. 书本不要太大。一般众多为职业之忙碌，读书实为其闲暇以后的一种特别努力，其努力已经颇有几分勉强，如果书本给他又不方便，于是增加他许多的麻繁，他必减少许多兴趣。我以为民众读物的本子要小，以便他们携带，而又可随时取用。如他们阅读旧小说，每从口袋里拉出书来，随便站在走廊上也好，灶边也好。

B. 纸张须无光的。一般民众的常识较浅，每不能注意到日常的一些卫生问题，所以举办民众教育时，须特别注意指导，或随时为他们助理。纸有光对于眼睛很有妨碍，而一般民众看书的时候，多在晚上灯光下，或休息时的日光下，这时候，倘给以有光纸的书本，其害他们的眼睛，实为厉害。故纸张须无光的。

C. 字之大小须适度距离须均匀。一般旧小说为省纸而印刷模糊，以致于字之大小距离，俱无相当的分别，看起来颇足伤害眼睛，是宜特别注意，不要太大，也不要太小。距离不要太远，也不要太近。

D. 价钱须低廉的。当兹农村经济破产，民众购买力减低，昂贵的书本，自不能普及一班，比较价钱低廉，当然是随时随处都有人购买。所以这有民众读物书本，应该价钱低。

（二）内容方面。关于读物之内容的多少及辞句之修饰，与其文体插图之选择及注意点。兹再略述于次：

A. 内容宜简要明了。凡民众读书都是一种短时期而有限的工作，当他要有某种常识的时候，你就要简单的告诉他，如果是书本，你也要仅仅告诉他所要知道的地方，因为求高深一点是以后的事情。所以民众读物，最好是将一种一种的材料，划为一个一个的单元，在此单元内用极简单而明了的文字写出来，以备他们短期的研究。但每一种材料又可分程度的深浅而编几种程度不同的书本，以为他们作第二步第三步的研究，这仿佛是用圆周式的方法。

B. 辞句宜通俗浅鲜。民众生活，习于通俗而浅鲜的当中，通常仅仅知道几个习惯语，对于科学上的名词及文学上的辞句，完全没有接近过，倘编民众读物尽为科学名词，文学辞词，则所办民众教育，实难收到效果，对于所取材料即说得唇焦舌枯，也不会发生甚么影响，而一般民众即将减少兴趣。故民众读物之辞句宜通俗浅鲜，适于其通常生活的。

C. 文体宜用白话。民众读物的文体，宜用白话，这谁也会赞成，也就谁也会承认的。

D. 插图宜明晰酷肖真物。民众的常识有限，且从文字上不易懂得，所以民众读物之需要插图，与儿童读物之需要插图，有同等之重要，不过所用插图之形式，稍有差异而已。民众读物之插图宜明白而酷肖真物，以助其对于物之认识，及对于文字及其意义之认识。这于教育上很有价值及力量。

四、关于民众读物的指导

有形的民众教育，当然是设立民众学校，规定时间去上课讲演等，这虽然很有价值，但还是一种有限的教育，以此有限的有形的去推动民众教育，其力量太小，同时太近于注入式发动机式的方法，在意义上及效果上讲，都要略逊一筹，还不如无限的无形的，以自动的去推动民众教育为有力量，为有意义，且其效果要增大，不过谈到无限的无形的民众教育，其理想较为高胜，其事业实为极难。因为数千年来养成这种所谓读书阶级及士大夫观念，实在引不起一般民众对于文字有需求心之发生，且数千年来因循保守的习性，也实在是一种对于民众不发生需求文字心的根苗，因为他们每日能足以自食其力，并不需要如何进展，也引不起其进展。他们的人生，就是如此。虽然，而在这民众教育萌芽的时候，要如何利用无限的无形的教育，又是一种不可能的事情，又非有有形的有限的办法不可，所以在这种情形之下，两者是互重的。

现在，一般的施行民众教育，大都是办一办民众学校，举一举行民众讲演，对于民众的日常阅读，多没有注意。最近虽然都有民众图书馆或民众书库之设立，而只能说有一个这样的事实，更谈不到由这一点发展民众教育的无形无限方面的力量。其读物当然还是从一般的当中，略略选择一点。至于如何指导民众日常阅读，恐怕还没有注意。

民众日常的阅读，他们自己的这些工夫的重要，上面已略述了一些，而今日一般的情形，又皆没有注意，所以我们要将日常阅读的事情，设法指导一下。

现在民众图书机关，一般都以为巡行书库为好，也就只有巡行书库见了一点成绩。兹以巡书库为例，说一说指导的事情。至于图书馆的指导，是要较方便一点，而对于民众是要不好些。

谈到民众巡行书库之巡行及巡行时之指导，这对于民众是极其方便，而对于书库巡行之目的，也极容易达到，总之，要对于民众教育有很大的效果。至于指导的方法，应首先细列条文，发给各地民众，使知有指导的事情，并使知受指导的方法。然后规定或是定期指导，或是收书时指导。（但以收书时指导为好。）于是再设立民众阅读指导员，专事此种工作。（不过如本校的巡行书库，拖车的就是同学，指导的责任即可付与他。而这种办法，本校业已实行，且成绩甚好。）但，指导员之自己的准备，是要充分一点，态度精神，是要特别和蔼而贯注一点，应付的方法及民众的心理，都要特别的注意它研究它。这比在办好的民众学校里教书，还要耐烦而热心些。这也就是要树立对于民众教育的根本信念。

五、末了的几句话

关于民众读物的话，拉拉杂杂地谈了一些，有没有可取的地方，还是要问各读者以为然否。但现在我也不必去管那些事情，只要将我个人的意见发表出来，以供各热心而富有经验的民教同志及长老得一个参考，且在一般的当中，鼓起一点空气。同时我自将努力的研究它一下，不管我自己的力量如何，只要有一分的力量，我且拿出一分力量来。更望各民教同志及长老高明大家负起责来！民教的当局，也望积极的干起来！空空地说话当然是见不到什么效力和成绩。

（载《修农》1935 年第 6 期）

怎样编辑民众读物

邱冶新

一、引言

民众读物，就是民众阅读的东西；从广义说来，凡一切白纸上印成的文字或图画的书籍报章供民众们阅览的，都是民众读物。经，史，子，集，三坟，五典，都可以算是民众读物。不过这些书籍，只有少数读书人，可以阅读；而不是大多数民众，所能了解，故不能说他是“民众”读物。真正的民众读物，须是合于大多数民众阅读需要及能力与兴趣的图书。我国教育不普及，一般粗识文字的人，从来就没有能力能阅读文人学士所用的“高文典册”。他们为求知欲所驱使，及休闲生所需要，自然地会寻求那合于自己了解程度及阅读兴趣的书本，于是社会上也自然地会有适应他们需要，迎合他们心理的读物产生。如小说、戏剧、歌曲、小唱本、大鼓书之类。这些东西，多出之大书贾和无聊文人之手，一向不为学术界所注意。这班无聊文人和书贾，既以适应民众需要迎合民众心理为目的。也会专心一志，勾心斗角在那里编撰。不过他们既没有什么理想，也无何种旨趣，投民众之所好，用流传的方式，当然谈不到什么编辑方法。而学术界既向抱忽视心理，认为“不登大雅”、“无关宏旨”，也不去理会。所以民众读物编辑问题，一向是“不成问题”。近来民众教育倡兴，觉得民众读物，关系于民众生活至大。社会上流行的小册子，内容恶劣，民众阅读，遗害实深。范云六先生在全国教育会议提议改良这些民众读物说：“民众读物，所包范围很广；而出品最多，影响最大的，要算书摊上的小册子。因为这种小册子售价格廉，民众购读，轻而易举。但其流弊，不可胜数，就其荦荦大者言之：在思想方面，有反革命的，如《浙军平逆传》等，有过于淫秽的，如《男女秘密合欢》等，有涉及迷信的，如《捉鬼传》等……在形式方面，图画恶劣，文字谬误，触目皆是。至于唱本，则凡靡靡之音，足以荡人心魂的，亦非所宜。……”实则旧式民众读物的流毒。尚不止反革命，诲淫，助长迷信，荡人心魂等数项。冯京先生于《旧式民众读物的检讨》中检查他的影响：

1. 影响于社会的：如“升官发财”的思想，重男轻女的习惯，迷信神权的观念，成仙成佛的消极思想等。

2. 影响于家庭的：如助长家长的威权，养成依赖的思想，造成家庭的阶级，提倡多妻的制度等。

3. 影响于个人的：如享乐的腐化思想，刻板的行为不近人情的忠孝节义等等。

徐旭先生《现有读物的检讨》，亦认种种的旧式读物“实在是远背时代潮流，暗示诲淫诲盗，崇尚鬼怪神迷，虽或有暴露社会罪恶，表扬义侠精神之处，但究属弥恶难饰，令人读了，不是萎靡不振，就是邪念丛生。更且封面丑恶，印刷粗陋，装订简坏，纸张糙恶，插图丑劣，均足引人入浅薄，自私偏狭，消极的陷阱处去”。民众读物，其影响所及，诚如是之大，过去学术界所不注意的，现在不免要特别重视起来。除教育行政机关对于不良的民众读物，加以审查取缔外；而读物方面“怎样编辑民众读物？”这个问题，就产生出来。本篇对于这个问题，很想来切实研究一下。

二、民众读物编辑的需要

民众读物的编辑，在现在已成为迫切的问题。考其原则，实由于事实之需要。为什么发生这种需要呢？我想，是因为下面的种种情形：

1. 民众教育工具的需用

自民众教育倡兴，民众读物，成为实施民众教育的必要工具。语文教育，要民众读本来教学读书识字，公民教育，要相当的书籍来灌输公民常识，陶冶公民道德，生计教育，要农、工、商业知识浅说一类的东西来灌输生产知识，训练生活技能，休乐教育，要趣味浓郁的消遣文字，充实休闲娱乐生活。实施民众教育，除语言讲演，实物示范展览以外，文字书报，已成为不少的教育工具。而民众图书馆广为设立，经营的人，都觉得选购不到相当的民众图书，尤见民众读物编辑的迫切。

2. 不良民众读物取缔后的替代

最近政府对于不良的民众读物，严厉取缔。十七年六月，大学院令各省禁止各学校购阅淫秽书报；七月，令上海市教育局查禁导淫跳舞及小说。十八年四月，教育部令认真检查各种反动刊物；五月，奉国府令饬所属对于寄递反动刊物，注意检查扣留烧毁。二十三年十一月，通令查禁不良刊物《三教得道》等书一百六十七种。旧有民众读物，既这样严行审查取缔，禁绝流行，则不得不赶编新的民众读物，以谋替代，免得“青黄不接”使民众感觉生活需要之缺乏。

3. 民众生活演进上的需求

民众生活，随时代演进；所需要的读物，亦随时代而有变更。比如在过去科举时代，大家脑筋里存着“十载寒窗，大魁天下”的思想，自然喜欢阅读那刻板式的“穷困攻书，艰苦赴考，中状元招亲，升官发财，衣锦还乡”等故事小说。现在时代改易，科举停废，那些书当然不合于现在观念。现在西洋物质文明，传到了中国社会，民众生活起了巨变。而频年天灾人祸，农村破产，民众的疾苦，日有增加。他们所需要的读物，当然和几十年前不同。适应民众现代实际生活需要起见，新的读物，就应该“应运而生”。

有以上的情形，所以民众读物的编辑，在现在是十分切要。各民众教育机关，都在积极的编印，大量的出版以供需求。如平民教育促进会，江苏省立教育学院以及各省市民众教育机关等都努力从事此项编辑工作。不过，他们编印的刊物，是否适合民众需要，尚待研究。

三、民众读物编辑的原则

民众读物究竟怎样编辑，才能适用？在着手编辑时，先要认定下面的几条原则：

1. 符合教育理想

民众读物，要拿他做教育民众的工具，则读物的内容，首先要符合教育的理想。中华民国教育宗旨是“根据三民主义，以充实人民生活，扶植社会生存，发展国民生计，延续民族生命为目的，务期民族独立，民权普遍，民生发展，以促进世界大同”。其实施方针“社会教育，必须使人民具备近代都市及农村生活之常识，家庭经济改善之技能，公民自治必备之资格，保护公共事业及森林园地之习惯，养老恤贫防灾互助之美德”、“男女教育机会均等”。“一体注重发展国民之体育”、“农业生产方法之改进，农民技能之增高……”。教育宗旨，有如上之揭示：编读民众读物，就要能与之符合。换言之：这种民众读物，使民众读了，能够“充实人民生活，扶植社会生存，……”达到“民族独立，民权普遍，民生发展……”。能够增长“现代都市及农村生活的常识”，能够学得“家庭经济改善之技能”，能够涵养“养老、恤贫、防灾、互助之美德”……等等。

2. 适应民众需要

夏丏尊先生说：凡作文必先要想到这作品是给谁看的。编辑民众读物，当然要想到读物的对象。编辑的人，不可坐有编辑室内，随自己的意思编撰，要先一调查民众生活上的需要，譬如他们缺乏应用文字的能力，想在书本上讨得些应用的常识，就需要切合实际的应用文。坊间流行的杂字，通俗尺牍等类的东西，很能适合他们需要。又如他们劳苦之后有了闲暇，需要是以引起趣味的小说词书等寻寻开心，以调剂精神，所以大鼓词、小唱书就成为他们最嗜好的读物。他们受土豪劣绅强暴压迫，喜欢那打抱不平和清官折狱的事情，所以武侠小说，包公探案之类的读物，为最合心理。总之：凡是民众所喜欢阅读的读物，都是与他们生活背影有关。编辑读物，最要顾到他们的生活需要的。

3. 适合民众程度与兴趣

编辑民众读物，是给大多数粗识文字的民众阅读的。应当顾到这些人的阅读能力，把文字程度竭力降低，使他们阅读时不觉吃力。文句的组织，要力求浅易。要用纯粹的白话文，不能夹杂“之乎者也矣焉哉”的文言语调。不可用古语古典。不可用欧化式的语句和冗长堆砌的文辞。最好仿用旧式民众读物的词句；那些老调子，民众口熟耳滑，读之自然朗朗上口而易了解。至于内容，要合乎一般民众的兴趣。固然，民众们的低级趣味，有时不能一味地去迎合。但在可能范围内，应尽量穿插关于足以引起兴味的材料。

4. 顾及社会购买力

现在新编的民众读物，往往在形式上讲究，印刷装订，十分优良，因之定价昂贵，非一般民众经济能力所能购买。其销售数量，与旧式读物价值仅三五铜元者，当然不能相比，固然，民众读物的纸质印刷等，会影响到阅读效率，不可不加改良，但也要顾及到社会的购买能力。否则，形式虽好，而民众无力购读，也是枉然。即一般的民众图书馆选购图书，也只求实用，购买高贵书籍，也不经济。所以编辑民众读物，要顾及社会的购买力。将这读物的售价，定得最低，和旧式读物一样，三五个铜元，就可以买来。要这读物定价低廉，除纸张，印刷，装订，不属于编辑范围外，在编辑时，篇幅不能过长。长篇的须分若干段落，便于分订数册，庶篇页不多，印刷较少，定价自低。

四、民众读物的编辑方法

编辑民众读物，本来用不着什么大学问。以往这一类的东西，多是出之一知半解略识之无的村学究，书贾，文丐等人手里（高等民众读物如《三国志》、《水浒传》等，又当别论），很为一般民众所欢迎。现在学术界来从事此项工作，当然比上述一般人的粗制滥造，要有改进。不过就现有的新式民众读物看起来，“有的语句不妥，有的主观太深，有的滥用欧化的词句……并且没有整个计划，发生畸形的现象”。所以民众读物编辑的方法，尚有待于研究。兹根据上面的原则，分别讨论：

1．读物的材料

首要研究的，为编辑的材料，就是拿什么资料来编辑：

（甲）取材的范围。编辑民众读物，是要以之作工具来达到民众教育的目的。那么，读物的内容，一定要适合民众教育宗旨，而足以改善民众生活的。读物的取材，应以教育宗旨及实施方针所列教育事项为范围，如足以增长近代都会及农村生活常识的材料，像南京民教馆所编的《怎样做市民》，江苏教育学院所编的《注音农民小丛书》等。足以训练家庭经济改善之技能的材料像平教促进会所编的《养蜂法》、《养鸡法》。足以涵养民众养老恤贫防灾互助之养法的材料像平教促进会所编的《团结》，青年协会书局出版的《公民诗歌》等。王祝晨先生在全国教育会议提议“拟请学术界全体动员编审民众教育辅助课本案”内，举出此项辅助课本的材料，及历史天文学气象学常识，地质学生物学常识，社会进化史常识，地理，理科及关于公民的政治，法律，经济，道德，公共及个人卫生，农学及工商问题，妇女问题等等。虽多偏重于知识方面，亦可供参考。

（乙）材料的来源。上面这些材料，从什么地方搜集呢？有下面的来源：

（ㄅ）从小书摊小报摊上搜罗——从各大城市的小书摊，小报摊上去搜集流行的小词书，鼓儿词，连环图画，歌曲，小说，戏剧等册子，加以审查整理，分别去取，保留合用材料，来作编辑新读物的资料，实行“旧酒囊装新酒”的办法。

（ㄆ）向教育机关及书局征集——现在多数民众教育机关，都在努力编辑民众读物；投机的书坊，也大量出版民众图书，将它们这些刊物，尽量征集或购买来，做编辑时的参考资料。

（ㄇ）到民众生活环境里采访——民众的生活环境里，随时随地有真实性的材料，可以拿来编辑读物。民间的故事传说，农夫樵子的野调山歌，江湖卖艺的唱曲小调等，都是现成的民众读物材料。只要留心去采集，可以“取之无尽，用之不竭”。

2. 读物的编辑

有了材料，就要谈到编辑。编辑有下列诸问题：

（甲）用字。一般民众，识字不多，编辑读物，关于用字的问题，须注意研究：

（ㄅ）生字数——汉字的数量，随时代增加，在《康熙字典》中，有四万七千余字，更加百余年来新增的，全部汉字的总数，大约有五万字。这五万字，并不是我们个个都用到的。据国学专家章太炎氏说：通用的字不过四五千，而寻常二三千字就够用了。陆费伯鸿氏在《中华大字典》序中说：“吾国通用铅字，不足七千。”德人葛拉之谓西人学汉字，只要四千就够用，而编有常用四千字录。陈鹤琴氏从普通书报五十五万余字中分析得四千二百六十一个常用字。庄泽宣氏《基本字汇》五千二百六十二字分得常用字二千八百二十七字，备用字一千二百四十一字，罕用字一千一百九十四字。徐则敏先生统计二十种通用字典，平均的字数，为九千零七十二个，最少的《平民字典》为四千四百三十一字。从上面这些研究的结果，知道我们日常看书作文，只要四千字就够用。编辑民众读物，所用生字数，应该以四千字为最高限度。当此教育不普及，民众识字程度尚未提高之际，更应参照民众学校初级课本的字数，多编读物，以适合民校毕业生及同等程度的阅读能力。一般民校课本的字数，据浙江省立民众教育实验学校分析十一种民众课本，最少是六百字，最多一千二百六十四字，平均为一千零二十四字，刚刚与所谓“千字课”相近。我们编辑民众读物，最好能把生字数量，尽量减少，减少至一千字。这样编印出来，才是大众的读物。

（ㄆ）字体——民众读物的字体，也有一个问题，就是要多用简笔字。翻开旧式民众读物一看，满篇都是些简笔字。这些字笔画简单，民众易于识别；在往时木板刻印，简笔字易于刊刻，所以旧式民众读物，简笔字特别的多，民众看惯了旧式读物中的简字，若新编读物，能多多采用，必能增加民众阅读能力与了解程度。简笔字的构成，约有下列几种：（1）删繁就简：一种是取匡廓略得形似，如“龜”作“龟”，“壽”作“寿”，“該”作“该”，“闞”作“関”等；一种是删大部留一部，如“聲”作“声”，“寶”作“宝”，“獨”作“独”等；一种是该换音符，如“遠”作“远”，“燈”作“灯”等。（2）采用草书：如“得”作“[illegible]”，“爲”作“为”，“東”作“东”。（3）采用古体：如“禮”作“礼”，“處”作“处”，“從”作“从”，“雲”作“云”等。（4）别造简体：如“衆”作“众”，“竈”作“灶”等。（5）假借他字：如“義”借“乂”写成“义”，“薑”借“姜”，“乾”借“干”等。以上不过举一些例子；实际采用简笔字时，可这样去搜罗：（1）向旧民众读物中去检取。（2）民众应用文件上去查抄，如药方上“人蓡”作“人参”，“生薑”作“生姜”，书店里“漢书”作“汉书”，烧饭司务伙食账“百葉”作“百叶”，戏单上“文武带打”作“文武代打”，饭庄门口“修理炉竈”作“修理炉灶”。此外如“铜元”作“同元”，“麵包”作“面包”等。以上均是社会通俗流行的简笔字借用字，均可采用。

（ㄇ）注音符号——注音符号，是以帮助识字，虽然民众对于注音符号，现在认识的尚少，但一般教育者，正字努力的推行，将来或能成为大众识字的工具，编辑读物，不妨采用。或全部注音，如《注音农民小丛书》；或选注过生僻之生字；或用以替代不常用的专有名词。

（乙）文字组织。民众读物的文字组织，编辑时要注意以下各点：

（ㄅ）语句要浅俗：浅就是浅明，不深奥，为一般粗通文意的大众所能了解。俗就是通俗，不避俗语俚句，最好仿用一般通俗读物的老调子。例如通俗唱本上通报姓名，都要说“……不是无名少姓人……”，叙述行路历程，都是“在路行程来得快……”，这些通俗语词，不妨夹用。又如“苏云听闻夫人之言，说道：‘夫人之见浅矣。咱是朝廷命官，那船家焉敢兴心，谋害与咱？’”。“谋害与咱”、“与”字在文法上虽然是不通，但是俗调，也可照用。

（ㄆ）行文要练达——旧式民众读物，因为作者的能力关系，多不能用简练的语句来达出曲折的情事。尤其是长篇的章回小说，不知夹杂着多少的废话在里面，往往使人执卷半日，不知所云。这不免浪费了读者的时光与降低文字的效率。所以编辑新读物，虽然可以采用一些旧有的通俗语调，但浮词滥调毫无意义的，须一律删除。要用简练的文字，来叙述情节或说明事理，才合于文字的经济效用。

（ㄇ）结构要紧凑——结构粗疏，也是旧读物的大缺点。虽然这是属形式的组织，无损于内容，但结构不佳，也是降低阅读者的兴趣，浪费阅读者的时间与精神。编辑新读物对于文章结构，也是要注意改良的。

（丙）文章体裁民众读物。最好仿用流行的通俗读物的文体。据陈光垚《中国民众文艺论》的研究，民间文艺，可分有韵与无韵的两体：有韵的如歌谣，谚语，谜语，唱词，民曲，戏曲，拗口令等，无韵的如童话，小说，史话，方言，歇后语等，而各体之中又分别为若干类（如唱词有鼓儿词，大鼓书，滩黄，小热昏，莲花落，道情，广东调），计凡四十余种。这些不同的体裁，编辑读物时，可看材料的性质，而分别仿用其体。如《中央日报》所登的《黄花岗》，广东所编的《沙基惨案》、《三民主义戏词》之用戏剧体，河南教育厅所编《三民主义鼓词》之用大鼓词，陶知行先生《锄头舞歌》用南京北园乡农民的山歌调子，《说晓庄》用“凤阳花鼓”的调子，均是好的办法。

五、结论

民众读物，是民众精神生活的食粮，又是实施民众教育的工具，他不独是民众语文教育的利器，同时于民众公民教育，生计教育，休乐教育……都有很密切的关系。民众思想习惯性情，都能受民众读物的影响而改变。他们工作余暇，更以阅读闲书为唯一正当的消遣。山歌，滩黄，剧本弹词，鼓词之类，更是他们娱乐的工具。如缺乏这些读物，休闲生活，一定不能满足。同时，知识的灌输，于改善实际生活上，也有大的效力。科学知识，更足以增进民众生产的知能与技术，而改进其生计。民众读物与民众教育是这样的重要，则改良旧有不合用的读物，编辑适用的新读物，为目前民众教育方面最切要的工作。作者对于此问题，殊少研究，拉杂写来，多无是处，尚乞读者不吝赐教。

（载《山东民众教育月刊》1935年第6卷第7期）

识字课本的编辑问题

詹凯城

因着年来识字运动的兴起，普及教育的呼声，弥漫了全国。然识字教育的普及，必须赖有适当的识字课本作工具，这是谁都承认的，是则民众识字课本的编辑，实是一件颇为重要的工作，现时国内几个较大的书局和普及教育机关，都在那儿致力于此种课本的编辑，而已经出版了不少种，这究竟是一种好的现象，虽然那些课本还去理想甚远。个人对于民众识字课本的编辑工作，本属外行，但近来因为职务上的关系，对这个问题，颇费了一番功夫，深觉编辑一部真正适用的民众课本是难乎其难的。它不像普通小学教科书那么容易着笔，因为民众的个别差异很大，由于职业环境和生活经验的不同，其学习能力和学习兴趣，大有歧义，编辑课本时必须想法适合各种不同的能力跟兴趣，而且还得顾到课文的难易和趣味化，使民众能于谋生之余，感到识字的需要，而在短短的四个月之内认识最实用的最低限度的汉字，则是颇不容易的。基于这种困难情形，编辑识字课本必须相当地注意到下列的原则。

第一，课文须浅显明白，只要照文读去，便能完全懂得意义，这才能使民众易于了解而乐于学习。反之，课文太深了，教师既不容易讲解清楚，民众更是不易明了，于是感觉学习的困难，识字的兴趣因之冷淡下去，甚而至于不愿继续识字，是常有的现象。所以课文须极度通俗化，浅易化，最好能用民众口语来写。并且多用有韵的文字，使民众念得出，听得懂，毋须加以解释，即可明白。例如各地流行的成语和民歌，都属有韵的民间文艺。亦是民众最喜欢而最适当的读品；应该多予采用。

第二，课文要有意义和趣味化。编辑民众课本，一方面在使民众识得应识的字，一方面尽量灌输时代知识，培养强烈的民族意识和爱国观念。现下有好多民众课本，只是注意生字的如何分配，如何反复练习，却忘记了材料的内容，以至课本没有丝毫意义，简直不成其为课文，只是一些字的堆砌罢了。真正适用的课本，除含有正当的意义外，还得充分趣味化，使兴趣胜过正经。因为要事民众愿意识字，必须用兴趣去维持。课文的意义要接近民众的经验，使之易于了解；同时材料还须十分新奇，以增进民众的阅读兴趣，又因兴趣是时时变换的，故课文的内容和形式，应多变化。并须使内容多自动意味，竭力减少教训色彩；总之一句，应尽可能地使课文趣味化。

第三，教材要适合读者心理。教材的适当与否，关乎读者兴趣甚密；所谓适当的教材，就是能够适应读者的心理，而使感觉兴趣。因为心理的不同，教材自也各异，成人有成人的心理，儿童有儿童的心理，成人读的课本与儿童读的内容截然两样。我们用同一的字去编课文，必须编出两种不同的课文，去适应两种不同心理的反应，然后才合他们的脾胃。假如用儿童的教材去编成人的课本，成人读了自觉索然乏味。比如捉迷藏、放风筝、拍皮球、骑竹马一类材料，对于儿童是颇适宜，但在成人则是无味索然，所以在编辑课本时，首先得考察读者的心理，而后选择适当的教材，编为课文，才能引起并持续读者的学习兴趣。

第四，须选最实用的最低限度的字。中国字数甚多，《康熙字典》上共有四万二千一百七十四个，要将这么多的字统统认识，自然不可能，而且事实上也没有必要，特别是一般民众，因为忙于谋生，没有较多的闲暇，去认识很多的字，因此只能去认日常必须的字，求其足以应付生活需要也就够了。但究应识什么字，识多少，则须赖科学的实验作最终之决定。如只随编者的主观意见任意选定是万万不行的。民众日常生活上须用的字数并不多，据近来国内许多教育者的研究，公认一千字是比较适当的一个数目；这也就是人人都应识的最低限度的基本字数。但因民众职业的不同（如农、工、商等），所须用的字自也不同，譬如农人有农人特殊需要的字，工人商人等亦然，我们自然不能用同样的一千字，去教他们。必须切实调查各种不同职业的民众所需要的字，来编各种不同的课本去适应各种不同的需要。

第五，生字须有适当的重复。为要免去生字的遗忘，故须依照学习心理，将学过的生字作适当的重复，并须在不同的语式下重复；使读者脑筋里，多得印象，帮助记忆和了解。例如在第一课中所介绍的生字，在以后各课里应有重现的机会，但不可集中在一二课里重现，也不可从头到脚每课都有。据一般学者的研究，认为重现次数，应该先密后疏，而逐渐减少，最适当的次数分配是含有如下的两个条件：

（一）每次重现时的量数宜逐渐减少；

（二）重现间的时间距离宜逐渐延长。

第六，生字的分配次序问题。汉字中有许多字笔划繁多，组成杂乱，意义又很深奥抽象，实属难认难记难备之至。编辑课本时，对于生字必须有一个适当的分配次序：大抵先介绍字划少而意义浅显易于明白的字，然后再介绍笔划多而意义深奥不易了解的字。艾伟教授对此问题曾有很好的研究，以为："在教本之最初五课至十课中所用的汉字，其笔划应简单不得在十划以上。"这个原则，我们应该尽量参用。还有生字的分配，应逐课增加，由少而渐多。现有好些课本，都不曾顾到生字的分配次序，往往在第一册的第一课中，就发现笔划繁多意义深奥的字，例如读书的"读"字，在第一课就出现了，以这种难字来教不识字的民众，不但教授时间不经济，而且要减少甚至会削减民众的识字兴趣，这于学习原则是大相违背的了。而同时生字的分配也是绝不标准，在第一册中每课生字有多至十余个的，而在第三四册中却竟有少至七八个的，荒谬绝伦。真正适用的民众课本，自应竭力避免这些毛病。

此外课文的长短和字数多少，亦应依据学习心理和学习能力，逐渐增加，不可忽多忽少，这自然不能过于机械，大致总是一课比一课长，一课比一课的字数多。十个字左右的出入，没甚关系，总不宜太相悬殊就得了。

上述数端，均系个人在工作过程中，不时想到或讨论所得的，现在不揣简陋地写将出来，以为同任是项工作者的一个参考。

（载《中央日报》1935 年 10 月 25 日）

识字运动与小书摊

李安夫

我们知道，要使一个国家，一个民族达于强盛健全的地位，政治上经济上种种方面的关系，自然是很重要，然而要是没有一种基本的国民教育程度来作致强的重心，那他的不能有所成就，无论如何是不能避免的。我们中国，在过去往往以为，读书识字不是任何人所能享受的权利，即使不一定是贵族才能享受，至少也得是不十分贫苦的人们的专权。所以在这种错误的观念之下，一般的平民反觉得读书和识字的无用。在另一方面，或因迫于生活，或因把读书识字看作一件大难的事情，使他们没有时间、能力和勇气去受教育。于是抵于今日，中国文盲的数目竟达百分之八十之多，占领了全世界文明国家中教育程度低落的第一把交椅，这是何等的可怜而又可羞呀！

可是，在事实上，在这一大批的文盲之中，也并不是绝对的永久不能获得读书识字的机会，有些人只是因为把宝贵的光阴花费到茶馆游戏场，甚至赌场妓院等等场所去了，所以就把这机会失去了。自然，他们的不思上进，甘趋下流，是他们的缺点，然而社会对于这种错误，却也不能不负一部份的责任。我们苟能在他们浪费的时间之中，劝导甚至强迫的教导他们识一点字，那即使抛弃了民族的立场不说，仅为他们本身的前途设想，也有极大的益处。所以这次沪市的举行识字运动，他的意义和责任正也十分重大。

对于普及民众教育，推广识字运动，正当的设施当然不可以缺少，譬如调查人口，划分地段，聘请教师，编制教材等等，都是属于这一类的，不过我们觉得对于课外辅助读物的需要，它的重要性，正与正当的设施不相上下。因为这种辅助读物，在已经具有初浅的程度者，可以助其增加课外的常识，同时在不识字者，也可以由图画或其他方面的暗示而引起要求识字的动力。然而我们试想一想，这种适宜于初学者的课外读物有多少？适宜于初学者阅读的地方有没有？图书馆，至少在他们的眼光之中，是以为没有资格踏进去的；而且即使有勇气踏进去，可是图书馆又有什么适宜于他们阅读的书籍供给他们看呢？要是走进儿童图书馆吧？事实上也有相当的困难。所以为了要使识字运动的推行方面易于收效起见，不得不另筹他法了。据我看来，那街头巷尾的小书摊倒是一件极有帮助的工具，这不是笑话，而是事实。

说到小书摊的内容，自然，连环图画是它的生命线，除此之外、尚有日常应用的书籍，如尺牍，算术书之类，所以它的地位虽只有两三扇门那末大，而其内容却出乎意料之外的丰富。而且，他们不用宣传，不用强迫，不要说具有初浅程度的小学生喜欢去看，就是不识字的人们有时也会化了几个铜元租借一些书回去细细的翻阅。我想，如果我们能利用一般人对小书摊固有的信仰，将小书摊加以整理和改良，而以之推进识字运动，则其成效的宏大，决非一个华丽的图书馆所能企及的。

（载《申报》1935年5月19日）

青年应该读那一类书

梦 若

复古运动中所表现出来的，自然是古气森然。像最近各大小书店，却在翻印着什么《四库全书》、《图书集成》、《二十五史》、《二十六史》之类的古书，这也是复古的一现象。

在目前的中国，喜欢向古书堆里翻筋斗的，实大有其人。中了古书毒的不算，他们大都把自己看做古人为荣。一班时之圣者，为了本身的地位计，也不得不假装为好古家，在书架上点缀了几部古书，以示推行复古运动的热诚。还有极力主张和提倡读古书的，又有被迫非读古书不可的。于是古书便应运而翻印起来了！

不过现今的知识阶级，既然有人喜欢读古书，自然就有翻印古书的需要。在另一方面，既然有人喜欢读新书，自然也就有编选新书的需要。这都是题外的话。

问题是在这里：目下中国出版界，古书在翻印了，新书也在编选了，凡为一个现代中国青年的我们，应当去读古书，研究一点古学问呢？还是应当去读新书，吸收一些新知识呢？这个问题如果不是全无意义，那倒也有提出来加以讨论的必要。

以我们的眼光看，现代中国青年，应该读新书，而不应该读古书。理由是这样的：

第一，学问这种东西，是日新月异的。故我们正时刻追求新知识之不暇，那里还有闲工夫去翻阅古书？

第二，知识是一种生活工具。现代人应当过现代生活，故现代中国青年，也就应该获取一点新知识，以便适应生活环境。

第三，一国的文化，只有向前进才是生路，退后转便会陷于灭亡。现代中国青年，负有促进中国文化向前发展的使命。故我们的工作，便是创造新文化。

第四，古书即使是至宝，但我们只有从新书里，才可以得到各种切合时代需求的知识。

因此，当翻印古书之风正在盛行的今日，我们还能有这一部《中国新文学大系》可看，这真可说是现代中国青年的幸运！

（载《申报·谈言》1935年4月5日）

中学生的读物问题：一个中学教师的意见

顾凤城

现在各书局以中等学生为对象而出版的刊物与书籍实在多极了。刊物方面较著名的如开明书店的《中学生》、北新书局的《青年界》、江苏教育厅的《江苏学生》，最近正中书局出版的《青年月刊》，上海出版的《青年生活》等；丛书方面如《青年丛书》、《中学生丛书》、《中学补充教材》等等，莫不以中学生为唯一的或主要的对象；其余许多刊物或书籍也都以一部分的篇幅来讨论青年问题或辟作《青年园地》、

《青年文艺》、《中学生园地》等各栏。近年来专门讨论青年问题的单行本也渐渐地多起来，如朱光潜的《给青年的十二封信》、《谈美》，舒新城的《致青年书》，平心的《青年的修养与训练》等，都在短时期内一连再版，可见青年问题之被社会所重视和青年们对于讨论本身问题需要的殷切。

青年虽然不一定是中学生，但能看懂及理解这类书籍者，十之八九可说是中学生或受过中等教育的青年。

中学生正当青年时代，好新奇，求知的欲望十分热烈；他们对于普通的书籍已能阅读研究，对于本身的问题需要讨论，求得了解，所以青年读物之被畅销，实在是意料中的事情。

但是，因为中学生的知识还未具有良好的基础，缺乏辨别的能力，同时为好奇心及求知欲所驱使，就容易被不良的书籍所引诱，而生出非常危险的结果。现在优良的青年读物，虽然也出版了不少，销路也不差，但和中学生的数量比较起来，还是占着很微小的数目，大多数的中学生很少读课外的书，很多仍旧读些有害无益的书籍，这是我近年来在中等学校教书时所考察的一个实际经验。

现在的中学生在课外所看的书，据我所考察的大约可以分为几种：（一）武侠派的黑幕书；（二）恋爱和有关性的描写一类的小说；（三）幽默小品一类的书籍或刊物。在女学生方面，言情的书籍为普遍，如《玉梨魂》、《雪鸿泪史》一类的小说，在学生中间仍有很大的势力。有一部分学生自然也在阅读优良的书籍，但是占着很少的比例。

以上几种书，对于中学生总是有百害而无一利的。武侠黑幕书，内容既属荒谬，文字又十分拙劣，意志薄弱的青年，读了常常会沉入非非之想，而与现实的社会隔离。前几年上海有几家商店的学徒看了武侠书竟至相偕出奔，想到四川峨眉山去修道，也是中了这种书籍的毒。近年来政府对于取缔邪说及迷信，已加以深切注意，关于这一类的影片被禁者已有不少，我觉得对于这一类的书籍也应该来一番清除，以免贻害青年。其次关于恋爱小说本来并不是不好的读物，崇高的伟大的两性爱是我们人类所应当享受，也是一般青年应当了解的。但现在有许多读物往往假借恋爱为名，实行性的诱惑，使青年发生早熟及自渎的现象，中学生之陷于性的犯罪，而发生神经衰弱精力亏损等等，实在都是受这种不良书籍的影响。其余如过分颓废感伤的言情小说，在没有文学素养又无指导的中学生读之，也是不大相宜。再流行于现在中学生中间的幽默小品的读物，也是非常地普遍。幽默小品文字，在文艺中本是具有极高尚情趣的一种文字，但是中学生往往不辨真伪，误把低级趣味的文字认为幽默小品，这就上了书贾的当而大吃其亏了。

中学生的课外读物，实在较课本更为重要。因为课本是死的，必读的；课外读物却是活的，自由的。学生们在课本中所不能满足的，在课外读物中可满足之；对于课本感到枯燥乏味的，也可在课外读物中得到休息与安慰，由此可知课外读物对于中学生的重要了。

但是，现在的学校当局对于学生的课外读物往往不是采取严格的干涉方法，就是采取自由放任主义，这二种办法我觉得都是不对的。

我以为现在的中学校及师范学校，应该组织一个课外读物指导委员会来专负其责。这个委员会可做的工作如下：（一）开列课外读物的书目，这在每个学期开始时行之。开列的书目可以分为一般书目和补充书目二种，前者如关于青年问题青年知识等属之；后者可开列各科的补充书目，并须注意每一班次的程度，和教科书发生联带的关系。譬如说初中学生方面以《给青年的十二封信》、《致青年》为一般读物，《文心》、《文法与作文》为国文科补充读物；高中学生方面以《青年的修养与训练》、《青年问题讨论集》为一般读物，以《作文与修辞》、《文学概论》等为国文科补充读物；这样，学生选择课外读物的时候，就有一条路线，不致瞎撞了。（二）举行个别指导。这一项我觉得最为重要而大多数的学校所没有的，至多，就各教员和学生的私人关系偶而，向其介绍读物而已。这一项如果指导得法，可以发掘一下学生的个性，可以增加读物的效果。因为学校中所用的课本都是一律的，学术不能有所选择，但是不同学生的个性及爱好还是不同的，譬如说甲生喜欢文学，乙生喜欢科学，丙生喜欢体育，教员就应当就各生个性之所近，而给以个别的指导。喜欢文学的最好多和文学的教员接近，喜欢科学的最好多和科学教员接近。教员在举行个别指导时的，最好以一学期为单位，规定一学期中所应读的书籍，使学生在课外得到系统的学习指导，教员并常常加以考察。（三）指导学生组织读书会。这种读书会可以二种方式组织之。一种是以级为单位，如一年级读书会，二年级读书会等；一种是以性质为单位，如文学，科学等等。每一读书会可聘请教员为指导或顾问，并可常常举行研究、竞赛、讨论、演说等各种集会，以集团的精神来读书，必可增加读书的兴趣与效率。

最后，对于出版中学生读物的书店我有二点意见：（一）定价要减低。现在书局所出版的中学生读物，价格显然是太贵了，一本薄薄的书定价要四角五角，在经济能力薄弱的中学生是不胜负担的，怪不得一折八扣书大批地流到中学生的怀中了。（二）多出趣味浓郁的书。课外读物须以轻松有趣为主。因为一般学生对于课内的讲义式的课本常常感到干涩无味，课外想找些轻松活泼而有趣的书籍来读了，这样，课外的书不宜再用讲义式，最好用文学的笔法，采取活泼明快的编制。如夏丏尊、叶绍钧合编的《文心》，确是一本优良的课外读物，他用小说的笔法写出文章及文学的方法，阅之既有益又有趣，是一本理想的中学生国文补充读物。

（载《中央日报》1935年11月1日）

儿童年与儿童读物

秉

儿童读物，群号为“儿童精神之粮食”，此名取义至当，用字甚确。盖所谓食品者，有珍错之供，嗜好之味，是皆非恒人所易致，进之且未必有裨于营养。今云粮食，悉摈此类而专举禾黍。禾黍为养生所必需，无间贫富，日必资之，以喻儿童读物，弥复相似。继父母不尽购读物以飨儿童，而穷乡僻壤，苟有一尘之学校，即见儿童读物之踪迹。儿童作息歌呼而外，展卷讽玩，智慧于焉开展，性习于焉型成。儿童读物诚儿童之“粮食”，非糖果鲜橘水比也。

儿童年始于本月，出版家襄此盛举，皆刊布广告，以廉值发售儿童读物，俾儿童获沾便益，增进其精神之健康。斯意美善，良可赞叹。观各家儿童读物之目录，又复丛书如林，卷数累百，儿童瞻眺其间，尽堪择所爱好，放怀大嚼。祈愿儿童前途佳胜者，亦可以欣然自慰矣。

顾谛察各家儿童读物之实质，自慰者即将转而自失，盖其时所发见者，是诸粮食未必有裨于营养也。彼禾黍之滋长，本于大自然之潜能，犹以人力之异施，而有品质之差，此所谓精神之粮食者。其长育无与于他力，品质高下一断于耕耘之勤否，耕耘草草，斯成果庸庸矣。我尝综观各家儿童读物，举其缺失约有数端：皇帝公主，摇笔即来；神仙鬼怪，连篇皆是；诡谋售欺，妄云智慧；行一小善，便致富贵；以巽弱为美德，视力作为苦役。凡此之类，皆不适于当今之世，尤非所宜于我族此日之儿童，不幸儿童读物中往往遇之，此意识不纯之弊也。布局简拙，观篇首而揣知结尾；立言空泛，虽终卷而弗留印象。儿童爱活动，喜变化，厌接浮谈，愿亲实迹，儿童读物不足以满其志，遂顾而之他。街头巷口累累陈列之连环图画，教育专家群以鸩毒视之者，转为儿童之恩物，此技术不修之弊也。造语遣辞，或违于名理；集言成文，或乖于语法；或杂乡土俚言，非他方人所克解，或竟信笔构句，非我国人所宿习；漫云仿效儿童口吻，实则儿童决无如此语言。儿童久而习之，语言思维遂趋歧途，不特语文教学横生阻障，各科教学亦皆蒙其影响，此文字不当之弊也。其为诗歌，亦多可指，往往诗趣毫无，印象莫睹，歌体操则曰："起得早，学体操，身体好，志气高。"歌景物则曰："红花开，蝴蝶来，好风景，真可爱。"或则堆砌警诫之文，若严父之训子；或则杂凑唇边之语，若滩簧之登台，徒求趁韵，不恤拗句，意在可解不可解之间，味在若有又若无之中，其所与之观感，将使儿童恍然有悟，以为诗歌者，乃如是枯燥无聊之物，虽终其身而弗兴为缘，又复奚所憾惜。然则儿童诗歌非第不足以陶冶性情，甚且为蔽聪塞明之具矣。其为图画，复少合作，往往仅具轮廓，难言妙肖。他且不论，专言人物，钩勒不应乎解剖，神态胥陷于板滞，儿童悉呈犬相，工农皆成流氓。儿童爱观图画，一编到手，惟此为先，佳作莫逢，劣品亦复过瘾。然于其体物写生之能，正乃遏抑不鲜。画教学至少成绩，自有众因，然未始不由于儿童读物之插图荒陋也。以上举其大者，若求详备，恐十万言犹未能罄。我非好为苛论，事实如是，掩饰何益！世不乏贤明之父母，良善之教师，通达之教育家，苟一问儿童读物之津，必且谓我见之未周，言之未尽矣。

于此即有二问题。是堆积盈仓之精神粮食。实乃徒存形貌，品质迥殊。宽泛言之，固可以丰足自豪，严谨言之，岂不几等于零耶。今值儿童年，而儿童精神之粮食几等于零，堪以自失者。就复过之，更进一步而为思维，是徒存形貌之精神粮食。固日日陈设于儿童之左右，俾随时取而吞之，其为害儿童之营养者几何，其阻遏儿童之生机者几何，虽有巧算，殆莫能骤答。今值儿童年，而儿童正滥吞品质迥殊之精神粮食，以阻遏其生机，岂非尤堪自失者乎！

一物之发生及存在，不离时空之关系。我族此日，而有徒存形貌、品质迥殊之儿童读物，自有种种之因，然著作家与出版家视之太轻，为之太易，要不能辞其咎。儿童读物固商品也，顾寻常商品，犹必期购者之适用，况儿童读物为儿童精神之粮食，能草草为之“出门不认货”耶？为小学教师未必易于设教大学，即可知编撰儿童读物，未必易于传世之述作，名山之事业。不幸此基本观念，为著作家与出版家所忽视。若辈惟求产量之多，成货之速，遂令花花绿绿，灿烂陈于书柜者，实乃同于无物，甚且视无物尤有弊患，良可叹也。

徒叹损人兴致，亦复无济于事，所冀著作家与出版家及今觉悟，先立基本观念，儿童读物必需郑重出之。凡上述诸弊，必避之若浼，勿以昔之积几盈架者自夸富足，宜平心静气，逐一审察，速汰其尤劣者，而暂存其较可者，一方从头做起，别制佳品，此自非仓卒间事。他日佳品渐多，则并今之较可者而亦汰之，庶几儿童有品质纯良之精神粮食，其性习智慧，可得适度之营养，明达之著作家与出版家，其有意于此乎？自儿童年发轫，彻底改善儿童读物，亦大有造于儿童之举也。

（载《申报》1935 年 8 月 11 日）

儿童读物问题之商榷

碧　云

儿童是人类社会延续的基石，也是造成将来社会的主要因子；要将来的社会健全，就必须先培养出健全的儿童来。儿童的本质是纯洁无瑕，儿童的思想与行为是最容易熏陶习染，在种种方面说，儿童比成年人是更容易接受新的启示与导入正轨的。所以一般做父母的，或负着儿童的教育职责的，最好是趁此时期内施以适当的教育，使儿童成为将来国家社会的栋梁。

现在中国是太不注意儿童教育了。我们应该怎样竭力提倡与研究，使每个为父母者，都知道除爱抚其子女之外，还当随时随地注意施以善良的教育，应该如何使每个负儿童教育职责者，更积极地负起教导儿童的责任与改善儿童的教育方法。

谁都不能否认儿童读物，在儿童教育的意义上价值上，都占着极端重要的地位。但中国的儿童读物，近几年来，虽大有风起云涌之势，然而，如果求其真正能适合儿童阅读，堪称优良的却像"凤毛麟角"一样罕见，所以在目前选择儿童读物是一件很困难的事。现在坊间已出版的儿童读物，十之八九都是些神奇鬼怪王子公主之陈腐童话，花月猫狗之无聊诗歌，以及含有迷信意味，或封建意识色彩极浓重的东西，如："从前有一个王子，他有三个儿子……""一个人被妖魔迷住了。妖魔变成了一个极美的人和他结婚……"等等，至于儿童所需要的，如以新的技巧所写作的童话小说、诗歌、故事，内容正和上面相反的暴露着旧式童话中美丽的王国与王子的丑态与残暴，和那些虚伪与迷信一类适合于儿童教育原则的，几乎是找不出来，在儿童教育方面说，这是一个怎样大的严重问题！

儿童教育的重要，尽管没有人否认，儿童读物优良与否有决定儿童教育之善良与否的作用，尽管有人承认，但有许多所谓教育专家，却终日把天真烂漫的儿童们放在美丽乌托邦的幻境，尽量地使他们与现实世界隔离，社会上的黑暗，以及种种的罪恶不惟不详细地指示儿童去了解、去作正面的认识，反而以这些黑暗与罪恶的美化来蒙蔽儿童，欺骗与麻醉儿童，不管儿童兴味是否正当，而一味以低级趣味的创作去迎合，以致神奇古怪的王子公主的童话，猫弟狗哥胡闹一场的故事小说，直到现在还占着儿童读物中的绝大指数，这种令人痛心的恶劣现象，是负有儿童教育职责的作家专家与出版家们，所不能辞其咎的！

时代是前进的，封建时代的腐朽骸骨，已没有再继续迷恋的必要与可能了，在新的时代里，我们应该创造出新的儿童读物，我们应该站在时代的尖端去粉碎那些神奇鬼怪王子公主的陈腐读物。我们应以新的观点，新的技巧来创造些适合于儿童教育原则的读物，好的读物，不仅可以引起儿童读书的兴趣，且能诱导儿童走上人生的正轨。所以为着彻底改善迷漫着陈旧气氛的目前儿童教育，我们不能不特别注意以下的几种教育原则：

（1）满足儿童的精神活动。儿童的本性好动，是一般教育家们所公认的，他们不仅是手足四肢好动，就是精神上，也是不停的在那里活动着。例如儿童突然发见了一件什么东西，就会立刻联想到其他的许多有趣问题。如他们看见一架正在开动着的无线电收音机，他就会立刻发出"它为什么会叫？"这样的疑问。但，许多童心已经消失的成人们，往往对他们这样的疑问，采取一种蔑视的态度，总认为这样问是幼稚的，无意识的，当他们高兴的时候，就老气横秋的给予儿童们不相干的几句回答，不高兴呢？当然是置诸不理，甚而大发脾气，来一顿不应当的臭骂。而不能利用这种机会，去启发儿童的智能，使儿童因此获得了科学上的知识，为着弥补这样缺陷，最好利用有价值的儿童读物，如童话、歌剧等来解答儿童所发生的疑问，满足儿童精神活动的要求。使儿童简单而纯真的头脑里逐渐集结着正确的知识成果。

（2）启发儿童的社会情绪。儿童的情绪本来是非常脆弱简单的，不仅无任何的成见，就是什么叫做"善""恶"，什么叫做"是""非"也很难辨别清楚，因为他们根本就没有这些辨别的经验，社会上伦理和道德的种种知识。所以应该利用好的读物，使儿童在读物中去正确地认识和辨别现实社会里一切是非曲直的错综复杂的现象，使他们知道社会上有欺诈，虚伪，贫穷，奢侈……种种环境，更应以好的读物来培养儿童的同情心，使他们感觉到父母、师长、兄弟、姊妹是怎样地真挚可爱，贫穷者劳动者是怎样的痛苦？这些都是需要好的读物来启迪、指示、熏陶、感染，使他们的情绪日益走上奋发昂扬的正当发展途径。

（3）养成儿童自动的学习精神。一般儿童总是把读书当作一件苦事，平时必须父母用种种方法来威迫诱导然后才肯去读，这种被动的方法，是决不会使儿童感到对于读书的兴趣的。所以有许多儿童常常逃学怠读。固然读物的本身不良，干燥乏味引不起儿童的兴趣也是主要的原因，然而那些当父母的和负着儿童教育职责者，不懂儿童的教育原理与方法，只知一味地去强迫，惩罚，能得着何种结果呢？事实上用这样的方法去强制儿童读书不但毫无益处，而且有害于儿童身心的发展。因此，我们为着挽救这种缺陷，纠正这种错误，就必须从儿童的读物内容和教导的方式方法方面，来力求改良与转换。我们必须使儿童觉得读书是最有兴味而自动的去读，去学习，这样不仅能免除一般为父母和负教育职责者强迫儿童，呵责儿童的精神上无谓消耗，而且能转换儿童对读书当作苦事的不正确观念。

（4）建设儿童优美的品性。儿童是最喜欢活动的，在幼小时期好奇心便极发达。精力方面也表现出相当的壮旺与活跃，所以他们常常异想天开的想出各式各样的方法来玩耍，来消磨他们的过剩精力。我们要使儿童的精力用在正当活动的途径上，就必须以良好读物来调剂儿童的实际生活，使他们的精力有了正当的寄托所，这是比较其父母师长的教训还要更有效果的。因为父母师长的教训，多半是带着强迫的性质，至于良好的读物就完全不同，它是以丰富的情调，优美的文字，异常动人的事实来编成童话、诗歌、小说、故事，是以形象来表达种种生活形态，规范教训来暗示儿童，使儿童自然而然的以极端愉快的热诚去接受，模仿，因而改变了自己的不良品性的，这种潜移默化，富有极大教育效能的良好读物，在儿童教育方面的重要性是不言可知的。

要达到以上的四种教育原则，很显明的不是一般做父母和负有儿童教育职责者所能单独办得到的，这必须出版界与著作家们的通力合作。出版界应当站在发扬整个文化的立场上，为新的文化而努力，切不可只贪图营业上的利润，专门出些迎合一般低级兴趣的神奇鬼怪的儿童读物，著作家在写作儿童读物的时候，也应当为着千百万纯洁无邪的儿童们设想，决不应为着几块钱一千字稿费，即昧着良心大写其麻醉、欺骗、蒙蔽等儿童们的毒剂，但出版界和著作家们，如果真正愿意为整个的中国文化与文明设想，为无数未来的新国民——儿童们打算，在写作和出版儿童读物之前，就必须注意以下几个要点：

（1）要站在儿童教育原理的正确观点上，取材应是进步的，新颖的，内容要包含自然科学、社会科学，和其他种种的必须知识，要适合于儿童的要求和稚弱的心理状态，文字和文体必须生动，简短，活泼，通俗化，趣味化。一切神奇鬼怪的无稽之谈，和那些足以影响或毒害儿童们的身心正当发展的封建迷信，在编写的时候，应当一概摒除。

（2）出版家对于儿童的读物价格，应当特别订得低廉些，因为儿童的购买力是非常薄弱的。

（3）儿童读物在装订方面，纸的质地方面，都应以坚固，耐久，富有韧性的为原则，因为儿童的破坏性很大，对于书籍是大都不能好好的保持和爱惜的。

（4）儿童读物应如何装订，怎样编排，才能恰恰适当的条件，是非常之繁复的，在这里无法作更详细更具体的叙述，我们仅能在原则方面，作简单的探讨。例如，字体太小与行列过长，儿童们不容易阅读，且很易使他们发生厌倦。纸的颜色，光泽不调和，足以危害他们的视觉，甚至日久变成近视。封面与插画的模糊不清，容易使他们发生厌恶，无趣味等等，在儿童的健康方面说，这些都是应当特别的注意，悉心的去研究，探讨，而力求其适当的。

总之，儿童读物的优良与否，在儿童教育的效果上，是占着极端重要的地位的，一切担负着儿童教育的任务和职任的教育家、出版家、著作家们，都应当严密的注意，特别慎重去研究，探讨，以期使儿童教育日臻于尽善尽美的境地。使每个儿童在优良的读物中获得社会和科学方面种种必须的知识，获得丰富的人生经验，使他们的身心都完全走上健全而正确的优美发展的坦途。

（载《东方杂志》1935年第32卷第13期）

对于印行儿童丛刊之商榷

吴涵真

年来国内有志之士，对于儿童教育问题，探本讨源，揭发主旨，呼号奔走，提倡改善，已成为我们国家的中心问题，渐渐给全社会注意了。

无如一般人的心理，遗大骛小，明明正道，偏走歧途，小利所在，罔顾大义。站在时代前面的出版界，以儿童教育问题，为国人视线所集，也竟视为千载一时机会，滥出儿童刊物。其中为书贾图利者十之七八，为教育刊行者不及二三。商业中人，营利竞争，事虽难免，惟有关文化事业的商店，加之所出刊物为国家命脉民族根基所繁的儿童用书，却也不顾公德，专图私利，未免太过丧心病狂了！

最可怪者，市侩之流，妙想天开，扫聚一堆一堆的陈旧不堪的儿童书画，翻印一通，欺市求售。不思丛刊之类，本为取精用宏，备作参考，或在图书馆中，陈备选读。儿童天真活泼，性喜日新，陈陈积橱，实属不合消化，譬如食物，饲养儿童者，宜取清新之品，衍生所需，按时授餐，才合衍生。若一时乱摆满桌，咸酸冷热，杂陈其前，虽不吃坏，也要看腻了。

况且所见各家丛刊，定价总在三十元以上，此又断非一般儿童能买得起，是于教育普及之旨，大相径庭。目下农村破产，即乡间小学亦不易拿出整整一二十元购买这宗书籍，其结果只有供给少数少爷小姐玩艺而已。

书籍，原为一种教育工具。书籍的内容，必须与教育的主旨吻合一致，方合采用。旧日儿童教育，“是要儿童效法成人”。现在一般儿童教育家的主张：“尊重儿童人格，改善儿童环境，依儿童身心自然发展而施以适当的教育。”一新一旧，迥不相侔，一是一非，怎得混用，所以瞎搬成人化的书籍，施于今日儿童，未免南辕北辙，谬以千里啊！

我们中国今日的颓废颠危，黑漆无路，其症结在教育的破产，此举世公认，无可讳言。教育功能，能改造社会，建树国家，有事实做铁证，如德、俄、日、波兰等国的倚重教育以建国，或借以使其国基更臻牢固，这都是世人共知的。中国为全世界的一个地面最大的国家，当然未能例外，今不图强制而已，果欲图强，惟有振刷教育，尤其是儿童教育。儿童为国家将来的主人，当这国步艰难的时期，华胄一线生机，只在这一群儿童身上，我们要挽救国运，要民族生存，便不当疏忽了儿童教育，那么我们中国人，对于这点责任又是何等重大呢？

所望出版界同人，务知远大关系，经商不忘国家，对于儿童读物，应本教育目标出发。吾人当有三大希望：（一）做父母的，应该各把自己的子女教好。（二）做教师的，应该各把自己的学生教好。（三）出版界，对于儿童读物不可随便付刊，应该审慎周详，力求内容符合教育主旨，营业虽为谋利，救国亦应有责。有良心的人们能各本此旨做去，这就是对于国家民族莫大的贡献。

（载《生活教育》1935 年第 1 卷第 23 期）

注意儿童教育

子　云

有一件事，希望关心儿童教育者，注意及之，即糖果小贩，每用抓彩等法号召，以达其赚饭吃目的。近三数年来，竟普遍全市，儿童既乐于抓彩，家长又忽于抓彩，岂知儿童赌博习惯之养成，足以危害其精神及将来社会之安宁。

又小贩每多代赁方块小人书，就阅，借阅，取值皆廉。图书馆不能比其便利，而书之神怪不经，实易使儿童脑海多印幻想，于国家前途尤关重要。

（载《大公报》1935 年 1 月 25 日）

谈工具参考书

陈豪楚

无论站在读书人的立场，或图书馆的立场，我们都有很充分的理由，希望出版界多多注意于工具参考书的编印。现在的教学方式不是单令学生死读一些教科书，而是希望养成学生自动参考研究的能力；另一方面，一天到晚迫于衣食奔走的贫苦好学人士，他们不能有整天的闲暇，去到图书馆里翻阅各种图书，也是很希望有工具书可以节省他们的精力，所以工具书的编印出版，盖为今日读书人士所一致期望着的。

参考书的范围很广，广义的说，则凡各种图书都有被参考的价值和使命；我们在此地冠以“工具”二字，就规定了他的狭小的范围，即只限于作为工具而使用着的图书。这一类参考书，就编纂的体例说，是以搜罗各类事实，依法排比编纂，以便检查为目的的，从图书馆的立场说，通常是另行放置一处，专供读者检查之用而不出借的。再从利用者方面说，在平时可以不必细细翻阅，而只在必要之时，从事检查以辅助读书研究之进修的。依照这样严格的意义，则所谓工具参考书者，便只有字典，辞典，百科全书，类书，年表，年鉴，索引等等。这一类书，即是我们希冀出版界多事注意出版的。

工具参考书的编纂，在中国原已有很久的历史。《尔雅》分部之法，《说文》部首之制，一直演进而至于《康熙字典》，字典盖几与中国文字同有其悠久的历史。年表则汉初太史公著《史记》，已利用周谱之旁行斜出法而有创制。万斯同的《历代史表》和齐召南的《历代帝王年表》，更为史学杰作。魏文帝时王象等“撰集经传，随类相从”，编成《皇览》一书，则为开中国类书之源；其后各代盛行编纂，所成特多。明时凌迪知编有《万姓统谱》一百四十卷，远自上古，近迄明代，博综系姓氏族，以韵为先后，以朝代为次序，并将历代名人履贯事迹，按时代分隶于各姓下，实为一部很好的中国人名大辞典；后来明清时人之篇《尚友录》，即仿该书的体例。索引在国内尚为新起的一种工具书，但清汪辉祖编辑的《史姓韵编》六十四卷，为绝好的一部二十四史人名索引，虽在今日，查正史传记者，尚为不可缺少的重要工具，然而工具参考书之编制，在中国过去虽见相当的发达，但能善加利用之者则实少。从前一般学者，多轻视工具书，以为人人能为而不足称为著述。如汪辉祖所著史学工具之书，有《史姓韵编》、《九史同姓名录》、《辽金元三史同名录》等，不仅卷帙繁颐，且所作极为精审，但在有清一代，实少有人注意，阮元为先生传，但称之曰“循吏汪君传”。张之洞著《书目答问》，采先生书至五六种，而卷末清朝著述家姓名略，竟遗先生之名，即此可见一斑了。工具书既不为一般学者所重视，而用之者又不过为一些浅薄的应试举子，结果工具书的编制和利用，所以终于不能在中国学术界造成灿烂的风气。

幸则现在国内治学人士，显已脱离过去学者所持的陈旧见解，而努力于工具参考书的编纂工作。重要的治学工具如索引和年鉴，近来国内多盛行编制。燕京大学引得编纂处现方努力于古籍的索引之编辑，已出版的如《清代三十三种传记综合引得》和《二十一种艺文志综合引得》，对于研治国学的人是有极大帮助的。中山文化教育馆的《期刊索引》和《日报索引》，更为治学者所不可废。他如金陵大学的《农业论文索引》，开明书店的《十三经索引》，北平图书馆的《国学论文索引》等，也都极具价值。再如年鉴方面，近来国内出版的也颇不少。实业部的《中国经济年鉴》，教育部的《中国教育年鉴》，申报馆的《申报年鉴》，以及其他如《劳动年鉴》、《电影年鉴》、《外交年鉴》等，颇多参考价值。然而以上这许多重要工具书，大都为机关的出版物，若求之于各书坊，则真稀如凤毛麟角了。

书坊之对于工具参考书，为什么不想努力出版呢？这当然因为出版工具参考书较之出版普通用书，是不能多赚钱的缘故。今日国内一般人士，尚未养成利用工具书的充分习惯；而工具书的编辑，又属工程浩大，其不能多所获利，显而易见，尤其如年鉴的编辑出版，每部书只有一年一度的销路，等新编的上市的时候，陈货自将无人过问，岂非白白的遭受了损失？但是，我们鉴于许多书坊既然是挂着“提倡学术”、“发扬文化”的招牌的，我们很愿意即以工具参考书的编印出版作为他们的试金石。因为惟有工具参考书的编辑，可说是最吃力不讨好的工作，但同时却是真正为学术文化而努力的工作。

末了，我们希望教育界人士多多注意提倡工具参考书的利用风气。这不但使中国学术文化的进展大有裨益，并且使出版界之出版工具书，因宣传而增进销路，也是很好的一种“积德”。

（载《申报·出版界》第二十二、二十三期，1935 年 9 月 7 日、14 日）

清末以来我国小学教科书概观

吴研因

清朝末年，学校没有兴办的以前，我国的儿童读物，大约分两种，一种是启蒙的，例如《三字经》、《百家姓》、《千字文》、《神童诗》、《千家诗》、《日用杂字书》、《日记故事》、《幼学》等；一种是预备应科举的考试的，例如四书、五经、史鉴、古文辞之类。这些读物，有的没有教育的意义，有的陈义过高，不合儿童生活，而且文字都很艰深，教学时除了死读、死背诵之外，也不能使儿童们明了到底读的是些什么。儿童读这些书，一定要花上了七八年的工夫，读得烂熟了，再由老师开讲，然后才能渐渐地明白一点字义跟章句。至于圣贤的大道理，往往读了一辈子读到老死，也读不出什么来。固然从这些读本读起，再读下去也会读出几个所谓“通儒”来，但是一则成功的只是少数的天才，一则这些少数的天才也往往书读通了，天才也成为废才弃才了，这些废才弃才，有的迂腐昏庸不辨粟麦，有的狂妄放肆不近人情……比了外国天才成为发明家科学家……有益于国计民生的真是不胜可怜之至！学校既兴，这些读物，自然应当渐渐地退出了儿童教育的领域，另有新兴的小学教科书，给儿童们做增进智识的食粮。

新兴的小学教科书从清末到现在，可以说常常在改革进步之中，究竟怎么样的改革进步呢，这个最好把现在的小学教科书跟从前的小学教科书，互相比较研究，再跟现代各国的小学教科书，互相比较研究，然后详细地分析说明。现在我没有分析说明的工夫，只能笼统地凭自己所见到的，说一个大概出来。我觉得小学教科书最重大的改革进步，大概有下列的几点。

（一）白话文崛起

清朝末年跟民国六年以前的小学教科书，都是文言，商务印书馆最新教科书的文言，虽然比蒙学读本、蒙学课本的文言，简明了些，但是要儿童了解，仍是很不容易，所以接着商务印书馆等又有材料比较减少、文字比较浅显的所谓《简明教科书》等出版。民国元年，中华书局崛起，发行一套《新中华教科书》，这类教科书，文字反不简明，虽然因为政治的关系，很被小学教育界所采用，但是不旋踵而就自然消灭。商务、中华为求适应时势需要起见，又各编了材料更少、文字更浅显的教科书，所谓《共和国教科书》、《新制教科书》、《实用教科书》、《新式教科书》等等相继出版。但是文言无论如何浅显，儿童总不能直接了解，小学教课，把五分之四的工夫，用在读书上面，结果也只造成了少数勉强能文的高材生，跟所谓国民教育相差太远。民国六年左右，我们觉得文字是一种工具，文言白话，功用差不多，但是白话文是用语言写出来的，读时容易明了，不必花去翻译讲解的工夫，作文也容易要说甚么就写甚么，因此，主张小学用白话文编教科书，就在所办的小学里，自编白话教材，教授儿童。坊间教科书，首先加入一两课白话课文的，就是中华的《新式教科书》，办法很不彻底。到了“五四运动”以后，文学革命和国语运动的高潮掀起，北京教育部也竭力提倡国语，于是民国九年以后出版的小学教科书，例如商务的《新法教科书》、中华的《新体教科书》等，就都用白话编辑，文言教科书就渐渐地归于自然淘汰了。现在文言教科书几乎完全绝迹，即使有一两本还被书坊私卖，保守派私用，但是力量究竟薄弱得很，不久的将来怕也一定会因不便教学，归于自然淘汰的。小学教科书改文言为白话，这是一种重大的进步，也是小学教学的自然趋势，教育部的提倡不过是促其速成罢了。

教育部即使不提倡，这趋势也一定自然会来的，所以现在虽然还有人主张小学教科书参用文言，或者竟强迫用文言甚至读经，我想这不过是一时的现象，将来也一定会自然消灭。小学教科书改用白话的结果：小学儿童读书的能力，确实增进了许多，低年级六七岁的小孩也居然会自动地看起各种补充读物来，高小毕业生虽然没有读过文言，可是用浅近文字写作的书报，他们也粗枝大叶能够阅读了。读白话能收得这样的效果，似乎不近情理。其实原因是很简单的，因为高年级读的白话课文，跟报纸记事体的文言，很相接近，所以结果，读了白话也能看文言书报，这自然是就大体说，要是有人反说过来说“自己从前在小学读文言，结果能看文言书报，并且能写很好的文言或白话论文，自己的儿子现在在小学读白话，却就不但不能作文，并且不能看报了”。那是他们父子两个人的特殊情形，不能概括多数。

（二）儿童文学抬头

民国十年以前的教科书，中间也有些童话寓言一类的故事，例如鹬蚌相争、愚公移山、永某氏之鼠、黔驴之技等，但是分量很少。那时的初小国文，包括一切常识，大半是说明文，高小各种教科书，更多数是说明文。说明文是很干燥乏味的，读的人对他生不出兴味来，所以小学用这类教科书，儿童大概兴趣索然，大有“言者谆谆、听者藐藐”的现象。有经验的小学教员，都知道这并不是一个好办法，所以主张儿童多读些有趣的文字——尤其是在国文中，一方面要儿童强记文字符号获得运用文字的能力，一方面要儿童了解内容，获得杂俎式的知识，未免“事倍功半”、“吃力而不讨好”，所谓“两败俱伤”，倒不如编些轻松的故事给儿童读，使儿童只觉故事有趣就不知不觉地肯去努力阅读，无形中把文字符号也熟习了。因为有这主张，所以民国四五年时的国文教科书中就有了《煤炭谈话》、《水之自述》等一类的课文。这类课文，把煤和炭的成因功用，水的变态等用拟人的对话体或自述体做出，这就是所谓“儿童文学化”，跟说明文根本不同了。民十左右又有人提倡儿童文学，他们以为儿童一样爱好文学、需要文学，我们应当把儿童的文学给予儿童，因此儿童文学的高潮就大涨起来。所谓新学制的小学国语课程就把“儿童文学”做了中心，各书坊的国语教科书，例如商务的《新学制》，中华的《新教材》、《新教育》，世界的《新学制》……也就拿儿童文学做标榜，采入了物话、寓言、笑话、自然故事、生活故事、传说历史故事、儿歌民歌等等，别的教科书如历史地理等，也有人主张渗入此种文学的趣味，但是没有完全做到。自然，那时的所谓儿童文学是很幼稚的。不过从前的教科书，内容太“现实”而且用抽象的说明文叙述，好比前几年《申报·附刊》的常识，没有几个人要看。民十以后的教科书，采入了儿童生活比较接近的故事诗歌，好比是比较有趣的画报、电影刊物，要看的人，也当然多起来了。儿童文学在教科书中抬头，一直到现在，并没有改变。近几年来，虽然有人因为反对所谓“鸟言兽语”反对整个的儿童文学（“鸟言兽语”不能代表整个的儿童文学），恨不得把儿童文学撵出小学教科书去，可是据教育部去年拟了问题发交各省市小学教育界研究的结果，小学教育界仍旧全国一致地主张国语课程，应当把儿童文学做中心。我们环顾欧美各国的小学教科书，差不多早已“儿童文学化”了，美国的小学教科书尤甚，苏联文坛近来也竭力提倡儿童文学，创造儿童文学。可见儿童文学决不会跟小学教科书分起家来，即使有时被强迫而分家，也只是一时的现象。

（三）教育目的逐渐正确

最初的小学教科书，很注重修身、忠君、爱国等的材料。民国以后，把忠君崇满和不合民国宗旨的材料革去，加入了关于民主政治的自由思想。民四五因为袁世凯要做皇帝，各书店也有所谓“实用教科书”等出版，避去了民国共和等的字样。因为第一次世界大战的结束，和国内军阀屡次内战的恐怖，国内外都倡导和平。我国民十以后的小学的教科书，例如《新学制》、《新教育》、《新教材》等，就几乎成了无目的、无宗旨之世界通用读本，很缺少民族精神和国家思想的表现，这确是当时教科书的最大的缺点。民国十六年以后，革命空气弥漫了全国，小学教科书例如商务的《新时代》，中华的《新中华》，世界的《新主义》等，就充满了许多国民革命跟三民主义等的教材。不过那时的教科书，文字既很草率，内容又未免多了些叫口号式的叫嚣。民国二十五年以后的教科书，例如世界的《新标准》，开明的《开明》，商务的《复兴》，中华的《新小学》，大东的《新生活》等，叫嚣的气焰低了些，目的也逐渐正确了。各科教科书，大概都能依照部定的各科课程标准编辑，国语教科书，也能把民族精神做骨干，特别注重救国雪耻等的教材，而以发明故事、科学故事、读书方法指导等等参杂其间。外界不明真相，对于现行的小学教科书，有两种极矛盾可笑的看法，一方面一部分名流要人，以为小学教科书只是些“鸟言兽语”，没有民族思想不能养成国的民族意识。一方面日本人却以为民族思想太浓了，认为定“仇日教育”，逼着中国政府，要求修改小学教科书。其实，我国的小学教科书，虽然有些“鸟言兽语”，和民族思想，并不冲突，例如羊拒狗，狗拒狼等，就隐寓弱者抵抗强暴的意识。至于彰明较著关于民族思想的教材，例如“李牧却匈奴”、“苏武牧羊”、“班超定西域”、“淝水之战”、“岳飞拒金”、“采石矶虞允文却敌”、“袁崇焕却满”、“戚继光平寇”……等课文，在小学教科书中真是不胜枚举。国耻教材，例如“鸦片之战”、“中法联军之役”、“甲午之战”……“五三”、“五九”、“九一八”、“一·二八”等等也无不应有尽有。我以为说现在教科书没有民族思想，是盲目的，说现在的教科书是“仇日”，也是一种诬罔。一个民族有一个民族的独立精神跟光荣历史，我们要独立，我们亦是抵抗侵略，并不想侵略人家，我们只是根据历史事实立言，并非虚构叫嚣，如果世界上的公理还没有完全毁灭的话，谁可说我们不应如此呢。

（四）教材分量逐渐增加

最初的教科书如《最新国文》、《蒙学课本》等，分量原不算少，后来，觉得文言文难于教学，才逐渐把分量减轻了。民十以前的小学教科书，分量实在太少，差不多只有一点枯骨，没有筋肉。民九以后，改文言为白话，小学教科书的分量，仍旧没有增加。一本教科书，往往只有一张新闻纸三十二开的四十八面，差不多一张半新闻纸，就可以装订成一本教科书，最多的也不过六十四面，少的甚至只有三十二面。因此，各种教材，都不能平铺直叙，没有什么描写，实在当不起“文学”两个字。儿童读了这样贫弱得可怜的教科书，所获得的，实在太少了。六年毕了业，跟初级中学也衔接不起来，最显然的，初中教科书上大约每本有二三百面，而小学六年级的教科书，只有五六十面，两相比较，大概是五与一之比。你想分量相差到如此之多，怎么衔接得起来呢！民国二十年以后，小学教科书的分量，才逐渐增加了，其中以一两种国语教科书，例如世界的《国语新读本》、儿童的《儿童国语读本》等，增加得算最多，有的初级国语，多到一百七八十面，有的高级国语多到二百多面，比了以前，分量增加了好几倍，内容也自然充实了。不过，有几家的教科书，分量仍旧极少，尤其是算术教科书，连练习题也没有几个。

近年各地方小学会考成绩，要算算术成绩最差，算术教科书分量太少未尝不是一个重要的原因。小学教科书分量不能充分增加，有两个缘故，一则书商不肯增加成本，或省一面，好一面，有些“偷工减料”的情景，一则大多数的小学教员教学方法太无聊了，白话文也要儿童背诵，因为材料多的教科书，课文篇幅很长，儿童背诵困难，就认为不合用，宁愿采用贫弱的教科书，这实在是阻碍教科书进步的重大原因。我希望书店跟小学教员双方注意，别再“习守故常”不求进步。

（五）写作渐多艺术兴趣

平常没有经验的人，总以为薄薄的一本小学教科书，花不了几个黄昏就可以写成，要是听说写成一部书，卖上了几千块钱，那就不免疑神疑鬼，大为诧异了。其实长篇大论的鸿文，要说就说，不必句斟字酌，倒很容易写出来。薄物小篇的小学教科书，选材既然十分严格，用字措辞，也得句斟字酌，处处顾到儿童的程度跟兴趣，却不能随便下笔。所以一课课文写成，往往再三易稿，一本书的写成，往往花上个把月的工夫，一部书的写成，在比较有信用的书店，也往往花上几千块钱编校费，尤其是写国文或国语教科书，限制更严，束缚更甚，即使是名家的诗文，也不容易入选，偶然选了一两篇，也得再三斟酌，使他没有一个字晦涩含糊，没有一句句子杂乱敷衍，不能合用。所以有人说编小学教科书，写散文无异做科举时代的八股文，写诗歌无异做举时代的“试帖诗”，往往“挖空心思”，也写不出好东西来。因此，清末以来写成的教科书课文，大概枯窘呆板，或者浮泛疏散，无所谓“艺术”、“文学”，至多不过字句很斟酌，毛病极少罢了。可是中间经过两次的解放，第一次从文言改为白话，第二次教材分量不受限制，最近出版的小学教科书，尤其是高年级的国语读本，也居然有一两种的许多课文，写作得“事实一贯”、“趣味隽永”、“叙述曲折生动”、“措辞诚恳切实”、“描写和事实和谐”、“结构严密圆满”……很有一点文艺的手腕，非旧时的教科书所能企及了。小学教科书文字居然能写到这样，这不能说不是一种很大的进步。只可惜这一种的写作，现在还是很少，我很希望学养有素、文笔巧妙的人，多多从事于小学教科书的写作，以使小学教科书彻底地改观。

（六）编制渐趋手脑并用

某君有读书跟用书之说，他以为书是应当供用，不应当徒然供读的，读书只是死读，用书乃是活用。他在小学教科书的编辑方面，虽然没有提出甚么具体的方案来，可是他的议论，是很值得我们注意的。我们觉得徒然叫小学生死读教科书，实在不是一个好办法，我们必须叫小学生能够用书。可是从前的小学教科书，只是供读的，不是供用的，所以除了课文之外，没有一点别的附属品，既没有启发思想的问题，也没有指导工作的启示。至于练习课文，也是很少很少，“工作簿”或“练习簿”，除了算术之外，更是绝无仅有。这样的教科书，自然只有死教，死读，没有活用的余地。民国二十年以后，可就有几种供读兼可供用的教科书出版了。例如各种国语教科书在几课课文之后，就有一课附课，有的供儿童填写补充，有的供儿童选择答案，有的指导儿童画图，上颜色，有的指导儿童剪贴，有的指导儿童笔答，有的指导儿童造句修辞……。不但要儿童用脑，并且要儿童用手动笔动剪子等等。又如社会自然等常识教科书，也有在课文前面列启发的问题和搜寻材料的方法，课文后面附制作试验等方法的。这些教科书一面可以使儿童看文字，一面可以使儿童照着所指示的方法，手脑并用，实行所谓教学做的做字。现在，美国和日本等小学教科书，也有在读本之外，附有工作簿的，他们的工作簿，列入许多要用手去做的种种有趣的工作，和教科书相附而行，供儿童画、写、剪、贴……我们的教科书，还没有附有工作簿，这是一个缺憾。但是教科书中附有工作材料，却已逐渐见诸事实了。这里应当辨明的，工作簿和笔记簿不同。工作簿是手脑并用的练习簿，笔记簿只是徒记怕遗忘的材料的簿子，一活，一死，一有趣，一呆板，完全不同。我国小学教育界现在盛行笔记簿，实在于儿童害多益少，我很希望将来另有一种工作簿代笔记簿而兴。

（七）国语读本从单字起进而为从整段的故事起

从前的国文教科书，第一册开头是“天地日月”、“人尺刀弓”等许多不成语句的单字。这些单字给儿童读，无异读方块字，生不出兴趣来。后来改成“大狗叫小狗跳”或者“来，来，来，来看”等，虽然不是故事，却就具体得多了。再后来改成从图画故事起，在故事图中夹些成句的文字。例如小红上学图，便有“小红上学”一句给儿童读，一个小孩看羊骑狗图，便有“啊！真好玩”这完全句子给儿童读。成课的课文，更往往编做成篇的故事，用囫囵的句子开头。小学国语课程标准说，“开始用演进连续的图画故事，次用半图半文的故事……”，又说“文字教学从整段的故事入手，不用单字单句入手”，这是文字教学的普通原则，现在总算是逐渐做到了。普通人看不惯现在的教科书，以为从“天”到“人”，从“人”变“狗”……愈趋愈下，这实在是一种绝对外行的话。

（八）国语教材的编排由无组织进而为有组织

从前的教科书，各课课文，除了国文国语的生字稍有联络以外，其余都不相关连，可以说是没有组织的，各课互相独立的课文，自然散漫得很，不易使儿童得到连类阅读、互相比较的机会。民国二十年以后出版的教科书，就有几部顾到教材的组织，有的将性质相近的教材排在一起，例如关于民族英雄的故事，关于发明的故事，关于名山大川的游记，关于读书的方法的指导，三四课各成一组；有的以儿童一二人为全本主角，每一组将开同乐会等做导言，小朋友们你讲故事，我说笑话，你唱歌，我猜谜语，每一举动编成一课，而故事，笑话，诗歌，谜语，应有尽有，各自联络。这样的编制，儿童读时，不但可以发生类化作用，而且读了这课要看下一课，动机自然不必督促。

（九）插图从单色进而为复色或彩色，数量增加，形式也生动了

从前的教科书，只有单色插图，很少彩色图，而且数量很少，图幅也不大。现在的教科书，就不同了，低年级用书的插图，往往占全面或半面，而且几乎面面有图，纯粹黑色的图也分出浓淡深浅的复色来，例如《开明国语》，世界的一二三各种国语读本都是如此，并且商务世界各书坊，另有全本彩色图的教科书发行，开明和世界两家的插图，一则简单明了，一则优美生动，尤非从前的教科书所能及。不过有几家的教科书插图，还没有改善，有一家的某种高小国语，简直一个插图也没有，真是令人惊奇。

（十）课文之外的粗边线、书名页目等一切足以妨碍儿童视线或有损书的美观的东西都逐渐取消了

这似乎是一个无关宏旨的问题，但是很粗的边线，冗长的书名用四号字排印的页目，还有所谓“生字”栏等，五花八门，杂印在课本里实在也太不雅观了，自然以取消为是。现在虽然还有几家很保守，没有把这些无聊的东西取消，但是有好多家出版的书，却已取消了。连教科书的夹缝里也注意到，这不能说不是教科书的进步的表现。总而言之，我国的小学教科书，大体上确实时时刻刻在改良进步之中。据从欧美考察教育回国的某君说，“我国小学教科书较之欧洲各国，殊无逊色”，

这虽然是大体的估量，仔细地分析起来，未必尽然，可是几十年来，我国小学教科书，确实有惊人的进步，这是稍注意教科书的人都知道的。

不过我国小学教科书，跟欧美各国最进步的教科书仔细地比较，还有许多“望尘莫及”的地方，例如：

一、欧美最进步的小学国语教科书，生字复习次数很多，我国的国语教科书生字，复习次数较少，这是由于我国的文字形体复杂、取用为难的缘故。在我国文字没有改用“新文字”以前，实在是无从和欧美最进步的小学教科书比较的。

二、欧美小学教科书的教材分量多，插图彩色图也多而精美，我国小学教科书的教材分量少，插图也比较地少而草率。在欧美各国经济情形比我国好，教科书的定价不妨高昂（美国一本小学教科书，有定价高到美金一元以上的），所以教材分量也不妨增加，插图彩色图也不妨加多，我国经济情形太坏，教科书的定价不能过高（我国一本小学教科书定价大概只法币一角，实价抵不到一本美国教科书定价的三四十分之一）。所以教材分量也不能过于增加，插图也只得少些，彩色图更不能增加。至于插图的精美与否，是于技术很有关系的，自然我们的技术比较差些，无庸讳言。

三、欧美的小学教科书，印刷精良，装订坚固，我国的小学教科书，印刷装订都比较草率得多，这是跟经济以及技术都有关系的，技术还可改进，经济很少办法。

四、欧美的小学教科书，各科都能平均发展，我国的小学教科书，只有国语科用书进步得最多，其余各科用书进步很少，各国的社会习惯，各科并重，我国的社会习惯，只重视国文国语，所以各书坊也往往只把国文国语改进，做自己的门面，其余各科用书，就不急急地改进了。

此外，我国的小学教科书，现在还有一个奇怪的现象，就是差不多各科都有教科书，不但国语、算术、常识（或社会自然）有教科书，连卫生、美术、劳作也有教科书。因此儿童读的书，种类很多，小学教员的教学方法又不很好，只是死读记忆，逼得儿童一天到晚读书背书，忙不过来，造成了许多麻木或神经衰弱的小国民。照我的意思，小学低年级只消国语用教科书，算术不必用教科书，只用练习簿，常识也不必用教科书，只用工作簿，其余各科，重在“即学即做”，更用不到教科书。中年级国语常识两科用教科书，其余跟低年级一样，只用工作簿或参考书。高年级只有国语、社会、自然、卫生用教科书，其余都用参考书或工作簿等。最理想的办法，其实中高年级，都可以只有国语一科用教科书，常识或社会自然等也都用参考书，各小学喜欢多用教科书，大概因为看见各书店多出版各种教科书的缘故，各书店喜欢多出各种教科书，大概因为营业的关系，所谓“有生意总得做”的缘故。因为营业，多出教科书；因为多出版教科书，学校就多用教科多编各科参考书工作簿，以供各小学采用。

一、小学教科书，固不免有粗制滥造的，但是有些人带着颜色眼镜或者存着破坏的心思，批评小学教科书，说她这样不好，那样不对，甚至把最进步的教科书，也批评得“体无完肤”，这也不是一个好现象。我以为小学教科书，批评易而编辑难，与其空空地批评别人的作品，倒不如自己拿些货色出来给别人看看。至少也要用建设的态度真正客观的科学方法把如何改进的意见向编辑者诚恳陈说，没有一点“歪曲”，没有一点别的作用，以使别人心服。

二、我国小学教科书，还没有十分进步，比较进步的教科书，也不见得被小学教育界争先采用，所以某商人说，“小学教科书无所谓好坏，讲销路只在乎营业手段，即使编了好的小学教科书，小学教员们也未必识货，也未必会用”。这些话，固然骂得太凶，但是小学教员不会选择教科书，或者因为被营业手段所笼罩，对于教科书竟不加选择，这也确是事实。我希望小学教员们，以后对于教科书的选择，十分注意，别再盲目。

（载《中华教育界》1935年第23卷第11期；同时连载于《申报》1936年1月30日、31日）

编辑小学教科书之回忆

蒋维乔

一、教科书之草创

民元前十五年丁酉，南洋公学外院成立，分国文、算学、舆地、史学、体育五科。由师范生陈懋治、杜嗣程、沈庆鸿等编纂《蒙学课本》，共三编，是为我国人自编教科书之始。然其体裁，略仿外国课本，如第一编第一课，“燕、雀、鸡、鹅之属曰禽。牛、羊、犬、豕之属曰兽。禽善飞，兽善走。禽有二翼，故善飞，兽有四足，故善走”，决非初入学儿童，所能了解。印刷则用铅字，又无图画。然在草创之时，殆无足怪。此外尚有算学教科书，物理教科书等。

迨民元前十四年戊戌，阳湖吴稚晖（朓后名敬恒）、金匮俞仲还（复）、无锡丁芸轩（宝书）、杜孟兼（嗣程）在无锡开办三等学堂。诸人分任教职，每日编国文一课，令学生抄读。经过五年，共成七编，名曰《蒙学读本》。前三编，就眼前浅近事物，引起儿童之兴趣。四编，专重德育。五编，专重智育。采辑子部喻言。六编，注重作文修辞。七编，选史汉诸子及唐宋名家论说。民元前十年壬寅，俞复在上海创文明书局，印刷此书。楷书石印，附有图画，形式内容，均比较美观，故盛行一时。不及三年，已重印十余版，在小学教育界占势力者，五六年。

文明书局除《蒙学读本》外，尚有修身、算学、理科等教科书。

二、教科书之完成时期

教科书之形式内容，渐臻完善者，当推商务印书馆之《最新教科书》。此非作者身与其役，竟敢以此自夸，乃有客观之事实，可以证明：一、此书既出，其他书局之儿童读本，即渐渐不复流行。二、在白话教科书未提倡以前，凡各书局所编之教科书及学部国定之教科书，大率皆模仿此书之体裁，故在彼一时期，能完成教科书之使命者，舍《最新》外，固罔有能当之无愧者也。

商务印书馆编教科书之动机，乃在民元前九年，癸卯。先是，各书局盛行翻译东文书籍。国人因智识之饥荒，多喜购阅，故极畅销。商务印书馆总经理夏瑞芳，见而心动，亦欲印行此类之书。乃谋划于某某二人，托买译稿。二人招集略谙东文之学生，令充翻译，译成稿件数十种，售与商务印书馆。夏瑞芳立即付印，不料印出后，销路绝鲜，而稿费已损失壹万元。尔时张元济正办南洋公学译书院，恒托商务印书馆印书。瑞芳以张系端人君子，询以购进之稿，不能畅销之故。张即云："盍将稿件交我检阅。"阅后，知其内容实欠佳。旋设编译所，请人修改后，再出版，在北福建路唐家巷租屋三楹，设立编译所。张即介绍译书院中之同事四五人，为之修改译稿。然苦不易从事，张于是介绍蔡元培为编译所长，以谋改进。依蔡之计画，决议改变方针，从事编辑教科书。此商务印书馆编辑教科书之发端也。

蔡元培任爱国学社经理，不常驻所中。且商务编译所规模甚小，虽有编辑教科书之议，亦不主聘专任人员，乃用包办方法。由蔡元培先定国文、历史、地理三种教科书之编纂体例，聘爱国学社之国文史地教员任之，蒋维乔任国文，吴丹初任历史、地理，当时之代价，每两课酬报一元。编者既乏教授上之经验，即有经验，亦不得从容研究，惟知按课受酬，事实如此，殊觉可笑。及《苏报》案起，蔡离沪赴青岛，遂由张元济自任所长。聘蒋维乔为常任编辑员，并由蒋介绍庄俞编地理，徐隽编算学。半年之间，《蒙学课本》（当时尚未称《最新教科书》），初稿十册告竣；地理算学亦将成书，另有姚祖晋所编之历史，亦告成一半。是年之冬，聘高凤谦为国文部主任，采合议制，先定编辑之根本计划，依此计划，审查已编成之《蒙学课本》，乃完全不适用。于是由原编辑人重行着手起稿，是为《最新教科书》产生之始。

三、国文教科书之计划

所谓根本之计划唯何？当时之参加编辑者，张元济、高凤谦、蒋维乔、庄俞等，略似圆桌会议，由任何人提出一原则，共认有讨论之价值者，彼此详细辩论，恒有为一原则，讨论至半日或终日方决定者。当时讨论决定之原则，有以下数点：

首先发明之原则，即为第一册教科书中，采用之字，限定笔画。吾人回想启蒙时读书，遇笔画较多之字，较难记忆，故西人英文读本，其第一册必取拼音最少之字。然我国文字，则无拼音，因参酌此意，第一册采用之字，笔书宜少，且规定五课以前，限定六画；十课以前，限定九画；以后渐加至十五画为止。

其次讨论之原则，即选定教科书采用之字，限于通常日用者，不取生僻字。

又其次讨论之原则，第一册每课之生字，五课以前，每课不得过十字。

又其次讨论之原则，第一册共计六十课，前课之生字，必于以后各课中，再见两次以上，俾便复习。

又其次讨论之原则，为全书各册文字规定之字数，第一册每课从八字至四十字；第二册每课从四十字至六十字；三册以下，不为严格限制，听行文之便，若文长，则分二课。第一二册，每句空格，每行必到底，适可断句；不将一句截成两段。

以上为形式方面之原则。

至于材料方面，则选用事项，涉于多方面，不偏于一偶。杂采各科材料，以有兴味之文字记述之。各册六十课中：约计理科、历史各占十五课；地理九课；修身、实业各七课；家事、卫生、政治、杂事共七课。

各课排比，以各种材料彼此交互错综，无形中前后联络，以便儿童记忆。

各课皆附精美之图画，图画布置须生动而不呆板，处处与文字融和。

凡图画与文字，皆同在全幅之内，不牵涉后页。

既有以上之限制，于是操笔作文，正如作茧自缚，非常困难；且每成一课，必经各人批判，至无异议始止。

此书正在编辑中，而清廷已颁布学堂章程。乃定名为《最新国文教科书》，分初等小学堂用者十册，高等小学堂用者八册。

前此包办之读本，每册百二十课，每二课代价一元，一册之成本，不过六十元；今者所编之书，一册只六十课，而圆桌列席诸人，合之写字及绘图之人之薪水，及制版印刷纸张等费，一册之稿，其成本将百十倍于包办之时，及甲辰年十二月，第一册出版，不及两周，销出五千余册，可知当时之需要矣。

第二册亦历时一月余方印成，亦单行出版。三册至第十册，则历时两年，全稿完成，陆续出版。

同时因出版之教科书，内地教员，多不知应用方法；于是每出一册，皆按照三段教授法次序，加入练习、问答、联字、造句等，编辑教授法。而教授法销行之数目，渐见发达。

初等小学《国文教科书》十册告成后，接编高等小学《国文教科书》，计八册。其第一二册程度与初等小学第九十册衔接，以下渐渐高深。文字则自撰者半，选择古书及名家文者半。于民元前六年丙午着手，至十二月出第一册，历两年而完成。教科书外，另编详解，供教员之用。

四、修身教科书之计划

修身教科书之计划，初等小学之第一年，因儿童识字无多，故第一册全用图画，二册以下，始用格言，三册则引用古事之可为模范者，皆每课附以图画。计共十册。教科书外，另编教授法。并按照书中图画，另行放大之挂图，俾教师在课室中应用。

高等小学修身教科书，共四册。皆采历史中可以身体力行之事实，并附现代之伦理。教科书外，另编详解，供教师之用。

五、习字帖之计划

初等小学之习字帖，重在与国文教科书联络。其原则即每册所习之字，必取教科书已读过之字是也。兹举习字帖第一册之内容如下：

第一册供一学期之用，一学期分二十星期。

一、首四星期，先授三十五种笔法。

二、第五星期，授笔画极简而无转折之字，每日十六字，带温熟字，加入未习之生字五个，皆读本中已读过者。

三、第六星期至第十星期，每日十六字，渐取笔画稍繁重者，生字仍加五个。

四、第十一星期至第十五星期，每日二十字，生字仍加入五个。

五、第十六星期至二十星期，每日二十四字，生字仍加入五个。

六、第二十星期内，须将读本中第一册选用之字，悉数写过。

第二册以下，与读本联络方法略同。

所编教科书，除国文修身以外，初等小学方面尚有：徐隽所编之《算术教科书》五册，杜综大所编行《珠算教科书》二册，杜亚泉等所编之《格致教科书》三册。高等小学方面，有庄俞所编之《地理教科书》四册，姚祖晋所编之《中国历史教科书》四册，谢洪赉所编之《理科教科书》四册，张景良所编之《算术》三册，黄启明所编之《珠算》四册。

民元前七年乙巳，又发行《女子初小国文》及《修身教科书》各八册，又《女子高小国文》及《修身教科书》各四册。

《最新国文教科书》虽盛行一时，然仍嫌文字太深。民元前五年丁未，重编初小《简明国文》、《简明修身教科书》各八册，与《最新》相辅而行。又因部章初等小学堂三四年，有历史、地理，又由蒋维乔编《简明初小历史教科书》二册，谢观编《简明初小地理教科书》二册。

当时之圆桌会议，惟在《最新初小国文》着手之时，讨论最详悉。第一二册，几于每撰一课，皆讨论至无异议方定稿。至三四册以后，则由各人依据原则，自行起草，草成之后，再付讨论，亦有由一二人先行讨论者。尔时不乏有趣味之资料，如余编及某课时，用一“釜”字，而高梦旦必欲改为“鼎”字，余曰：“鼎字太古，不普通，不可用。”高曰：“鼎字乃日常所用之字，何谓不普通？”余曰：“鼎字如何是日常所用之字？”高曰：“鼎字如何不是日常所用之字？”于是二人大争，至于声色俱厉，及后细细分辨，方和闽语呼“釜”为“鼎”，而不呼为

“釜”也，相与抚掌大笑。

方今回忆此最新之教科书，已是最旧，且欲觅一全部而不可得矣。然在初兴学堂以后，白话教科书未出世以前，此书固盛行十余年，行销至数百万册，其所以能致此，固非偶然，乃由十余人之分工合作，耗去无数之精神，乃能得此收获也。

（载《出版周刊》1935 年第 156 号）

对于编制中小学用教科地图之意见

郑鹤声

昔人有“左图右史”之称，则读史之不能离图可知；但此种地区，即今人所谓是沿革地区，而非本文之所谓教科地图也。本文之所谓教科地图，专供地理教育上之用，属于现代方面者也。我国教科图书之兴起，近在清季，至今不过三十年，其间关于地理教科书之编制，屡有改进，但终无相当适用之教科地图，以为之辅，则亦一憾事焉！

教科图书之编制，必须合于学生或教师之用，当与地理教科书相联络，与供给普通一般人所阅览者，显有不同。曩昔坊间编制地图，只有详略之分，而少标明其用途；间有标明何种学校用者，按其体制，亦不过详略之殊，与供给普通一般人阅览者，初无一一致，其最大原因，则在中小学地理教科书之编纂，向无一定标准，遑论地图。兹者教育部于各种中小学课程标准，业经公布，对于地理教科书之编纂，略有规则可寻。关于编制教科地图之标准，虽未厘定，但初高中地理课程标准作业项下，皆有“以教科书为授课时之纲要”，“以地图及统计图表等为讲习之参正”之说明，则书图两者，并重之意可见一斑。

然编制中小学教科用地图之标准，果如何乎？则一言以蔽之曰，适合教科之用而已，所谓适合教科之用者，即适合于课程标准是也。关于各种地图编制之应注意事项，前经本会第二十五次会议决议通过，饬各书局遵行者，凡四十有六条，毋庸赘述，其间四十三条关于教科地图应注意之事项云：学校讲授及学生用中外地图，其编制取材，前后顺序，均应按照教育部现颁各级学校课程和标准绘制，此即编制中小学用教科地图之总原则，兹根据此项原则，就小学、初中、高中、各级学校教科用地图编制之意见略述如次：

（一）册帙之多寡。欲明各级学校教科地图册帙之多寡，必先明了各级学校地理教材内容之繁简，照现行课程标准，小学地理属于社会科，社会科包括公民知识、历史、地理三项，而以分别教授为原则，故地理为独立之课程，其教材内容，在略知本国地势、地势、气候、物产、交通、区域、重要都市（如首都、上海、北平、汉口、广州等）、地球形状、大洋大洲及我国与世界重要各国位置的认识、初中分本国地理外国地理两部分，关于本国地理方面，首先说明地球之形状及大小，地球之经纬度五带及方位，地球之自转公转及昼夜四季之循环，水陆之分布，然后再述本国之疆域面积，天然区域之地形及气候等。外国地理方面，在说明水陆之分布，大陆之面积，主要山脉河流之分布，气候，人种（包括华侨之分布状况）等，并述与中国关系最密切之国家或地域。高中教授地理目标，在使学生明了本国及世界各区域，自然地理与人文地理之现象及其关系，除乃授本国地理及外国地理外，并授自然地理一课程。

如是，即小学教科用者，当兼取中外人文自然各种资料，编制一种极简单之混合地图，初中则分为本国地图与外国地图两部分，而附自然地图于两图之前，合订一册，仍以简要为原则，至高中，则本国地图，外国地图，自然地图，分别编制，订成专册，不妨稍为详赡矣。

（二）图幅之分配。编制之分合，排列之次序，亦为教授上应注意之点，除小学部分，可以多用全图外，其初中方面，本国地图部分，可分总分两种，关于地形（包括主要山川、湖泽、原野），气候（包括雨量、温度），物产（包括动、植、矿等），人口（包括种族密度，与移殖华居事项），交通（包括铁路、公路、航路、邮、电、航空），农业、工商业（包括国内农产工商事业，对于贸易），国防（包括海、陆、空、要塞）等，皆可作为总图，以资比较。其地方图，则以中部地方——长江流域为一幅，又分南京市、江苏省（上海市附）、浙江省、安徽省、江西省、湖北省、湖南省、四川省及西康省为九幅；其次以南部地方——粤江闽江流域为一幅，又分广东省、广西省、福建省、云南省及贵州省为五幅；其次以北部地方——黄河流域为一幅，又分河北省（北平市附）、山东省（青岛市及威海术行政区域）、河南省、山西省、陕西省、甘肃省及宁夏省为七幅；其次东北地方——远河松花江黑龙江流域为一幅，又分辽宁省、吉林省、黑龙江省及东省特区为四幅；其次漠南北地方为一幅，又分热河省、察哈尔省、绥远省及蒙古地方为四幅；其次西部地方为一幅，又分新疆省、青海省及西藏地方为三幅。其末则以高丽、台湾、琉球、安南、暹罗、缅甸诸国为之殿。外国地图部分，亦可分为总分两种，关于水陆之分布，大陆之面积，主要山川之分布，以及气候、物产、人种等，皆可作为总图，以资比较。其地方图，则以亚洲为一幅，又分日本、马来半岛及新加坡、南洋群岛（菲律宾附）、印度（锡兰岛附）、伊朗（即波斯）、阿富汗、俾路芝、亚剌伯、土耳其、亚俄为七幅；其次以欧洲一幅，又分俄罗斯（苏维埃联邦）、德意志、法兰西、意大利、大不列颠、中欧诸国、北欧诸国、南欧诸国为八幅；其次北美洲为一幅，又分美利坚（阿拉斯加附）、加拿大、墨西哥为三幅；其余中美及西印度群岛、南美诸国、非洲、大洋洲各为一幅。高中方面，中外地图，可就初中所用者加详之，而本国地图之分图，则当以依据，总理实业计划路铁系统之范围为标准，可为分东北区、西北区、中央区、东南区、西南区、高原区六幅。除中外地图外，再加自然地图一种。可分地球之运动之其形状，与陆界、水界、气界、生物界各图云。

（三）材料之选择。欧美诸先进国，图学其盛，专门地图如地质图、地形图、水文图、气象图、植物地理图、动物地理图、经济地理图、政治地理图、人种地图、语言地图等，精深详备者无论矣；即通俗应用者，亦有天文、地形、地质、土壤、气候等不同性质之地图，而我国中央小学教科所用者，则仅政治地图等一二种而已。其实地理教材，包含甚广，势不能以一二种性质之地图，概括其余，且政治区域，乃人为之产品，其与人类之影响，远不及自然区域之大，仅用政治地图，不足以表明人生与自然相互之关系，前年丁文江等和编中国分省新图，除总图外，分政治区域、地形、交通、重要矿产分布、气候、重要城市及农户分布、语言区域七幅，较之普通坊间所出地图，材料稍多，然以此作为中学校教科用地图，仍嫌不足应用也。其行政区域，又与现制不符，国防边疆非误即漏，市县地名，亦有陈腐，足见成事之难也。兹就编制地理教科书，作各种统计，然后某者宜取，某者宜舍，始有相当之把握。否则欲求而不得，或徒乱人意者，其利弊不可同日而语矣！至于译名一层，在教育部未有正式公布以前，据课程标准之声明，暂采商务印书馆出版之人名地名表，亦无不可也。

总之，地图之功用，虽甚广大，而地理教育上，尤为显见，现在坊间出版之普通地图，无论挂图、册图，已经审查者，达二百种左右，而适合中小学教科用者，尚无其选，当此正式课程标准公布，各级新标准地理教科书陆续出版之际，苟能编制适用之教科地图，则其贡献之大，岂可言喻，有志之士，当不以此言为河汉也。

二十四年五月三日，南京。

（载《水路地图审查委员会会刊》1935年第3期）